懐徳堂幅

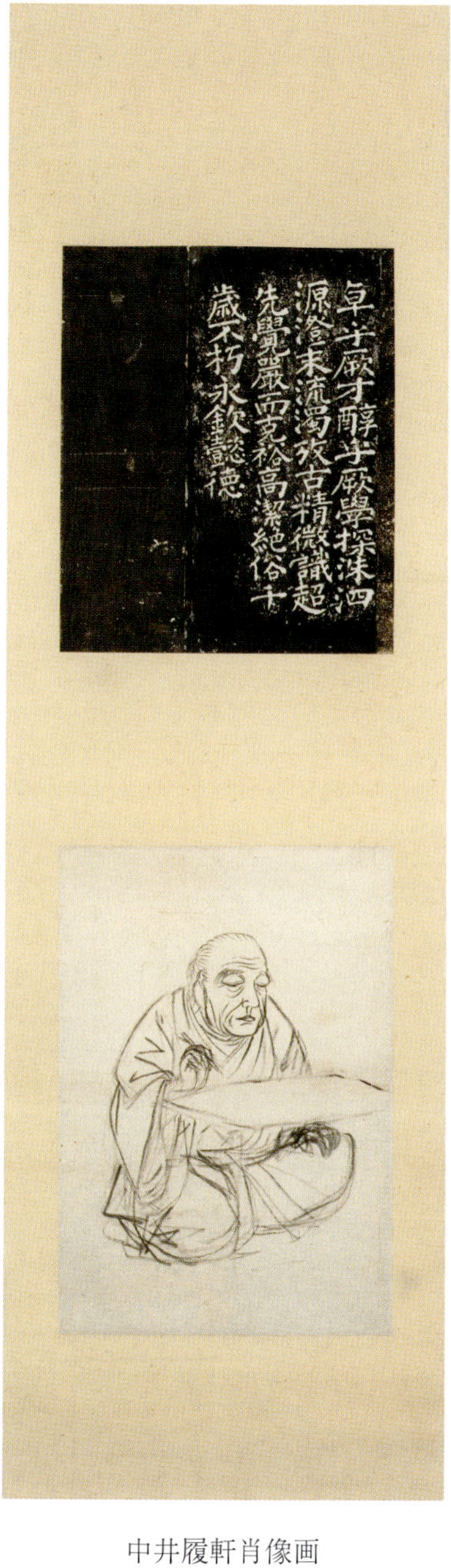

中井履軒肖像画

中井竹山肖像画

増補改訂版

懐徳堂事典

湯浅邦弘　編著

大阪大学出版会

増補改訂版　懐徳堂事典――目次

凡　例

一、本書は懐徳堂に関する諸情報を解説した『懐徳堂事典』（大阪大学出版会、二〇〇一年）の増補改訂版である。全体を、懐徳堂の歴史に沿って「懐徳堂の成立」「懐徳堂の経営と教育」「懐徳堂の学問」「懐徳堂の周辺」「懐徳堂の終焉と復興」「懐徳堂文庫関係書誌情報」「懐徳堂の名言」「懐徳堂関係施設」の全八章に分けた。

二、各節の初めにその概説を簡潔に記し、また、これまで紹介されたことのない未公開写真をできるだけ掲載しつつ解説するなど、「読む事典」として構成した。

三、項目数は、人名百二、事項二百三十八、資料二百二十二の計五百六十二項目である（初版は計四百六十一項目）。

四、項目の内、懐徳堂文庫所蔵の貴重資料については、「関係人物名」「数量（冊数）」「外形寸法（cm）縦×横」「懐徳堂文庫図書目録該当頁」などの基礎情報を掲げた後、解題を記した。

五、資料名（漢籍）については、できるだけその内容を端的に表す題名を採用することとした。そのため、一部、『懐徳堂文庫図書目録』掲載の書名と合致しないものもある。また、固有名詞のルビは、原則として西村天囚『懐徳堂考』による。

六、掲載した貴重資料の画像は、特に注記のない限り、すべて大阪大学懐徳堂文庫所蔵資料によるものである。画像の掲載については、大阪大学大学院文学研究科、大阪大学附属図書館、一般財団法人懐徳堂記念会の許可を得た。

七、巻末に索引および懐徳堂年表を付載した。

第1章——懐徳堂の成立

CGで再現した懐徳堂玄関

1　懐徳堂前史

『孟子』滕文公《とうぶんこう》篇は、「学校」を定義して、子弟を教え導き「人倫《じんりん》を明らかにする」ところであると述べる。またそれは為政者の務めとして整えられるべき施設であると説く。

懐徳堂が創設される以前、日本にはこうした意味での組織的・体系的な「学校」はまだ少なかった。林羅山の家塾を官学化した江戸幕府の昌平黌《しょうへいこう》（昌平坂学問所）、文教に力を注いだ有力藩の藩校、高名な儒者の開く私塾などが散在するのみであった。そうした中で、大坂では、五井持軒《ごいじけん》の漢学塾や平野郷の含翠堂《がんすいどう》など、好学と自治の風を伝える学校が存在し、懐徳堂の先駆となっている。また、中井甃庵《なかいしゅうあん》の祖父に当たる中井養仙《ようせん》が龍野《たつの》から大坂に移住したことも、中井家と懐徳堂とを結ぶ機縁となった。

こうした前史を受け、懐徳堂は創設された。享保九年（一七二四）、大坂の有力町人「五同志」は、中井甃庵とはかり、当時、大坂の大火「妙知焼《みょうちやけ》」によって平野郷に避難していた三宅石庵《みやけせきあん》を招き、学問所を創設した。後に、江戸の昌平黌と並ぶ勢いを誇った懐徳堂の誕生である。

五井持軒（ごいじけん）［一六四一～一七二一］

江戸中期の儒学者。名は守任《もりとう》、通称は加助《かすけ》、持軒は号。寛永十八年（一六四一）、大坂に生まれた。和歌を下河辺《しもこうべ》長流《ちょうりゅう》に学び、十五歳の時に京都に行き、伊藤仁斎、中《なか》村惕斎《むらてきさい》らに師事した。三十歳で帰坂した後、漢学塾を開く。『日本書紀』など和学にも精通し、貝原益軒《かいばらえきけん》、三輪《みわ》執斎《しっさい》、三宅石庵《みやけせきあん》らと交流があった。その学問は朱子学を主としたが、性・理気などに関わる議論は好まなかった。なお、懐徳堂助教を務めた五井蘭洲は、持軒五十七歳の時の子（三男）である。

四書屋加助（ししょやかすけ）

五井持軒のこと。初期懐徳堂で助教を務めた五井蘭洲の父。持軒は、通称を「加助」といった。遊学の後、大坂に帰り、以後、没年までの約五十年間、私塾で漢籍を講じた。「四書屋加助」とは、持軒が朱子学で尊重された四書（『大学』『中庸』『論語』『孟子』）を繰り返し講じたため、当時の人々が多少の皮肉を込めていったものである。学問的伝統の定着していなかった大坂の地に学問を扶植した功績は大きく、後の懐徳堂成立の一つの基盤を形成したと評価できる。

私塾（しじゅく）

江戸時代の学校の一種で、民間の学者らが自宅において開設し、門人たちを教育したもの。個人が自宅で開設する点では寺子屋と同じだが、寺子屋が「読み書き算盤」といった日常生活に必要な技術の教育を中心にしたのに対し、私塾はより高度な学問やあるいは武芸などの教育を担っていた。幕府や藩が設立した学校と並んで、私塾は江戸時代における重要な教育機関であった。中江藤樹《なかえとうじゅ》の藤樹書院、伊藤仁斎の古義堂、荻生徂徠《おぎゅうそらい》の蘐園塾《けんえんじゅく》、細井平洲の嚶鳴館《おうめいかん》、菅茶山《かんちゃざん》の黄葉夕陽村舎《こうようせきようそんしゃ》（後の廉塾《れんじゅく》）、広瀬淡窓《ひろせたんそう》の咸宜園《かんぎえん》などの漢学塾や、シーボルトの鳴滝《なるたき》塾《じゅく》、緒方洪庵の適塾などの洋学塾、あるいは吉田松陰の松下村塾などが有名である。

懐徳堂関係者の中でも、後に初代学主となる三宅石庵や、五井蘭洲の父の五井持軒が私塾を開いており、また中井履軒も水哉館《すいさいかん》を開いて経学の研究を進めた。

郷学（ごうがく）

江戸時代の学校の一種で、藩あるいは民間有志によって設立されたもの。郷学所、郷校、郷黌《こう》などとも呼ばれる。江戸時代における地方の重要な教育機関で、寺子屋と藩校との中間的役割を担ったとされる。郷学の形態は、以下の三つに分類される。（一）藩が領内の僻地に設立した、家臣の教育のためのもの。藩校に準ずる性格を持つもので、天明～享和年間（一七八一～一八〇四）以後に多く設立された。（二）藩が、一般民衆の教育のために設立したもの。寛文八年（一六六八）岡山に設立された閑谷学校《しずたにがっこう》が有名である。特に文化年間（一八〇四～一八一八）以後に多く設立された。(三)民間の有志やその集まりが、一般民衆の教育のために設立したもの。大坂南部の平野《ひらの》郷《ごう》において享保二年（一七一七）に設立された含翠堂《がんすいどう》が有名である。

この含翠堂は、懐徳堂と密接な関わりを持っており、民間の同志らが定期的に資金を積み立て、その利息によって運営された点などは、いわば懐徳堂の先駆け的存在といえる。

藩校（はんこう）

江戸時代の学校の一種。藩が設立したすべての教育機関を指す場合もあるが、通常は、各藩が武士の子弟を教育するために設置した学校を指す。藩学・藩黌《こう》などとも呼ばれ、各藩の士風の形成や地方文化の振興に大きく寄与した。四書五経など儒学の教育に中心が置かれ、また武道の教授も行われたが、やがて江戸後期になると、教育内容に洋学や国学が取り入れられたり、あるいはまた庶民の子弟の入学を許す場合もあった。寛永期（一六二四～四四）以降、特に延享（一七四四～四八）～宝暦（一七五一～六四）期以降に各地に設立され、天保期（一八三〇～四四）以降は小藩においても設けられた。米沢の興譲館（一六九七）、会津の日新館（一七九九）、水戸の弘道館（一八四一）、岡山の花畠《はなばたけ》教場（一六四一）、長州の明倫館（一七一九）、熊本の時習館（一七五五）、薩摩の造士館（一七七三）などが有名である。

含翠堂（がんすいどう）

大坂南部の平野郷《ひらのごう》にあった、いわゆる郷学《ごうがく》の一つ。土《つち》橋《はし》七郎兵衛《しちろべえ》友直《ともなお》・土橋九郎右衛門宗信・成安源右衛門・徳田四郎左衛門ら平野郷の有力者たちによって、享保二年（一七一七）に創設された。学舎は同志の一人井上赤水《いのうえせきすい》（のち懐徳堂の助教）の自宅を分割し、間口五間、奥行八間の建物が設立された。初め、玄関先の庭の松にちなんで「老松堂《ろうしょうどう》」と称したが、三宅石庵が「含翠堂」と命名した。「含翠」の語は、宋の范質《はんしつ》の「遲遲澗畔松、鬱鬱含晩翠」（誡児姪八百字）という詩句にちなむ。含翠堂は、藩校や私塾などとは経営方法を異にし、同志らが定期的に資金を積み立てて、その利息によって運営された。学問的には特定の学統によらず、三輪執斎《みわしっさい》・伊藤《いとう》東《とう》涯《がい》の他、石庵や五井持軒なども招かれて講義を開いている。三輪執斎は享保十九年（一七三四）、含翠堂の同志に請われて「含翠堂記」を記しており、『摂津名所図会』には、伊藤東涯が含翠堂に来講した時の様子を描いた「伊藤東涯含翠堂講義図」が見える。

持軒と石庵の二人は、懐徳堂創設前の享保九年（一七二四）、大坂が大火に遭った際に、平野郷へ難を逃れている。また懐徳堂創建の際の五同志の一人・富永芳春（道明寺屋吉左衛門）は、含翠堂にも出資している。含翠堂は懐徳堂の先駆けとして位置づけることができ、両者の繋がりは深い。なお、含翠堂は、規模は小さいながら明治五年（一八七二）まで続き、昭和六十年（一九八五）、大阪市平野区平野宮町に含翠堂址碑が建てられた。

多松堂（たしょうどう）

元禄十三年（一七〇〇）、三宅石庵《みやけせきあん》が大坂に開いた私塾。石庵は、弟の観瀾《かんらん》とともに浅見絅斎《あさみけいさい》の門に学ぶが、意見の相違から破門されたといわれる。その後、江戸、京都、丸亀を転々とし、元禄十三年（一七〇〇）大坂に至り、尼崎町二丁目に開塾した。正徳三年（一七一三）、安土町二丁目に移り、これを多松堂と名づけた。その後、高麗橋筋三丁目に移るが、享保九年（一七二四）三月に妙《みょう》知《ち》焼《やけ》により焼失する。多松堂の門人に、後の懐徳堂創設の五同志となる、三星屋武右衛門（中村睦峰・良斎）、道明寺屋吉左衛門（富永芳春）、船橋屋四郎右衛門（長崎克之）らがいた。

環山楼（かんざんろう）

石田利清《としきよ》（号は小川屋）によって八尾に作られた学塾。元禄・享保期、大坂では、経済的繁栄を背景に、文化に対する関心が高まった。その結果、各地に町人を主体とする私設の学塾が生まれることとなった。懐徳堂もそうした流れを受けるものであるが、町人を主体とする学塾として、平野郷の含翠堂《がんすいどう》、八尾の環山楼などを懐徳堂の先駆としてあげることができる。石田利清（小川屋）が開いた学塾は、享保十二年（一七二七）、伊藤東涯《いとうとうがい》によって環山楼と名づけられた。

会輔堂（かいほどう）

菅野兼山《すがのけんざん》が幕府に願い出て、江戸に設立した学塾。懐徳堂の先駆的な学塾の内、町人を主体とする学校として、平野郷の含翠堂《がんすいどう》、八尾の環山楼《かんざんろう》などがあげられるとすれば、官許を得た学校の先駆けとしては、この会輔堂をあげることができる。菅野兼山は、伊藤仁斎や三宅石庵に学んだ人物で、享保八年（一七二三）、目安箱で幕府に請願した結果、金三十両と本所深川に校地を貸し与えられ、会輔堂を創設した。その名は、『論語』顔淵篇の「曾子曰く、君子は文を以て友を会し、友を以て仁を輔《たす》く」にちなむ。

その後、将軍吉宗は、京・大坂にも学問所の創設を申請するものがあるか否かを兼山に下問した。その話を承け、三輪執斎《みわしっさい》などの仲介を得て、中井甃庵《しゅうあん》、五同志らが中心となって懐徳堂の官許を求める運動が進められた。なお、享保十一年（一七二六）の定書《さだめがき》の第三条「始めて出席する者は中井忠蔵（甃庵）、または道明寺屋新助に断りを入れること」は、会輔堂において自由に聴講を許した結果、不熱心な者が多く、出入りが激しかったことを考慮して、石庵の指示のもと付け加えられた。

昌平黌・昌平坂学問所（しょうへいこう　しょうへいざかがくもんじょ）

江戸湯島にあった江戸幕府直轄の教育機関を指し、正式には「学問所」という。もとは林羅山《はやしらざん》によって創設された林家《りんけ》の家塾であり、上野忍岡《しのぶがおか》にあった。元禄三年（一六九〇）、施設と内容を拡充して湯島昌平坂に移転し、昌平黌あるいは湯島聖堂《ゆしませいどう》と呼ばれ、林家は聖堂預《あずかり》を世襲し、将軍の侍講を務めていた。寛政二年（一七九〇）、林大学頭《だいがくのかみ》信敬《のぶたか》に対して寛政異学《かんせいいがく》の禁《きん》が命ぜられると、幕府によって湯島聖堂の整備が進められ、柴野栗山《しばのりつざん》、岡《おか》田寒泉《だかんせん》が儒官に任ぜられた。寛政五年（一七九三）に林述斎《じゅっさい》が家を継ぐと、さらに学制の規則・施設が整えられ、古賀精里《こがせいり》、佐藤一斎《さとういっさい》らが儒官に任用された。寛政九年（一七九七）、述斎に三千石の禄が与えられ、正式に幕府直轄の学問所「昌平坂学問所」となり、勘定奉行の管理下に置かれた。この学問所は元来旗本・御家人を対象としたが、林家もしくは儒官の門人であれば藩士や浪人も聴講を許された。明治維新の際に新政府によって接収され、明治二年（一八六九）に再開したが、翌年休校、その後廃校となった。

　懐徳堂が創設されたのは、湯島聖堂に遅れること三十年余であったが、湯島聖堂が寛政異学の禁までは林家の家塾としての性格が強かったのに対し、懐徳堂は、当初から三宅家・中井家の家塾としてではなく、町人を対象とした開かれた学校として運営され、朱子学を基礎としながらも、柔軟性に富んだ教育研究を展開していったことは注目に値する。

　なお、懐徳堂文庫には、「昌平黌書生寮姓名録」写本（小天地閣叢書、坤集所収、本文一三〇丁）があり、『懐徳』第四十二号に、東京大学史料編纂所所蔵本との一部校合結果、および姓名索引・藩名備考を付して翻刻されている。

昌平黌書生寮姓名録→二一二頁

閑谷学校（しずたにがっこう）

　岡山藩主池田光政が庶民の子弟の教育を行なうため、重臣津田永忠《つだながただ》に命じて作らせた藩営の郷学《ごうがく》。寛文八年（一六六八）に設置された郡中《ぐんちゅう》手《て》習所《ならいじょ》がその起源であり、後にこれが大規模に整備され、延宝三年（一六七五）、正式に閑谷学校（閑谷黌《しずたにこう》）と称した。明治三年（一八七〇）、閑谷学校は岡山学校（藩校）に合併され閉鎖されたが、その伝統は明治六年（一八七三）、私立閑谷黌に受け継がれた。現在は、私立閑谷中学校、県立閑谷高等学校、県立和気高等学校閑谷校舎をへて、県立和気閑谷高等学校と岡山県青少年教育センター閑谷学校とに引き継がれている。庶民向けに開校された学校として、懐徳堂に先駆ける存在である。また、手段は異なるが、学校林・学校田といった学領を持ち独自の運営基盤を持っていたところも、懐徳堂に通ずるものがある。

東原庠舎（とうげんしょうしゃ）

　多久邑《たくゆう》（現・佐賀県多久市多久町）の第四代主、多久茂《たくしげ》文《ふみ》が建てた学問所。東原は地名、庠舎は学校の意。元禄十二年（一六九九）、東原庠舎の前身の学舎を建て、後に孔子廟《こうしびょう》（聖廟）を設けて学問所とした。この多久聖廟《せいびょう》では、春秋の釈奠《せきてん》（孔子祭）を行い、現在に至っている。武士の師弟だけでなく、懐徳堂と同じく、庶民向けにも開放された学校であり、日本の近代化や郷土のために尽くした人物が数多く輩出した。明治に入って取り壊されたが、平成三年（一九九一）、現代風に再建され、財団法人「孔子の里」が管理している。

藤樹書院（とうじゅしょいん）

中江《なかえ》藤樹《とうじゅ》（一六〇八～四八）の家塾。中江藤樹は日本陽明学派の始祖で、名は原《げん》、字は惟命《これなが》、藤樹は号。幼少の頃、伊予国大洲《おおず》に移住したが、二十七歳（一六三四）で高齢の母を思い帰郷し、生徒を集めて学を講じた。近郊の農民などで道を求めるものは藤樹の教えをうけ、藤樹先生、近江聖人《おうみせいじん》と尊称された。また、少数ではあるが全国各地より弟子が集まってきたため、慶安元年（一六四八）春、その出身地である近江国高島郡小川村（現・滋賀県高島市安曇川町上小川）に、門人達によって学舎が建てられた。後世これを藤樹書院と呼んだ。懐徳堂に先駆ける私塾である。

中井養仙（なかいようせん）［一六二六～一七一二］

中井甃庵《しゅうあん》の祖父。寛永三年（一六二六）、広島の生まれ。寛文年間、大坂に出て医業を開く。その後、飯田藩主で大坂城定番の脇坂安政に仕官して信州に赴いたが、脇坂氏の転封により、寛文十二年（一六七二）、龍野《たつの》に移った。しかし、宝永三年（一七〇六）、藩主に直言して入れられず辞職、家族を引き連れて大坂に移住した。正徳元年（一七一一）、八十六歳で没。その孫の中井甃庵が懐徳堂二代目学主に就任し、またその後も代々中井家が懐徳堂の学主・預り人として活躍したことを考えれば、この養仙の人生が中井家と懐徳堂をつないだと言える。

妙知焼（みょうちやけ）

享保九年（一七二四）の大坂の大火。同年三月二十一日、南堀江橋通三丁目（現在の西区南堀江二丁目）の老女妙《みょう》知《ち》方から出火、当時の大坂三郷《さんごう》（町人居住区域）の約三分の二を焼失する大火災となり、翌二十二日の夕刻ようやく鎮火した。江戸時代における大坂の火災の中でも最大級の惨事である。この火災に際し、当時三十九歳であった五井蘭洲は病身の母を背負って平野まで避難したが、三月二十九日、辿《たど》り着いた旅宿で病母は没した。また、当時六十歳の三宅石庵も、すでに備前屋吉兵衛、鴻池又四郎など多くの入門者をかかえていたが、高麗橋三丁目の借家とその蔵書を失い、平野に避難した。五同志が石庵を招聘して懐徳堂を開いたのは八ケ月後のことである。

三宅石庵がこの大火のひと月ほど後に災害の惨状をみずから記した書簡が残されている。それによると、大坂の面積の八割を焼失し、西南の大風にあおられて東北へ飛び火し、逃げ惑う人々が上町あたりで踏まれて圧死したり焼死したりし、また大川の北岸へ渡る舟が転覆、市中の堀川でも溺死者が数多く、焼死者は二千八百五十六名、行方不明者千八十二名に及んだという。

　このような状況でも、みずから被災しながら目の前に苦しむ人々を見過ごしにできずに手を差し伸べる人々があった（石庵書簡および『夢の代』雑論所引「甃庵先生四時ノ言」）。石庵や甃庵はこのような人々の姿にあるべき社会の共通基盤を見出し、懐徳堂の設立につながっていったと考えられる。これについては、山中浩之「懐徳堂と三宅石庵」（『大阪商業大学商業史博物館紀要』第十四号、二〇一三年）が石庵書簡の翻刻を載せ、妙知焼と懐徳堂設立との関係を考察している。

2　初期懐徳堂

享保九年（一七二四）に開学した懐徳堂は、中井《なかい》甃庵《しゅうあん》らの奔走により、享保十一年（一七二六）、江戸幕府の官許を得、大坂学問所として公認された。学舎も、隣接する校地を下賜され、間口十一間（約二十メートル）、奥行二十間（約三十六メートル）の規模に拡大された。ただし、大坂の五人の有力町人「五同志」を中心とする運営はその後も懐徳堂の基本となり、言わば半官半民の体制が継続されることとなった。

初代学主として迎えられた三宅石庵《みやけせきあん》、初代預り人で後に第二代学主に就任した中井甃庵、助教として石庵・甃庵を支えた五井蘭洲《ごいらんしゅう》らによって初期懐徳堂の体制が整えられた。当初、懐徳堂は「学主」「預り人」「支配人」の三本柱を軸に同志会がそれを支える構造となっていたが、中井甃庵が預り人に就任してからは、「学主」と「預り人」が学務・校務の最高責任者として運営に当たることとなった。

なお、初期懐徳堂関係者の内、三宅石庵・中井甃庵・三宅春楼・五井蘭洲の関係事項については、第3章2節で取り上げた。

懐徳（かいとく）

「懐徳」の語の由来には諸説がある。西村天囚は『懐徳堂考』において、『論語』里仁篇の「君子懐徳、小人懐土（君子は徳を懐《おも》い、小人は土を懐う）」を出拠としてあげ、また別の箇所では、『詩経』大雅皇矣篇の「予懐明徳（予明徳を懐う）」をあげている。この内、『論語』を出典とする説が通説となっているが、戦後、大阪大学文学部教授となった蔵内数太は、『中庸』にも引かれた『詩経』大雅皇矣篇の句、および『書経』周書洛誥に見える「王伻殷乃承叙、万年其永観朕子懐徳（王 殷をして乃ち承叙せしめば、万年それ永く朕が子を観て徳を懐わん）」を指摘した上で、『書経』の方を出典ではないかとした（「懐徳ということ」『懐徳』第五十四号、一九八五年）。これは、周公が成王に与えた訓戒の語で、周の武王によって殷は滅亡したが、その子の成王が善政を行えば、殷の遺民は周の厚徳に懐くであろうとの意。蔵内は、大坂城落城後の大坂町民は、いわば殷の遺民に比せられないこともない、としてこの言を重視するのである。

また、中井竹山は、寛政八年（一七九六）、懐徳堂再建時の「懐徳堂記」において、「懐とは何ぞ。念《おも》うなり。

存して諼《わす》れず、循《したが》いて違う無きなり。徳とは何ぞ。得なり。夫《そ》れ固有の善と当然の則と之を知りて心に得、之を行いて身に得るなり」と説いている。

なお、『論語』里仁篇の「子曰、君子懐徳、小人懐土、君子懐刑、小人懐恵」の解釈については、古注・新注とも、君子と小人の在り方を対比したものと理解する（その場合の刑は法則という良い意味である）が、荻生徂徠《おぎゅうそらい》『論語徴《ろんごちょう》』は「君子徳を懐えば小人土を懐い（土地に安住する）、君子刑を懐えば小人恵を懐う」との別解を提示している。その場合、この里仁篇の孔子の言葉は、『論語』為政篇の「道之以政、斉之以刑、民免而無恥。道之以徳、斉之以礼、有恥且格（格は古注によれば正、新注によれば至る）」という徳治主義の主張に類似することとなる。

懐徳堂官許（かいとくどうかんきょ）

享保九年（一七二四）に創設された懐徳堂が、大坂町奉行所において、幕府公許の学問所として認められたことを指す。これにより、懐徳堂は校地に対して諸役免除の恩典が与えられ、また大坂学問所とも呼ばれることになった。その前年、菅野兼山《すがのけんざん》が江戸市中に学問所を創立することを目安箱で願い出、幕府の援助を受けて会輔堂《かいほどう》を創設した。その後、さらに京・大坂において学問所を設立する意図が将軍家（徳川吉宗）にあることを三輪執《みわしっ》斎《さい》が伝え聞き、中井甃庵《しゅうあん》に知らせて運動させた。甃庵は同志と相談し、三宅石庵にはしばらく伏せたまま奔走（江戸大坂の往復六回）、執斎らの助力によって実現した。もっとも、石庵は幕府などとの関係を好まず、また五同志のなかでも意見が分かれていた。なお、後の重建懐徳堂の人々は、この幕府官許の時期を以て懐徳堂の創設とした。

五同志（ごどうし）

懐徳堂を創建し、その運営を支えた五人の大坂町人。三星屋武右衛門《みつぼしやぶえもん》（中村睦峰《なかむらむつみね》、号は良斎《りょうさい》）、道明寺屋吉左《どうみょうじやきちざ》衛門《えもん》（富永芳春《とみながほうしゅん》）、舟橋屋四郎右衛門《ふなばしやしろえもん》（長崎克之《ながさきかつゆき》）、備前屋《びぜんや》吉兵衛《きちべえ》（吉田盈枝《よしだみつえ》）、鴻池又四郎《こうのいけまたしろう》（山中宗古《やまなかそうこ》）。五同志は、中井甃庵と図り、尼崎《あまがさき》一丁目（現在の大阪市中央区今橋四丁目）に表口六間半（十二メートル弱）、奥行二十間（約三十六メートル）の学舎を造り、三宅石庵を学主として招いた。彼らは、懐徳堂の創設に際して基金を拠出し、またそれを運用して利益を稼ぐなど、商人の才覚を発揮して懐徳堂の経済的基盤を作った。なお、富永仲基《なかもと》は、五同志の内の道明寺屋吉左衛門の三男である。

富永芳春（とみながほうしゅん）［一六八四〜一七三九］

懐徳堂を創建した五同志の一人。名は徳通《のりみち》、芳春は号。通称・道明寺《どうみょうじ》屋《や》吉左衛門《きちざえもん》。道明寺屋は、少なくとも芳春の先代から、大坂尼崎《あまがさき》で惣菜としての漬け物を製造販売していた。芳春の代になってからは、醤油醸造業も営み、当時の大坂でも有数の大商人の一人となる。五井持軒や三宅石庵に学んだ好学の人でもあった。懐徳堂創建の際に敷地を提供したほか、懐徳堂官許の運動のため中井甃庵《しゅうあん》が江戸へ行く際に同行するなど、懐徳堂の創設とその初期の運営において大いに貢献した。懐徳堂文庫には、芳春の書簡数通が収められている。

なお、三男の仲基《なかもと》は懐徳堂で学び、懐徳堂の異才と称され、また四男の荒木蘭皐《あらきらんこう》（名は定堅《さだかた》、字は子剛《しごう》）も懐徳堂で学んだのち、池田で儒学者田中桐江《たなかとうこう》に師事して、漢詩文を中心とする当地の文化的発展に寄与し、蘭皐の子の李渓《りけい》（別号は商山《しょうざん》）・梅閭《ばいりょ》も懐徳堂で学んで、頼春水・山陽らと交流を持った。

富永芳春尺牘（とみながほうしゅんせきとく）

関係人物名　富永芳春
数量（冊数）　一通
外形寸法（㎝）　縦二八×横一六・五

道明寺《どうみょうじ》屋《や》吉左衛門《きちざえもん》（富永芳春）が、懐徳堂を経済的に支援した同志に宛てて書いた文書。「尺牘」とはあるが、内容は懐徳堂運営資金の預《あずかり》手形《てがた》である。小さく折り畳んだ預手形を包み紙で包んである。包み紙に「道明寺屋吉左衛門文銀貳〆目　辰十二月廿日預り手形入」とあり、預手形には「預り申銀子之事／文銀貳貫目也／右の銀預り申所実正也。何時にても此手形にて返弁可仕候。為後証仍如件。／元文元年丙辰十二月廿日　道明寺屋吉左衛門（印）／学問所同志中」と記されている。印にある「徳通《のりみち》」は、懐徳堂五同志の一人である道明寺屋吉左衛門の名である。

懐徳堂が享保十一年（一七二六）に官許を得て以後、謝礼についての定めをつくっている。それによれば、学問所の運営資金は、聴講者の応分の謝礼のほか、五同志および新旧同志による一定額の醵金《きょきん》によって維持され、不足分は旧来の同志による寄付金の利息を運営費に充

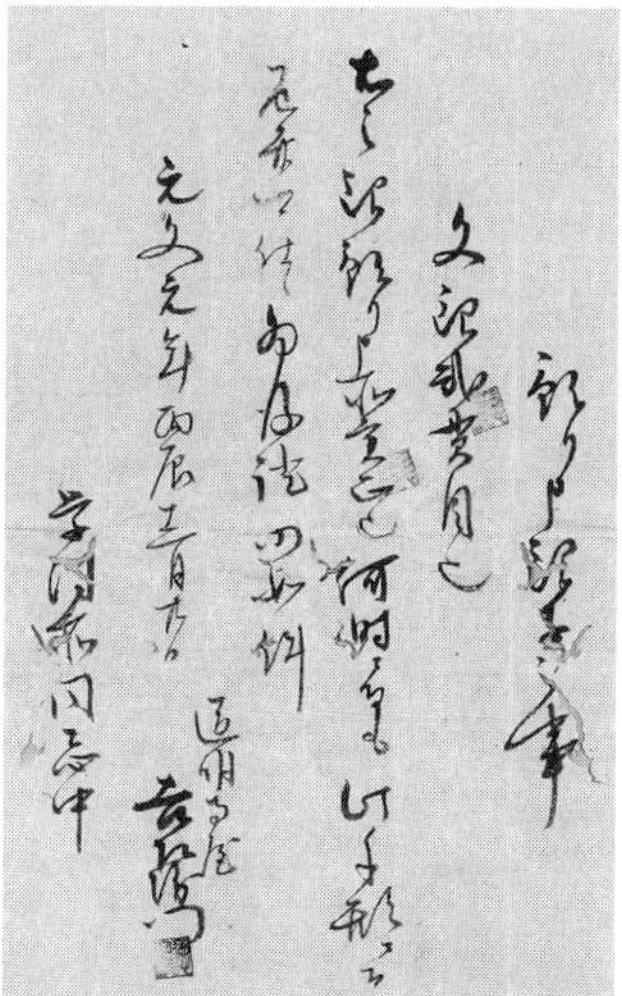

富永芳春尺牘

て、元金は相続料として永久に伝えてゆくことになっていた。富永芳春は懐徳堂の前身である多松堂《たしょうどう》の設立以来、懐徳堂の経済的支援や運営に携わってきた。この手形の日付にある元文元年（一七三六）は、三宅石庵が享保十五年（一七三〇）に没した後、中井甃庵が学主兼預り人として学問所運営に手腕を振るっていた時期で、富永芳春が甃庵当時の学問所の経営に果たしていた役割の一面を窺うことができる。

三星屋武右衛門（みつぼしやぶえもん）［一六七四～一七三二］

懐徳堂を創建した五同志の一人。姓は中村、名は睦《むつ》峰《みね》、三星屋武右衛門と称し、良斎と号した。大坂の人。延宝二年（一六七四）九月二日、大坂安土町二丁目に生まれた。賃貸業を営むかたわら、三宅石庵に教えを受けた。懐徳堂創立に力を尽くし、五同志の一人に数えられる。創建当時五十歳と、五同志の中では最年長であり、また、温厚で長者の風格もあったため、長老としてまとめ役となった。享保二十年（一七三五）に清書される「定《てい》約《やく》」は良斎の草案による。享保十七年（一七三二）四月四日没。なお、同じ五同志の一人富永芳春が良斎の行状を仮名文で記した「中村良斎先生行状」が、懐徳堂文庫の小天地閣叢書の中の「懐徳堂記録」内に収められている。

三星屋庄蔵（みつぼしやしょうぞう）

五同志の一人三星屋武右衛門（中村睦峰《むつみね》）の子。通称は三星屋庄蔵、号は東庵。『論孟首章講義』巻末の「浪華学問所懐徳堂開講会徒」に受講生として名前が見える。また、中井甃庵が学主であった享保二十年（一七三五）の定約および附記や、宝暦四年（一七五四）の甃庵の遺書に名前が見え、父中村良斎なき後、初中期の懐徳堂を支えた人物であったことが知られる。

舟橋屋四郎右衛門（ふなばしやしろえもん）

懐徳堂を創設した五同志の一人。姓は長崎、名は克《かつ》之《ゆき》。船橋屋四郎右衛門と称し、黙淵と号した。生没年未詳。毛綿問屋業を営むかたわら、三宅石庵に教えを受けていた。懐徳堂創立に力を尽くし、五同志の一人に数えられるが、石庵死去の後、学問所の世話役を一時離脱している。墓は八尾市服部川の曹洞宗神光寺にある。なお、神光寺には、三宅石庵・春楼、三星屋、含翠堂《がんすいどう》の土橋誠《つちはしせい》斎《さい》（友直《ともなお》）の墓もある。

備前屋吉兵衛（びぜんやきちべえ）［一六九〇～一七六七］

懐徳堂を創設した五同志の一人。姓は吉田、名は盈《みつ》枝《え》。備前屋吉兵衛と称し、河久、養斎と号した。元禄三年（一六九〇）三月二日生まれ。材木問屋を営むかたわら、享保四年（一七一九）、三宅石庵の私塾に入門した。国学を好み、連歌をよくした。父の喪が明けた中井甃庵の住居の世話をしたり、懐徳堂官許申請の際には、富永芳春・中井甃庵とともに江戸に下るなど、初期懐徳堂のために力を尽くしている。明和四年（一七六七）七月十九日没。

鴻池又四郎（こうのいけまたしろう）

　懐徳堂を創設した五同志の一人。姓は山中。号は宗《そう》古《こ》。生没年未詳。堺の日野屋七左衛門の五子。二代鴻池善右衛門宗利の養子となり、三代目宗誠の娘津世と結婚。日本有数の豪商鴻池の分家として今橋二丁目に住む。諸大名の蔵元や掛屋を勤めるかたわら、享保四年（一七一九）、三宅石庵の私塾に入門した。懐徳堂創立に力を尽くし、五同志の一人に数えられ、五同志中もっとも富裕な家であった。『三貨図彙《さんかずい》』を著した草間直方《くさまなおかた》は、鴻池家の別家《べっけ》・草間家の女婿である。

　なお、宝暦八年（一七五八）の「定約附記《ていやくふき》」に見える「鴻池又四郎」は、宗古の子宗貞であり、また、天明二年（一七八二）の「懐徳堂義金簿」に「鴻池宗太郎」とあるのは、宗古の曾孫宗通であり、鴻池家が代々懐徳堂に貢献したことがわかる。さらに重建懐徳堂期においても、島村久（鴻池銀行理事）、鴻池善右衛門（鴻池銀行社主）が懐徳堂記念会の発起人に名を連ねるなど、鴻池家と懐徳堂との関わりは深い。

鴻池稲荷祠碑拓本→一五二頁

浪華学問所懐徳堂開講会徒（なにわがくもんじょかいとくどうかいこうかいと）

　享保十一年（一七二六）十月五日、初代学主三宅石庵の記念講義を聴講した人の名簿。享保九年（一七二四）に開学した懐徳堂は、その二年後、中井甃庵《しゅうあん》らの奔走により、江戸幕府から官許を得て大坂学問所となった。それを記念する講義として、石庵は『論語』『孟子』の各々の首章を講じた。その筆記録が『論孟首章講義』として残されている。その末尾に、当日の受講者七十八名の姓名が列挙されている。これにより、懐徳堂の講堂に収容しうる人数がおおよそ推測でき、また、受講生の中に、含翠堂《がんすいどう》の関係者である成安源右衛門、徳田四郎左衛門らがいたこと、後に懐徳堂助教となる五井藤九郎（蘭洲）も聴講していたことなどが分かる。

右塾、左塾（うじゅく　さじゅく）

　享保十一年（一七二六）、懐徳堂が幕府の官許を得て開講した際の学舎の名。懐徳堂は、享保九年（一七二四）、尼崎町一丁目北側の道明寺屋吉左衛門宅に講舎を構えて開講し、その規模は間口六間半（約十二メートル弱）、奥行二十間（約三十六メートル）であったが、その二年後、幕府の允許を得て隣接する校地を下賜され、間口十一間（約二十メートル）、奥行二十間となった。その際、講堂を修復するとともに、従来より三宅石庵が居住していた部分を右塾とし、また、新地部分に門と左塾を建て、預り人・中井甃庵を住まわせることとなった。さらに、東北隅に二間×六間の長屋を建て寄宿寮にあてた。これにより、懐徳堂は、講堂、右塾、左塾、寄宿寮を備える堂々たる学舎となった。

諸役免除（しょやくめんじょ）

官許学問所となった懐徳堂が、通常の諸役を免除されたこと。当時の大坂は、北組、南組、天満《てんま》組の三郷《さんごう》から成り、東西の町奉行が市政を管轄していたが、日常の諸事は、三郷に配されていた惣年寄や各町の年寄を経ることとなっていた。しかし、懐徳堂は、享保十一年（一七二六）に幕府の官許を得、学校敷地を下賜されたことにより、そうした町政の管轄を離れることとなった。具体的には、丁役は免除され、人別も町方とは別証文となり、各種申請・報告なども町方を経由せず、直接奉行所に届け出ることとなった。さらに、帯刀の者を勝手に止宿させることは、大坂三郷内では禁止されていたが、懐徳堂では、帯刀した儒生の滞在も多かったことから、止宿させることも届け出無用とされた。こうした特権と引き替えに、懐徳堂は、奉行所や大阪城代との直接交渉が多くなったが、中井竹山は政治的才能を発揮して懐徳堂の発展に努めた。こうした外交の実態については、『懐徳堂外事記』に記録されている。

学主（がくしゅ）

懐徳堂の学長兼教授。懐徳堂の運営は、学務と校務とに分担され、学務上の最高責任者が学主と呼ばれた。学主は、懐徳堂の学務を統括し、自ら講義を担当したので、教授とも呼ばれ、助教《じょきょう》がそれを補佐した。懐徳堂創設期の初代学主（教授）は三宅石庵であり、助教には、五井蘭洲などが名を連ねた。また、中井竹山以前は学主とのみ称したが、竹山の時、対外的な届書などには学主の名を用い、漢文体の文書などには教授と記したため、以後は教授とのみ称するようになった。なお、第二代以降の学主（教授）は次の通りである。中井甃庵《しゅうあん》、三宅春楼、中井竹山、中井碩果《せきか》、中井桐園《とうえん》、並河寒泉《なびかわかんせん》。また、中井履軒も、竹山逝去の際、名目上の学主に就いたが、実際には、懐徳堂から一定の距離を置き、自らの私塾水哉館《すいさいかん》で研究教育に専念した。

預り人（あずかりにん）

懐徳堂の校務・俗務の最高責任者。懐徳堂の運営は、学務と校務とに分担され、学務上の責任者が学主と呼ばれたのに対して、校務・俗務の責任者は預り人と呼ばれた。享保十一年（一七二六）に懐徳堂が江戸幕府から官許を得たことを受けて、幕府から拝領した学問所用地を預かる、というのが原義。預り人は、対外的な雑事を含む校務全般を担当し、授業を兼任することもあった。現代的に言えば、学主は学長兼教授、預り人は事務長という位置づけになる。歴代の預り人は次の通り。中井甃《しゅう》庵《あん》、中井竹山、中井蕉園《しょうえん》、中井碩果《せきか》、中井桐園《とうえん》。

支配人（しはいにん）

懐徳堂の雑務を取り仕切る人。享保十一年（一七二六）、幕府から官許を得た懐徳堂は、「学問所行司」署名による壁書《へきしょ》（定書）を掲示した。それによれば、初めて出席する受講生は、預り人中井甃庵に申し出ることとし、甃庵不在の折には、支配人道明寺屋新助に申し出ることと規定している。ここにいう支配人とは、校務の最高責任者「預り人」と同志や「行司」の下にあって実質的に雑務を管轄する者のことを言い、五同志の一人道明寺屋の手代新助がその任に当たった。新助が亡くなった元文二年（一七三七）以降は、支配人を置かず、預り人が実務を担当するようになったため、それまで客分的存在であった預り人の存在が大きくなった。

道明寺屋新助（どうみょうじやしんすけ）［?～一七三七］

懐徳堂創立に関わった道明寺屋の手代。手代とは、主人から一定の範囲内で売買・出納などの権限を委託された使用人のことで、番頭より下、丁稚より上に位置する。新助は、懐徳堂が官許学問所となった享保十一年（一七二六）以降、学問所の支配人として雑務を管轄した。元文二年（一七三七）に新助が亡くなった後は、五同志の内の長崎克之、中村良斎の離脱もあって、これらの校務も預り人が一手に管轄するようになった。

並河誠所（なびかせいしょ）［一六六八～一七三八］

初期懐徳堂の助教。並河天民《てんみん》の兄。名は永。字は宗永、後に尚永と改める。「並河」は一般に「なみかわ」と読まれるが、誠所は「なびか」と自署している。五一郎と称し、誠所、五一居士と号す。京師の人。天民とともに伊藤仁斎《いとうじんさい》に師事する。博学であり経史釈老諸子から、兵法和歌文武の諸技に至るまで通じていた。懐徳堂開設当初、五井蘭洲《ごいらんしゅう》、井上赤水《いのうえせきすい》とともに初代学主三宅石庵《みやけせきあん》を助けた。享保十四・五年（一七二九・三〇）頃懐徳堂を去った。その後、掛川・川越の二主に仕え、後に江戸に移り開塾。老後、伊豆に隠居した。この頃より、『日本輿《にほんよ》地通志《ちつうし》』の撰述を企て、幕府の援助を受けて、官撰地誌の先駆となる「畿内部」（いわゆる『五畿内志』）を著わして幕府に献じた。元文三年（一七三八）三月十日没。

並河天民（なみかわてんみん）〔一六七九～一七一八〕

並河誠所《せいしょ》の弟。名は亮。字は簡亮、天民は私諡。懐徳堂最後の教授並河寒泉《かんせん》の曾祖父に当たり、寒泉は『家祖先哲拾遺録』によって天民を顕彰している。京都の人。はじめ誠所とともに伊藤仁斎《いとうじんさい》に師事したが、仁斎の「仁義礼智は天地自有の物にして性の固有する所に非ず」の説を批判するに至る。その学説は『天民遺言』や寒泉編の『家祖先哲拾遺録』などによって知られ、四端の心は即ち仁義礼智であり、四端の外に仁義あるに非ずと説いた。そのかたわら兵学にも通じ、また、医法を学び本草を究めた儒医でもあった。また、上疏して蝦夷地方を内属となすべきと論じたが、志半ばにして、享保三年（一七一八）四月八日、四十歳で没した。

井上赤水（いのうえせきすい）

初期懐徳堂期の助教。生没年未詳。姓は井上。名は正臣。左兵衛、左平と称し、赤水と号した。含翠堂《がんすいどう》創立の同志であり、伊藤東涯の「含翠堂記」、土橋宗信の「含翠堂記」によれば、赤水が屋敷を提供して講義が行われていたという。三宅石庵・五井持軒が含翠堂の講義に招聘されており、このころにはすでに面識があったと思われる。五井蘭洲とともに、中井甃庵時代の初期懐徳堂の助教となるが、享保十五年（一七三〇）、三宅春楼の代になると京都に去った。懐徳堂文庫には、赤水が並河誠所に送った書状が「井上赤水先生消息」一巻として残されている。

加藤景範（かとうかげのり）〔一七二〇～一七九六〕

初期懐徳堂の門下生。字は子常、号は竹里《たかさと》、有山。享保五年（一七二〇）生まれ。大坂の折屋町で薬種業を営み、その屋号「小川屋」が通称。加藤家は、織田信長の家臣加藤宗味を祖とし、その父信成は医師であったが、学問を好み五井持軒、三宅石庵、三輪執斎らに学んだ。信成は『承露吟集』『聴玉集』などの家集を持つ歌人でもあった。景範もまた学を好み、三宅石庵、中井甃庵、五井蘭洲らに学んだ。その後、歌学を京の歌人松井政豊に学び、『国雅管窺《こくがかんき》』などを著した。また、歌人有賀長因を大坂に招いた人物としても知られており、大坂歌学の発展に力を尽くした。

懐徳堂文庫には、この加藤景範関係の資料として、山城国葛野郡川島村《かわしまむら》の孝子義兵衛《ぎへえ》の行状を記した『かはしまものかたり』、書簡を集めた『加藤竹里書簡集』自筆本二帖、五井蘭洲・中井竹山・履軒などの詩文を景範が編集した『国儒雑著』三冊などが収められている。寛政八年（一七九六）、七十六歳で没。

入江育斎（いりえいくさい）［一七一八～一七九九］

近世の豪商住友の一族。名は友俊、通称は理兵衛。育斎は号。住友の初代政友《まさとも》（一五八五～一六五二）は京都で薬種・出版業を営んでいたが、二代友以《とももち》（一六〇七～一六六二）は銅精錬業・銅商で泉屋を興し大坂に進出した。育斎はその五代当主友昌《ともまさ》の弟で、学問を好み、懐徳堂の助教五井蘭洲に儒学を学び、和歌を冷泉為村に学んだ。墓は、五井蘭洲の墓と並んで、住友家の菩提寺である実相寺にあり、その碑文は中井蕉園《しょうえん》の撰文である。

育斎の大坂学術界に対する思い入れはひとしおで、例えば、五井蘭洲撰「契沖碑文」は彼の働きかけが契機となって作成された。契沖は江戸前期の国学者で、近世国学の基盤を作った。契沖は大坂高津の円珠庵で逝去したが、四十三年を経てその墓地が荒廃してきたのを当時の円珠庵主源光が憂えて、墓地の修復を思い立ち、育斎に相談した。彼は墓地に碑文の設置を考え、その碑文の作成を蘭洲に依頼したと言う。

なお、住友家は、重建期の懐徳堂とも縁が深く、当主の住友吉左衛門《すみともきちざえもん》をはじめ、鈴木馬左也《すずきまさや》、中田錦吉《なかたきんきち》、小倉《おぐら》正恒《まさつね》ら歴代の住友総理事が財団法人懐徳堂記念会の役員を務め、また戦後も、堀田庄三《ほったしょうぞう》（住友銀行頭取）、伊部《いべ》恭之助《きょうのすけ》（住友銀行相談役最高顧問）、巽外夫《たつみそとお》（三井住友銀行特別顧問）、西川善文《にしかわよしふみ》（三井住友銀行特別顧問）、蔭山秀一《かげやましゅういち》（三井住友銀行代表取締役副会長）が理事長を務めている。

第2章 懐徳堂の経営と教育

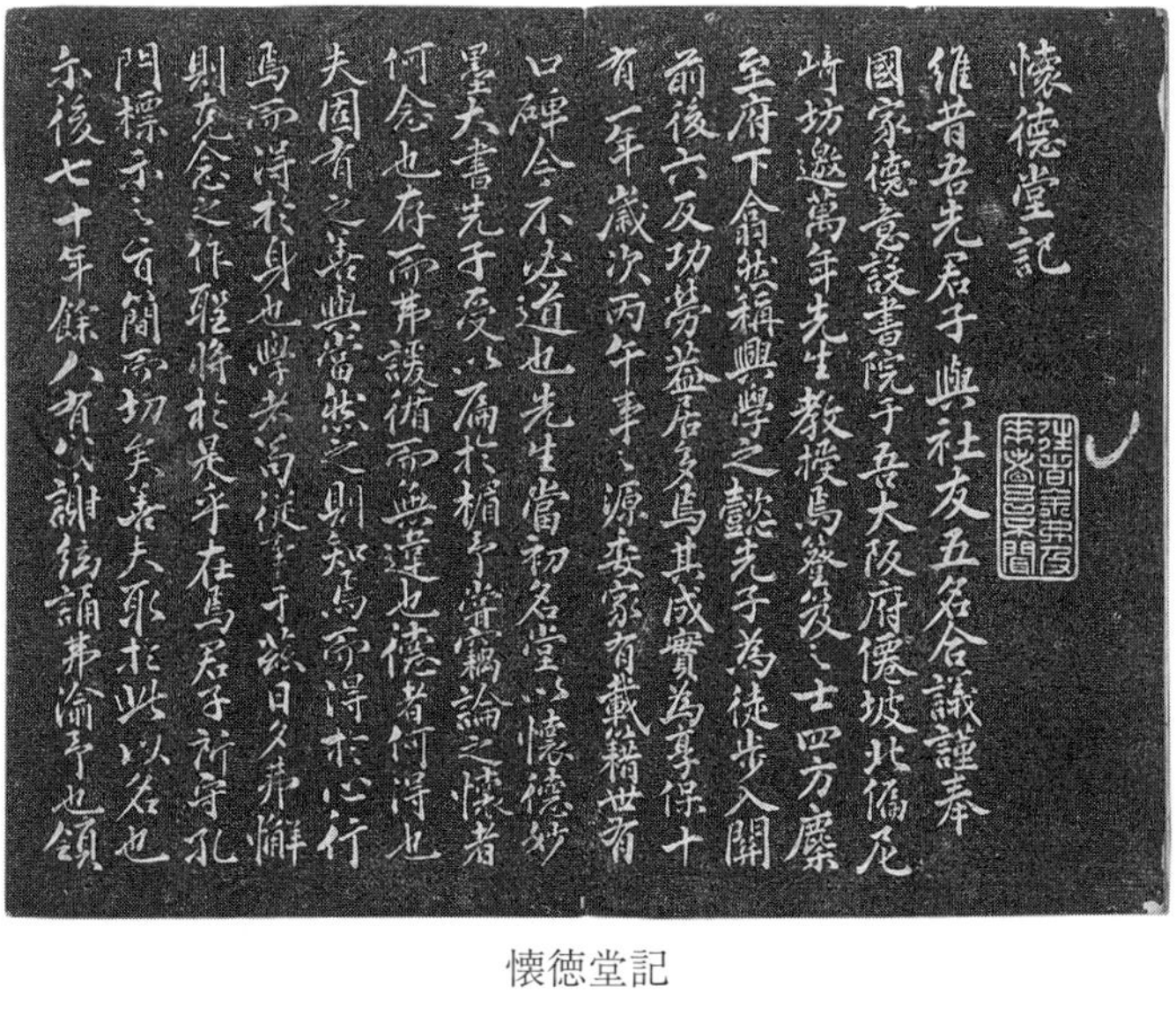
懐徳堂記
維昔吾先君子與社友五名合議謹奉
國家德意設書院于吾大阪府僊坡北偏尼
崎坊邀萬年先生教授焉鑾發々士四方麇
至府下翕然稱興學之懿先子為徒歩入關
前後六反功勞益居多焉其成實為享保十
有一年歳次丙午事々源委家有載籍世有
口碑今不必道也先生當初名堂以懐德妙
墨大書先子受以扁於楣乎嘗論之懐者
何念也存而弗諼循而無違也德者何得也
夫固有之善與當然之則知焉而得於心行
焉而得於身也學者苟從事于茲日夕弗懈
則充念之作聖將於是乎在焉君子所守孔
門標示之有簡而切矣吾夫取於此以名也
亦後七十年餘人有以謝誦弗渝乎也頌

懐徳堂記

1　懐徳堂の運営

懐徳堂は、大坂の五人の有力町人の出資によって創設され、以後も五同志を中心とする同志会の醵金《きょきん》やその運用利益によって経営された。また、学則に相当する定書《さだめがき》・定約《ていやく》類からは、学費・聴講・席次などについて、身分制の当時としてはかなり自由な精神で臨んでいたことが分かる。受講生の謝礼（受講料）は、五節句ごとに銀一匁《もんめ》または二匁ずつ、また、貧苦の者は「紙一折、筆一対」でもよいという緩やかなものであった。さらに、懐徳堂記、懐徳堂書院掲示、懐徳堂内事記などの諸資料からは、第四代学主中井竹山によって規約が厳格に整備され、教育の充実がはかられたことが分かる。

定約・定書（ていやく　さだめがき）

懐徳堂の諸規定を定めたもの。「定約」は教育制度を含む懐徳堂全般の取り決めについて記したもの、「定書」は学舎や学寮における諸規定について記し、講堂・学寮などに掲示されたもの。定約としては、「摂州大坂尼崎町学問所定約」全七条、「宝暦八年（一七五八）定約附記」全五条など、定書としては、「宝暦八年（一七五八）定書」全三条、「安永六年（一七七七）正月定書」全一条、「安永七年（一七七八年）六月定書」全八条などが著名である。これらの規定から、懐徳堂では、学費・聴講・身分の上下などについて、当時としてはかなり自由な精神で臨んでいたこと、第四代学主中井竹山によって学則が厳格に整備されたこと、などが知られる。

なお、懐徳堂の教育や運営を知りうる資料としては、この他、享保九年（一七二四）五月から天明三年（一七八三）三月に至る学内の主要な出来事六十六条を年代順に記した『懐徳堂内事記《ないじき》』、享保十一年から安永九年に至る大坂奉行所や町内との折衝など七十三条を記した『懐徳堂外事記《がいじき》』などがある。

聯（れん）

漢文の対句を二つに分けて書き、それを家の入り口、門、壁などに左右相対して掛けたもの。「対聯（たいれん・ついれん）」「柱聯《ちゅうれん》」「門聯」「楹聯《えいれん》」とも言う。通常、扁《へん》額《がく》（横額）とセットにして掲げられ、扁額の文字と聯の内容とには密接な関連がある。懐徳堂学舎には、教育的効果を狙って至るところに「聯」がかけられていたという。その内、最も著名なものは、懐徳堂の中門の左右に

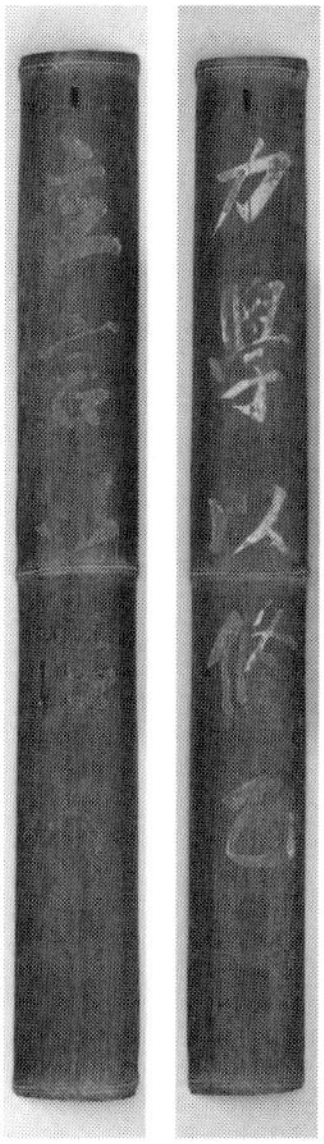

中井竹山筆　入徳門聯

掛けられていた竹製の聯「学に力《つと》めて以て己を修め、言を立て以て人を治む（力學以修己　立言以治人）」である。この門の上部に竹山の筆で「入徳之門」と記した額がかけられていた（散佚）ことから、この聯は「入徳門聯」と呼ばれる。また、この他、講堂南面の二つの柱に掲示された「堂聯」（下聯のみ残存）、講堂の北牖《ほくゆう》（北側の窓）の左右に相対して掛けてあった「北牖聯」（散佚）などがあった。

壁書（へきしょ）

懐徳堂内に掲示された文書。内容は、学舎や寮舎の規則を述べた定約・定書の類。懐徳堂最初の壁書は、享保十一年（一七二六）十月、玄関に掲示されたもので全三条から成る。第一条では、学問の目的について、職業活動の前提としての「忠孝」の重要性を説き、懐徳堂の講義内容も、その主旨を説き進めるのが第一であるから、書物を持たない人も聴講してよいと規定する。また、やむを得ぬ用事があれば、講義の途中でも退出してよいと記す。第二条では、席次について、武家方は上座と一応規定するが、但し書きとして、講義開始後に出席した場合は、武家方と町人との区別はないとする。第三条では、入学について、中井忠蔵（甃庵）までその旨を断ること。ただし、甃庵が外出中は、支配人まで申し出ることとしている。特に、第一条・二条には、大坂町人を主要な受講生として開講した懐徳堂の特色がよく表れている。

日講（にっこう）１（三宅石庵学主の頃）

懐徳堂において通常（平日）開講されていた公開講義。初期懐徳堂においては、学主三宅石庵が講釈をあまり好まなかったことにより、助教の五井蘭洲《ごいらんしゅう》、並河誠所《なびかせいしょ》、井上赤水《いのうえせきすい》らが日々の講義を務めた。日講のテキストは、四書（『大学』『中庸』『論語』『孟子』）および『書経』『詩経』『春秋胡安国伝』『小学』『近思録』、休日は、毎月の一日、八日、十五日、二十五日と規定された。また、日講に対する受講生の謝礼（受講料）は、五節句ごとに銀一匁《もんめ》または二匁ずつ、また、貧苦の者は「紙一折、筆一対」でもよいという緩やかなものであった。なお、懐徳堂では、日講以外にも、同志会や詩会などの学習会があった。

日講（にっこう）２（三宅春楼学主の頃）

宝暦八年（一七五八）、第三代学主に就任した三宅春《みやけしゅん》楼《ろう》は、同年八月十九日、学主としての初の講義で『大学』を講じた。以後、「四九の夜講」（毎月四と九のつく日の夜の講義）で『大学』の講釈を担当した。また、助教の五井蘭洲も、同年八月二十二日に『易伝』を講じたのを皮切りに、以後「二七の朝講」（毎月二と七のつく日の朝の講義）で『易伝』の講釈を担当した。

日講（にっこう）３（中井竹山学主の頃）

天明二年（一七八二）、第四代学主に就任した中井竹山は、同年十二月二日、学主としての初の講義に臨み、『論語』学而篇第六章を講じた。竹山の学主就任前、先代の三宅春楼が病弱であったため、毎月六回分の日講以外は、学主による講習などは一切なく、学風が弛緩していたという。そこで竹山は、講義に専念し、「二七の朝講」では『尚書』を、同日の夜講では『近思録』を講じ、同月三日からは昼に『瀾源録《らくげんろく》』の会読を開始、四日からは夜に『大学』を講義じ、六日の昼には『左伝』の会読を開始した。これにより、休日を除く毎日、学主の講義が精力的に行われることとなった。

休講（きゅうこう）

懐徳堂の休講日。開講当時の定書に記された規定では、毎月の一日、八日、十五日、二十五日、三宅春楼が学主に就任した宝暦八年（一七五八）の規定では、毎月の一と五の日。中井竹山が学主に就任した天明二年（一七八二）の規定では、毎月の五と十の日となった。

同志会（どうしかい）

日講とは別に同志が集まり、日講所定の書とは異なる文献を学習する会合。享保十一年（一七二六）、三宅石庵が開講した際の規定によれば、日講では四書の他、『書経』『詩経』などを講ずることとしたが、この会合では、『象山集要』（陸象山の文集『陸象山全集』の摘要か）を講じた。毎月十五日を会合日としていたが、後に十六日に変更となった。このように三宅石庵は、公開の日講では朱子学のテキストを講じつつ、同志会では陸象山の文献を講じており、その折衷的傾向が窺える。なお、同志会は、春楼の頃には休会状態となっていたが、竹山によって再興され、毎月十三日に行われた。

詩会（しかい）

懐徳堂同志による詩作の会。懐徳堂は享保十一年（一七二四）の開講に当たり、日講の書を朱子学の書と規定した。また、享保二十年の「摂州大坂尼崎町学問所定約」では、「四書五経、其の外《ほか》道義の書講談致し、他の雑事講し候う儀一切無用に候う事」と厳しく規定しているが、受講生減少の折には「学主の心得にて、人寄せのため、詩文等の講釈はくるしからざる事」と附言している。また、三宅春楼が学主に就任した際に定めた「宝暦八年（一七五八）定約附記」でも、講ずる書は「四書五経道義の書のみ」と規定する。ただし、余力があれば「詩賦文章」あるいは「医術」を、関心のある人に内々で講じたり、会読したり、あるいはまた、詩や文章の会などをもうけることは例外として認めている。そして、竹山が学主に就任してからは、詩会も定例で行われるようになった。

懐徳堂改築（かいとくどうかいちく）

宝暦元年（一七五一）に行われた懐徳堂学舎の改築。享保十五年（一七三〇）、懐徳堂初代学主三宅石庵が亡くなり、中井甃庵が学主に就任し、預り人を兼務した。その後、甃庵は学舎の老朽化を懸念して改築を思い立ったが、資金難の折から、大工たちに賃金の後払い（五年分割）を願い出た。大工たちは、その意気に感じ、宝暦元年正月に着工、わずか十余人で六月に竣工させた。甃庵は時に六十歳、自ら節約に努め、また鴻池又四郎らの寄付もあって賃金は約束通り支払われた。

規約改正（きやくかいせい）

懐徳堂の校風に著しい変化をもたらした規約の改正。三宅春楼が第三代学主に、また中井竹山が預り人に就任した際の規約改正、すなわち「宝暦八年（一七五八）定《さだめ》書《がき》」全三条、同・「定約附記《ていやくふき》」全五条などを指す。それによれば、初代学主三宅石庵の頃との大きな相違として、（一）正式な入門手続きを経なくても聴講できることとする、（二）席順について、必ずしも武家を上座とせず、新旧・長幼・学術の深浅によって互いに譲り合うこととする、（三）学主世襲の禁を解く、また、学主・預り人の兼務を禁ずる、（四）支配人を廃し、学主（教導）・預り人（公務）の体制とする、（五）医書詩文集を講ずるを許す、などがあげられる。

白鹿洞学規（はくろくどうがくき）

南宋の朱子が定めた学生心得「白鹿洞書院掲示」のこと。白鹿洞は、唐の貞元年間（七八五〜八〇五）に設けられた書院であったが、その後荒廃し、朱子によって淳熙六年（一一七九）に修復された。その際に朱子は、教学の原則を古典の中から引用して構成し書院に掲示した。白鹿洞（書院）学規というのは後世の呼称である。懐徳堂では、天明二年（一七八二）、中井竹山が第四代学主に就任した際、この学規を巨板に刻んで講堂に掲示し、また中井履軒もこれを抄写して堂内に掲げたという。懐徳堂文庫には、その履軒抄写本の拓本が残されている。

白鹿洞書院掲示拓本（はくろくどうしょいんけいじたくほん）

関係人物名　中井履軒
数量（冊数）　一枚
外形寸法（㎝）　縦四一・三×横一六七・〇（残存部分）

白鹿洞書院掲示とは、朱子が白鹿洞書院を再建する際に定めた学生心得。後に朱子学の普及とともに、中国をはじめとする近隣諸国の学校において、教育の大綱として利用され続けた。朱子学を宗とした懐徳堂も例外ではなく、天明二年（一七八二）に中井履軒がこれを抄写して堂内に掲げた。本資料はその拓本である。

白鹿洞は、もと唐の貞元年間（七八五～八〇五年）に江西省星子県の西北の廬山《ろざん》にある五老峰《ごろうほう》に設けられた書斎の名で、そこに隠居した李渉《りしょう》と李渤《りぼつ》の兄弟が、常に白い鹿を従えていたことにちなんでつけられたものである。白鹿洞は、五代の末に一度滅んだが、北宋に入って復興され、四大書院の一つに数えられ、隆盛を誇った。しかし宋の南渡の際、再び衰亡し、朱子が南康軍の知事としてこの地を訪れるに及んで、その荒廃を嘆き、淳熙六年（一一七九）にこれを修復し、学生を集め、自らも講義を行うなどして復興に努めた。

掲示の内容は、教学の原則を古典の中から引用して構成したものである。学問の基本となる「五つの教え」については、『孟子』から「父子親《しん》有り、君臣義有り、夫婦別有り、長幼序有り、朋友信有り」（滕文公上篇）と。この「五教を学ぶ順序」については、『中庸』から「博《ひろ》く之を学び、審《つまび》らかに之を問い、慎しみて之を思い、明らかに之を弁じ、篤《あつ》く之を行なう」（第二十章）と。その要点として、「身を修める要」については、『論語』から「言《げん》忠信、行《こう》篤敬」（衛霊公篇）、『易』から「忿《いかり》を懲《こ》らし慾《よく》を窒《ふさ》ぐ」（損卦象伝）、および「善に遷《うつ》り過《あやま》ちを改む」（益卦象伝）と。また「事柄に対処する要」については、『漢書』から「其の義を正して其の利を謀らず、其の道を明らかにして其の功を計らず」（董仲舒伝）と。「人に対応する要」については、『論語』から「己の欲せざる所を、人に

有信
右五教之目
博學之審問之
慎思之明辨之
篤行之
右爲學之序
言忠信行篤敬
懲忿窒慾
遷善改過
右修身之要
正其義不謀其
利明其道不計
其功
右處事之要
己所不欲勿施
於人
行有不得反求
諸己
右接物之要
天明二年壬寅
冬
懐徳書

白鹿洞書院掲示拓本

施すこと勿《な》かれ」（衛霊公篇）、『孟子』から「行いて得ざる者有れば、諸《これ》を己に反求す」（離婁上篇）と、引いている。

後世、「白鹿洞書院学規」とも呼ばれているが、朱子の跋文によれば、拘束力の強い「学規」という呼称を嫌っており、「掲示」とするのが朱子の本意である。

なお、懐徳堂所蔵の拓本は、「父子有親君臣、有義夫婦有別、長幼有序朋友」の部分が破断により残欠となっており、周辺部も劣化していたが、大阪大学創立七十周年記念事業で公開されたバーチャル懐徳堂では、履軒の筆跡をもとに復元したものが使用された。

五舎（ごしゃ）

寛政八年（一七九六）に再建された懐徳堂の東に増設された寄宿舎。懐徳堂は、寛政四年（一七九二）の火災によって類焼し、時の学主中井竹山の奔走により、同七年から八年にかけて再建された。その際、懐徳堂の東側に五つの寄宿舎が増設され、各々、「梅舎」「桃舎」「槐舎」「桂舎」「楓舎」と命名された。

竹山は、絵師に命じてそれぞれの絵を屏風に描かせ、その子碩果に五舎銘を作らせた。寄宿舎の定約は、竹山が明和元年（一七六四）に制定した懐徳堂書院掲示を踏襲したという。

寧静舎（ねいせいしゃ）

懐徳堂内に住む諸生（学生）のための学寮の名。五室からなる。『履軒古風』には、諸生に勉学に励むことを促す内容の「寧静舎の壁に書して諸子に示す」と題する履軒の文章が収められている。また寧静舎の額は、履軒の書であったという。寛政四年（一七九二）、懐徳堂は火災により焼失し、その四年後に再建された。その際、学寮は、「梅舎」「桃舎」「槐舎」「桂舎」「楓舎」と命名された。この学寮には少なくとも二、三十人は収容できたという。

主人養成の良法（しゅじんようせいのりょうほう）

懐徳堂の教育に対する西村天囚の批評。天囚はその著『懐徳堂考』の中で、懐徳堂の教育の特性に言及し、その根幹が道徳性の涵養にあったことを高く評価した。懐徳堂で受講した大坂商人についても、「懐徳堂のお蔭にて、徳を修め身を潤すの富をも得て、日本一の商業地たる名誉をも今日に持続しつるなり」と述べた。また、当時（明治末から大正）の状況と比較して、「今の商工教育は使用人養成の遺口《やりくち》なり。昔の懐徳堂教育は主人養成の良法なり」と対比した上で、いかに商売上手の使用人を養成しても、主人となる心得を教育されなければ、やがては取引先の信用を失うであろうと、商工における道徳の重視を主張している。

学問所建立記録（がくもんじょこんりゅうきろく）

中井竹山が懐徳堂建立の経緯を詳細に記したもの。宝暦八年（一七五八）八月中井竹山自筆本が、昭和八年（一九三三）、中井木菟麻呂《つぐまろ》より懐徳堂記念会に寄贈された。原本は漢字仮名交じり文。翌年の『懐徳』第十二号にその翻刻が「懐徳堂旧記」の一つとして掲載されている。内容は、三宅石庵と平野の含翠堂《がんすいどう》との関係、中井甃庵《しゅうあん》と五同志による学舎の創建、その背景としての将軍吉宗の学問奨励、学問所設立の出願・許可の次第、石庵の開講、敷地の拝領、本記録作成の経緯などに及んでいる。竹山は、この記録について、懐徳堂雑記や中井甃庵の文集、および少々の頃より甃庵から伝えられた内容を基とし、さらに、旧五同志にも確認して執筆したものであると述べている。末尾には、中井善太（竹山）の署名・捺印に続いて、「右の通り相違之無き候」として三宅才二郎（春楼）、舟橋屋四郎右衛門、備前屋可久、中村東菴の署名・捺印が見える。

御同志中相談覚書（ごどうしちゅうそうだんおぼえがき）

関係人物名　中井竹山
数量（冊数）　一冊
外形寸法（cm）　縦二六・三×横一八・九
懐徳堂文庫図書目録該当頁　国書四〇上

天明二年（一七八二）、三宅春楼が没し、竹山が五十三歳で学主兼預り人となった時、同志と協議した事項十六条を記したもの。中井竹山自筆。現在は、「懐徳堂記録」の一つとして「学問所建立記録」「懐徳堂定約附記」などとともに書帙《しょちつ》に収められている。また、『懐徳』第十三号（昭和十年）に「懐徳堂旧記」の一つとして翻刻されている。

内容は、「学主継目並に其跡諸事御同志中へ御相談申候覚」として十六条を列挙するものであり、学主の跡目について評議を乞う、前学主三宅春楼の行状と竹山の改革意見、堂内住居の区分について、などが続く。特に、注目されるのは三宅春楼への批判である。春楼は、懐徳堂初代学主三宅石庵の子で、第二代学主中井甃庵の後を受けて、宝暦八年（一七五八）、四十八歳で第三代学主に就任した。ただ、病弱だったこともあって際だった学問的業績は残しておらず、また、父・石庵が始めた売薬を継続して利潤を挙げ、学校の隣家を借りて公然と売薬業を営みつつ、自らは士儒と称して帯刀するなど、学主として相応しくない行状が目立っていた。竹山はこうした点を厳しく批判し、懐徳堂の建て直しを図ったのである。

春楼の頃は、毎月六回分の日講以外は、学主による講習などは一切なく、学風が弛緩していたという。そこで竹山は休日を除く毎日、学主自ら精力的に講義を行っていくのであるが、本資料からは、そうした活動を支えた竹山の気概を読みとることができる。

なお、本文の後に、「天明二年壬寅九月」の竹山の署名、および宛名として「明石屋晋斎様」「鴻池惣太郎様」「小川屋友輔様」「尼崎屋市右衛門様」「立花屋忠右衛門様」「尼崎屋七右衛門様」「播磨屋九郎兵衛様」「古林正民様」と記されている。

懐徳堂書院掲示（かいとくどうしょいんけいじ）

中井竹山が明和元年（一七六四）に制定した規定。漢文によって学生の心得を記したもの。「弟子入りては則ち孝、出でては則ち弟、謹んで而して信、汎く衆を愛して而して仁に親しみ、行い余力あれば則ち以て文を学ぶ」という孔子のことば（『論語』学而篇）に始まる。また、規定中には、特に留意すべき制限・禁止条項をまとめた「二限五勿《にげんごぶつ》」がある。

二限五勿（にげんごぶつ）

中井竹山が明和元年（一七六四）に制定した懐徳堂書院掲示中の規定。「二限」とは二つの制限であり、一日三回の食事以外の間食を禁じた「食限三次」と門限を定めた「門限二更」とから成る。二更とは、夕方に外出した（最も遅い）場合の門限で、現在の午後九時頃から十一時頃までの間。「五勿」とは五つの禁止（…する勿《な》かれ）であり、「争闘する勿かれ」「劇場に登る勿かれ」「酗酒《くしゅ》（飲み過ぎ）する勿かれ」「賭博する勿かれ」「倡街を踏む勿かれ」から成る。竹山は、初めの「二限三勿」は学校内のことで発覚しやすくそれ故に自重できるが、最後の「二勿」については、学校外のことなので隠蔽されがちであるが、一旦悪評が立てば懐徳堂の名声は地に落ちる、と学生の行動を厳しく戒めている。

大坂学校（おおさかがっこう）

懐徳堂のこと。懐徳堂は享保十一年（一七二六）、幕府から官許を得、「大坂学問所」として公認された。その後、第四代学主中井竹山の頃、懐徳堂は黄金時代を迎え、大坂の人々に愛着をもって迎えられていた。また、大坂には、懐徳堂に匹敵する有力な学校が他になかったこともあり、大坂の人々は懐徳堂に親しみを込めて「大坂学校」あるいは「学校」と呼んだという。

今橋学校（いまばしがっこう）

懐徳堂のこと。懐徳堂学舎のあった地名にちなむ。享保九年（一七二四）、懐徳堂が創設された地は、尼崎町一丁目（現・大阪市中央区今橋三丁目）であったが、その東に隣接する今橋二丁目は、鴻池一族などの豪商が居を構えていたため、この辺り一帯を今橋（通り）と通称していた。そこで懐徳堂も、例えば、上田秋成の随筆『胆大《たんだい》小心録《しょうしんろく》』には、「今橋の学問所」と記されている。また、中野真作「今橋学校」（『懐徳』第六十六号）が紹介する『津国遊覧狂歌集』には、「今橋学校」と題した図が掲載されており、並河寒泉と見られる教授が町人四人と書生一人に講じている場面が描かれている。

書院（しょいん）

学問の講義をする所。特に、中国で宋代以後、学者が同志を集めて講義した塾のことを言う。南宋の朱熹が再興した白鹿洞《はくろくどう》書院が著名である。そこで懐徳堂も、「懐徳堂書院」「懐徳書院」と呼ばれる場合もあり、中井竹山が明和元年（一七六四）に制定した規定は「懐徳堂書院掲示」と称され、同じく竹山が寛政八年（一七九六）に記した懐徳堂記の末尾には、「書院教授中井積善謹撰并書」と署名されている。

懐徳堂記（かいとくどうき）

関係人物名　中井竹山
数量（冊数）　一帖
外形寸法（㎝）　縦二七・五×横一〇八・〇
懐徳堂文庫図書目録該当頁　国書四〇上

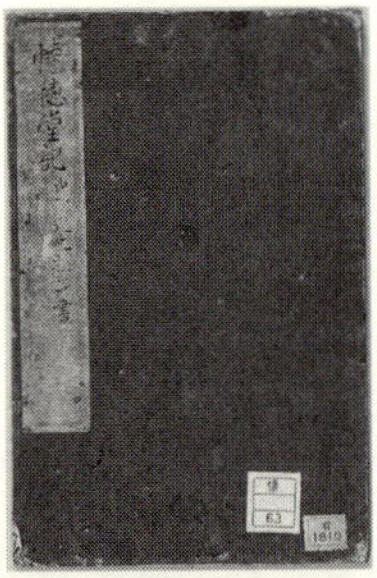

懐徳堂記

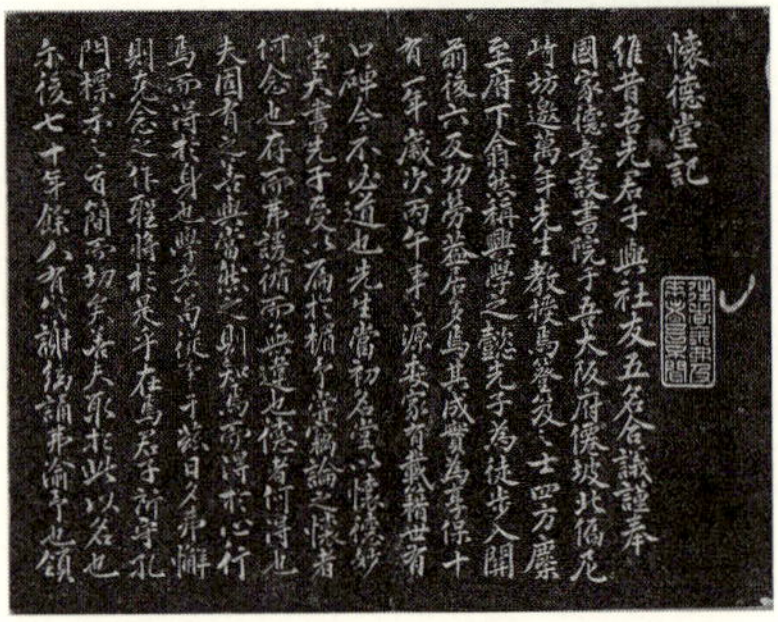

中井竹山が撰した碑文の拓本。享和元年（一八〇一）刻。「懐徳堂記」は、寛政八年（一七九六）の懐徳堂再建に際して竹山が撰した文であり、懐徳堂内にも掲示されていた。この文を石に刻した碑を拓本に取ったものが本資料であり、碑文は竹山が自ら書したものである。なお、碑の現物の所在は未詳である。

本資料は、まず懐徳堂の設立から説き起こし、「懐徳」の名称にちなんで学者の心構えを説く。次いで寛政年間の懐徳堂焼失と復興に言及し、同志や学生らの献身的な協力を讃える。そして孔子の意志に倣《なら》って教育を行っていくことを宣言し、学問に志のある者を歓迎すること、聖賢を誹《そし》る者の入門を拒むことなどを述べ、弟子たちに向けては学習に励むべきことを指示する。竹山は「懐徳書院掲示」や「定」などの規定を作成し、学生たちの生活態度を厳しく戒めた。本資料は、これらの規定よりさらに進んで、竹山が理想とする学生について具体的に語っており、懐徳堂の再建後において、竹山の考えがますます強く反映されていったことを示している。

なお懐徳堂文庫には、本資料以外にも、「懐徳堂記帖」（三宅石庵の「懐徳堂」題字を有す）および、「懐徳堂記額」（懐徳堂の講堂に掲げられていたもの）が収められている。また「懐徳堂記」は、竹山の文集である『奠陰集《てんいんしゅう》』にも収録されている。

懐徳堂記額（かいとくどうきがく）

関係人物名　中井竹山
数量（冊数）　一面
外形寸法（㎝）　縦五六・二×横一九一・九

中井竹山が、懐徳堂の創建から焼失・再建に至るまでの経緯を漢文で記したもの。享保九年（一七二四）に開学した懐徳堂は、寛政四年（一七九二）の大火により焼失したが、竹山の奔走により、寛政七年（一七九五）に幕府から再建の許可を得、その翌年、総経費七百両余で落成した。竹山は、この寛政八年（一七九六）の懐徳堂再建に際して「懐徳堂記」を撰し、それを自ら木額に書き付けて講堂南側東寄りの壁面に掲げた。全五十二行の本文の後に「寛政八年丙辰之秋　書院教授中井積善謹撰并書」と署名されている。内容については、前項「懐徳堂記」参照。

懐徳堂義金簿（かいとくどうぎきんぼ）

関係人物名　中井竹山
数量（冊数）　一冊
外形寸法（㎝）　縦二八・四×横二一・三

安永九年（一七八〇）から天明四年（一七八四）までの五年間の義金積み立てとその使途、および貸付とその利息などを記録したもの。筆者不明。所々に中井竹山の書き入れがある。冒頭に「天明元丑年（一七八一）十二月懐徳堂同志」の趣意書を掲げた後、同志の義捐金《ぎえんきん》および氏名を列記している。懐徳堂は、官許学問所となるに際して、建物の敷地は幕府からの恩賜によったが、校舎の普請については、五同志などの義捐金によっていた。また、懐徳堂の経営については、受講生の学費には多くを期待せず、やはり、五同志を中心とする同志会の醵金《きょきん》とその運用利益によっていた。ところが、開講してから五十五年の後、その醵金が減少してきた状況を踏まえ、「只今にては御修覆料（基金）一向に手薄く相成り之有り候」として、「此の節迄相集まり申し候同志義金」を帳面に記したとの次第を「趣意書」に記載している。これに続

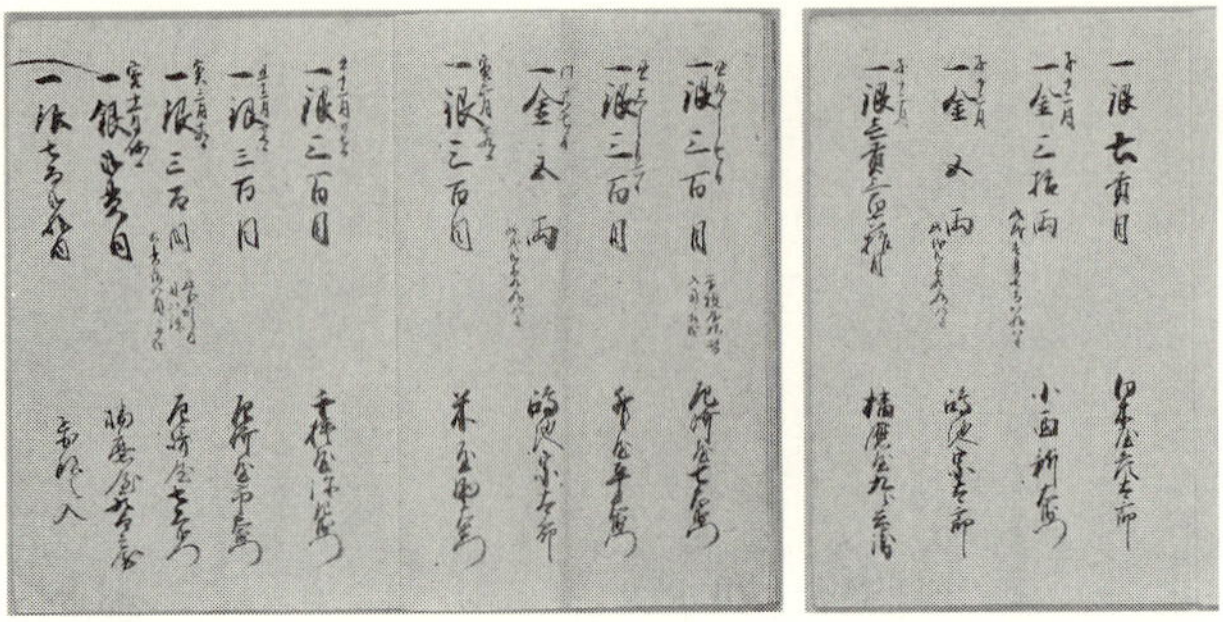
懐徳堂義金簿

く、義金名簿には、白木屋彦太郎の「銀六貫目」を最高に、「銀三百目」までの義金が記され、その総額は十八貫九十四匁《もんめ》に上っている。また、そこから三回分の学校修復費九百匁と旧返済費六百匁とを差し引いた残金十六貫五百九十四匁のうち、十六貫を月六朱から八朱の利息で貸し付けている状況も記されている（当時、米一石は約六十匁。上方人足の労賃は一日一人一匁二分程度）。懐徳堂の財政運営の一端を窺うことのできる貴重な記録である。

なお、義損金名簿には、「白木屋彦太郎」の他、「小西新右衛門」「鴻池宗太郎」「播磨屋九郎兵衛」「尾崎屋七右衛門」「升屋平右衛門」「米屋助右衛門」「千種屋弥左衛門」などの名が見える。

懐徳堂内事記（かいとくどうないじき）

関係人物名　中井竹山
数量（冊数）　一冊
外形寸法（㎝）　縦二八・二×横一九・三
懐徳堂文庫図書目録該当頁国書　四〇上

享保九年（一七二四）五月から、天明三年（一七八三）三月に至る約六十年間の、懐徳堂内の学事に関する事項を年代順に書いたもの。中井竹山の自筆で、竹山が預り人就任の頃から書き始めたものであるとされる。本文は全四十丁。『懐徳』第十二号に「懐徳堂旧記」の一つとして活字翻刻されている。内容は、教授陣の顔ぶれ、授業カリキュラム、謝礼の支払いに関する規定、同好会のメンバーや、堂内の掲示、諸規定の改訂など学事に関わる六十六条が記載されている。特に、創建当時の懐徳堂玄関に、その基本精神を記した壁書（定書）三箇条（原本は現存せず）が掲げられていたこと、享保十一年（一七二六）十月五日に、三宅石庵による『論語』の講義が日講として開始されたこと、その他の講師として、並河五一郎（誠所）、井上左平（赤水）、五井蘭洲が出講したこと、日講で読まれたテキストが「四書（『大学』『中庸』『論語』『孟子』）」『書経』『詩経』『春秋胡伝《こでん》（『春秋』に対する宋の胡安国の注）』『近思録』などであったこと、天明二年（一七八二）、第二代学主三宅春楼が死去したが、遺言がなかったため、同志会の推挙によって中井竹山が学主兼預

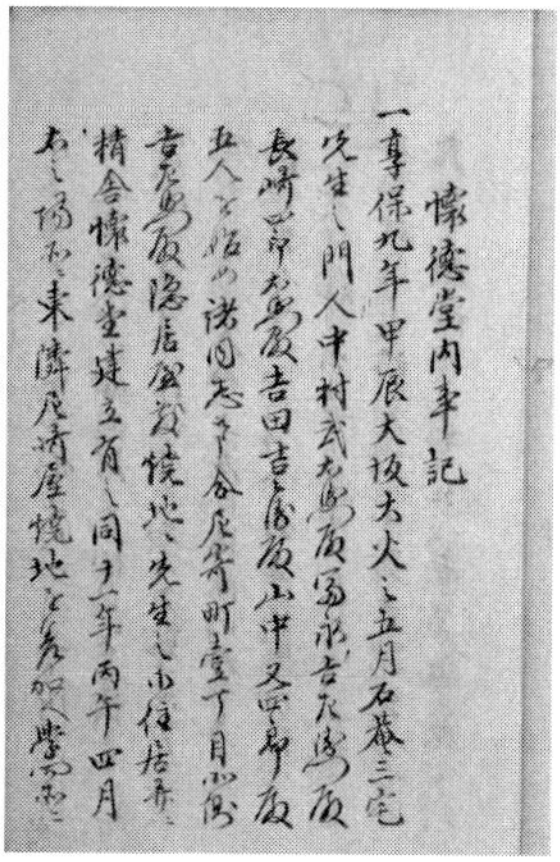
懐徳堂内事記

り人に就任したこと、その開講において竹山が『論語』学而篇第六章を講じたことなど、懐徳堂の教育システムと実態を知る上で貴重な記録が数多く見られる。

なお、懐徳堂の対外的状況を記録したものに『懐徳堂外事記《がいじき》』がある。これは、享保十一年（一七二六）から安永九年（一七八〇）に至る大坂奉行所や町内との折衝を記録したもので、『懐徳堂内事記』と並んで、懐徳堂の実態を知るための基本資料となっている。

懐徳堂外事記（かいとくどうがいじき）

関連人物名　中井竹山
数量（冊数）　一冊
外形寸法（㎝）　縦二八・二×横一八・五
懐徳堂文庫図書目録該当頁国書　四〇上

中井竹山の手による享保十一年（一七二六）五月から安永九年（一七八〇）にいたる懐徳堂と大坂町奉行および町方との交流・交渉に関する記録。全七十三条に及ぶ本資料の構成は以下の通りである。はじめに各種手続きにあたり町方を介さずに町奉行に直に届ける権利、学問所内での帯刀許可といった懐徳堂の官許学問所としての諸特権が示され（一～四条）、町奉行に対する恒例・臨時の年中定務とその作法を記す（五～十一条）。その上で時系列に沿って、中井甃庵《しゅうあん》が預り人だった頃の懐徳堂と町奉行所との関係（十二～十九条）、竹山預り人時代の懐徳堂と町方・町奉行所との関係（二十～七十三条）が個別具体的に列挙される。内容は多岐に及び、町奉行所の関係者およびその子息に対する命名・出講をはじめとする学問所としての活動（三十三・三十五条など）のみならず、三宅石庵の遺稿が被害に遭った安永元年（一七七二）十二月の春楼方への盗賊事件（五十五条）をはじめ、懐徳堂をとりまく諸事件も含まれる。なかでも興味深いのは、懐徳堂の公的な名義人であった甃庵の卒去に伴う諸手続や（二十～二十五条）、懐徳堂門前の捨子の対応をめぐる顛末（五十七～五十九条）であり、これらからは当該期の懐徳堂の位置づけに関する懐徳堂・町方・町奉行所の認識のズレを垣間見ることができる。『懐徳』第十一号に「懐徳堂旧記」の一つとして翻刻されている。

学校公務記録（がっこうこうむきろく）

関係人物名　中井竹山
数量（冊数）　二冊
外形寸法（㎝）　一冊目縦二九・四×横二〇・五
二冊目縦二九・五×横二〇・五
懐徳堂文庫図書目録該当頁　国書四〇上

安永九年（一七八〇）十一月から寛政九年（一七九七）十月に至る十八年間の学校公務に関する記録。中井竹山自筆で、竹山五十一歳から六十八歳の時期に当たる。全百六十四条の内、六十五条が一冊目に、寛政元年（一七八九）以降の九十九条が二冊目に記載されている。享保十一年（一七二六）から安永九年（一七八〇）までの対外的校務を記録した『懐徳堂外事記』の後を受ける資料である。現在は、「懐徳堂記録」の一つとして「学問所建立記録」「懐徳堂定約附記」などとともに書帙に収められている。また、『懐徳』第十三号（昭和十年）に「懐徳堂旧記」の一つとして翻刻されている。

内容は、「安永九年庚子十一月」の「学校人別別証文」に関する願い出に始まり、これにより、懐徳堂の人別帳が町内から離れて別証文になったことが分かる。また同年、懐徳堂の呼称について、「近来は世間一統に学校と唱へ」ており、以後は、「学問所」を「学校」と改称し、奉行所への願出文書なども全て「学校」とする旨も記されている。

さらに、当該期間中の大きな出来事として、老中松平定信の来坂と学舎の類焼・再建とがあるが、これについても各々の経緯が詳細に記されている。天明八年（一七八八）条では、五月、松平定信が上京、六月二日、巡見のため来坂して宿舎の松山藩邸に滞在、同三日、召見したき旨の書簡が竹山に届き、四日、定信と竹山の対面、五日、竹山が宿舎に拝謁御礼に参上、六日、定信の出発を玉造まで見送ったという経緯が詳述されている。この席上、竹山は定信から政務について諮問を受け、以後も提言を具申するようにとの命を受けた。これにより、国家・社会・学問等に対する自らの意見を著したのが、竹山の『草茅危言《そうぼうきげん》』である。

また、寛政四年（一七九二）から寛政八年（一七九六）の条では、大火によって学舎が類焼し、その事後処置および再建のため、竹山が奉行所ならびに江戸幕府との交渉を重ね、奔走した様が記録されている。本資料は、寛政八年（一七九六）に新学舎が落成した翌年、竹山が隠居し、子の蕉園《しょうえん》に家督を相続する届け出、および竹山が隠居後、「渫翁《せつおう》」と改名、蕉園が東西両奉行に挨拶した記録で閉じられている。総じて本資料からは、竹山の精力的な対外交渉と懐徳堂の発展の様子を窺うことができる。

義金助成金簿（ぎきんじょせいきんぼ）

数量（冊数）　一冊
外形寸法（㎝）　縦二四・三×横一六・七
懐徳堂文庫図書目録該当頁　国書四〇下

「万延二年（一八六一）辛酉　義金助成金簿　平瀬市郎兵衛殿預り」との表書を持つ帳簿。一冊。『懐徳』第十四号に「懐徳堂旧記拾遺」の一つとして翻刻されている。平瀬市郎兵衛は、安政六年（一八五九）より始められた永続助成金の助成者に名を連ねており（分担は銀十五貫目）、月五朱（年六％）の利息、すなわち年間九百匁《もんめ》を五年間、懐徳堂に寄付していたことが知られる。ただし、本資料に記載される金額はそれより随分と高額で、永続助成金と関係づけることは難しい。また助成金と助成者とを対応させて列挙する「懐徳堂義金簿」ともその様式を異としている。本資料には、二月五日・六日・四月二十二日・二十九日・七月十八日・九月八日の合計六回、不定期の日付が記され、それぞれに銀二百匁～一貫目（千匁）とやはり不揃いな金額、そしてその額に相当するとみられる米・半紙の数量あるいは「逸史貳拾五部仕立代」といった使途名目が記載されている。以上から、懐徳堂が「預り」元である平瀬市郎兵衛より随時引き出した（つまり、借用した）銀の額を列挙した帳簿と考えられる。

なお、小天地閣叢書『懐徳堂記録』収載の「義金助成金簿」には、本資料との重複を一部含むかたちで万延二年と文久二年（一八六二）の帳簿が一括して収録され、その末尾には「〆八貫六百五拾九問目壱分貳厘／内入　四貫三百拾六匁壱分五厘／指引残　四貫三百四拾貳匁九分七厘　かり分」（／は意図的な改行）との記載がある。「〆」以下の金額は記された銀の総額とは異なる上、帳簿の欠落も想定できるために不明とせざるをえないが、「内入」は懐徳堂が平瀬に支払った額であり、「指引残」に対応する「かり分」は平瀬への未返済分に相当すると考えられる。

2　懐徳堂の学則

懐徳堂の学則は、壁書《へきしょ》、定約《ていやく》、定書《さだめがき》などとして堂内や学寮に掲示された。それらは伝統的な儒教道徳を背景としながらも、当時としては、かなり自由な精神をもっていたことが分かる。

創建時の懐徳堂玄関に掲げられていた「壁書」には、職業活動の前提としての「忠孝」の重要性が説かれる一方、席次について、講義開始後に出席した場合は、武家方と町人との区別はないとされていた。また、享保十一年（一七二六）制定の「謝儀」に関する規定では、礼をつくし気持ちを表して出席するのが第一であるから、貧しい者は規定にとらわれず、「紙一折」または「筆一対」でも良いと定めている。さらに、懐徳堂教育の在り方を示す代表的な定書「宝暦八年（一七五八）定書」には、「書生の交りは、貴賤貧富を論ぜず、同輩たるべき事」という著名な規定が見える。総じて、学校側からの高圧的な規定と言うよりは、学生相互の自律・自助を勧める内容となっている。

以下、代表的な規定を紹介する。なお便宜上、その条数を（1）（2）などによって示し、また旧漢字を現行字体に改め、漢文を読み下し、送りがなを加えるなど、表記の一部を改めた箇所がある。

壁書（へきしょ）全三条

創建時の懐徳堂の玄関に懸かっていたという壁書で三条からなる。『懐徳堂内事記』享保十一年（一七二六）十月の項に採録されており、末尾に「午十月学問所行司」の署名がある。（1）では、学問の目的について、職業活動の前提としての「忠孝」の重要性を説き、懐徳堂の講義内容も、その主旨を説き進めるのが第一であるから、書物を持たない人も聴講してよいと規定する。また、やむを得ぬ用事があれば、講義の途中でも退出してよいと記す。（2）では、席次について、武家方は上座と一応規定するが、但し書きとして、講義開始後に出席した場合は、武家方と町人との区別はないとする。（3）では、入学について、中井忠蔵（甃庵）までその旨を断ること。ただし、甃庵が外出中は、支配人まで申し出ることとしている。

（1）学問とは忠孝を尽し職業を勤むる等の上に之有るの事にて候。講釈も唯だ右の趣を説きすすむる義第一に候へば、書物持たざる人も聴聞くるしかるまじく候事。
　但し、叶はざる用事出来候はば、講釈半ばにも退出之有るべく候。
（2）武家方は上座と為すべく候事。
　但し、講釈始り候後出席候はば、其の差別之有るまじく候。
（3）始て出席の方は、中井忠蔵迄《まで》其の断り之有るべく候事。
　但し、忠蔵他行の節は、支配人新助迄案内之有るべく候。

開講と講師、謝儀（しゃぎ）など数条

『懐徳堂内事記』享保十一年（一七二六）十月の項には懐徳堂の教育について貴重な記録が残されている。
（1）は、享保十一年（一七二六）十月五日に、三宅石庵による『論語』の講義が日講として開始されたこと、その他の講師として、並河五一郎（誠所）、井上左平（赤水）、五井蘭洲が出講したことが記される。（2）では、日講で読まれたテキストが「四書（『大学』『中庸』『論語』『孟子』）」『書経』『詩経』『春秋胡伝（『春秋』に対する宋の胡安国の注）』『近思録』などであったことが分かる。（3）は、休日の規定で、毎月「一日、八日、十五日、二十五日」が休み。（4）（5）は、謝礼の規定で、各々分限に応じて行えばよいが、それでは、自然と割高になり、貧しい者が出席しづらくなるであろうから、次のように申し合わせるとして、五節ごとに「銀一匁《もんめ》」または「二匁」とし、講師方への個別の謝礼は無用とすること、また、礼をつくし気持ちを表して出席するのが第一であるから、貧しい者はその規定にとらわれず、「紙一折」または「筆一対」でもよいこと、とする。

（1）同年十月五日、老先生（三宅石庵）論語開講。是より日講相始まり、講師は並河五一郎殿、井上左平殿、蘭洲五井先生三人にて、翌十二年丁未四月、五一郎殿東帰、同年暮迄は老先生も日講御手伝ひ之有り。……
（2）日講の書は、四書、書経、詩経、春秋胡伝、小学、近思録等なり。
（3）休日は、朔日、八日、十五日、廿五日。
（4）謝礼の定書控へ
　礼式は各分限相応に相務め候事無論に候へ共、人々心任せに仕候へば、自然と事多かさ高にも成り行き候て、以来貧学者等は出席も仕難き様に相成るべく候はんか。左候ては本意に背き候事故、今度申し合せ相定め候処、左の通りに御座候。
（5）日講の謝儀は、五節供前勝手次第、銀壹匁か又は貳匁づつ、支配人新助方迄御指出し成らるべく候事。
　右指出さるる候祝儀、年行司支配人と立合ひ、其の

物数を以て、老師並に学問所預り及び助講の衆中等へ分配遂ぐべく披露候。尤も此の壹封の外、面々へ祝儀には及ばす候。只一応拝謝の印だに之有り候へば、礼ととのひ情達し出席仕よく候義第一に候へば、貧学の人は其の時の事体を以て、右定め候品をも相減じ、紙壹折又は筆一対等を礼式と相致して然るべく候。又力之有る人たり共、右定めの品より相増し候事義は然るべからず候。此の外の日講聴聞に付き一切費用之無く候間、此の段取次の衆より近来出座の方に御申し通し成らるべく候。

摂州大坂尼崎町学問所定約（せっしゅうおおさかあまがさきまちがくもんしょていやく）全七条

三宅石庵の高弟の中村良斎（三星屋武右衛門）の手になる「定約」。「尼崎町学問所」の名称は、尼崎町（現、大阪市中央区今橋）の富永芳春の隠居所跡に懐徳堂の学舎が建てられたことに基づく。原本は散逸して伝わらないが、『懐徳堂内事記』享保二十年（一七三五）の項に採録されており、『懐徳』第十二号附録の「懐徳堂旧記」にも翻刻されている。奥付に「享保廿年（一七三五）乙卯七月」。「中井忠蔵（甃庵）」ほか十名および「諸同士中」の連名が見える。内容は、（1）学問所創立と免許、（2）講談の科目、（3）学主の招聘、（4）学主世襲の禁、（5）同士の会合、（6）少年の教導などについての規定である。

特に（2）では、懐徳堂の講師陣に対して、怠ることなく講談を行い、講義の内容は「四書五経」を中心とし、それ以外の雑事を講じてはならない、と規定している。また、（6）は、親から頼まれた子どもの教導、および学問所への寄宿について記しており、懐徳堂が子どもの教育、およびその「寄宿」を認めていたことがわかる。

（2）学問所講談懈怠無く相勤め申すべく候。講じ申すべき事は、四書五経、其の外道義の書講談致し、他の雑事講じ候儀一切無用に候事。

（6）読書手習ひ其の外子供学び候事を、親たる人頼み候へば、其の時の学主へ相尋ね、許容の上教導致すべく候。学問所へ寄宿致させたき旨候へば、飯料の定、是れ又賄ひ方帳面に記し置き候事。

宝暦八年定（ほうれきはちねんさだめ）全三条

関係人物名　三宅春楼
数量（冊数）　一通
外形寸法（㎝）　縦一四・九×横五五・五

懐徳堂に寄宿していた学生を対象として学寮に掲示された定書。宝暦八年（一七五八）、懐徳堂第二代学主中井《なかい》甃庵《しゅうあん》の死去に伴い、三宅春楼《みやけしゅんろう》が学主に、中井竹山が預り人に就任した際、制定された。懐徳堂の基本精神を端的に表明するものであり、安永七年（一七七八）の定とともに最も代表的な規定の一つである。全文は次の通り。

一、書生の交りは、貴賤貧富を論ぜす、同輩たるべき事
　但し、大人小子の辨は、之有るべく候。座席等は、新旧長幼、学術の浅深を以て面々推譲致さるべく候。

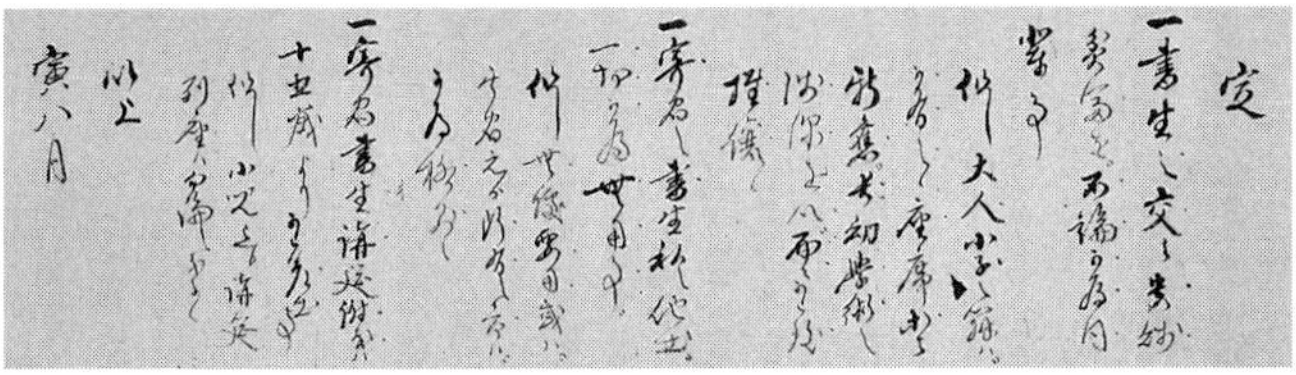
宝暦八年定

一、寄宿の書生、私の他出一切無用為るべき事。
　但し、拠る無きの要用、或は其の宿先より断り之有る節は、格別と為すべく候。
一、寄宿の書生、講筵の謝儀は、十五歳より差し出さるべき事。
　但し、小児迄も講筵列座は勿論の義に候。

　第一条は、懐徳堂の書生間の交わりについて、貴賤貧富を問わず同輩とすべきこととする。ただし、大人と子供の区別はあり、また、座席については、新旧（新参か古参か）、長幼、学問の進度などを指標として、互いに譲り合うこととしている。第二条は、寄宿生について、私事による外出は認めないとする。ただし、やむを得ぬ用事やその宿先（勤務先・実家など）から断りがあった場合は例外としている。第三条は、同じく寄宿生について、その謝礼は十五歳から納めることと規定する。

宝暦八年定約附記（ほうれきはちねんていやくふき）全五条

関係人物名　三宅春楼
数量（冊数）　一冊
外形寸法（㎝）　縦二九・七×横二一・五

　享保二十年（一七三五）に制定された「摂州大坂尼崎町学問所定約」（初期懐徳堂の定約）をもとに、そこに漏れている事柄や実情に合わなくなっている点を、宝暦八年（一七五八）、三宅春楼《しゅんろう》が学主就任に際して書き加えた「附記」。末尾には、「三宅才二郎（春楼）謹書」の署名に続き、「五井藤九郎（蘭洲）、中井善太（竹山）、徳二（履軒）」など三十三名の連署が見える。内容は、すでに規定されていた学主世襲の禁を解く（第一条）、学主と預り人との関係（第二条）、学主預り人の候補の見立て（第三条）、異学者を招かず（第四条）、医書詩文集を講ずるを許す（第五条）、などについての規定である。

　このうち、第一条は、初代学主三宅石庵の子春楼がこの年第三代学主に就任したことに配慮したものと思われる。また第五条は、懐徳堂で講ずべき文献について、『懐

徳堂内事記』享保十一年（一七二六）十月の項に見える学則と同じく、「四書五経道義の書のみ」と規定する。ただし、余力があれば「詩賦文章」あるいは「医術」を、関心のある人に非公式で講じたり、会読したり、あるいはまた、詩や文章の会などを設けることは例外として認めている。そして、三宅石庵も、内々に医書や詩集などを講じたこともあるとしている。享保十一年の学則や享保二十年の「定約」の規定に比べ、教授内容がやや柔軟になっていることが分かる。『懐徳』第十二号に「懐徳堂旧記」の一つとして「懐徳堂定約附記」の表題で翻刻がなされている。

宝暦八年定書（ほうれきはちねんさだめがき）**全二条**

講堂に掲示された定書。『懐徳堂内事記』宝暦八年（一七五八）の項に採録されている。謝礼についての二条を記す。（1）は、五節ごとの謝礼について、玄関の帳面に記帳することとしている。ただし、旧識別懇の方や読書・手跡などの稽古の方は例外としている。また、謝礼は、礼が調い情が通じて出席しやすくなるというのが第一であるから、貧しい者は紙一折、筆一対でもよいとしている。この点は、『懐徳堂内事記』享保十一年（一七二六）十月の項に記載された規定と同じである。（2）では、講義の受講生ではなく、読書や習字の稽古のために通っている人に対し、右の規定を適用せず、特別に頼まれた方のみ謝礼をすることと記す。また、事故の折には、誰でも世話をするが、それに対する格別の謝礼については、一切無用であるとする。

（1）講談・聴衆、五節供の礼、務められ候方は、玄関に於て帳面に記し置かれ、学主・助講預りへ銘々仰せられ通ひ候には及ず候。尤も謝儀も右の趣に有るべく候事。

但し旧識別懇の方、読書・手跡等稽古の方は、格別と為すべく候。惣して謝儀は、礼調ひ情達し出席致しよき為第一にて候へば、貧学の方は、紙一折・筆一対等を以て礼式とせられ候も苦しからず候。

（2）読書・手跡等稽古のため通われ候方は、学主にても預りにても、相頼まれ候方のみの謝儀差し出さるべく候事。

但し故障の節は誰にても世話を致すべく候へ共、別段に謝儀等の心遣、一切無用と為すべく候。

安永六年正月定書（あんえいろくねんしょうがつさだめがき）**一条**

「安永六年（一七七七）丁酉正月　学校行司」の署名が見える定書。冒頭の「三八」は貼紙の上に記されており、訂正された可能性がある。受講の謝礼について、先の規

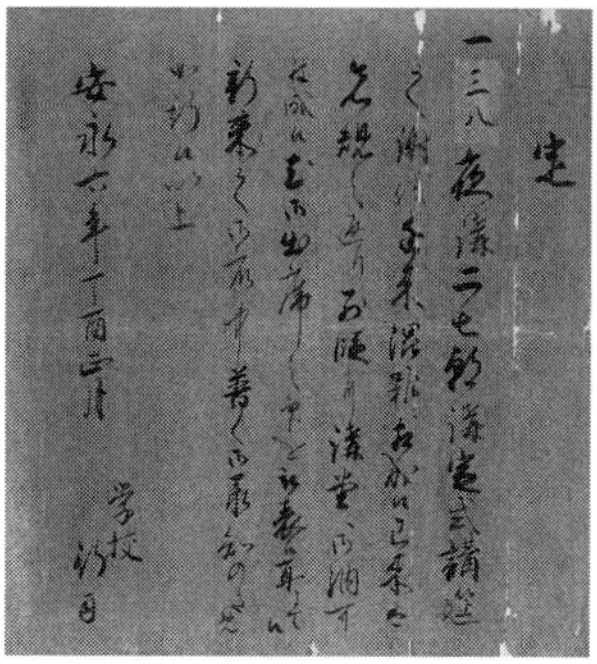
安永六年正月定書

定を補足する内容。

三八夜講、二七朝講、定式講筵の謝儀、近来混雑に相成り候。已《すで》に来たる者、先規の通り別段に講堂へ御納め成らるべく候。尤も御出席の印を表され候のみにて候。新来の御衆中、普く御承知のため斯《か》くの如く候。以上。

安永七年六月定（あんえいしちねんろくがつさだめ）全八条

関係人物名　中井竹山
数量（冊数）　一面
外形寸法（㎝）　縦三〇・七×横六六・四

懐徳堂内に寄宿していた書生の生活態度について、中井竹山が定めた最も代表的な規定。全八条。『懐徳』第十一号の中井木菟麻呂《つぐまろ》「懐徳堂遺物寄進の記」中に「懐徳堂壁署三面」の一つとして翻刻されており、その中で木菟麻呂は、「学校預り人（中井）桐園が毎休日の朝、寄宿生を講堂に集めて、読み聴かせられるのがきまりであった」と述べている。

第一条は、書生の面々互いに申し合わせて行儀を守り、かりそめにも箕踞《ききょ》（足を投げ出して座る）・偃臥《えんが》（ごろんとよこになる）などしてはならないとする。第二条は、学問に関する談義や典雅な話題の他は、無益の雑談を慎み、場所柄をわきまえ、卑俗な談義は堅く停止と規定する。第三条は、病気でもないのに、みだりに昼寝・宵寝をしてはならないとする。第四条は、学業の余暇には、習字・算術・試作・訳文など、各々に応じて心懸けることを説く。第五条は、休日やその他の余暇には、和訳の軍書や近代の記録物などを心懸けてよむべきこととする。第六条は、囲碁や将棋などは社交のため、また気分転換のためならば差し支えはないが、休日以外は日中そのような雑芸に関わってはならないとする。第七条は、互いに行き届かないことについては、同輩が互いに心をつかい、切磋することとするが、それが行き過ぎてトラブルになった場合には、第八条で、早々にその旨を申し出ることとしている。

総じて、学校側からの高圧的な規定と言うよりは、学生相互の自律・自助を勧める内容となっている。また、寄宿生の生活態度が極めて厳格に規定されていたことも分かるが、一方で、そうした規定が必要となるような実状のあったことも示唆されていて興味深い。

（1）書生の面々互に申し合せ行儀正敷相い守り、仮初にも箕踞・偃臥等致す間布き事。
（２）学談・雅談の外、無益の雑談相い慎み、場所柄、不相応の俗談、堅く停止と為すべき事。
（３）当病持病等之子細も無之分昼寝宵寝堅可為無用事
（４）本業出精の暇には、手跡・算術・詩作・訳文等、銘々の分相応に心懸け候て、間断之れ有る間布き事。
（５）休日其の外閑暇の節に、和訳の軍書并に近代の記録物等心懸け読み申すべき事。
（６）碁象棋謡等は世の交り并に学業退屈の気を転じ候為に兼ねて差免じ之有り候へども、休日の外は昼迄の内右様の雑芸に懸り候、無用と為すべく候事。
（７）銘々行届き申さず候事は同輩の内より互に心を添へ切磋有るべきの事。
（８）人の切磋を受け、却って立腹など致し候はば、傍人より早々その段、申し出るべき事。

第3章——懐徳堂の学問

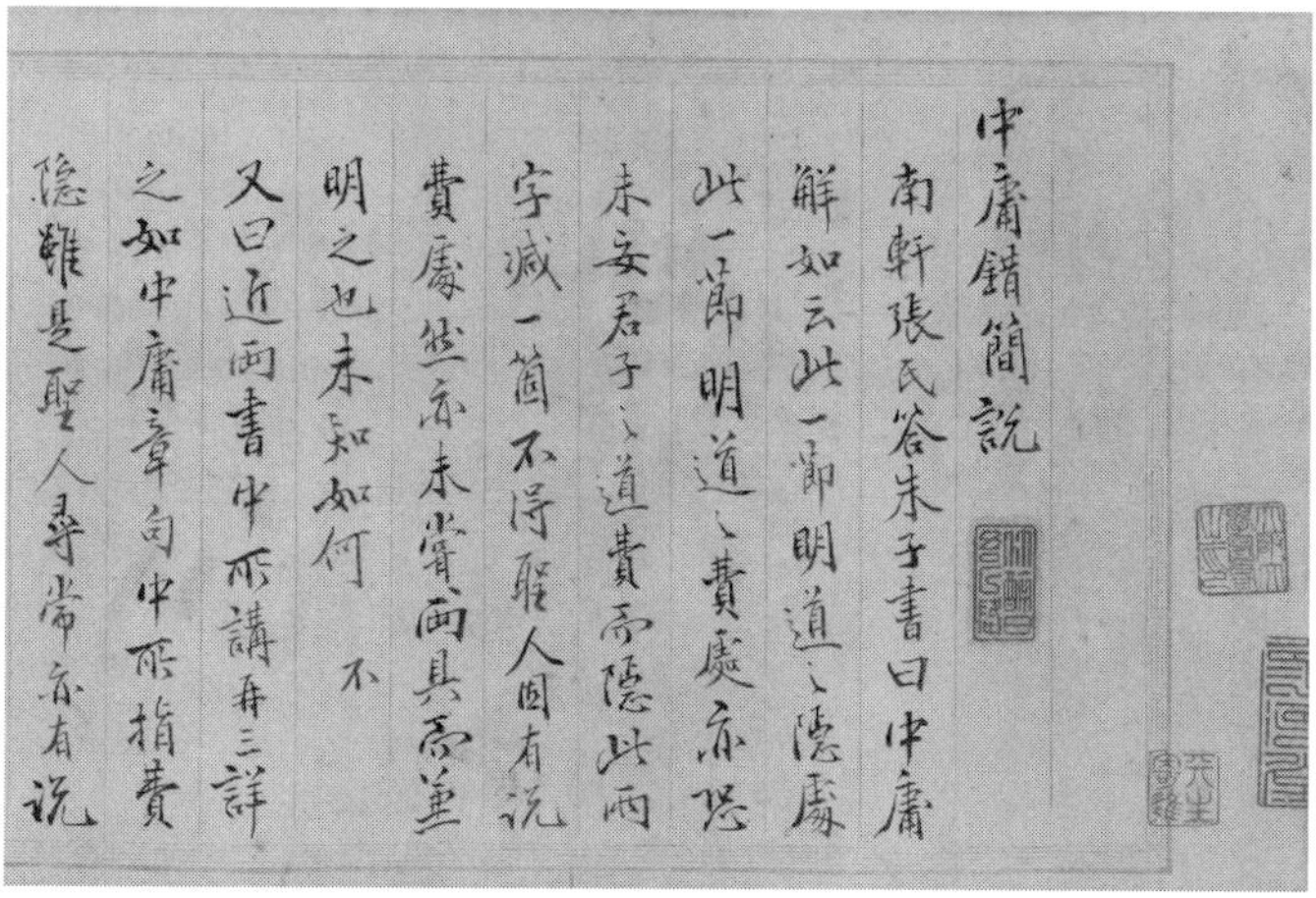
中庸錯簡説
南軒張氏答朱子書曰中庸
解如云此一節明道之隠處
此一節明道之費處亦恐
未安君子之道費而隠此兩
字減一箇不得聖人固有説
費處然亦未嘗兩具而並
明之也未知如何　不
又曰近兩書中所講再三詳
之如中庸章句中所指費
隠雖是聖人尋常亦有説

中庸錯簡説

1　学問の特色

懐徳堂の学問は、朱子学を基本としながらも諸学の長所を柔軟に取り入れる点に特色があった。初代学主三宅石庵の雑学的傾向は「鵺《ぬえ》学問」と批判されることもあったが、こうした折衷的傾向は、良い意味で、懐徳堂の自由で批判精神にみちた学風を形成していった。中でも、五井蘭洲・中井竹山らによる学問の先鋭化は、寛政異学の禁という日本史的状況とも相まって、懐徳堂の名を全国に知らしめた。

また、懐徳堂の歴史を通して注目される具体的な特色として、朱子学的な道徳の重視とその柔軟な運用、『中庸《ちゅうよう》』の錯簡《さっかん》について独創的な見解を提示した「中庸錯簡説」、親孝行につとめる孝子を見出して高く評価する孝子顕彰運動、荻生徂徠《おぎゅうそらい》の古文辞《こぶんじ》学に対する厳しい批判、迷信や鬼神の存在を否定する合理的な思考、漢文訓読に独特の方法を提示した懐徳堂点などがあげられる。さらには、懐徳堂出身の町人学者として、富永仲基《とみながなかもと》、山片蟠桃《やまがたばんとう》、草間直方《くさまなおかた》など、時代を先駆ける異才を生み出した点も特筆される。

なお、三宅石庵から並河寒泉に至る先哲の業績については、3-2以降の各項目を参照されたい。

経学・経書（けいがく　けいしょ）

経書とは、古代の聖賢によってつくられたとされ儒家が尊んだ経典を指し、単に「経《けい》」ともいう。「経」とは、縦糸の意。一般には、「四書《ししょ》」や「五経《ごきょう》」などを指す。経学とは、その経書の解釈などを研究する学問を指す。

孔子の学団においては「詩」と「書」とが教科書として学ばれ、戦国時代以降儒家は、孔子の手を経て成立したとされる「詩」「書」「礼」「楽《がく》」「易」「春秋」の「六経《りくけい》」を尊んだ。やがて「楽経」が亡佚《ぼういつ》して「五経」となったが、後に孔子以外の聖賢の述作なども経書に含められ、七経、九経、十二経、十三経などと数える。宋代には、もともと『礼記』中の篇であった『大学』と『中庸』とが抽出され、『論語』『孟子』と併せた四部の経書が「四書」と呼ばれた。

江戸時代の日本にもたらされた経学は、朱子学であり、懐徳堂でも朱子学を基本として講じたが、必ずしも朱子の説に拘泥することなく、むしろ批判的な研究を行った。その最大の成果は、中井履軒による経学研究『七経雕《しちけいちょう》題《だい》』『七経雕題略《しちけいちょうだいりゃく》』『七経逢原《しちけいほうげん》』である。

朱子学（しゅしがく）

　中国・宋代に興った新しい儒学（宋学）を集大成した、南宋の朱熹《しゅき》（一一三〇～一二〇〇）の学問を指す。従来の儒教が五経《ごきょう》を中心としたのに対して、朱熹は理気二元論を説き、『四書集註《ししょしっちゅう》』を著し、『論語』『孟子』『大学』『中庸』の四書を中心とした、「学んで聖人に至る」ことを目指す儒学を構築した。朱子学は、朱熹の晩年には偽学として弾圧されたが、元代に科挙の標準的テキストとされ、以後六百年余り、中国における国家教学となった。また東アジア世界に伝わって大きな影響を与え、特に朝鮮半島においては李朝《りちょう》の国家教学として中国以上に尊ばれた。日本には鎌倉時代に伝わり、後に江戸幕府の体制教学（官学）となったが、伊藤仁斎の古義学や荻生徂徠の古文辞学《こぶんじがく》など、朱子学を批判する学問も盛んに行われた。懐徳堂の学問は、三宅石庵の学が「鵺学《ぬえがく》」と称されたように、朱子学・陽明学をともに尊んだとされるが、五井蘭洲によって朱子学に定められた。

道学（どうがく）

　漢代以降、儒学は経典の訓詁注釈を中心に発展してきたが、北宋以降、士大夫たちを中心に新たな流れが起きた。周敦頤《しゅうとんい》（濂渓《れんけい》）・張載（横渠《おうきょ》）・程顥《ていこう》（明道《めいどう》）・程頤《ていい》（伊《い》川《せん》）らに代表されるこの新たな学問は、南宋に入ると、朱熹《しゅき》によって集大成され、朱子学を形成した。この朱子学と、朱子学の形成に大きな影響を与えた北宋の学問とを総称して程朱学、あるいは道学、理学などと称する。この道学は、学んで聖人に至ることを目的とし、人間としていかに学ぶかを重視する点に特徴がある。

　懐徳堂の学問は、懐徳堂創建当初の定約において、講ずべき書物として四書や五経、その他道義の書のみとされ、それ以外は講じてはならないと定められていた。このことに示されているように、初代学主の三宅石庵以来、懐徳堂は道学を中心としていた。後に中井甃庵の死後、三宅春楼が第三代の学主になると、懐徳堂の定約に附記が定められ、余力があるならば、詩賦文章、あるいは医術をも学ぼうとする人に内証で講読や会読を行うことが認められた。この附記の制定は五井蘭洲の提案によるものと見られるが、道学を重んずること自体は変わらないものの、懐徳堂の学風が大きく変化したことを意味する。

程朱（学）（ていしゅ（がく））

　中国・北宋の儒学者である程顥《ていこう》（明道《めいどう》）・程頤《ていい》（伊川《いせん》）の兄弟（二程子《にていし》と称される）と、南宋の儒学者である朱熹《しゅき》とを併せて指す語。またその学問を併せて程朱学、あるいは洛閩《らくびん》の学、道学、理学などと称する。漢代以降、儒学は経典の訓詁注釈を中心にしてきたが、北宋以降、士大夫たちを中心に、「理」や「気」などの概念を用いて宇宙の本体や人間の倫理などについて説く、新たな流れが起きた。宋学と称されるこの学問は、周敦頤《しゅうとんい》（濂渓《れんけい》）・張載（横渠《おうきょ》）・程顥・程頤ら、北宋の四子と称される四人に代表される。南宋に入ると、朱熹が宋学を集大成し、朱子学を形成した。

　懐徳堂の学問は、初代学主の三宅石庵以来、程朱学と陸王学とをともに尊ぶ、折衷的な学風であったが、五井蘭洲によって朱子学に定められ、その学風が大きく変化した。また第四代学主中井竹山は、朱熹がその学問の要領を示したとされる白鹿洞学規《はくろくどうがくき》を講堂に掲げ、程朱学を標榜した。

陸王（学）（りくおう（がく））

　中国・南宋の儒学者である陸九淵《りくきゅうえん》（象山《しょうざん》）と、明代の儒学者である王守仁《おうしゅじん》（陽明）とを併せて指す語。またその学問を併せて陸王学、あるいは心学とも言う。北宋の程顥《ていこう》・程頤《ていい》の兄弟と、南宋の朱熹《しゅき》との学問を併せて程朱学、あるいは理学と称するのに対する語である。程朱学では、特に程頤と朱子とが「性即理」を説き、性と心とを区別した。そして、心は悪に赴く可能性を含むものであるとして、理として認めなかった。これに対して、陸九淵は「心即理」を唱え、人間のあるがままを理として認めた。陸九淵の説は、程顥の「気即理」の説と通ずるものであったが、朱子学と激しく対立し、やがて衰退した。その後、陸九淵の学問を継承し発展させた形で、「心即理」を説く王守仁が登場した。学問の方法として、程朱学では、人間が善に至るために外界の事象を観察し、事物の理を窮めなければならないとされるが、陸王学においては、そうした方法は否定され、実践的な面が重視された。懐徳堂初代学主の三宅石庵は、朱子学を尊びつつも、陸王学を喜んだとされる。

朱陸併用（しゅりくへいよう）

　初期懐徳堂の基礎を築いた初代の学主・三宅石庵の学問が、朱子学と陸王学とを折衷させたものであったことを指す語。初め朱子学を学んだ石庵は、やがて陸王学へと傾倒し、結果としてどちらかといえば陸王学を本領としつつも、朱子学をも並び尊んだ。創建当初の懐徳堂においては、陸王学関連の書物と程朱学関連の書物とがともに教科として扱われており、諸学の良い点を何でも取り込み巧みに折衷する石庵の学問の特色が表われている。石庵の学問が折衷的である点に対しては、「世 石菴を呼んで鵺《ぬえ》学問と為す、此れ其の首は朱子、尾は陽明、而して声は仁斎に似たるを謂うなり」（香川修徳）、あるいは「首は朱、尾は陸、手脚は王の如くにして鳴く声は医に似たる」（五井蘭洲）であると批評されることもあった。しかし、石庵が実践を重視する傾向の強い陸王学を重んじ、懐徳堂における教育に反映させたことは、当時の大坂における町人教育に適合していた。なお懐徳堂の学問は、その後五井蘭洲によって基本的には朱子学に定められたが、蘭洲だけでなくその後の中井竹山・履軒においてもやはり折衷的な面が認められ、懐徳堂の学風は「外朱内王」で一貫していたとも見られる。

外朱内王（がいしゅないおう）

懐徳堂の、特に創建時の学風を評した語。表面的には朱子学を尊崇しつつも、必ずしもそれを墨守するのではなく、陸王学をも重んずる折衷的な面があること、またむしろどちらかといえば陸王学的な性格が中心的であったことを指す。懐徳堂の初代学主である三宅石庵の学問は、「朱王一致」、あるいは「鵺《ぬえ》学問」などと評されたように、朱子学（程朱学）と陸王学とを折衷した面があった。これに対して、その後実質的に懐徳堂を支えた五井蘭洲は、父・五井持軒の学風を継承し、専ら程朱学を中心としており、懐徳堂の学問を朱子学に定めたとされる。ただし、蘭洲も必ずしも朱子学に固執したというわけではなく、場合によっては朱子の集註とは異なる解釈に従うことがあり、その学問にはやはり折衷的な面が認められる。また蘭洲の教えを受けた中井竹山・履軒兄弟にもやはり折衷的な面があり、陸王学を完全に排斥したわけではない。このため、懐徳堂の学風は「外朱内王」で一貫していたと見ることができる。ただし、碩果《せきか》に至り、陸王学は邪説として排斥された。

首朱尾王（しゅしゅびおう）

初期懐徳堂の基礎を築いた初代学主・三宅石庵の学問が、朱子学と陸王学とを折衷させたものであることを評した語。石庵は、初め浅見絅斎《あさみけいさい》のもとで朱子学を学んだが、後に陸王学へ傾倒し、師から破門されたという。その後の石庵は、陸王学を本領としつつも、朱子学をも並び尊んだ。このため、創建当初の懐徳堂においては、陸王学関連の書物と、四書や『近思録』など程朱学関連の書物とが、ともに教科として扱われている。このため、懐徳堂の学問は朱陸併用、外朱内王、首朱尾王、また鵺《ぬえ》学問などと評された。

朱陸一致（しゅりくいっち）

朱熹《しゅき》と陸九淵《りくきゅうえん》（象山《しょうざん》）の思想を、根本的には同じものであると捉えようとする学説。具体的には、朱熹の重視する「道問学（問学に道《よ》る）」と陸九淵の重視する「尊徳性（徳性を尊ぶ）」という修養法を、同一のものとして捉えようとすること。五井蘭洲は、このようなことを試みる者として王陽明（陽明学の祖）らを挙げて批判し、「道問学」と「尊徳性」とは別の修養法として「並修」するべきだと主張した上で、この「並修」の態度を実際に行うことができていた者として三宅石庵を挙げている。また、石庵の子である三宅春楼《しゅんろう》が、父石庵の意を継いで朱陸一致を主張したい、と述べた際にも、蘭洲は後日書簡を送り、それは誤解であると反論した上で、確かに石庵は陸九淵の思想をも喜んでいたが、朱熹の思想との一致を試みたことは一度もなく、自分もそうした石庵の学問態度を尊敬していたので、あなたもそれを見習うべきだ、という旨のことを伝えている。この書簡は「寄春楼道兄」と題して『蘭洲先生遺稿』に収録されている。

小学（しょうがく）

中国、南宋において、朱熹の依頼を受けた劉子澄《りゅうしちょう》が編集した教育書。『小学書』とも言う。淳熙十四年（一一八七）に成立。内篇（立教、明倫、敬身、稽古）と外篇（嘉言、善行）との計六巻からなる。八歳から十四歳までの少年を対象に、彼らが身に付けるべきとされたの日常的道徳や修身の方法などを説くもので、内篇には『書経』『儀礼《ぎらい》』『周礼《しゅらい》』『礼記《らいき》』『孝経』などの多くの書物の言葉が、また外篇には宋代の人物の言行がそれぞれ引用されている。日本では、昌平黌《しょうへいこう》や藩校において初学者の教科書とされ、また貝原益軒の『小学集解』や佐藤一斎の『小学書欄外書』などの注釈書も作られた。懐徳堂においても『小学』は重視されて日講の書に指定され、五井蘭洲によれば、懐徳堂に学ぶ者は「小学を以て自ら律し人を格《ただ》」した。そうした当時の懐徳堂の風潮は、「学校風」あるいは「学問所風」と称され、大阪人の模範となったとされる。また、『小学』の解説書として中井竹山は『国読刪正小学』を、また履軒は『小学雕題《ちょうだい》』を著した。

三教一致（さんきょういっち）

一般に、日本においては儒教・仏教・神道の三教が、また中国においては儒教・仏教・道教の三教が、根本的には矛盾するものではないとする説。特に、石田梅岩（一六八五～一七四四）の心学（石門心学《せきもんしんがく》）の説を指す。梅岩は、朱子学を中心としながら仏教や神道、老荘思想などをも取り込み、正直と倹約とを重視する町民教育を行った。

宝暦八年（一七五八）、三宅春楼が第三代の学主になると、懐徳堂の定約《ていやく》に附記が定められたが、その条文の一つに、「子思・孟子の学を否定し、また三教一致を唱えるといった異説が流行しているけれども、こうした学問を修めている人はたとえ名声があったとしても、懐徳堂における講義を依頼してはいけない」という内容のものがある。この附記の制定は、当時実質的に懐徳堂の学問を支えていた五井蘭洲の提案によるものであり、子思・孟子の学を否定するものとしては徂徠学《そらいがく》が、また三教一致を説くものとしては石田梅岩一派の心学が、それぞれ想定されていたと考えられる。蘭洲は「鵺《ぬえ》学問」と称された懐徳堂の学風を変えて朱子学に定めようとし、それらを排除しようとした。

中庸錯簡説（ちゅうようさっかんせつ）

関係人物名　三宅石庵、中井竹山
数量（冊数）　一軸
外形寸法（cm）　縦二八・一×横二八五・四
懐徳堂文庫図書目録該当頁　漢籍一七下（経部、四書類）

朱熹《しゅき》以来の『中庸』テキストの章の並びに、誤りがあるとする懐徳堂独自の学説を述べたもの。この説は三宅石庵によって立てられ、中井竹山が補完した。「錯簡」とは、文章が間違って前後しているという意味。紙が発明される以前の書物は、竹や木の簡（ふだ）に文字を記し、それを並べてひもで綴じたため、一旦、そのひもが切れると簡の順序は交錯してしまい、これを「錯簡」と言ったのがこの語の由来である。

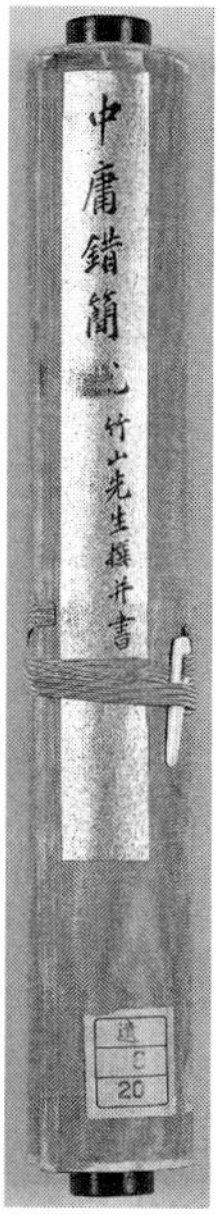
中庸錯簡説

『中庸』は、もともと五経の一つである『礼記《らいき》』の中の一篇であったが、宋代の頃から重要視されるようになり、朱熹はこれを『論語』『孟子』、そして同じ『礼記』の中の一篇である『大学』と合わせて注釈をした。これが『四書集註』である。『礼記』中の『中庸』は章に分けられていないが、朱熹はこれを全三十三章に分けた。

これについてまず異論を唱えたのが伊藤仁斎である。仁斎は『中庸』を大きく二つにわけ、第一章から第十五章までの「上篇」が真の『中庸』であり、第十六章以下の「下篇」は孔子の教えを補う内容ではあるが、すべて『中庸』の原文ではないとした。中でも「下篇」に属する第十六章と第二十四章については、孔子の教えに反するものであるとしている。この仁斎の見解に対して、石庵は、仁斎が最も疑問視した第十六章のあるべき場所が間違っていると考えた。そして本来、この第十六章は、同じく仁斎が疑問視した第二十四章の後ろに置くべきだとした。懐徳堂文庫所蔵の『中庸錯簡説』は、こうした石庵の説を、竹山が補い手写したもので、冒頭に朱熹と張《ちょう》栻《しょく》の往復書簡をあげ、次に「積善、謹みて按ずるに云々」として、この議論の問題点を示し、立説の経緯ならびにその根拠を述べ、最後に「（第十六章を第二十四章の後ろに置けば）文意はなはだ順、珪瑁《けいぼう》あい合い、毫《すこし》も齟齬《くいちがい》するなし」とまとめ、巻末に「安永紀元壬辰之冬・大阪後学中井積善謹識」と記している。

なお、この「中庸錯簡説」は、後に武内義雄《たけうちよしお》によって、仁斎の説と合わせて補完され、『易と中庸の研究』（『武内義雄全集』巻三所収、一九七九年、角川書店）の中にまとめられた。

中庸懐徳堂定本（ちゅうようかいとくどうていほん）

関係人物名　三宅石庵、中井竹山
数量（冊数）　一冊
外形寸法（㎝）　縦二八・〇×横一八・〇
懐徳堂文庫図書目録該当頁　漢籍一七下（経部、四書類）

三宅石庵の「中庸錯簡説」に基づいて定められた懐徳堂独自の『中庸』のテキスト。「中庸錯簡説」とは、『中庸』の章の並びに誤りがあり、第十六章は、本来、第二十四章の後ろにあるべきだとする説。これは、「誠」という概念を『中庸』の中心に据える懐徳堂学派の学説によるものである。「誠」は第二十章以降に頻繁に現れる概念で、この第二十章を境に『中庸』の主題を、前半は「中」、後半は「誠」と分けることができる。ところがこの「誠」は、前半部分に属する第十六章に唐突に一度だけ出てきている。そこでこの第十六章を前半部分から抜きさることで、「誠」の概念が整然と解明されると同時に、第十五章の末尾の「子曰く、父母は其れ順なるかな」も、第十七章の冒頭の「子曰く、舜は其れ大孝なるか」とうまくつながる。また第十六章を、後半部分に属する第二十四章の後ろに挿入することで、第二十四章の末尾の「至

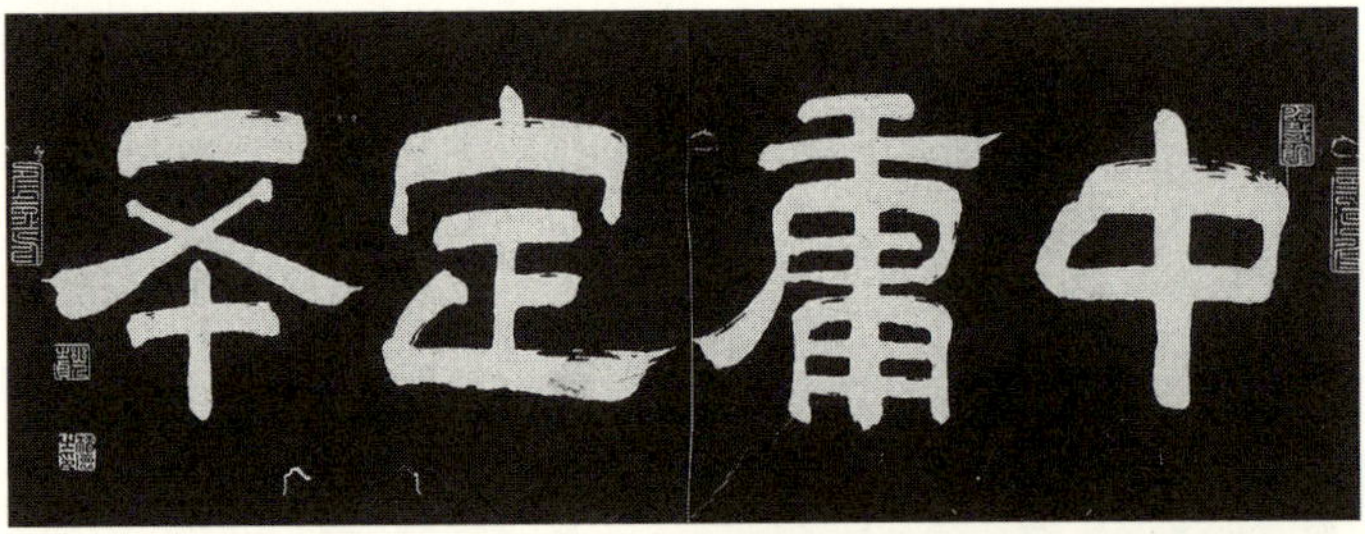

中庸懐徳堂定本

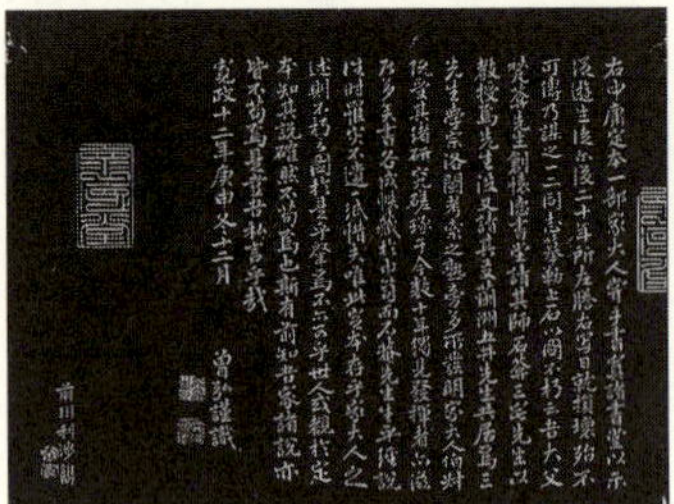

中井蕉園識語部分

誠は神の如し」と第十六章の冒頭の「鬼神の徳たる、其れ盛んなるかな」、ならびに第十六章の末尾の「夫れ微の顕なる、誠の揜《おお》う可からざる、此《かく》の如きかな」と第二五章の冒頭の「誠なる者は自ら成るなり。而して道は自ら道《みちび》くなり」もうまくつながり、「誠」の意義も明確になる。

本書は、このことを示すために、従来の第十五章、第十七章、第二十四章、第十六章、第二十五章の計五章を、それぞれ第十五章、第十六章、第二十三章、第二十四章、第二十五章と称して、その冒頭に列挙し、その後には『中庸錯簡説』の全文を付し、最後に「皇和天明三年歳次癸卯重陽節・津国大阪府懐徳書院教授竹山居士中井積善撰并書」と記している。天明三年（一七八三）とは、中井竹山が預り人から学主となった翌年であり、懐徳堂の指導者として「中庸錯簡説」を改めて手写していることがわかる。懐徳堂文庫所蔵の『中庸懐徳堂定本』は、巻末に中井蕉園の識語が付されており、これは寛政十二年（一八〇〇）に竹山の手稿本をもとに前川虚舟（利渉）が刻成したものの拓本である。

寛政異学の禁（かんせいいがくのきん）

江戸後期、幕府が寛政の改革の一つとして行った教学振興策で、寛政二年（一七九〇）、湯島聖堂《ゆしませいどう》預《あずか》りの林大《はやしだい》学頭信敬《がくのかみのぶたか》に対して、塾内の教育は朱子学専一とし、他の学問を禁止したことを指す。当時は、徂徠学派、仁斎学派、折衷学派が流行し、朱子学を中心としていた林家（りんけ・はやしけ）の家塾は振わず、頼春水《らいしゅんすい》、尾藤二《じ》洲《しゅう》、柴野栗山《りつざん》らによる朱子学擁護論を受けて、老中・松平定信によってこの禁令が実施された。この後続いて幕府は昌平坂学問所の整備を進め、また官吏の登用試験に朱子学を用いるなどしたため、一般にも朱子学は盛んになった。また諸藩の藩校に朱子学者が用いられる傾向も生じた。そもそもこの禁令は、幕府の教育機関に対するものであり、全国的に朱子学統一を目指したものではなかったが、冢田大峰《つかだたいほう》、市川鶴鳴《いちかわかくめい》、皆川淇園《みながわきえん》、片山北海《かたやまほっかい》らが激しく反対した。

定信は天明八年（一七八八）に来坂し中井竹山と対面、その会見後、竹山は『草茅危言《そうぼうきげん》』を執筆し、寛政三年（一七九一）に定信に献上している。その中で、懐徳堂を拡充して「官学」とし、また京都に学校（観光院）を新設することを提案している。

学風の変化（がくふうのへんか）

懐徳堂の学風の変化。西村天囚『懐徳堂考』の整理によれば、懐徳堂の学風は四期に分けられるという。第一は、三宅石庵（初代学主）・中井甃庵（第二代学主）による草創期であり、雑学的雰囲気を残した町人教育の場としての時期である。第二は、五井蘭洲が助教を務めたことによる先鋭な学問所としての変革期であり、第三はこれを受けた中井竹山（第四代学主）による拡張・発展期である。この間、対象とする学も、町人のための基礎学から高度な経学へ、さらに史学へと展開した。そして第四は、懐徳堂の終焉期である。竹山の後継者と目された蕉園によってさらに詩賦文章の学の発展が期待されたが、蕉園が早世し、また、幕末に向かって懐徳堂の経営が苦しくなる中で、第五代教授となった中井碩果は、拡張路線を取らず、既成の枠組みを固守することに務めた。これを、天囚は「閉鎖退嬰の方針」と述べつつ「碩果が家学を恪守《かくしゅ》して先業を失墜せざりしを多とす」と評価している。

義利（ぎり）

正しいすじみち（義）と利益。いずれも中国古代の初期儒家思想の中に見える概念であるが、孟子によって両者は対立的に捉えられ、人は利益ではなく、正義を追求すべしという倫理観のもとで、特に商業による利益の追求は義に反する行為と理解されるに至った。

しかし、春秋戦国時代、この儒家と対立した墨家は、これとは異なる「義」「利」の論を展開した。つまり、「義」の追求とは、個人がそう思う正義を身勝手に追い求めることではない。世界の人々に共有されるべき正義の追求でなければならない。このような義を追求することは、そのまま世界の利益につながる。このように墨家は、天下万人の「義」「利」を考えるなら、二つは決して矛盾することはないと説いた。侵略戦争を阻止するために身を挺《てい》して弱小国の防衛戦争に従事した墨家集団ならではの考え方である。

また、その後の中国の歴史においても、実際には、真摯に努力を重ねた士大夫が科挙に合格し、栄達と富裕をきわめるというのは理想の姿とされた。

こうした「義」「利」の問題に対して、懐徳堂学派は、その両立を説いた。初代学主三宅石庵は、仁義を実践する者は、自ら利益を追求するわけではないが、自然と利がついてまわるのである。……「利」は勝手のよいものであって、そのこと自体に差し障りがあるわけではない。しかし、利益を追求することをあまりに好むようになると、そこに弊害が生ずるのであると説いた（『論孟首章講義』）。ここには、「利」と「義」についての柔軟な思考が見られる。

同じことは、中井竹山の『蒙養篇』についても言える。竹山は、商業活動を、商人の「義」と論じ、それ自体は決して非難されるべきものではないと断言している。こここには、「義」と「利」についての柔軟な思考がうかがえる。これも、大坂の町に生まれた懐徳堂の大きな特色の一つである。

忠孝（ちゅうこう）

主君に対するまごころ（忠）と親に対するまごころ（孝）。忠義の心と親孝行とは、古代中国以来、重要な倫理と受け止められていた。「孝」は家庭内・血縁関係内における最も重要な徳目であり、「忠」は公的・社会的な場において最も重視される徳目だからである。懐徳堂でも、創立間もない頃の学舎の玄関には、「学問とは忠孝を尽し、職業を勤むる等の上に之有る事にて候」と記された壁書が掲示されていたという。

しかし、「孝」「忠」は本来異なる概念であり、併存しない局面もある。「孝」について専論する儒家の経典『孝経』は、「孝」とは、具体的には、父母から授けられた体（身体髪膚）を大切にすることを通して父母を敬愛し、また、宗族の源流である祖先の祭祀に務めること、と定義する。また、孝が政治や教育の根源であり、孝は、親に仕えることに始まり、君に仕えることを半ばとし、社会で身を立てることをもって終わると定義する（開宗明義章）。ここには、父母に対する敬愛の情を、そのまま君主に対する忠誠心に移行させようとする意識が認められる。別の箇所で『孝経』は、父に仕えるようにして君に仕えよ、「孝」の心でもって君にお仕えすれば、それが「忠」になると説いている（士章）。

こうした「孝」と「忠」の理解は、氏族の連合体によって構成されていた古代日本社会にも適合し、『孝経』は『論語』とともに、長く重視されていくこととなった。また、戦前戦中の日本において、こうした「忠孝」観念は、国家主義的体制のもとで、極めて重視されるに至った。

懐徳堂では、早くから「孝」の重要性が説かれており、中井甃庵の『五孝子伝』、中井竹山の『蒙養篇』などはその代表であり、孝子顕彰の運動も展開された。「孝」こそはすべての道徳の根源であり、「人の道」の基礎と考えられたのである。

しかし、このことは同時に、元禄・享保期に花開いた新たな文化のかげで、そうした理念が必ずしも現実に反映されなくなっていたことをも示唆している。新しい豊かな文化が形成されるということは、それまでの秩序が大きく揺らぐことをも意味するからである。そうした時代にあって、懐徳堂が求めたのは、まさに伝統的な「人の道」、「孝」の思想であった。

学校風（がっこうふう）

中井甃庵・五井蘭洲の頃に形成された懐徳堂の学風を評する言葉。甃庵・蘭洲による薫陶を受けた懐徳堂の受講生の模範的態度が美風とされ、「学校風」あるいは「学問所風」と評されたことをいう。蘭洲遺稿に「校中の諸君、小学を以て自ら律し人を格《ただ》し、衣服剣佩の制より、束髪の高下、歩履の疾徐、皆時粧《じそ》に効《なら》はず、華靡《かび》ならず、鄙俚ならず、各々一定の模《かた》あり。世人之を視《み》て以て校中の美風と為し、以て郷閭《きょうりょ》子弟の範と為せり」とある。

和漢兼学（わかんけんがく）

和学と漢学を兼修すること。初期懐徳堂の学風に大きな影響を与えた五井蘭洲は漢学と日本の古典との両者に通じ「通儒全才」と称された。この影響のもと、中井甃庵はじめ歴代の先賢も、漢文による経学・史学研究のみならず、和文の著述を多く残した。中井甃庵の『五孝子伝』、中井竹山の『蒙養篇』『龍野貞婦記録』、中井履軒の『華胥国物語《かしょこくものがたり》』などはその代表である。

孝子顕彰運動（こうしけんしょううんどう）

親孝行に努めた子どもを見つけだして顕彰しようとする運動。懐徳堂や大坂町奉行、江戸幕府など、全国的な運動として展開した。懐徳堂では、門人加藤景範《かとうかげのり》が、山城国葛野郡川島村《かわしまむら》の孝子義兵衛《ぎへえ》の行状を記した『かはしまものかたり』や、死刑を宣告された父の身代わりを申し出た五人の子どもたちを讃える中井甃庵の『五孝子伝』などが、早期の例として注目される。懐徳堂では、以後も「孝」を重要な徳目として掲げ、孝子を探して顕彰するまでに至り、それはさらに大坂町奉行や江戸幕府による孝子顕彰運動となって展開していった。『かはしまものかたり』や『五孝子伝』は、これらの先駆的存在であったと言える。しかし、このことは逆に、孝子を探し出さねばならぬほど「孝」の精神が退廃しつつあったことをも示唆しており、また、幕府が「孝」子を顕彰することによって、それをお上への「忠」義に転化しようとしていたこともうかがわれる。

無鬼論（むきろん）

鬼神《きしん》の存在を否定する思想。伝統的儒家思想においては、死後の霊魂の存在が肯定され、人間は死後鬼神《きしん》になるとされる。また仏教や神道なども、鬼神の存在を認める。こうした鬼神の存在を肯定する思想に対し、鬼神の存在を否定する立場の主張を無鬼論という。懐徳堂の山片蟠桃《ばんとう》は、その著『夢《ゆめ》の代《しろ》』において、徹底した合理主義的立場から鬼神の存在を否定した。人間の魂魄《こんぱく》について「生レバ有、死スレバ無」であるとする蟠桃は、北宋の程子《ていし》や朱子《しゅし》の鬼神論をも含む「有鬼」の立場を、激しく批判している。また、並河寒泉の『辨怪《べんかい》』は、怪異鬼神・狐狸妖怪の存在を否定し、その迷妄を解き明かす目的で著されたもので、懐徳堂学派の「無鬼論」の思想とその系譜を知ることができる。

辨怪→二二〇頁

経史兼修（けいしけんしゅう）

並河寒泉が門人に示したとされる教育方針。懐徳堂最後の教授となった寒泉は、朱子学を厳格に尊奉した。このため、寒泉は門人に対しても、経書・史書のみを兼修するよう指導した。また、寒泉は常に「声聞《せいぶん》情に過ぐる（評判が実情を越えること）は君子之を恥づ」（『孟子』離婁篇）の格言を口にし、虚名を憎み実学実行を尊んだという。こうした傾向は、五井蘭洲による高度な経学研究への転換、中井竹山による史学方面の業績などを背景としている。

懐徳堂点（かいとくどうてん）

懐徳堂における独自の訓読の仕方（訓点の付け方）を指す。荻生徂徠は漢籍を中国語で音読することを主張したのに対して、懐徳堂では漢籍に訓点を付けて刊行したが、中井履軒や竹山が中国語の音韻に関する著作を残していることにも示されているように、懐徳堂においても中国語の研究が重視され、その成果が訓読に盛り込まれている。懐徳堂点において「為」の字の読み方に特色があるのはその一例であり、従来「為レA所レB」（Aノ為《ため》ニBセ所《ら》ル）と読まれていたところを、懐徳堂点は「為二A所一レB」（AノBスル所《ところ》ト為《な》ル）に改めている。また懐徳堂の漢文訓読は、振り仮名が少ない簡約なものであり、文章の記憶に便利であったとされる。

春楼点四書（しゅんろうてんししょ）

第三代懐徳堂学主の三宅春楼が訓点を加えた四書（『論語』『孟子』『大学』『中庸』）を指す。春楼の学問は石庵の子だけに「器用」であったと評されるが、際だった業績は残していない。ただ春楼は、懐徳堂点の完成には尽力したとされ、中井竹山が懐徳堂点の四書五経を刊行しようとした際には、竹山は四書の訓読を春楼に譲っている。ただし、大意は異ならないとされたものの、竹山は春楼の読みに満足しないところがあったという。なお、懐徳堂で竹山に学んだ佐藤一斎の訓読（一斎点）は、春楼点に基づくとされる。

懐徳堂改正副墨例畧（かいとくどうかいせいふくぼくれいりゃく）

懐徳堂における訓読法の凡例を記した仮綴り本。全二葉。姫路藩の大庄屋であった辻川三木家の七代当主通深《つうしん》（一八二四〜一八五七）が懐徳堂に遊学した際に作成したものと考えられる。一葉を上下二段に分け、上段に一般的な訓読法、下段に懐徳堂の訓読法を示しており、示された凡例は、およそ四十六条。懐徳堂独自の訓読法は、「懐徳堂点」と呼ばれるが、初代学主三宅石庵以下、懐徳堂には歴代多数の漢学者が在籍していたために、何をもって「懐徳堂点」とするのかについては明らかでない部分が存在している。本資料は懐徳堂において学生教育の際に実際に使用されていた訓読法を示したものであり、「懐徳堂点」についての資料としてきわめて貴重である。

格物致知（かくぶつちち）

朱子学が修養法の最初に設定する方法論。『大学』を出典とし、「物に格《いた》りて知を致す」と読む。一般的には、あらゆる事物の本質をつきつめることによって知識を深め、宇宙の原理をきわめること、と解釈する。「格物」は『易』を出典とする「窮理《きゅうり》」と同一のものとされて「格物窮理」とも言われる。これについて中井履軒は、「窮理」は聖人の行いの最高到達点であって、我々が容易に目指せるものではなく、ましてや初めて学問を行う者にいきなり課すものとしては難易度が高すぎると批判する。その上で「格物」を、自分が知りたい、できるようになりたいと思う物事の仕組みを、実際に自分でやってみることにより、身をもって確かめることだ（「格物とは、躬《みずか》ら往《ゆ》きて其の地を践《ふ》み、其の事に莅《のぞ》み、其の労を執ることを謂うなり」）、と解釈した。そして自分が知っていくべきことも、今の自分が日常生活の中で直面している問題を解決するために有用なものが最優先である（「天下の事物の理の我に干渉すること無き者は、必ずしも講求せざるなり」）、とも主張した。履軒が唱えるこうした「知」の経験的・実用的性格は、西洋におけるプラグマティズム（実用主義）に通ずるところがある、とも言われている。

富永仲基（とみながなかもと）（一七一五〜一七四六）

江戸中期の大坂の思想史家。字は子仲また仲子。号は謙斎《けんさい》、南関、藍関。通称・道明寺屋三郎兵衛《どうみょうじやさぶろべえ》。懐徳堂を創建した五同志の一人である道明寺屋吉左衛門《どうみょうじやきちざえもん》（富永芳春）の三男。弟の定堅《さだかた》（号は蘭皐《らんこう》）とともに三宅石庵に学んだ。儒家思想を歴史的に批判した『説蔽《せつぺい》』（亡佚）を若くして著した。そのために石庵に破門されたといわれるが、事実かどうかは不明。後に仏教研究に取り組み、その成果を『出定後語《しゅつじょうごご》』にまとめた。また『翁の文《おきなのふみ》』を著し、日本においては神仏儒の三教とは別の「誠の道」を尊ぶべきと説いた。その学問は、思想の展開と歴史・言語・民俗との関連に注目した独創的なもので、後発の学説は必ず先発の学説よりもさかのぼってより古い時代に起源を求めるとする「加上説《かじょうせつ》」を中心とした。後に内藤湖南は、経典を相対化し、実証的にその歴史的生成過程を解明しようとした仲基の研究方法を、高く評価した。

出定後語（しゅつじょうごご・しゅつじょうこうご）

関係人物名　富永仲基
数量（冊数）　二冊
懐徳堂文庫図書目録該当頁　国書一九上

富永仲基《とみながなかもと》が著した仏教思想史論。二巻二冊。延享二年（一七四五）十一月刊（丹波屋理兵衛開版）。延享元年（一七四四）八月の自序がある。延享二年・文化二年などの再刊本がある。その構成は、上巻が「教起の前後　第一」から「四諦・十二因縁・六度　第十三」まで、下巻が「戒　第十四」から「雑　第二十五」までの、全二十五章。

本書は、仏教思想の歴史的発展過程を、加上説《かじょうせつ》という仲基の独創的な理論を用いて分析したものである。加上説とは、先発の学説に対して後から加えられる（＝加上される）学説は、自説が先発の学説より優れたものであることを主張しようとし、より古い時代にその起源を求めるなど、先発の学説より複雑になるとする考え方。この考えによって仲基は、釈迦の所説は先行する諸学説に加上されたものであり、またその釈迦の所説に対して後に諸説が次々と加上されていったとする。また仲基は、仏典を研究するに当たって、ある概念を指す言葉が、「人」（話し手や聞き手）、「世」（用いられた時代）、「類」（意味の種類）の「三物」によって異なることを考慮しなければならないとした。加えて、儒教や仏教といった外国から伝来した思想と国民性との関係に注目した。

仲基には継承者がなく、その学問は長らく埋もれていたが、重建懐徳堂で講師を務めた内藤湖南は、『出定後語』を山片蟠桃《ばんとう》の『夢の代』、三浦梅園の『三語』と並べ、近世日本における貴重な独創的思想の書であるとして高く評価した。

翁の文（おきなのふみ）

関係人物名　富永仲基
数量（冊数）　一冊
外形寸法（㎝）　縦二七・三×横一九・六
懐徳堂文庫図書目録該当頁　国書一九上

富永仲基《とみながなかもと》の主著の一つ。神道、儒教、仏教を批判し、「誠の道」を説いたもの。ある老人が語った話として著述しているため、『翁の文』と名づけている。本書は、

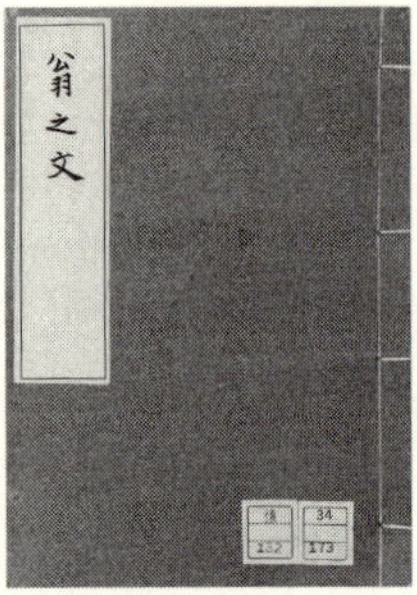

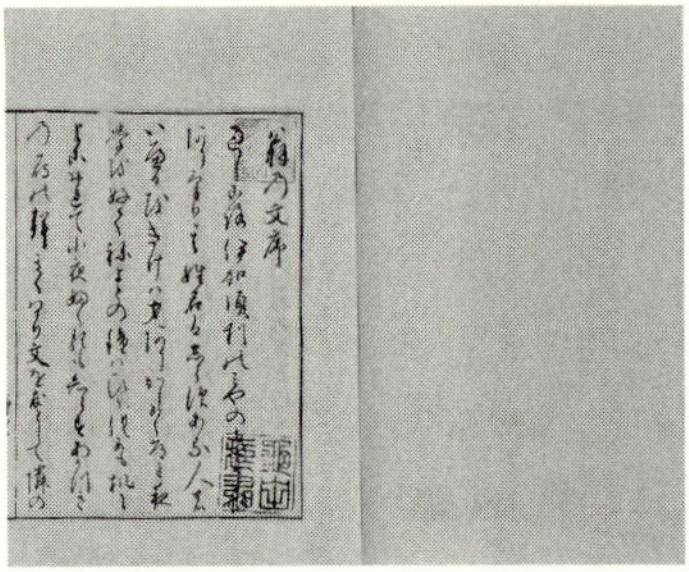

翁の文

延享三年（一七四六）大坂富士屋長兵衛刊本を、大正十三年（一九二四）に京都小林忠治郎が影印したものであり、その影印に用いられた原本は現在国立国会図書館に収められている。巻首に林師良の序、全機居士《ぜんきこじ》（川井立牧）の序、伴礼玄幹の序、伴のなかもとの自序を附す。巻末に、内藤湖南の跋《ばつ》、亀田次郎の識語が影印されている。本文は全体で十六節からなる。

富永仲基の立場は、特定の教説にとらわれることなく、それぞれの教説を相対化することであった。そして、自らが主張するのは、当時実際に認められていたところの道徳、すなわち「誠」であった。

仲基は本書の中で「加上説《かじょうせつ》」を説く。「加上説」とは、『翁の文』第九節に「古より道をとき法をはじむるもの、必ずそのかこつけて祖とするところありて、我より先にたてたる者の上を出んとする」とあるように、新しい教説をたてる者は、先行の教説を凌駕しようとして、より古い権威を持ち出してくる、という説である。その結果、一見古いように見える教説が、実は後出の説であることもあり得る、と言うのである。例えば、次のような例をあげている。孔子や墨子が堯《ぎょう》・舜《しゅん》の王道を主張したのは、当時もてはやされた斉《せい》の桓公《かんこう》や晋《しん》の文公《ぶんこう》の覇道の上を行こうとしたためである。その後、楊朱《ようしゅ》が黄帝《こうてい》を尊重したのは、孔子や墨子の主張のさらに上を行こうとしたものである。持ち出された権威は、斉の桓公・晋の文公よりも堯・舜の方が古く、堯・舜よりも黄帝の方が古い。しかし、教説としては、覇道の説よりも孔子・墨子の説の方が新しく、孔子・墨子の説よりも楊朱の説の方が新しいのである。

また、仲基は本書で、インドの仏教、中国の儒教、日本の神道を比較して次のように言う。仏教の特徴は「幻術」である。インドでは幻術を好むので、教説の中に幻術を交えている。儒教の特徴は「文辞」である。中国では弁舌を好むので、教説も文辞が巧みである。神道の特徴は「神秘・秘伝・伝授」である。日本では、人を教え導くときに「秘伝」などといって隠そうとする。それぞれの教説は、それぞれの民族性の制約を受けており、絶対的なものではないということである。

なお、『翁の文』は『日本古典文学大系九七　近世思想家文集』（岩波書店、一九六六年）に原文が収められており、『日本の名著十八　富永仲基　石田梅岩』（中央公論社、一九七二年）には現代語訳が収められている。

論語徴駁（ろんごちょうばく）

関係人物名　井狩雪渓、富永仲基
数量（冊数）　五冊
外形寸法（㎝）　縦二三・二×横一六・七
懐徳堂文庫図書目録該当頁　漢籍一五下（経部、四書類）

井狩雪渓《いかりせっけい》の著。荻生徂徠の『論語徴』を論駁することを主旨とした『論語』注釈書である。全十巻。懐徳堂文庫所蔵本は、残念ながら雪渓の手稿本ではなく抄本であり、本書の扉にも「井狩雪渓子述・赤羽原虚郷写」とある。

まず巻頭に「総論」を置き、『論語』学而《がくじ》篇以下、圏点の下に「～章」として各章の冒頭部分をあげ、次に一格を下げて問題となる『論語徴』の冒頭部分をあげ、さらに一格を下げて雪渓の注釈を記している。そして巻末には五井蘭洲が雪渓に宛てた書簡「与井狩雪渓子書」が収められている。この書簡によれば、『論語徴駁』を書き上げた雪渓が、これを蘭洲や富永仲基に見せて批評を求めたようである。この『論語徴駁』において、特に重要な点は、断片的ではあるが、「仲基云」として、二十二か条にわたって富永仲基の説が見られ、仲基の経学の一端を窺い知ることができる点である。この仲基の『論語徴』批判の文章は、『懐徳』第十一号の吉田鋭雄《はやお》「富永仲基の論語徴駁説」に翻刻されている。仲基の著述は散佚しているものが多いが、この『論語徴駁』を通じて、仲基もまた蘭洲・竹山と同様に反徂徠の立場にあったことが分かる。

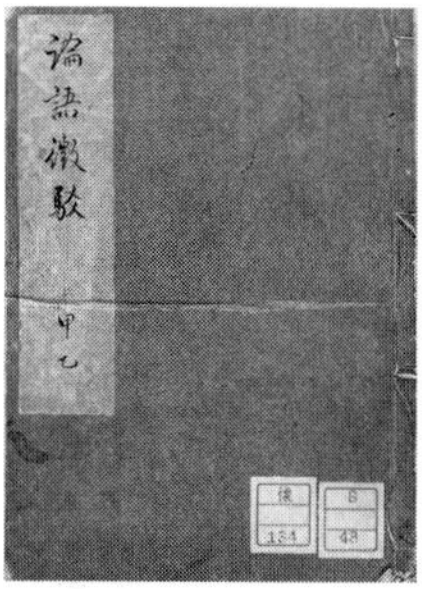
論語徴駁

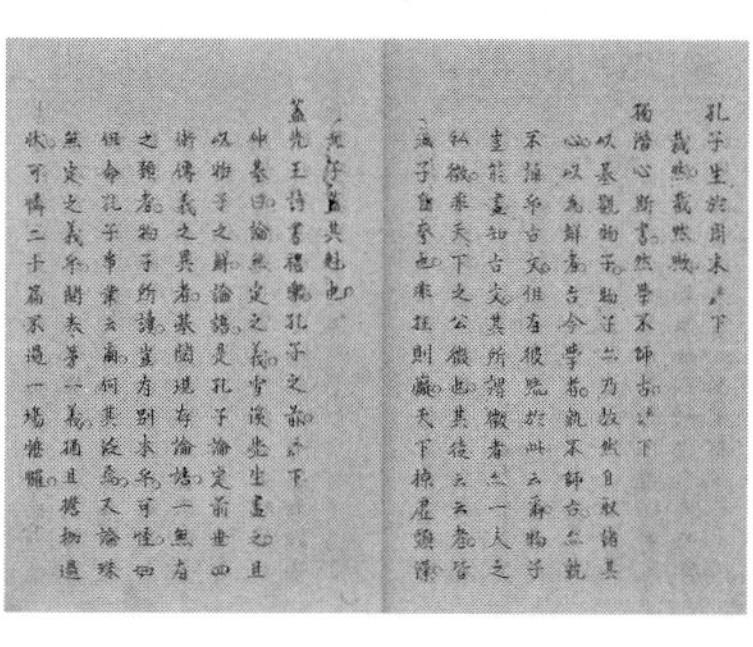
富永仲基注引用部分

結局、『論語徴駁』は、蘭洲の『非物』や竹山の『非徴』のように出版されることはなかったが、徂徠学批判の先駆けとも言える貴重な資料である。

山片蟠桃（やまがたばんとう）［一七四八～一八二一］

江戸中・後期の大坂の町人学者。本名は長谷川有躬。播磨国印南郡神爪《かづめ》村（現・兵庫県高砂《たかさご》市）に生まれ、宝暦十年（一七六〇）に升屋別家《ますやべっけ》（使用人が暖簾《のれん》分けを許され独立した家）の伯父・久兵衛の養子となり、升屋本家に奉公を始めた。本家の当主・平右衛門（山片重賢）は蟠桃を懐徳堂に通わせ、蟠桃は中井竹山と履軒とを生涯師と仰いだ。また麻田剛立《あさだごうりゅう》に天文学を習う。後に升屋本家の支配番頭として活躍し、大名貸《だいみょうがし》として成功、文化二年（一八〇五）主家の親類並となり、山片芳秀と改名した。享和二年（一八〇二）から晩年にかけて書いた主著『宰《さい》我《が》の償《つぐない》』（履軒の意見により『夢《ゆめ》の代《しろ》』と改題）において、実証的で合理的な思考に基づく独自の思想を論じた。その内容は、天文・地理・歴史・法律・経済など多方面に及ぶが、中でも徹底的な無鬼論が有名である。

なお、蟠桃の業績にちなんで、日本文化の国際通用性を高めた優秀な著作とその著者を顕彰する「山片蟠桃賞」が設けられている。その一九八二～一九九一の十年間の受賞者については、大阪府生活文化部文化課『山片蟠桃賞の軌跡』（清文堂出版、一九九三）が紹介している。また、懐徳堂関係の業績としては、平成二年（一九九〇）にテツオ・ナジタが受賞し、その邦訳が『懐徳堂 一八世紀日本の「徳」の諸相』（子安宣邦訳、岩波書店）として刊行された。

諸葛氏（しょかつし）

懐徳堂における山片蟠桃の呼称の一つ。諸葛氏とは中国の三国時代の諸葛亮《しょかつりょう》（字は孔明）（一八一～二三四）のこと。蜀の劉備《りゅうび》に仕えた忠臣・戦略家で、「天下三分の計」「泣いて馬謖《ばしょく》を斬る」「死せる諸葛、生ける仲達を走らす」などのことばで有名である。中国で諸葛孔明は、「三人寄れば文殊の知恵」の「文殊」に相当する知恵者とされており、中井履軒に学んだ山片蟠桃は、その学識の高さから、中井門下の諸葛孔明と呼ばれていた。なお、文化十四年（一八一七）、履軒が亡くなった際の遺品分配記録には、「竹如意・真鍮空耳　諸葛氏」とあり、孫の手と耳かきが蟠桃に贈られたことが分かる。

宰我の償（夢の代）（さいがのつぐない）（ゆめのしろ）

山片蟠桃（一七四八～一八二一）が子孫への教訓として綴った随筆。享和二年（一八〇二）の自序、文政三年（一八〇六）の跋文がある。天文・地理・神代・歴代・制度・経済・経論・雑書・異端・無鬼上・無鬼下・雑論の十二編からなる。明治時代にその一部が初めて版行された。

初め蟠桃は、孔子の弟子である宰我が昼寝をし、それを孔子が責めた話（『論語』公冶長）にちなみ、『宰我の償』（宰我のように昼寝をしようとした不肖の弟子が、その償いとして書いたもの）と題した。『論語』公冶長篇に「宰予、昼寝《い》ぬ。子曰く、朽木《きゅうぼく》は雕《ほ》るべからず、糞土の牆《かき》は圬《ぬ》るべからず。予に於てか何ぞ誅せん（宰予晝寝。子曰、朽木不可雕也、糞土之墻不可圬也。於予與何誅」）」と見えるのがそれである。しかし後に履軒の意見によって『夢の代』と改題した。

蟠桃（本名・長谷川有躬）は、升屋別家《ますやべっけ》の伯父・久兵衛の養子となり、本家升屋に奉公するかたわら懐徳堂に通い、中井竹山・履軒に学んで二人を生涯の師と仰いだ。享和二年に『夢の代』を書き始めたが、完成に至るまでにたびたび竹山・履軒に校閲を請い、その指導を受けて加筆を行っている。

『夢の代』は、全体として類書《るいしょ》（百科全書）的な構成を取るが、全編にわたって、升屋の番頭として活躍した蟠桃の徹底した実証的合理主義の立場が示されている。特に徹底的な無鬼論を主張、霊魂の存在を強く否定した点はよく知られている。また蟠桃は、朱子学的立場に立って「格物致知《かくぶつちち》」を重視しつつ、同時に西洋天文学の知識を受容して地動説を受け入れ、儒教的な「天」と西洋天文学の対象とする「天体」とを結合した。

重建懐徳堂の顧問でもあった内藤湖南は、蟠桃の『夢の代』を、富永仲基の『出定後語』、三浦梅園の『三語』と並べて、近世日本における貴重な独創的思想の書であるとして、高く評価した。

草間直方（くさまなおかた）［一七五三〜一八三一］

江戸中・後期の大坂の町人学者。京都の枡屋唯右衛門《ますやただえもん》の子として生まれ、十歳の頃から両替商・鴻池家に奉公し、安永三年（一七七四）、鴻池家の別家《べっけ》（使用人がのれんわけを許され独立した家）・草間家の女婿となる。文化五年（一八〇八）独立して今橋で両替屋を経営した。通称・鴻池伊助。商人として山片蟠桃と同時期に大坂で活躍し、また蟠桃と同じく、懐徳堂で中井竹山・履軒に学んだ。晩年隠居してから、我が国における最初の貨幣史である『三貨図彙《さんかずい》』を著し、古代から江戸時代に至るまでの貨幣の歴史を紹介するとともに、貨幣経済の発展について歴史的考察を加え、幕府による米価の統制を批判した。ほかに『草間伊助筆記』『鴻池新田開発事略』『茶器名物図彙』などを著した。

三貨図彙（さんかずい）

草間直方が著した、我が国における最初の貨幣史。寛政五年（一七九三）頃に執筆を開始し、文化十二年（一八一五）に脱稿。全四十二冊。原本は、大阪府立中之島図書館に寄託されている。

本書は、直方が晩年隠居してから著したもので、古代から江戸時代に至るまでの金・銀・銭（銅銭）の三貨について、その歴史を図入りで紹介し、また物価の変動について歴史的考察を加えた書である。その構成は、冒頭の第一～第二十冊が三貨を図示しつつその起源と変遷について述べた部分、以下、米価を中心とした物価論や、貨幣の品位と物価の変動とについて述べた「物価之部」第一～十、量目・桝・為替などについて述べ、また新井白石の『宝貨事略』などの資料を収めた「付録之部」第一～九、文政八年までの十年間の物価変動などを記した「遺考之部」第一～三と続く。

直方の独自の物価論は、自律的な自由市場経済を主張するもので、幕府による米価の統制に対して批判的であった。大商人・鴻池家の経済活動を背景に、実務に裏づけられて成立した『三貨図彙』は、実効的な知識の集成であり、他家への貸し出しが禁じられていたという。

明治七年（一八七四）に『大日本貨幣史』が編纂される際に、本書は貴重な資料として活用された。

2　三宅石庵・中井甃庵・三宅春楼・五井蘭洲

初期懐徳堂の学問的基盤は、初代学主の三宅石《みやけせき》庵《あん》、初代預り人で後に第二代学主に就任する中井甃庵《しゅうあん》、助教として石庵・甃庵を支えた五井蘭洲《ごいらんしゅう》、石庵の子で第三代学主となった三宅春楼《しゅんろう》らによって形成された。

三宅石庵は、浅見絅斎《あさみけいさい》に師事して朱子学を修めた後、陽明学にも傾き、諸学の良い点を柔軟に取り入れる折衷的傾向に特色があった。五同志に迎えられて懐徳堂学主に就任したのが享保九年（一七二四）である。この石庵に師事して学に志した中井甃庵は、後に石庵を継いで第二代学主に就任し、対外折衝や実務能力の才を発揮して懐徳堂の官許に尽力した。この当時、助教として学主を支えた五井蘭洲は、和漢の学に異才を発揮し、懐徳堂の学術的水準を向上させたが、これに学んだ中井竹山・履軒兄弟によって、後に懐徳堂は黄金期を迎えることとなる。

三宅石庵（みやけせきあん）［一六六五〜一七三〇］

懐徳堂初代学主。名は正名《まさな》、字は実父《じっぷ》、通称は新次《しんじ》郎《ろう》、号は石庵（石菴と表記されることもある）または万《まん》年《ねん》。宅子《たくし》と尊称されることもある。寛文五年（一六六五）、京都の生まれ。父三宅道悦《どうえつ》の影響で幼少から学問を好み、初め朱子学者浅見絅斎《あさみけいさい》に師事、のち陸王学に近づく。江戸、讃岐に滞在後、元禄十三年（一七〇〇）頃、来坂。尼崎町二丁目で私塾を開く。享保九年（一七二四）、大坂市中の大火（いわゆる「妙知焼《みょうちやけ》」）のため、平野に避難していたが、五同志らに迎えられ、懐徳堂初代学主に就任。官許の認可がおりた享保十一年（一七二六）に行った記念講義の筆記録が『論孟首章講義』として残されている。初期懐徳堂の基礎を築いたが、諸学の良い点は何でも折衷して取り入れる学風は「鵺《ぬえ》学問」と称されることもあった。享保十五年（一七三〇）、六十六歳で没。なお、弟に水戸彰考館《しょうこうかん》総裁を務めた観瀾《かんらん》が、また、子に懐徳堂三代目学主を務めた春楼がいる。

鵺学問（ぬえがくもん）

懐徳堂初代学主三宅石庵の学風を批判的に呼ぶ名。三宅石庵は、一つの学派に固執することなく、諸学の良い点を何でも積極的に取り入れた。その折衷的な独特の学風は「鵺学」と批判されることもあった。鵺とは、伝説上の怪獣の名で、頭は猿、足は虎、尾は蛇に似ているといわれる。『先哲叢談《せんてつそうだん》』には、「世石菴を呼んで鵺《ぬえ》学問と為す。此れ其の首は朱子、尾は陽明、而して声は仁斎に似たるを謂ふなり」という香川修徳（号は太冲）の言が見える。しかし、こうした態度は、懐徳堂が幕府の官許を得ながらも、基本的には大坂の町人に支えられた自由闊達な精神を持つ学校であったことと無縁ではない。そこで説かれた倫理道徳も、決して硬直したものではなく、儒家の道徳論では厳しく対立するとされてきた「義」と「利」についても柔軟に考えるなど、懐徳堂そのものが良い意味での鵺的要素を含んでいたとも言える。

香川修徳（かがわしゅうとく）［一六八三～一七五五］

江戸時代中期の医師。字は太冲《たちゅう》、号は修庵あるいは一本堂。播磨姫路の出身。儒家の目指す聖人の道と医術とはその根本を一にするとして「儒医一本」の説を唱え、一本堂と号した。懐徳堂との関係では、三宅石庵の学を「鵺《ぬえ》学問」と評した言が有名である。湯浅常山（名は元《げん》禎《てい》、常山は号）撰『文会雑記』巻三下に修徳の言を引いて、「三宅碩《ママ》庵の学問は、俗間にぬえ学問と云へり。其言に云く、頭は朱子、尾は陽明、其鳴く声仁斎に似たり。象山のあたまをかけまはる」とあり、また『先哲叢談』巻五にも「香川太冲の曰く、世石菴を呼んで鵺学問と為す、此れ其の首は朱子、尾は陽明、而して声は仁斎に似たるを謂ふなり」と見える。

儒医兼学（じゅいけんがく）

儒者（儒学）と医者（医学）とを兼ねること。江戸の末期に蘭学（洋学）として西洋医学が流入する前、日本の医学は中国伝来の漢方《かんぽう》に基づいていた。この中国医学は、本草学《ほんぞうがく》（植物・医薬の学）とともに漢籍から得られる知識として日本に伝来したため、漢籍読解の能力を有する学者すなわち儒者が医者を兼ねることもあった。儒の聖道と医術は同根であるという儒医一本の説を立て、一本堂と号した香川修徳《かがわしゅうとく》（号は太冲、一六八三～一七五五）、福岡藩医として活躍し、『論語語由』の著者としても知られる亀井南冥《かめいなんめい》（一七四三～一八一四）などは儒医の代表である。

また、懐徳堂の三宅石庵は、みずから製薬業を営み、病弱の息子春楼の生計のために返魂丹《へんこんたん》という丸薬を製造した。しかし、こうした石庵の雑学的性格は、学究肌の五井蘭洲に、「首は朱（熹）、尾は陸（九淵）、手脚は王（陽明）の如くにして鳴く声は医に似たる」と批判されている。

三宅観瀾（みやけかんらん）［一六七四～一七一八］

三宅石庵の九歳下の弟。名は緝明《しゅうめい》、字は用晦《ようかい》、通称は九十郎《くじゅうろう》、観瀾は号。寛文十二年（一六七二）、『大日本史』編集のため、徳川光圀《みつくに》が江戸の水戸藩邸内に設けた「彰考館《しょうこうかん》」の総裁を務めた。初め、兄石庵とともに、朱子学者山崎闇斎《やまざきあんさい》の高弟浅見絅斎《あさみけいさい》に師事したが、のち江戸に出て木下順庵《きのしたじゅんあん》（新井白石の師）に入門、元禄十年（一六九七）、水戸藩に仕官して彰考館に入り、『大日本史』の編纂に当たった。宝永七年（一七一〇）、彰考館総裁に就任、さらにその翌年、新井白石の推挙により幕府に登用された。

なお、懐徳堂では、明和八年（一七七一）ごろから『大日本史』の筆写が総力をあげて行われ、一部が懐徳堂に納められた。

懐徳堂幅（かいとくどうふく）

関係人物名　三宅石庵
数量（冊数）　一幅
外形寸法（㎝）　縦三九・八×横八三・七

「懐徳堂」の三字を大書した三宅石庵筆の書幅。もとは額に仕立てて、懐徳堂の講堂に掲げてあったが、後に刻額を作って玄関に掲げ、本幅は掛軸に仕立て変えることになったという。「懐徳」とは、徳を懐《おも》うという意味で、中国の古典に由来する語と思われるが、創設時の関係者の書き残したものがないため、その出拠については諸説がある（詳細については、第1章2節初期懐徳堂の「懐徳」の項参照）。いずれにしても、この書幅には、懐徳堂の基本的精神を道徳の重視に求めた石庵の願いが込められている。本書巻頭のカラー口絵参照。

中庸錯簡説→四七頁

中庸懐徳堂定本→四八頁

万年先生論孟首章講義（まんねんせんせいろんもうしゅしょうこうぎ）

関係人物名　三宅石庵
数量（冊数）　一冊
外形寸法（㎝）　縦二三・七×横一六・四
懐徳堂文庫図書目録該当頁　漢籍二一上（経部、四書類）

懐徳堂初代学主三宅石庵（号は万年《まんねん》）の講義録。懐徳堂が幕府から官許を得た享保十一年（一七二六）十月五日、それを祝う記念講演会が催された。本書は、その際に三宅石庵が行った講演の筆記録（漢字片仮名交じり文）である。全十五丁。筆者は未詳。題名は、『論語』『孟子』各々の冒頭の一章について講じたことにちなみ、表紙題簽と扉には「萬年先生論孟首章講義」と記されている。「論孟首章講義」というのは通称（略称）である。明治四十四年（一九一一）、懐徳堂記念会より刊行された『懐徳堂五種』の中に翻刻されている。本文冒頭には、「官許学

問所懐徳堂講義　享保十一年丙午冬十月五日癸亥　萬年三宅先生講」と題した上で、『論語』学而篇冒頭章、『孟子』梁恵王篇冒頭章の順で、各々の書名、首章の意味、文中主要語句の意味などについて、噛んで含めるように解説していく。また、本書の末尾には、「浪華学問所懐徳堂開講會徒」として当日の講演を聴講した七十八人の名前が列挙されており、その中に五井藤九郎（蘭洲）、富永善右衛門（芳春）らの名が見える。

懐徳堂は、五同志と呼ばれる大坂町人の経済力を基盤として設立され、受講生のほとんどは町人（商人）であった。しかし、石庵は、この講義において、商業活動や営利事業を論ずるのではなく、それらを根底にあって支える「人の道」の重要性を力説している。また、伝統的な儒家思想の中で厳しく対立すると考えられてきた「利」と「仁義」とについて、柔軟な思考を展開している。つまり、仁義の実践者には結果として利がついてまわるという前後関係を想定し、また、「利」そのものには害はないが、それを追求する過度の欲望が弊害を生むという形で、両者を統合してみせるのである。これも、大坂の町に生まれ、町人によって支えられた懐徳堂の大きな特色の一つである。大正時代に再建された重建懐徳堂において、記念祭の開催日を十月五日と定めたのは、この石庵の記念講演の日に基づく。

なお、本資料全体の翻刻・現代語訳は「懐徳堂文庫所蔵『論孟首章講義』についてーデジタルコンテンツとしての位置づけー」（湯浅邦弘、竹田健二、杉山一也、藤居岳人、井上了）として『中国研究集刊』第二十七号（二〇〇〇年）に収載されるとともに、懐徳堂データベースに収録された。

論語聞書（ろんごききがき）

関係人物名　三宅石庵、五井持軒
数量（冊数）　六冊
外形寸法（cm）　縦二三・一×横一五・六
懐徳堂文庫図書目録該当頁　漢籍一四下（経部、四書類）

三宅石庵・五井持軒による『論語』の講義を受講者が速記し、後に清書したもの。三宅石庵は懐徳堂初代学主、五井持軒は五井蘭洲（中井竹山・履軒の師）の父。全六冊からなり、『論語』全編の講義が収められている。講義が行われたのは懐徳堂創立（一七二四）以前であるが、すでに石庵と持軒とは親交があった。また、持軒の門人たちが後に石庵の門下生となり、懐徳堂創設に深く関わっていたことからも、本書は懐徳堂草創期の学問的状況を知る上で極めて貴重な資料である。

文章は漢字片仮名交じりの口語体で、石庵・持軒の口《こう》吻《ふん》そのままに記録されている。各冊末尾の識語によると、一・六冊目が筆記されたのは宝永三年（一七〇六）、二・

三冊目は正徳二年（一七一二）、四冊目は正徳三年（一七一三）である。五冊目には識語がない。また、講義の担当については、一〜三冊が五井持軒、六冊目が三宅石庵であったことが分かる。ただし、四冊目には講義者の名が記されていない。講義は、朱子『論語集註《ろんごしっちゅう》』をテキストとしているが、受講者の大半が大坂の町人であったためか、初学者にも理解できるよう、実生活に即した例をあげている。例えば、子罕《しかん》篇第一章「子、罕《まれ》に利と命と仁とを言ふ（孔子は利と命と仁については、滅多に口にされなかった）」では、「命」について「天命ナリ」と説明した後、「ツトムベキコトヲツトメザルシテ、アタマカラ天命、天命ト云フテ埒《らち》ヲ明ルハアシキ也。假令《たとへ》バ病人アリ。……平生ハ無養生ヲシテ、煩《わずろう》テモロクロクニ薬モノマズシテ天命と云フハ、アヤマリ也」のように、極めて具体的かつ平易な講義をしている。また、「マレニ利ヲノ玉フカラハ、ワルヒモニテハナキ也。利ハ勝手ヨキコト也」というように、商人の利益追求を否定せず、その融通性に理解を示す点は、後の懐徳堂にも引き継がれていった。

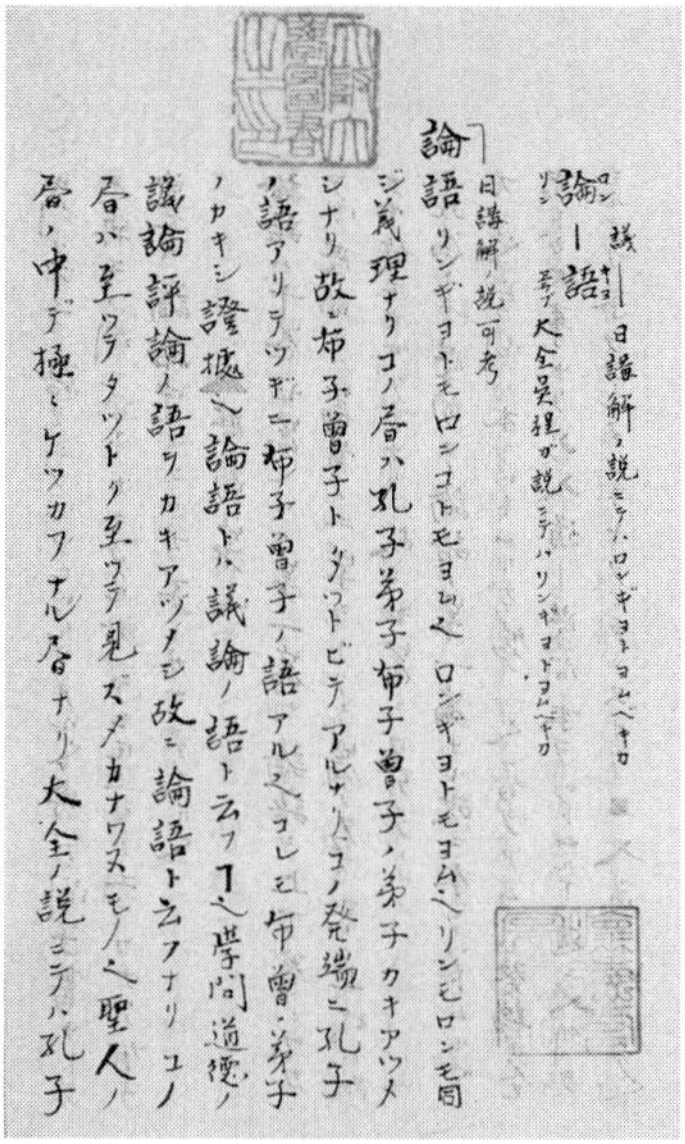
論語聞書

なお、本書は平成二十五年度から平成二十六年度にかけて全編デジタルコンテンツ化され、「WEB懐徳堂」で電子ブックとして閲覧することが可能である。

三宅石庵書状（みやけせきあんしょじょう）

関係人物名　三宅石庵
数量（冊数）　一帖
外形寸法（㎝）　縦一五・三×横三四・一

懐徳堂設立の翌年、三宅石庵が土橋道節へ宛てた書状。本資料において石庵は、道節の住む江戸に火災が起きたことを見舞うとともに、前年に大坂に大火があり、自分も罹災して「他所」に避難したことを述べている。石庵の多松堂《たしょうどう》は、享保九年（一七二四）三月の大坂大火、いわゆる「妙《みょう》知《ち》焼《やけ》」により焼失し、石庵はしばらく平野の含翠堂《がんすいどう》へ身を寄せていた。本資料には「五月十九日」の日付があり、享保十年（一七二五）五月に書かれたものと考えられている。なお、享保九年五月には懐徳堂が建立され、同年十一月には石庵が懐徳堂に居を移しているので、本資料は懐徳堂において書かれたものであろう。

また、本資料において石庵は「此度中井忠蔵其御地へ被参候」（このたび中井甃庵が江戸に参上する）と述べている。これは、享保十年五月に中井甃庵（忠蔵）や道明寺屋吉左衛門・備前屋吉兵衛らが江戸に入り、設立まもない懐徳堂の官許を求めて運動したことを指す。懐徳堂の官許について石庵は当初消極的であり、享保九年の時点では、甃庵は懐徳堂の官許を求めていることを石庵に知らせず、運動のため江戸へ行く際にも、石庵に対しては行き先を偽るなどしていた。しかし本資料により、享保十年五月には既に石庵が甃庵の行動を容認していたことがわかる。

石庵の著作は、享保九年の「妙知焼」により一旦すべて失われた。石庵の没後、息子の春楼が父の著述を蒐集したが、これも安永元年（一七七二）の盗難によって失われた。これらの事情により、石庵の著述としてまとまったものはほとんど残っていない。本資料は、石庵の手に係るものとしても貴重である。

なお、本資料は現在「万年先生遺墨帖」に貼り込まれており、また「石庵先生遺稿」（『懐徳』第十八号）に翻字が掲載されている。

石庵先生遺稿（せきあんせんせいいこう）

三宅石庵の遺稿を蒐集整理したもの。懐徳堂初代学主三宅石庵は、あまり著述を好まなかったという。現在に残る代表的著述としては、『中庸定本』があげられるのみである。また、他の雑稿も享保九年（一七二四）の大坂の大火（妙知焼）で焼失したり、盗難にあったりして散逸した。その後、中井木菟麻呂《つぐまろ》が懐徳堂水哉館遺物として重建懐徳堂に寄贈した資料の中に、若干の遺稿が残されていた。それを、重建懐徳堂の教授吉田鋭雄《はやお》が整理して『懐徳』第十八号（一九四〇年）に掲載している。中井竹山の「萬年先生遺稿序」に続き、漢詩を中心とする遺稿が翻刻されている。

藤樹先生書簡雑著（とうじゅせんせいしょかんざっちょ）

三宅石庵が編集した中江藤樹の書簡集。全一巻。正徳三年（一七一三）の自序あり。当時世に出ていた藤樹の書簡集の内容が雑然としているのを不満に思った石庵が、底本および五種のテキストを用いて校訂・編集した。全体を「書簡」と「雑著」の二項に分け、計五十五篇を載せている。また、巻頭に「書藤樹先生書簡雑著端」と題する端書十二条が附されている。これは同書の凡例から始まり、具体的な書簡の内容の解説にまで及んでいるが、一方で儒者としての石庵の立場を示す資料としても知られている。例えば最後の条では、中江藤樹の書簡集を編集し尊信しているということは、あなた（石庵）も陽明学者なのか、という質問に答える形で次のような持論を述べている。すなわち、朱熹・陸九淵・王陽明の三先生の学問は、みな「私に勝ちて天下と大同する」ことを目指しているという点で一致しているのだから、我々もどれか一つの学派の思想を墨守するのではなく、人間的な成長という大きな目標のため、柔軟にそれぞれの長所を認め、採り入れていくように努めるべきだ、と。「鵺《ぬえ》学問」とも評された石庵の本領であろう。

　上梓することを目的としていたが、果たされなかったらしく、今は写本のみが伝わっている。ただし、懐徳堂文庫には所蔵されていない。現在、これを翻刻したものが『日本倫理彙編』第一巻（金尾文淵堂、一九〇一年）などに収められている。

中井甃庵（なかいしゅうあん）［一六九三～一七五八］

　懐徳堂第二代学主。中井竹山・履軒兄弟の父。名は誠《さね》之《ゆき》、通称は忠蔵《ちゅうぞう》・四郎。甃庵は号。諡《おくりな》は貽範《いはん》。元禄六年（一六九三）、播州龍野《ばんしゅうたつの》の生まれ。父は藩医中井玄端《げんたん》（一六四五～一七二〇）。宝永三年（一七〇六）、十四歳の時、一家で大坂に移住。十九歳の時、当時、尼崎町一丁目（現在の大阪市中央区）に開塾していた三宅石庵に入門し、儒者の道を志した。享保十一年（一七二六）の懐徳堂官許に際しては、かねて面識のあった江戸の三輪執斎の援助を得て官許の獲得に奔走した。官許を得た後、懐徳堂に移り住み、初代預り人、二代目学主を務めた。懐徳堂の官許に消極的だったとされる三宅石庵に対して、甃庵は対外折衝や実務能力の才を発揮し、懐徳堂の展開に貢献したと言える。

　なお、甃庵には学術的著作はほとんどないが、甃庵が実際の事件をもとに記した孝子伝である『五孝子伝』（一七三九）が注目される。それは、五人の子どもたちの「孝」を顕彰する内容で、以後の懐徳堂、および大坂町奉行による孝子顕彰運動の先駆と位置づけられる。

甃庵（しゅうあん）・洌庵（れつあん）

　中井忠蔵と五井藤九郎の号。懐徳堂の第二代学主中井甃庵（名は誠之、通称は忠蔵、竹山・履軒の父）は、『非物篇』の著者として知られる五井蘭洲《ごいらんしゅう》（名は純禎、通称は藤九郎、懐徳堂助教）とともに懐徳堂の基礎を築いた。二人は、五井、中井の姓の「井」にちなんで、各々の号を付けた。中井甃庵は『周易』「井」卦六四の「井甃无咎」より「甃」を取って「甃庵」を号とした。「井《せい》甃《いしただみ》す。咎无《とがな》し」とは、井戸の内壁もすでに修繕され、あとは人に用いられるのを待つばかりであるから、咎はない、の意。一方、五井蘭洲は、九五の「井洌寒泉食」から「洌」を取って「洌庵」を別号とした。「井洌《きよ》くして、寒泉食《くら》わる」とは、井戸の水が清洌に澄み、湧き出る冷たい泉水が人に飲食される、の意である。その象伝の解説によれば、寒泉が食われるのはその徳が中正だからであるという。

此君窩（しくんか）

中井甃庵の書斎の称。懐徳堂第二代学主中井甃庵は、竹を愛し、自己の書斎の窓の周囲に竹をめぐらし、「此君窩」と呼んだ。命名の由来は、晋の王徽之《おうきし》が竹を指して、「何ぞ一日も此君無かるべけん」（『晋書』王徽之伝）といった故事による。竹を愛した甃庵は、晩年、京都の嵯峨を終焉の地とするつもりであったが実現しなかったという。なお、甃庵が竹を愛する契機となったのは、長男・積善（号は竹山）の誕生日が、竹酔日《ちくすいにち》であったことによるという。

墨菊図（ぼくぎくず）

関係人物名　泉冶、中井甃庵
数量（冊数）　一幅
外形寸法（㎝）　縦六七・〇×横二六・三

菊を描いた墨画。泉冶《せんや》筆・中井甃庵《しゅうあん》賛。賛文には、「墨菊の一幅は泉冶なる者の畫《か》きし所なり。冶　時に一斗を飲み、口　囁彊《しょうじゅ》して言ふ能《あた》はず、足　踉蹌《ろうそう》として行く能はず。而るに掌を運《めぐ》らして之を搆《かま》え、能《よ》く象形を存するは一奇なり。今や則ち亡《な》し。廼《すなわ》ち蠹殘《とざん》に忍びず、糊繕《こぜん》して誌《しる》す。想ふに戊戌孟春望夜の事なり。甲子正月　甃庵書」とある。

これによれば、この画は享保三年（一七一八）初春の満月の夜、泉冶という人物が、歩けない程に泥酔していたにも関わらず、見事に描き上げたものである。酒一斗を飲んだというのは誇張かもしれないが、いずれにしてもかなりの酒豪だったことは間違いない。泉冶の没後、甃庵はこの画が紙魚《しみ》に損なわれてしまうこと（蠹殘）を惜しみ、延享元年（一七四四）正月、軸に仕立てて賛文を書き入れた。泉冶なる人物についての経歴はよく分からない。画面右下にある印の文字は「淟《てん》」と読め、泉冶の印と思われる。ちなみに「淟」には悪酔いの意がある。

なお、賛文中の「今也則亡」という一句は、『論語』雍也篇にある、孔子が早死にした愛弟子・顔回を回想して述べた言葉に基づいていると思われる。あるいは泉冶なる人物は、不幸にして早死にした、三宅石庵門下の友人だったのかもしれない。だとすれば、この一句からは、甃庵の亡友に対する哀惜の思いを読み取ることができよう。

三輪執斎書状（みわしっさいしょじょう）

関係人物名　三輪執斎、中井甃庵
数量（冊数）　一帖
外形寸法（㎝）　縦一六・三×横一五六・〇

　三輪執斎が中井甃庵に宛てた書状。本資料において執斎は、懐徳堂が幕府によって官許されたことを祝い、官許のために奔走した甃庵の尽力を労《ねぎら》うとともに、「御礼」のため甃庵が江戸に来ることを勧める。本資料には「六月十九日」の日付があるが、懐徳堂は享保十一年（一七二六）四月に官許を受け、同年十月に官許学問所として最初の講義を行っている。従って本資料は、享保十一年六月に書かれたと考えられている。

　享保八年（一七二三）、江戸の菅野兼山《すがのけんざん》が幕府より校地と資金とを与えられ会輔堂《かいほどう》を設立したが、時の将軍吉宗はこれに飽きたらず、京や大坂においても人物を得て学問所を設置したいとの意向を持っていた。享保九年（一七二四）にこれを伝え聞いた執斎は、石庵こそふさわしい人物であると考え、石庵の門人である甃庵に書状を送り、幕府の意向を伝えたのである。この享保九年の書状は懐徳堂の官許運動の発端となり、執斎は江戸にあって甃庵らの活動を大いに助けた。執斎は享保十一年の本書状において、懐徳堂の官許獲得を「未曾有の御事」とし、甃庵の「御手柄」と石庵の「徳光」とを讃え、「拙者に於ても本望大悦に存候」と述べている。執斎の石庵への傾倒ぶりを読みとれよう。

　なお、本資料の冒頭には、甃庵の「御叔父御卒去」を悼む文章があり、中井玄意（甃庵の叔父）の没年を知る手がかりとしても重要である。また本資料は、中井木菟《つぐ》麻呂《まろ》編「学校建立文書」に収められており、「懐徳堂旧記拾遺」（『懐徳』十四号）に翻字されている。

甃庵先生遺稿（しゅうあんせんせいいこう）

　中井甃庵の遺稿を編纂したもの。重建懐徳堂教授吉田鋭雄《はやお》の拾遺・編集により、『懐徳』第十九号（一九三一年）に掲載されている。『懐徳堂蔵書目』などによれば、甃庵の著述には、『不問語《とわずがたり》』『五孝子伝』『富貴村《ふきむら》良農事状』など十一種があったことが知られるが、重建懐徳堂の頃には、雑文・詩類は散逸して確認できない状況となっていた。そこで、重建懐徳堂の教授を務めた吉田鋭雄が新たに蒐集・購得した資料を、「遺文七篇」「遺詩十九篇」「甃庵先生歌文巻」「追善之連歌」「附録」に整理・翻刻したものがこの「遺稿」である。

富貴村良農事状（ふきむらりょうのうじじょう）

　中井甃庵が、紀伊の富貴村の農民の次郎左右衛門親子の仁徳ある行状を仮名文で記したもの。享保十三年（一七二七）九月七日の作。明治四十四年（一九一一）、懐徳堂記念会刊行の『懐徳堂五種』中に翻刻して収められた。なお、西村天囚『懐徳堂考』には、この書を「紀州良農事状」と称している。また甃庵には他にも、実話（桂屋事件）に基づき五人の孝子を顕彰する『五孝子伝』がある。

かつらや事件（かつらやじけん）

中井甃庵『五孝子伝』によって顕彰された事件。元文三年（一七三八）、家で船運の取引をする大坂堀江の居船頭「かつらや太郎兵衛」には、長女「伊知」十六歳を頭に四人の子供がいた。太郎兵衛とともに船運を営む沖船頭の「新七」は、秋田から大坂へ米を運ぶ途中、暴風に遭って難破。船を「水船」として帰港させる一方、ひそかに米を横領して換金し、太郎兵衛に分け前を押しつけて逃亡した。太郎兵衛は金に目がくらんでこれを受け取り、その後、事件が発覚して捕縛され、死刑と決まった。長女の伊知は、自分たちの生活のために父がやむなく罪を犯したと考え、父の身代わりに自分たちが罰せられることを願って嘆願書を作成、他の三人の実子、および養子の長太郎までが同意して、奉行書に出頭した。奉行所はその願いを一度は却下したものの、再尋問の結果、子供たちの願いが誠実なものであるのが確認され、大嘗祭の特赦として、太郎兵衛は大坂三郷払いという軽い罰で済んだ。

この事件を聞いた甃庵は、五人の子供たちの「孝」を顕彰すべく『五孝子伝』を執筆した。なお、この事件は、その後、大田南畝（一七四九～一八二三）の『一話一言』に採録され、また森鷗外の『最後の一句』の題材となっている。表記については、『五孝子伝』『一話一言』が「かつらや」、『最後の一句』が「桂屋」、他の諸本が「勝浦屋」と相違がある。

五孝子伝（ごこうしでん）

懐徳堂第二代学主・中井甃庵（名は誠之《さねゆき》）の著。甃庵が実際の事件をもとに記した孝子伝であり、刊記に「元文己未のとし（元文四年［一七三九］）三月廿三日　誠之しるす」とある。原本は、大阪府立中之島図書館所蔵。明治四十四年（一九一一）に『懐徳堂五種』の一つとして懐徳堂記念会から翻刻復刊されている。

内容は、死罪が確定した「かつらや太郎兵衛」の身代わりになりたいと奉行所に出頭した五人の子の「孝」を顕彰するもので、五井蘭洲は、この本文の後の識語に、「この五孝子の事情は、中井甃庵が記したものである。まことに見るべき内容であり、文章にも誇張がなく、これは五孝子の孝と同様である。これは天性というべきで、古今でも稀なものである」、との旨を記して絶讃している。懐徳堂では、以後も「孝」を重要な徳目として掲げ、孝子を探して顕彰するまでに至り、それはさらに大坂町奉行による孝子顕彰運動となって展開していった。甃庵の「五孝子伝」は、懐徳堂におけるこうした精神を、早くも明確に宣言したものと言える。また、江戸幕府における孝子の顕彰（『孝義録』の編纂）との関係からも注目される。

喪祭私説（そうさいしせつ）

関係人物名　中井甃庵、中井竹山、中井履軒
数量（冊数）　一冊
外形寸法（㎝）　縦二六・七×横一九・三
懐徳堂文庫図書目録該当頁　国書一二上

中井甃庵《しゅうあん》による、儒教式の喪祭礼についてまとめた書。「喪」礼とは故人が死去してより埋葬を終え帰宅した後までの一連の儀礼を指し、「祭」礼とは祖先を祀る儀礼を指すが、ともに儒教の根幹に関わる儀礼である。甃庵自叙には享保六年（一七二一）二月とあり、後に宝暦十年（一七六〇）二月、中井竹山が補正をし、中井履軒が校訂を行っている。甃庵自叙によると、執筆動機は父養元《よしもと》が前年に逝去したことであるが、竹山・履軒による補訂も父甃庵の逝去より二年後に行われている。

本書は朱子『家礼《かれい》』を出発点としているものの、変更点は多岐に及ぶ。甃庵自叙によると、朱子『家礼』とその解説書である明の丘濬《きゅうしゅん》『家礼儀節《ぎせつ》』とに依拠したが、また日本の様々な儒者の説を参考にしつつ、さらに中井家に伝わる古い儀礼、師の三宅石庵《みやけせきあん》や友人から聞いたことも用いて作成されている。これは、やはり自叙に語られるように、中井家の喪祭礼として代々実践することを目途としていたため、往時の社会に許容されるよう、日本の習俗や政治事情に配慮したからである。従って、慟哭して故人の死を悲しむ「哭《こく》」が廃止されたり、祖先を祀る独立した建物「祠堂《しどう》」が、単なる部屋である「祠《し》室《しつ》」に改められるなどしている。また、朱子『家礼』は士大夫《したいふ》という官職に就いている者を前提とした制を定めているが、日本の儒者は官職には就かないため、神主《しんしゅ》（仏葬の位牌に相当）に記す故人の名も、官職名が削除されるなど、相当に簡略化されている。

ところで、当時は檀家制度に基づき、仏葬が事実上の国制となっており、儒葬を実行する際には仏教寺院との折衝が必ず問題となっていた。本書も仏教を忌避する物言いは頻出するが、実際の挙式にあたっては、儒教の側から仏教に譲歩することを説く。ただし、墓所を寺院に設けることはやむを得ないとするが、代わりに「家」には仏教要素を持ち込まず、「家」を祭祀の中心地とし、墓での祭祀を否定している。

なお、懐徳堂関係者の葬儀を記録する各『襄事録《じょうじろく》』と照らし合わせると、『喪祭私説』の式次第は適宜改変

されていたことが明らかとなっている。また、『諸家尺牘《しょかせきとく》』に収録されている伊予新谷藩の家老徳田彦六宛《ひころく》の甃庵書状では、儒葬の指南を乞う徳田に対し、『喪祭私説』における神主の書式などが提示されており、甃庵には『喪祭私説』に定めた儒葬を世に広めようとした意図があったことがわかる。

五井蘭洲（ごいらんしゅう）［一六九七〜一七六二］

江戸中期の大坂の儒者。名は純禎《じゅんてい》、字は子祥《ししょう》、通称藤九郎《とうくろう》、号は蘭洲、冽庵《れつあん》、梅塢《ばいう》。五井持軒の三男。二十歳の時に京都・古義堂の伊藤東涯に入門。享保十一年（一七二六）の懐徳堂官許の後、中井甃庵に招かれて講師の一人となるが、同十四年（一七二九）に江戸へ行く。江戸在住中に一時津軽藩に仕えたが、元文五年（一七四〇）に病気を理由に離藩して大坂に戻る。以後、甃庵を補佐し、助教として懐徳堂の教育を支えた。その学問は、父・持軒同様、朱子学を主とし、特に江戸在住中に接した荻生徂徠の著作『論語徴《ろんごちょう》』に対しては厳しい批判を加えた。甃庵の子の竹山と履軒は、帰坂後の蘭洲から教育を受けた。江戸で蘭洲が著した徂徠批判の書は、蘭洲の没後、竹山・履軒の校訂を経て、天明四年（一七八四）に『非物篇《ひぶつへん》』と題して刊行された。

冽庵→六七頁

通儒全才（つうじゅぜんさい）

五井蘭洲の学問を評したことば。中井竹山が撰した蘭洲の墓碑銘に見える。「通儒」とは、多方面のものごとについて広く知っている博識の学者の意。「全才」とは、才能が特定の領域に止まることなく広い範囲に及んでいること。蘭洲の学術は、確かに多方面に及んでいる。漢学関係では、伊藤仁斎を批判した『非伊編』、荻生徂徠を批判した『非物篇』があり、また、文章をよくして随筆『瑣語』を残し、さらに日本の古典関係では、『古今集』『伊勢物語』の研究書として『古今通』『勢語通』などの業績がある。「懐徳堂和学」と称される伝統はこの蘭洲からおこった。なお、古来中国でも、特定の経書に偏らず全ての経書に精通した学者を「通儒」と称した。

非物篇（ひぶつへん）

関係人物名　五井蘭洲
数量（冊数）　六冊
外形寸法（㎝）　各縦二七・二×横一七・五
懐徳堂文庫図書目録該当頁　国書一三上

五井蘭洲の主著で、荻生徂徠の『論語徴』を批判したもの。蘭洲は江戸在住中に荻生徂徠の著に触れ、本書の執筆を開始、蘭洲没後四年にあたる明和三年（一七六六）、中井竹山によって校訂・浄書された。全六冊からなる本書は、総論である「論語徴」「物茂卿」を筆頭に、『論語』二十巻の中の主要な章について、各々まず「徴曰…」として徂徠の解釈を引用し、それに続いて「非曰…」として徂徠批判を展開する、という構成をとる。また、全二十巻の後に「非物篇附録」として徂徠の『弁道』に対する批判を記す。本書は、竹山の『非徴』とともに、天明四年（一七八四）に懐徳堂蔵版で刊行された。表紙題簽の外題は、それぞれ「正編非物篇」「続編非徴」と記された。また、平成元年（一九八九）、懐徳堂友の会から懐徳堂文庫復刻叢書二として復刻刊行されている。

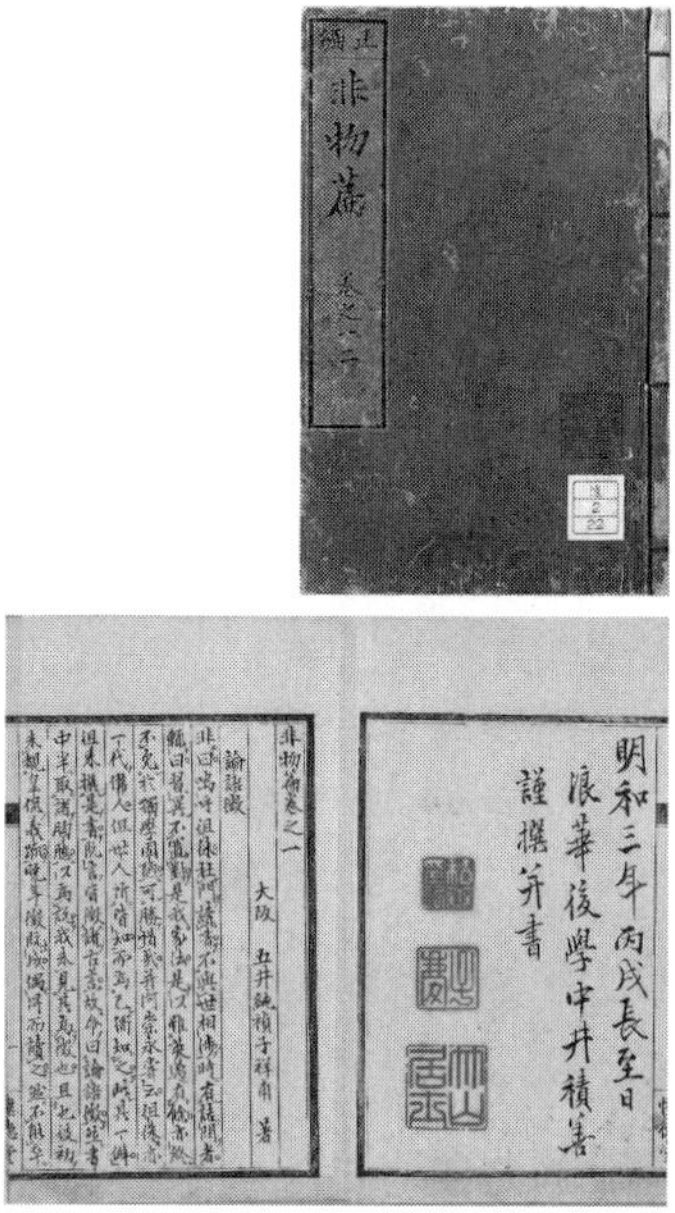

非物篇

　内容は、厳しい徂徠批判に終始しているが、総論部分では、「徂徠は門を閉ざして本を読み、世間との関わりを持たなかった。詰問する者があってもつっぱねるばかり。いかに徂徠が出世したとしてもそれは独りよがりの偏屈なものである」と述べる。これは徂徠の基本的な人間性や勉学の方法に対する批判である。また徂徠は「古言に徴して実証的に解釈したと言っているが、実は多くの主観的解釈を混入させている」と、『論語徴』の解釈全般についても批判する。これは、「徴」という看板とその実態とにずれがあるとの痛烈な指摘である。さらに、「徂徠は梁の皇侃《おうがん》の『論語義疏』を見ておらず、皇侃・朱子共通の解釈を朱子独自の説として批判するという大きな誤りを犯している」と、『論語』注釈史の立場からも厳しく批判を加えている。このように本書は、徂徠の基本的な人間性や学問の姿勢から個々の解釈に至るまで厳しい批判を展開しており、その精神は、中井竹山の『非徴』にも受け継がれた。

　なお「物」とは、徂徠のことを指す。徂徠が物部氏の流れを汲む者として中国風に「物茂卿」と称していたことによる。また「非物」とは、その「物」氏（徂徠）を「非」難するという意味である。

中庸首章解（ちゅうようしゅしょうかい）

関係人物名　五井蘭洲

数量（冊数）　一冊
外形寸法（㎝）　縦二六・八×横一九・〇
懐徳堂文庫図書目録該当頁　漢籍二一上（経部、四書類）

朱子の『中庸章句』の第一章に対する五井蘭洲の注解。全一巻。白紙に毎半葉十行で、草書体を用いて記されている。『中庸』の原文以外は、すべて漢字仮名交じり文で書かれており、一部の漢字にはふりがなが施されている。巻頭・巻末には、蘭洲のものとされる序文・跋文を載せているが、作成年代については何も記されていない。懐徳堂文庫所蔵の『中庸首章解』は、抄者未詳の抄本であるが、大阪府立中之島図書館所蔵の同書は、表紙に「五井蘭洲先生著並書」とあり、蘭洲の自筆本とされる。

一般に、懐徳堂の『中庸』学と言えば、三宅石庵の「中庸錯簡説」を中心とする文献学的研究ばかりが強調されるが、蘭洲の『中庸首章解』は、懐徳堂学派の哲学的研究成果の一端を示す重要な資料である。また同書は、『中庸』の具体的内容を解説するとともに、蘭洲の「天人合《てんじんごう》一《いつ》」論がよく現れた資料でもある。「天人合一」とは、「人ノ気」はすなわち「天ノ気」であり、したがって人の中に「天理」が内在するという考え方である。ちなみに蘭洲は、この「天人合一」論にもとづいて道徳的実践を説くだけでなく、これを経世論と結びつけ、一概に「利」を否定する従来の考え方に異論を唱え、商人の天賦の「徳性」を肯定し、商売というものは、社会にとって不可欠なもので、これは「道」をおこなうことの一種だと定義している。このように蘭洲の「天人合一」論は、近世社会における庶民の社会的な存在価値を裏づける源泉ともなった。

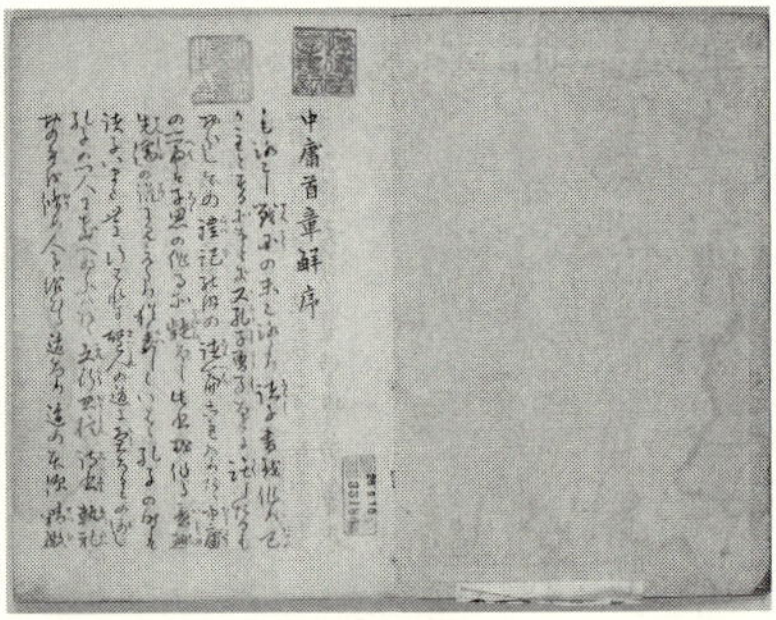

中庸首章解

なお蘭洲の著述の中では、荻生徂徠の『論語徴』を論駁した『非物篇』が最も有名であるが、『中庸首章解』の内容からみて、蘭洲は単に徂徠学を批判するだけでなく、一朱子学者として、朱子学の諸理論を綿密に再検討し、徂徠学に対抗する理論を展開していたことがわかる。湯城吉信「五井蘭州『中庸首章解』翻刻・注釈」（『懐徳堂研究』第七号、二〇一六年）がある。

瑣語（さご）

関係人物名　五井蘭洲
数量（冊数）　二冊
外形寸法（㎝）　縦二六・三×横一八・二
懐徳堂文庫図書目録該当頁　国書一一下

五井蘭洲が著した漢文随筆。全二巻。「瑣語」とは、「ささいなことば」という意味で、逸聞や瑣事を書き留めた書物を言う。蘭洲は、中国・日本の歴史についてや、読書の際に気がついたこと、身辺の雑記、などを短い文章で綴っている。

本書は、明和四年（一七六七）に大坂の井上丹六等が、『質疑篇』と合刻して刊行した原刊本である。第一冊は「瑣語上」と題し、第二冊は「瑣語下」と題する。巻末に中井竹山の「瑣語跋《ばつ》」を附する。

例えば、なぜ儒者は「功利」をいやしむのか、という質問に答えて、次のように書いている。「若《も》し孝子仁人にして、国に功有り、人に利有れば、亦《ま》た何ぞ之を鄙《いや》しまんや（孝行者や仁徳者であって、そのうえで国に対して功績があり、人に対しても利益をもたらせば、どうしていやしむことがあるだろうか）」。人としての倫理道徳を備えることが重要なので、それがないままに「功利」ばかりを求めるのは問題だが、一旦備わりさえすれば、むしろ積極的に社会貢献を目指すべきだ、と言う。また、「神機火槍」という、火縄銃ではない、燧石《ひうちいし》の新式銃を詳しく紹介している文などには、実学的な学風を窺うことができる。

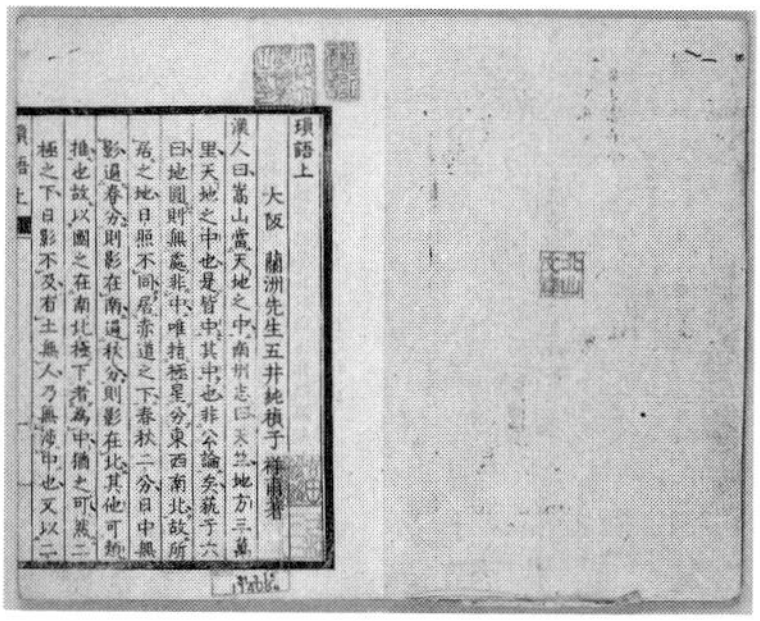
瑣語

なお、懐徳堂文庫は、この明和四年刊本の他に、天保三年（一八三二）大坂河内屋宗兵衛等再刻本の『瑣語』も蔵する。また、『瑣語』は『日本儒林叢書』第一巻（東洋図書刊行会、一九二七年）にも収められている。その他、懐徳堂文庫には中井履軒著の『瑣語疑文』という著作も収められている。この本は、『瑣語』についての疑問を履軒が記録したもので、さらに竹山の朱筆が入っている。

質疑篇（しつぎへん）

五井蘭洲が経書や史書に関する自説を漢文で述べた書。大阪府立中之島図書館に蘭洲自筆本の可能性の高い稿本が所蔵されている。その稿本の冒頭に寛延三年（一七五〇）に蘭洲自身が記した題言があり、普段から中国の経学あるいは歴史の書を読んで、疑問に感じた点があるたびに記しておいた文章を識者に質すために集録して一篇となしたと言う。「質疑篇」の書名はその内容に基づく。

実際のところ、本書の内容は蘭洲が述べる通り、経学に関する優れた説が多い。例えば、『懐徳堂考』において「質疑篇の五常の弁は得意の説なり」と紹介される五常の説である。この「五常」とは仁・義・礼・智・信の五つの徳目の意で、漢代の董仲舒がこれらの五徳目を五常として以降、同じく漢代の班固が『白虎通』でこの五徳目を敷衍したことによってそれが定着した。それに対して、蘭洲は『尚書』とその孔安国伝や孔穎達疏と、さらに『孟子』を参考に「五常」を親・義・別・叙・信とする。董仲舒以降の定説に対して、その五徳目は董仲舒が五行説に基づいて牽強付会的に立てたものであり、「古義」に適ったものではないと蘭洲は反対している。

本書は中井竹山・中井履軒によって校訂され、同じく蘭洲の『瑣語』とともに、明和四年（一七六七）に大坂の文淵堂・得宝堂から刊行されている。ただし、本書の刊記に刊行年の記載はない。なお、懐徳堂文庫には、履軒が『質疑篇』刊行の際に稿本の中の疑問の存する点や削るべき点についてまとめたうえで、竹山に質した『質疑疑文』も所蔵されている。『質疑疑文』は『質疑篇』刊行の過程を窺うことができる貴重な資料である。

蘭洲先生遺稿（らんしゅうせんせいいこう）

大阪府立中之島図書館に所蔵されている五井蘭洲の詩文集。懐徳堂文庫には蘭洲関係の資料はあまり多くないが、府立図書館には「蘭洲先生講義筆記」と称する、六十五種にも上る豊富な資料があり、その中の一つである。内容から、宝暦《ほうれき》九年（一七五九）に蘭洲が中風を発症し、湯治のため有馬温泉に滞在した時から書き起こされた、自撰の詩文集である。公刊されていない資料であり、晩年の蘭洲を知る上で貴重な資料である。ちなみに、蘭洲は宝暦十二年（一七六二）に亡くなっている。

なお、中之島図書館には他に『五井蘭洲遺稿』という名の本もあるが、こちらには寛延《かんえん》三年（一七五〇）の自序がつけられており、その頃までに書きためていた詩文を蘭洲自身が編集したものであり、『蘭洲先生遺稿』とは別の本。蘭洲の没後、中井竹山・履軒が刊行した『質疑篇』・『瑣語《さご》』は、『五井蘭洲遺稿』を校訂・整理して出版されたものである。

蘭洲茗話（らんしゅうめいわ）

五井蘭洲が、かな文で記した随筆。書名の「茗話」は「茶話」と同じで、気軽にする話の意である。蘭洲の自筆本は既に散逸しており、明治四十四年（一九一一）に懐徳堂記念会より刊行された『懐徳堂遺書』中に収められた活字翻刻本のみ存している。これは当時の大阪府立図書館所蔵本を底本として、数種の伝写本を用いて校訂したものである。

その内容は儒学・国学等、さまざまの分野にわたっている。ただ、蘭洲には自分自身は儒者であるとの意識があったようで、儒学思想の重要性を説く箇所が散見される。例えば、「儒というは、人の道をとくなれば、農人なれば田を耕し、商人なれば、あきないをし、仕官の人なれば、其職役をつとむるが、その本意也」と述べて、儒の神髄がその職業にかかわらず、すべての人々に通じる人倫の道であると説く。したがって、「儒者というひとつの門戸の立たるは、元来このましからぬ事なり」「書を講じ、詩文を作るばかりなる人を、儒者とはすまじき事なり」と言って、詩文等の、狭い範囲に限定された知識を講じる儒者は本来の儒の神髄からは外れていると批判する。蘭洲にとって、そもそも儒とはおだやかな「君子の心」をめざす道なのだった。

　他にも、孟子の性善説に対する独自の見解や荻生徂徠の古文辞学に対する批判といった中国学に関する見解が多く見える。また、元禄期の文学思潮を代表する古義堂学派の「文学は人情を道《い》う」の説と同様の「詩は性情をいう」の文学観や彼が大きな影響を受けていた契沖の説などに基づいた博物学的な内容等、蘭洲独自の見解を窺うことのできる記事が多く、彼の学問の梗概を知るうえで本書は重要な資料であると言えよう。

古今通（こきんつう）

関係人物名　五井蘭洲
数量（冊数）　七冊
外形寸法（㎝）　縦二四・八×横一六・七
懐徳堂文庫図書目録該当頁　国書五六下

　五井蘭洲が『古今和歌集』（以下『古今集』）に施した注釈。『古今通』自体の成立は宝暦二～四年（一七五二～五四）頃と推定される。『古今通』には写本が数本あり、懐徳堂所蔵のこの本は、蘭洲の原文に加藤景範《かとうかげのり》が刪補《さんほ》を加えたもので、巻頭に蘭洲の序、ついで景範の附言があり、全八巻が七冊に綴じられている。書写年代・書写者は未詳。『古今通』八巻は、真名序を除く『古今集』の全二十巻に注釈を施す。各巻の内容は以下の通り。『古今通』巻一―『古今集』仮名序、『古今通』巻二―『古今集』巻一・二・三（春上・下・夏）、以下同様に、巻三―巻四・五・六（秋上・下・冬）、巻四―巻七・八・九・十（賀・離別・羇旅・物名）、巻五―巻十一・十二・十三（恋一・二・三）、巻六―巻十四・十五（恋四・五）、巻七

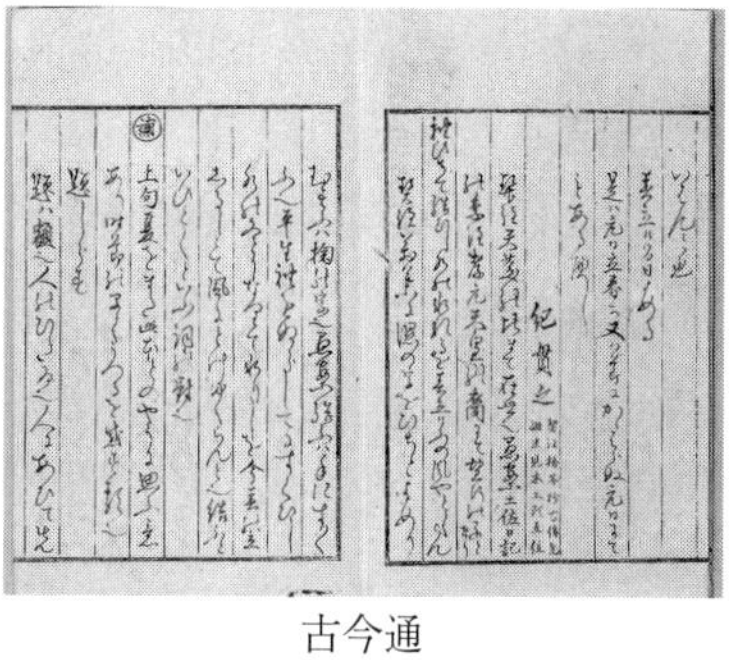
古今通

―巻十六・十七・十八（哀傷・雑上・下）、巻八―巻十九・二十（雑体・大歌所御歌ほか）。蘭洲には『古今通』の他『万葉集詁《まんようしゅうこ》』（『万葉集』への注釈）、『源語詁《げんごこ》』『源語提要《げんごていよう》』（『源氏物語』への注釈）、『勢語通《せいごつう》』（『伊勢物語』への注釈）などの著がある。

『古今通』執筆の意図は、自序によれば、『勢語通』執筆の過程で『古今集』を勘案し、家伝の藤原定家の遺著（『顕註密勘《けんちゅうみっかん》』）や藤原顕昭《ふじわらけんしょう》の注、『古今栄雅抄《こきんえいがしょう》』、契沖《けいちゅう》『余材抄《よざいしょう》』などを参照したが、満足がゆかず、諸説のすぐれているものを抄出し、また自分の見解をも加え、一人娘に残したのだという。『古今集』注釈史上、契沖の『余材抄』は、中世の旧注時代に幕を引く画期的な注釈で、賀茂真淵《かものまぶち》『古今和歌集打聴《うちぎき》』、本居宣長『古今和歌集遠《とお》鏡《かがみ》』もそれを契機に成立したが、真淵・宣長と同時期に契沖を参考にしている点で『古今通』も近世的な注釈といえる。ただ蘭洲には、文芸は政治教化に役立つべきだとの儒教的文学観があり、『古今通』にも彼の価値観が盛られていたようである。懐徳堂蔵本は加藤景範の删補が加えられたものだが、他の写本には删補の手が入る以前の蘭洲の原文を見ることができる。例えば、『古今集』巻十一恋一の「から衣日もゆふ暮になる時はかへすがへすぞ人はこひしき」に対して、蘭洲の原文に「人の子が詠んだのなら親を思うもの、臣下が詠んだのなら君主を思う歌である。契沖が『古今集』の恋歌はすべて男女の恋歌だ、というのは信じがたい」とある。恋歌を男女の恋愛への仮託にすぎないと見なし、そこに人倫や教戒の「真情」を読み取る、これが朱子学者蘭洲の注釈態度である。景範はこのような儒学的文学観が濃厚な箇所を削除している。

勢語通（せいごつう）

関係人物名　五井蘭洲
数量（冊数）　四冊
外形寸法（㎝）　縦三〇・五×横一九・七
懐徳堂文庫図書目録該当頁　国書六〇下

五井蘭洲が日本古典の歌物語『伊勢物語』に施した注釈。蘭洲の自筆本で、内巻上下・外巻上下の四冊からなり、宝暦元年（一七五一）の成立。明治四十四年（一九一一）、懐徳堂記念会より刊行された懐徳堂遺書の中に上下二冊で翻刻されている。

当時多くの注が、『伊勢物語』の各段に登場する「男」を在原業平《ありわらのなりひら》と見、『伊勢物語』全体を元服から臨終に至るまでの業平の一代記とする中で、蘭洲は「男」は必ずしも全てが業平を指すわけではないと考えた。そして『伊勢物語』の内容を分析し、〈業平自身の記述にかかる歴史的事実の部分〉と〈業平以外の者の手になる虚構の部分〉とに二分して、前者を内巻とし後者を外巻とした。

蘭洲によれば、男女の色恋沙汰が書かれた部分の多くは業平の真の事跡ではなく、人倫に無益なものと見なされて内巻からは弁別される。自序に「我家の『伊勢物語』として、一人娘に読ませる」とあるように、教育に有益な独自の『伊勢物語』を編纂するとの意図があり、その意味で『勢語通』は純粋な注釈を超えた著述といえる。

中でも大きな特色は、彼の業平観である。蘭洲は業平を〈高貴の血筋に生まれ忠孝の徳をそなえながら、皇室の威勢が藤原氏に奪われた世にあって不遇をかこつ義気奮発の人〉とみなし、中国古代の不遇の忠臣・屈原《くつげん》になぞらえる。「文章は実をしるすべきもの」（『蘭洲茗話《らんしゅうめいわ》』）という文学観をもっていた蘭洲は『伊勢物語』に託された業平の憂国慷慨《ゆうこくこうがい》の「真情」を解明する。例えば、むかし言い寄った女に男が贈った歌「いにしへのしづのおだまきくりかへしむかしを今になすよしもがな（倭文《しず》を織る糸を巻いた苧環《おだまき》（糸玉）から糸を次々に繰り出すように、昔の関係を今に戻すことができればなあ）」（第三十二段）、この恋の歌に対して、蘭洲は「昔は藤原氏以外の諸氏から政府の要職に就いたのだから、藤原氏全盛の現状を変えて昔に返したいという意味である。明言がはばかられるので男女のことに託して言うのである」と注している。

なお、蘭洲は日本古典に通じた儒者で、『勢語通』の他、『万葉集詁《まんようしゅうこ》』『源語詁《げんごこ》』『源語提要《げんごていよう》』『古今通《こきんつう》』などの著がある。

勢語通

三宅春楼（みやけしゅんろう）［一七一二〜一七八二］

三宅石庵の子。第三代懐徳堂学主。名は正誼《せいぎ》、字は子《し》和《わ》、通称才次郎《さいじろう》、春楼は号。宝暦八年（一七五八）、第二代学主中井甃庵の死去に伴い、その遺言によって第三代学主に就任した。就任に際し、春楼は、石庵の時に定められた「摂州大坂尼崎町学問所定約」（一七三五年）に漏れている事柄や実情に合わなくなっている点を書き加え、新たな学則として定めた。この内、重要なのは、学主世襲の禁を解く、異学者を招かず、医書詩文集を講ずるを許す、などであり、石庵の頃からの微妙な変化をうかがうことができる。病弱だったと伝えられており、際だった学問的業績は残していないが、五井蘭洲（助教）、中井竹山（預り人）らに支えられながら、初期懐徳堂の発展に努めた。天明二年（一七八二）、七十一歳で没。

宝暦八年定→三六頁

宝暦八年定約附記→三七頁

3　中井竹山

中井竹山は、懐徳堂第二代学主中井甃庵の子として享保十五年（一七三〇）に生まれた。弟の履軒とともに五井蘭洲に師事して朱子学を学び、後に、預り人、第四代学主に就任して懐徳堂の黄金期を築いた。当時、懐徳堂には、全国から学生が集まり、江戸の昌平黌《しょうへいこう》をもしのぐ勢いを示したという。また、懐徳堂に立ち寄る文人も多く、大坂という地の利をも得て、懐徳堂は知的ネットワークの拠点になっていた。

こうした中で、竹山は、荻生徂徠《おぎゅうそらい》の『論語徴《ろんごちょう》』を論駁した『非徴《ひちょう》』、日本史ブームの先駆けとも言える『逸史《いっし》』、年少者向けに「人の道」を箇条書きにした『蒙養篇《もうようへん》』などの業績を残す一方、天明八年（一七八八）、松平定信の来坂に際してその諮問に答え、それを『草茅危言《そうぼうきげん》』にまとめるなど、対外的にも大きな足跡を残した。

中井竹山（なかいちくざん）［一七三〇～一八〇四］

懐徳堂四代目学主。中井甃庵の長男。名は積善《せきぜん》、字は子慶《しけい》、通称は善太《ぜんた》。号は竹山、同関子、渫翁《せつおう》、雪翁。諡は文桓、のち文恵。享保十五年（一七三〇）、懐徳堂内に生まれる。中井履軒の二歳上の兄。弟の履軒とともに五井蘭洲に師事して朱子学を学び、のち懐徳堂の黄金期を築いた。竹山は、父甃庵の亡き後、二十九歳で預り人に就任して三宅春楼を支え、また、春楼亡き後は、学主（教授）として懐徳堂の経営に務めた。

懐徳堂の内部では、「安永七年（一七七八）六月定書」全八条を初めとする懐徳堂の諸規定を整備し、寛政四年（一七九二）の学舎再建に尽力するなど、懐徳堂の発展に努めた。また他方、安永三年（一七七四）、経世策をまとめた『社倉私議』を龍野藩に呈出し、天明八年（一七八八）の松平定信の来坂に際してその諮問に答え、それを『草茅危言』にまとめるなど、対外的にも活躍した。思想的には、朱子学を主体としつつ、陽明学をも排除することがなかったとされる。主著に、荻生徂徠の『論語徴』を論駁した『非徴』、日本史ブームの先駆けとも言える『逸史』、年少者向けに「人の道」を箇条書きにした『蒙養篇』などがある。また、竹山が知人や門人から問われた学問・政治・経済など種々の問題について答えた書簡を集めたものとして、『竹山先生国字牘《こくじとく》』がある。享和四年（一八〇四）、七十五歳で没。

中井竹山肖像画→一九九頁

同関子（どうかんし）

中井竹山の別号。竹山は、享保十五年（一七三〇）五月十三日に懐徳堂内で生まれた。この誕生日が竹酔日（竹を植えるのに良いとされる日）であり、また三国志の英雄関羽《かんう》の誕生日と同日であることから、竹山は後に同関子の号を用いた。なお、関羽の誕生日は、正史には記述がなく、五月十三日とするのも俗説の一つであり、他に六月二十四日、九月十三日などの諸説がある。ただし、明の初めには五月十三日を関羽の誕生日として関帝廟《かんていびょう》で祭典が行われ始め、清の雍正帝《ようせいてい》（在位一七二三～三五年）によって五月十三日が誕生日として定められ、一般に普及するに至った。

竹酔日（ちくすいにち）

陰暦五月十三日の称。この日に竹を植えるとよく繁茂するという中国の俗説にちなむ。また、この日は、三国志の英雄関羽の誕生日と伝承されている日でもある。中井甃庵は自己の書斎を「此君窩《しくんか》」と称したが、竹を愛する機縁となったのは、長男・竹山（名は積善）がこの竹酔日に生まれたからであるという。そこで、「竹山」という号も、この誕生日にちなみ、「竹」と雅語である「山」とを組み合わせたものである。

渫翁・雪翁（せつおう）

中井竹山が晩年に用いた別号。竹山隠退の寛政九年（一七九七）以降に用いられた。五井蘭洲の号である「冽庵《れつあん》」、中井忠蔵の号である「甃庵《しゅうあん》」はいずれも『周易』の井卦を出拠とするものであるが、それは両者の姓に用いられた「井」にちなんでのことである。竹山も先人の例に通り、『周易』井卦九三「井渫不食《せいさらいてくらわれず》」（井戸の底さらいをして清くなっても、飲んでもらえない）を出拠として「渫翁」と号した。また、竹山は肥満のため、暑さを嫌い寒さを好んだことから、「渫」の字を、寒冷を連想させる「雪」へと転じ、「雪翁」とも称した。渫翁の用例としては、寛政十年（一七九八）の「逸史献上記録」に、「中井善太名改中井渫翁」と署名されているのが見える。なお、渫翁・雪翁ともに、印影が『懐徳堂印存』に収録されている。

非草非木九仞一簣（くさにあらずきにあらずきゅうじんいっき）

中井竹山の印文。「非草非木」とは晋《しん》の戴凱之《たいがいし》撰『竹《ちく》

「非草非木九仞一簣」印

譜《ふ》』の語で、竹を指す。「九仭一簣」とは『尚書』旅獒《りょごう》の語で、原文は「為山九仭、功虧一簣」（山を為《つく》る九仭《きゅうじん》、功を一簣《いっき》に虧《か》く）。高い山を築くのに、あと一簣《ひともっこ》というところで失敗するの意で、ここでは「山」を表す。すなわち竹山はこの八文字で「竹山」を表すとした。なお、印影は『懐徳堂印存』に収められている。

集義（しゅうぎ）

中井竹山（名は積善）が使用していた印の一つ。印文は、『孟子』公孫丑《こうそんちゅう》篇上に「浩然《こうぜん》の気」を説明して、「是集義所生者（是れ義に集《あ》いて生ずる所の者）」とあり、その朱子注に「集義、猶言積善」とあるのにちなむ。すなわち、「浩然の気」とは、外界から無理に取り込むものではなく、道義を行い善を蓄積していくうちに自然と生まれてくるもの、との意である。

子張・子夏（しちょう　しか）

西村天囚が中井竹山・履軒兄弟を評した言葉。天囚はその著『懐徳堂考』において、懐徳堂の黄金期を築いた竹山と履軒を顕彰し、それぞれを孔子の高弟であった子張と子夏に比定した。子張は、姓名を顓孫師《せんそんし》といい、子張はその字。徳に優れ人づきあいのよい人であったとされる。子夏は、姓名を卜商《ぼくしょう》といい、子夏はその字。孔子の弟子の中でも特に優れた「孔門十哲」の一人に数えられ、子游《しゆう》とともに文学（学芸）的能力に秀でていたとされるが、人づきあいには好悪がはっきりしていたという。『論語』には、子張の言葉として「君子は賢を尊び衆を容《い》れ、善を嘉《よ》みして不能を矜《あわれ》む」、子夏の言葉として「可なる者には之に与《くみ》し、其の不可なる者には之を拒《ふせ》ぐ」と見える。天囚はこうした言葉を引用しつつ、竹山・履軒の学識・性向を評したのである。

十無の詩（じゅうむのし）

中井竹山が自らの壮年期の貧苦を詠じたとされる詩。「一に家に産無し、二に衣に幅《かえ》無し、三に親に奉無し、四に婦《つま》に閒《ひま》無し、五に嚢《ふくろ》に金無し、六に廩《くら》に米無し、七に食《くらう》に魚無し、八に出《いづる》に輿《こし》無し、九に樽に酒無し、十に門に轍《わだち》無し」という内容。懐徳堂の謝儀は受講生の経済状況に応じて随意に納入することとなっており、貧しい者は五節句ごとに「筆一対、紙一折」でもよいとされていたので、教授たちの生計は苦しかった。また、父・

甃庵時代、懐徳堂改築に充てた借入金の利息返済などもあり、竹山は「貧困によりて酒を断つ」などの言葉を残している。

観光院（かんこういん）

中井竹山が公家の高辻胤長《たかつじたねなが》の下命により設計した御所内の学校。その名称は、『易』の観卦の六四の爻辞「観國之光、利用賓于王（国の光を観る。用《もっ》て王に賓《ひん》たるに利《よろ》し）」（国の風俗の光輝を観る象。王から賓客のもてなしを受けるのにふさわしい）にちなむ。高辻胤長は、菅原道真六世の孫に当たる大学頭是綱（一〇三〇〜一一〇七）を祖とする公家で、安永八年（一七七九）、権中納言（黄門）に就任したことにより、高辻黄門と称される。この高辻公が、京都に学校の廃絶したのを嘆いて、学校設立を企図し、中井竹山にその設計を下命した。これに応えて竹山は、天明二年（一七八二）、建学私議および図面を呈上した。竹山は、その著『草茅危言』の中で教育に関する提言を行い、江戸の昌平黌、京都の観光院、大坂の懐徳堂を三都の官立学校と位置づけようとした。

この計画は、京都の大火などにより実現せず、図面も散逸したままであったが、昭和五十五年（一九八〇）になって発見されたことが、梅溪昇「新出の新造学校観光院図について」（『大坂学問史の周辺』）に紹介されている。

また、建学私議は竹山の簡牘を集めた『竹山国字牘』に収録されている。

建学私議（けんがくしぎ）

京都の公卿高辻胤長《たかつじたねなが》の依頼によって中井竹山が天明二年（一七八二）に提出した京都と大阪との学校建設に関する提案書。『竹山国字牘《こくじとく》』所収。都である京都（および大坂）に学校（官学）がないことを遺憾とし、江戸の昌平黌に対して京都には新たに官学を建て、大坂は懐徳堂を拡充して官学に当て、以て三都に官学を確立することを提案した。その内容は、建学すべき理由に始まり、学校の精神・学校名・学則・間取り・聯《れん》の字句にまで及ぶ詳細なものである。これによって竹山が、関西の学術を振興するとともに、懐徳堂官学化を推進しようとしたことが窺われる。なお、天明八年（一七八八）の京都大火のため建学は実現しなかった。

高辻胤長→一七七頁

三宅幸蔵変宅ニ付御同志中へ懸合候覚（みやけこうぞうへんたくにつきごどうしちゅうへかけあいそうろうおぼえ）

関連人物名　中井竹山
数量（冊数）　一冊
外形寸法（㎝）　縦二四・二×横一七・〇

懐徳堂文庫図書目録該当頁　国書四〇上

三宅春楼が遺言を残さずに卒去してからまもない天明三年（一七八三）二月、その二子幸蔵・永蔵が加藤竹里（景範）と讃岐の平田氏に支えられるかたちで懐徳堂内の春楼旧宅から急遽、転出した。本資料は、その顛末について中井竹山が同志に向けて同年三月に記したもの。

その内容は、以下の通りである。はじめに、春楼旧宅および幸蔵・永蔵の処遇について前年十一月に竹山と同志とで合意された内容が記され、幸蔵・永蔵が三宅石庵・春楼以来の住居を「何の見定め候事も無之、軽卒に」転出したことによって、同志との合意が反故となったことが確認される。続けて、幸蔵から転居の意向を告げられた二月十日より、幸蔵が実際に転出した同月十八日までの次第が記される。事に際して竹山は、「意外之至」で「苦々敷」思うも、転居が既定路線となっているからには「不得已」了承したという。次いで、幸蔵宛の竹里の手紙、竹山宛の竹里の手紙、幸蔵宛の平田氏の手紙に対する反駁がそれぞれ六・二・十二条にわたって展開される。これらにおいて竹山は、懐徳堂は三宅家・中井家の私有物ではないとの主張を貫いている。たとえば、竹山が幸蔵らを冷遇しているとの批判に対し、竹山はそれこそ幸蔵が学校に属すべき前学主（春楼）の旧宅を「我物と心得候より起」こった誤解だと論じている。とはいえ、幸蔵の転出を三宅・中井両家の年来の「不和」ゆえとする「風説」があったように、当該期の懐徳堂内には運営方針をめぐる不一致が少なからずあったようである。本資料は、こうした懐徳堂の実態を垣間みせてくれる意味でも注目に値する。本資料については、『懐徳』第十三号に「懐徳堂旧記」として翻刻が掲載されている。

天子知名（てんしちめい）

中井竹山・履軒の磁印の名、またはそこに刻されている文字。経学を好み詩作に長じた光格天皇（在位一七八〇～一八一七年）が、ある時、公卿の高辻胤長《たかつじたねなが》に、「朕は嘗て竹山の書はみたれど、履軒のは未だ見しことあらず、履軒はあまり書をかかぬさうぢやノ」とお話しになり、これを聞きつけた篆刻家の前川虚舟が、儒家の光栄であるとして竹山と履軒とに磁印を贈った。「天子知名」とは、この磁印に刻されていた文字で、「天皇が名前をご存知である」の意。なお、二者の性格の違いからか、竹山はこの印を使用せずに大切に保管していたのに対して、履軒は使わないのみならず、行方を不明にしてしまったという。

「天子知名」印

佩文韻府（はいぶんいんぷ）

中井竹山の頃に懐徳堂が購入した漢籍。懐徳堂は碩果時代に文庫を増設し、蔵書量を増やしたとされるが、竹山の頃にはまだ文庫自体がなく、蔵書もごくわずかであったという。本書は清の康熙帝の勅撰で全百六巻、拾遺百六巻からなる。一七一一年の成立（拾遺は一七一六年）。韻《いん》（漢語の一音節の内、初めの子音を除いた残りの、母音を中心とする部分）で配列した一種の類書《るいしょ》（百科全書）で、韻字ごとに熟語を並べ、その代表的な用例を豊富に蒐集していることから詩文作成の際に重宝された。

淵鑑類函（えんかんるいかん）

中井竹山の頃に懐徳堂が購入した漢籍。清の康熙四十九年（一七一〇）張英等奉敕撰、全四百五十巻。明代に編纂された『唐類函《とうるいかん》』（兪安期編）を基に、『芸文類聚《げいもんるいじゅう》』『初学記《しょがくき》』『太平御覧《たいへいぎょらん》』『玉海《ぎょっかい》』等の類書十七種、二十一史、諸子、詩文集などの先行資料を増補して編纂したもの。全体は、天部・歳時部・地部・帝王部から草部・木部・鳥部・獣部・鱗介部・蟲豸部まで四十二部に分類されている。各項目は、概ね釈名・総類・沿革・縁起・典故・対偶・摘句・詩文に関する引用文からなり、各々その出典を記す。懐徳堂がこの書を購入したのは、『佩文韻府』と同様、その利便性・総合性によったものと思われる。単行書を広く蒐集するのは至難の業であるのに対して、こうした百科全書的漢籍は、一書で中国古典の精華を読むことができるからである。

易断（えきだん）

関係人物名　中井竹山
数量（冊数）　五冊
外形寸法（㎝）　縦二四・二×横一六・七
懐徳堂文庫図書目録該当頁　漢籍五下（経部、易類）

中井竹山の『周易』に対する注釈書。一般に、竹山は詩文に優れ、その弟の履軒は経学に優れていたとされるが、竹山の経書注釈には、『易断』の他に、『詩断』『礼断』『四書断』がある。中でも『易断』は最も内容の完備したものとされており、「善按」「余按」「愚按」（私が考えるに、という意味。「善」は竹山の名、積善による）として、竹山独自の注釈も記されている。

『周易』は、その本文に当たる「経」と解説に当たる「伝」からなる。そして「伝」は、「彖伝《たんでん》」二篇、「象伝《しょうでん》」二篇、「文言伝」一篇、「繋辞伝」二篇、「説卦伝」一篇、「序卦伝」一篇、「雑卦伝」一篇の計十篇にわけられ、これを「十翼《じゅうよく》」と言う。朱子以前の注釈書では、この「十翼」のうち、「彖伝」「象伝」「文言伝」は、「経」の中に割り付けて解釈されてきたが、朱子の『周易本義《しゅうえきほんぎ》』は、「経」を前に置き、「十翼」を後に置くという具合に、「経」と

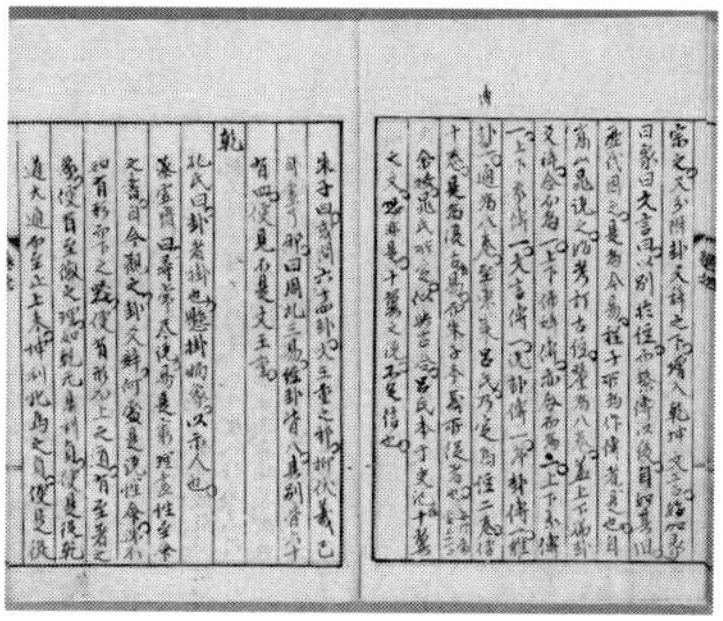
易断『乾』卦部分

「伝」を完全にわけて注釈した。竹山は、内題に「周易上経本義」と記していることから、その意識としては朱子に従っているが、実際に『易断』全五冊は、第一冊から第四冊までが「彖伝」「象伝」「文言伝」を含む「上経・下経」、第五冊が「繋辞伝」「説卦伝」「雑卦伝」という朱子以前の構成のままになっている。ちなみに弟の履軒は、『周易逢原』において、この朱子の見解をさらに飛躍させ、大胆なまでにテキストの改訂を行っている。履軒の『周易逢原』は、平成九年（一九九七）に懐徳堂文庫復刻叢書十として復刻刊行されている。

　『易断』は基本的に注釈の部分だけが毎半葉十行の罫紙に記されている。竹山の他の経書注釈が、履軒の『雕題』と同様、いずれも刊本の欄外に記されていることから、おそらくこの『易断』は、初め刊本の欄外に記されていたものを、竹山が浄書して一冊にまとめたものと考えられる。ただし浄書した後も校定をくり返したため、訂正箇所が非常に多く、一説に同書は定本ではなく草稿であるとする。

　なお『易断』第五冊の巻末に「明年三年丙戌季冬廿七日卒業」とあるが、これは「明和三年（一七六六）」の誤りであろう。

詩断（しだん）

関係人物名　中井竹山
数量（冊数）　四冊
外形寸法（㎝）　縦二五・一×横一三・九
懐徳堂文庫図書目録該当頁　漢籍八上（経部、詩類）

　『詩経』に対する中井竹山の注釈書。全八巻。『詩経』は中国古代の歌謡を集めた本で、儒教の経典のひとつである。その『詩経』に対して、南宋の朱熹が注釈を施したものが『詩集伝《ししゅうでん》』である。この本は、明代に六順堂が『詩経奎壁集註』という名で刊行した朱子『詩集伝』に対して、中井竹山が句読を施し、かつ欄外に自らの注釈を書き入れた手稿本である。

　書名について、内題は「詩経」となっているが、書き題簽は「詩集傳」となっており、朱熹による序文「詩經集註序」に対し、竹山は「「注」當《まさ》に「傳」に作るべし」と書き入れている。つまり、竹山はこの本を『詩集伝』としてとらえていた。しかし、中井竹山の注釈書という意味では、この本は『詩断』と名づけるのが妥当であろう。

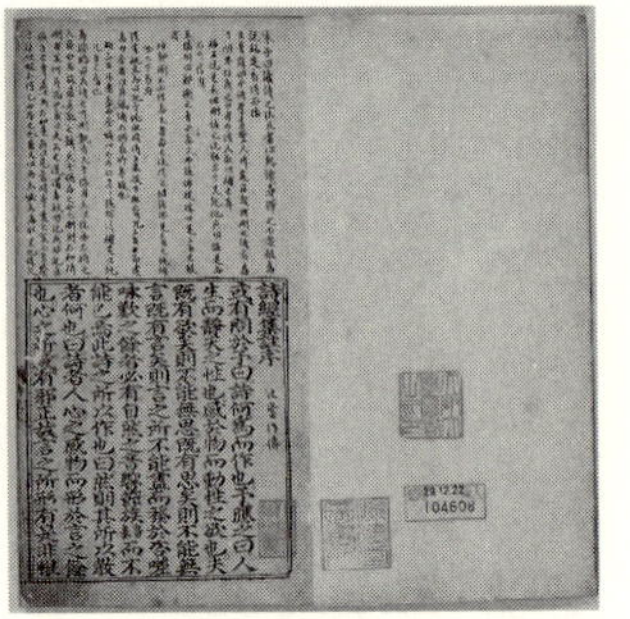
詩断

構成は、第一冊「詩集傳　春」と名づけ、序と国風を収め、以下第二冊「夏」は国風、第三冊「秋」は小雅、第四冊「冬」は大雅と頌を収める。

詩経本文の押韻字には、字の左上に朱で共通の印を付けている。第一冊のみ、注に句読が入っている。また、欄外に諸儒の説を引用したり、「竹山曰」として自らの主張を述べている。

孔子刪詩説について、孔子が三千篇を刪って三百篇にしたのではない、と竹山はいう。孔子の時代に伝わっていた詩はすでに三百余篇であり、孔子はその中から刪去したのだ、とする。しかも、現在伝わっている三百余篇は、孔子の三百余篇とは異なると考えている。

また、弟の履軒はその『詩経』注釈において「魯頌」を「僭詩」であるとして刪っている。しかし、竹山は「魯頌」冒頭に「魯は「頌」有りて「風」無し。深く疑う可し」と書き入れをして、疑いを残しながらも刪ってはいない。

なお、この注釈は動植物の和名を記してある点が特徴的である。例えば、「雎鳩」には「邦名　美佐伍《みさご》」と注し、「蕨」には「邦名　和良飛《わらび》」などと注をしている。

礼断（れいだん）

関係人物名　中井竹山
数量（冊数）　五冊
外形寸法（㎝）　縦二四・六×横一三・九
懐徳堂文庫図書目録該当頁
漢籍一〇上（経部、礼類、礼記之属）

中井竹山の『礼記』についての注釈書。全十巻。『礼記』は、中国古代の社会規範である「礼」についての文献を集めた本である。『礼記集註』は、その『礼記』に対して、元の陳澔《ちんこう》が注釈を施した本である。この注釈は朱子学の立場から『礼記』に注釈を施したものである。明代の『五経大全《ごきょうたいぜん》』のひとつ『礼記大全』は、この陳澔『礼記集註』をもとにして作られたものである。この本は、書林宝善堂が刊行した重刊監本『礼記集註』の欄外に、竹山が先人の注釈や自分の注釈を書き入れたものである。全書に竹山による書き入れがあり、諸儒の説を引くほか、「竹山曰」として自説を書き入れ

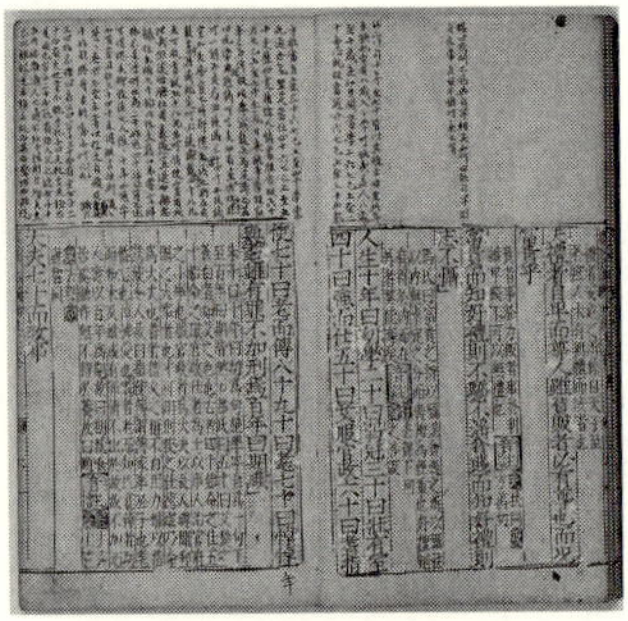
礼断　曲礼上部分

ている。また、何らかの理由で失われた葉を、手書きで補っていることがしばしばある。

なお、帙の中に明治辛卯（明治二十四年［一八九一］）の次のような文書が入っている。「礼記集註五冊／吾懐徳堂圖書存者亡幾竹山先生手澤／存焉者經籍中唯有是一書而已矣永／為家寳什襲珎蔵／明治辛卯之夏／中井生成文甫謹識（印）／吉田　雲正弼謹書（印）」

これにより、本書が明治二年（一八六九）の懐徳堂閉鎖の後も、中井家で大切に保存されていたことが分かる。

春秋左伝比事蹄（しゅんじゅうさでんひじてい）

関係人物名　中井竹山
数量（冊数）　三冊
外形寸法（㎝）　縦二七・四×横一七・五
懐徳堂文庫図書目録該当頁
漢籍一二上（経部、春秋類、左伝之属）

中井竹山が、中国宋末元初の呉化龍《ごかりょう》の著『左伝蒙求《さでんもうぎゅう》』に対して施した一種の注釈。自筆稿本。宝暦六年（一七五六）付の自序があり、竹山二十七歳頃の著作。自序に次いで「凡例十一則」を付し編纂の体例を掲げる。奥書に「明和六丑年（一七六九）二月　開版人《かいはんにん》北久太郎町《きたきゅうたろうまち》四丁目本屋丹六」とあり、この稿本は出版に際しての版下と考えられるが、出版には至らなかった。呉化龍の『左伝蒙求』は、児童教育書『蒙求《もうぎゅう》』の形式に倣い、『春秋左氏伝』二百四十二年間の様々な出来事を一句四字の題句に要約し、類似の句を対にして並べた書で、「平王遷都　隠公摂位」に始まる計六百五十六句から成る。自序に、呉化龍の『左伝比事』に注釈したというが、これは『左伝蒙求』を改名したものと思われる。

『春秋左伝比事蹄』（以下『比事蹄』と略す）の「比事」とは『礼記《らいき》』経解篇の言葉「属辞比事（辞を属《あわ》せ事を比《なら》ぶ）は『春秋』の教えなり」にもとづき、類似の事件を並べくらべるの意味。また「蹄」とは、うさぎを捕らえるわなのことで、『荘子《そうじ》』外物篇の比喩「蹄は兎をうるに在る所以、兎を得て蹄を忘る」にもとづき、真理を得るための手段の意味。『比事蹄』の書名は、この書が初学者の『左氏伝』理解の手掛かりになればという意図を示している。

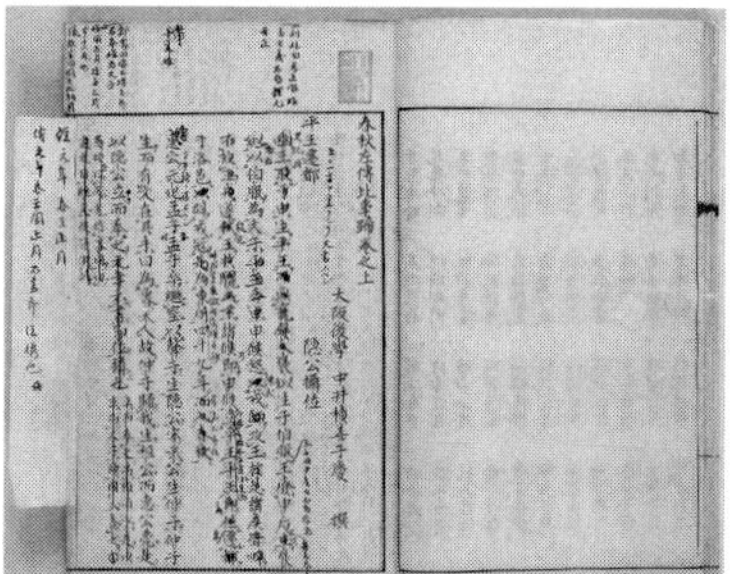
春秋左伝比事蹄

『比事蹄』成立の経緯が自序に記されている。竹山がまだ幼い頃、師の五井蘭洲が、呉化龍の『左伝比事』を「暗誦せよ」と手渡した。竹山は、この書の有益なることを知ったが、惜しいことに、四字に要約された題句を理解する手掛かりが無く、当時の学力では意味を容易に理解できなかった。蘭洲から「試みにこれに注釈をつけよ」と命ぜられ、題句に関係する『左氏伝』の文を抜粋して書き留めていった。しかし、学力不足のため作業を中断。その後、児童に教えた際、てほどきの次の教材にと思いつき、旧稿を整理補正して完成させたという。竹山は『春秋』三伝（『春秋』の三種の解釈『公羊伝』『穀梁伝』『左氏伝』）のうち、原理的観念的解釈を主とする『公羊伝』『穀梁伝』よりも、歴史事実に詳しい『左氏伝』を重視した。多くの事柄を網羅した『比事蹄』は、竹山の経学の原点をなす著作といえる。

四書句辨（ししょくべん）

関係人物名　中井竹山
数量（冊数）　一冊
外形寸法（㎝）　縦一六・〇×横二六・三
懐徳堂文庫図書目録該当頁　漢籍二一上（経部、四書類）

四書に見られる字句の似通った表現だけを抜粋した書。中井竹山の手稿本。例えば本書の冒頭には、『大学』の「天子より以て庶人に至るまで」という句があげられているが、これに続き『孟子』公孫丑篇下の「天子より庶人に達《いた》るまで」、同・滕文公篇上の「天子より庶人に達《いた》るまで」とを列挙し、各句の下には、各々の出典を明記している。その出典は略称によって記され、例えば「聖経」とは『大学』の「経」の部分を指す。これは、朱熹の『四書集註』成立後、『大学』が孔子の言葉を記した「経」一章とその経を解釈した「伝」十章に分けられたことによる。また「上孟」「下孟」とは、『孟子』を大きく前半と後半に分けた言い方で、『論語』についても同様に、「上論」「下論」と記されている。また検索に便利なように、「〜章」として、引用箇所の冒頭部分を明記している場合もある。このように、以下、『大学』『論語』『孟子』『中庸』の順に、同一あるいは類似した表現があれば、随時それを列挙している。

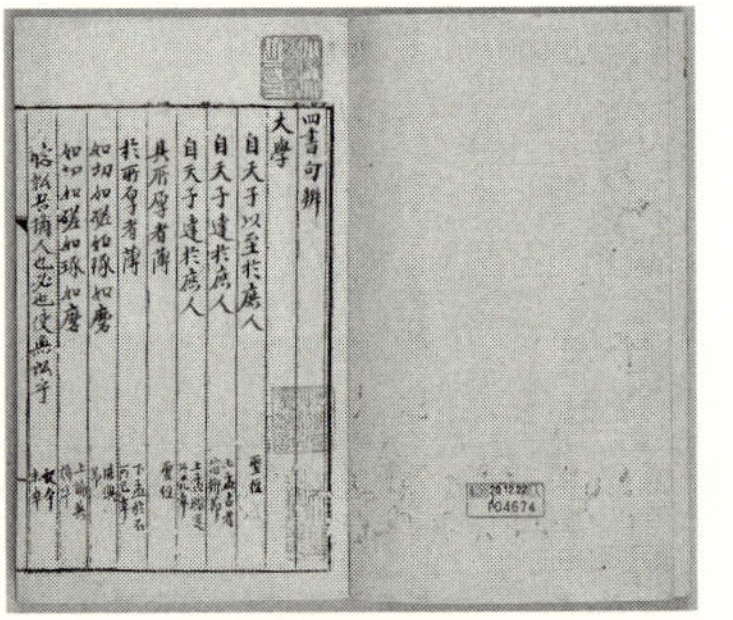
四書句辨　大学の部

ちなみに、富永仲基に『出定《しゅつじょう》後語《ごご》』という仏典研究の方法を論じた書物があり、その中で「たとえ同じ言葉であっても、誰が、いつ、そのような状況で発言したかによって、意味に違いがある」として、その差異を「三物五類」に分類している。あるいは竹山も同様の趣旨で、たとえ同類の表現であっても、そこに違いがあることを見極めようとし、その準備段階としてこの『四書句辨』

を編纂したとも考えられる。

竹山先生首書近思録（ちくざんせんせいしゅしょきんしろく）

関係人物名　中井竹山
数量（冊数）　四冊
外形寸法（㎝）　縦二六・八×横一七・八
懐徳堂文庫図書目録該当頁
漢籍七四下（子部、儒家類、性理之属）

『近思録』に対する中井竹山の注解書。延宝元年（一六七三）京都吉野屋権兵衛刊の宋《そう》・葉采《しょうさい》集解『近思録』を使用して、欄外に他説や自分の説を書き入れている。『近思録』は朱子と呂祖謙《りょそけん》との共著で、初学者に対する朱子学の入門書と位置づけられる書。全六百二十二条を「道体」「為学」等の十四門の項目に分類し、朱子学の基本的な理念について解説する。竹山は諸儒の説を引いてその内容を注釈しているが、その中では『朱子語類』等から引いた朱子の説が圧倒的に多い。これは竹山自身がやはり基本的に朱子学者であったことを示すものであろう。その他の儒者の説としては李退渓《りたいけい》（一五〇一～一五七〇）の学説を引いている点が注目される。李退渓は李氏朝鮮の朱子学者で、江戸期の儒学にも大きな影響を与えたと言われる。また、竹山は「万年先生曰」「春楼曰」「宅氏曰」などと三宅石庵・春楼父子の学説も所々引用している。

以上のように、本書においては諸儒の説を引くことが多く、竹山自身の見解は決して多くない。実際のところ、全編で「竹山曰」と冠されるのは八条ほどに過ぎない。しかし、その中には竹山独自の観点が示されるものもある。例えば、巻一「道体類」において程伊川の「既に是

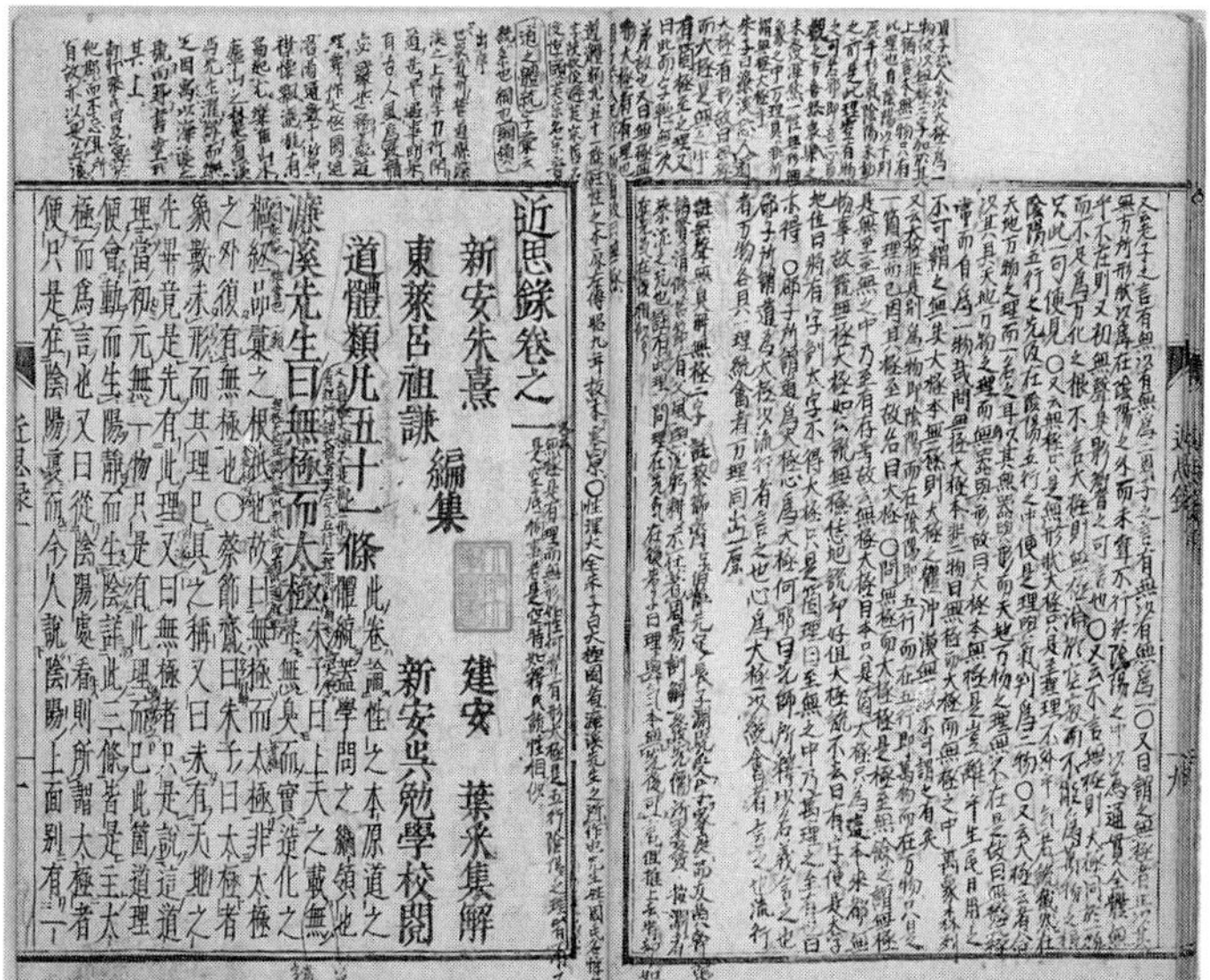
竹山先生首書近思録

れ塗轍《とてつ》（車のわだちのこと）なれば、却って只だ是れ一箇の塗轍のみ」の語に見える「塗轍」について、諸学者は「理が実現された道徳」の意とした上で、「理」が道徳に従って表れることを「好事（好いこと）」と解するが、その見解は正しくないと竹山は批判する。竹山自身の見解が多くないのは、独自の見解を提示するよりも朱子の意を祖述することが懐徳堂学主としての自身の任務だと彼が考えていたことを表すものかもしれない。

なお『近思録』は、懐徳堂でテキストとしても用いられていた。天明二年（一七八二）、竹山が学主に就任した当時の懐徳堂カリキュラムでは、一月のうちに二日・七日の夜は『近思録』の講義が行なわれていた。

中庸錯簡説→四七頁

中庸懐徳堂定本→四八頁

竹山先生国字牘（ちくざんせんせいこくじとく）

関係人物名　中井竹山
数量（冊数）　九冊
外形寸法（㎝）　縦二四・三×横一六・五
懐徳堂文庫図書目録該当頁　国書一二下

中井竹山が知人や門人から問われた学問・政治・経済など種々の問題について答えた手紙（漢字片仮名交じり文）を集めたもの。「牘」とは手紙のこと。「尺牘」「書牘」とも言う。原本は、懐徳堂文庫蔵であるが、竹山自筆の部分と他人が写した部分とが混在している。全八十四篇。内十一篇を欠く。また、全九冊の内、一冊は「続編」であり、本編に漏れたもの八篇および附録「社倉の事」一篇を収録する。さらに、これらとは別に『竹山先生国字牘附巻』一冊があり、「斉藤高寿与竹山先生書」三篇等を収録するが、筆者未詳である。明治四十四年（一九一一）、懐徳堂記念会発行の『懐徳堂遺書』には、原本の内三十篇を選んで活字翻刻したものが収められている。本書には、懐徳堂関係の公式記録類からは窺い知ることのできない具体的な情報や、学問・政治・経済などに対する竹山の率直な意見が記されており、懐徳堂の全体像を知る

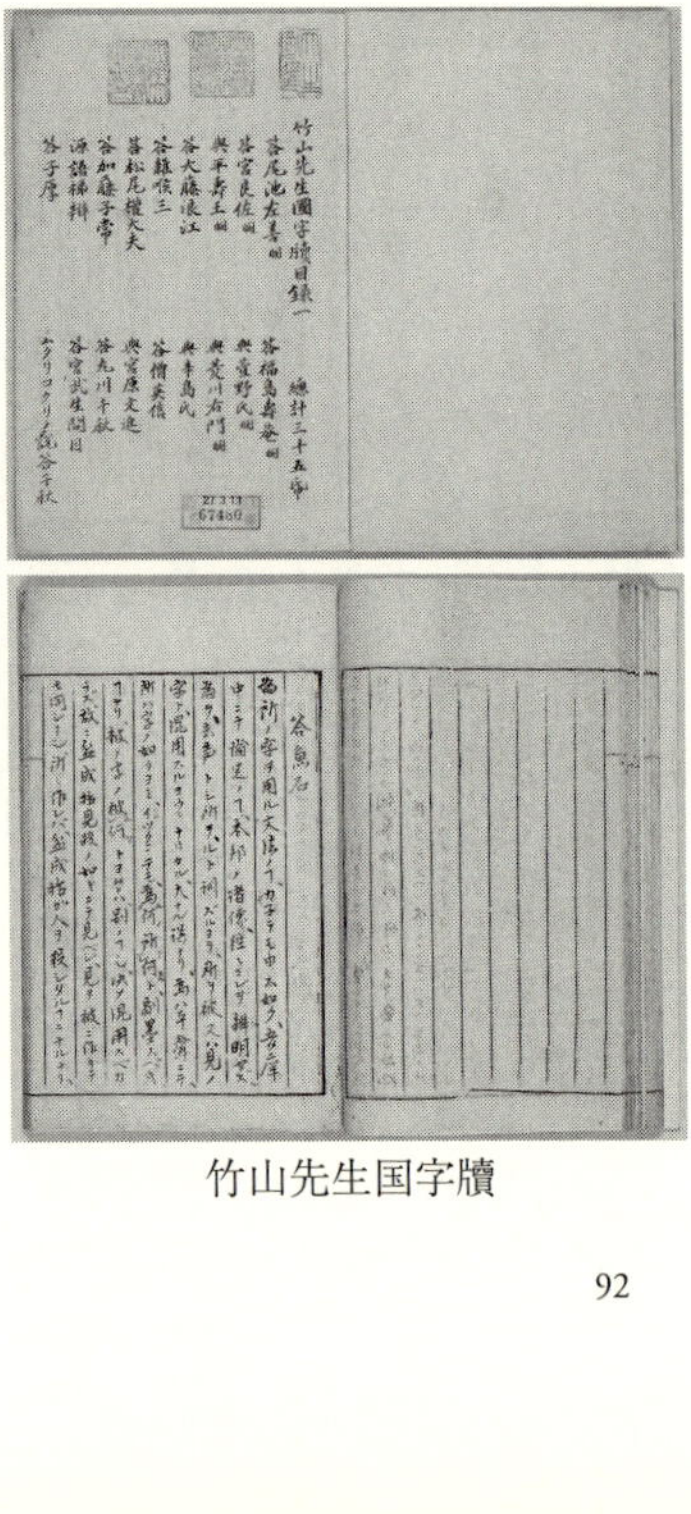
竹山先生国字牘

ための貴重な資料である。

例えば、読書について、単なる「博学」はたいてい「雑学」になって役に立たない。肝心なのは、四書五経の内のどれでもよいから、一部ずつ自らの務めとして毎日読み、読み終えたらまた繰り返して読むことだ、と目的の定まらない読書（乱読）を戒め、経書の熟読・精読を勧めている（「答藤江生」）。

また、「為A所B」の語法について、「為」を去声（現代中国音の第四声）に読み、「所」字を「被」「見」（〜らる）という受け身に理解して「Aの為《ため》にBせらる」と読むのは本邦諸儒の誤解であり、正しくは、「AのBする所《ところ》と為《な》る」と読むのが正しいと説く（「答魚石」）など、懐徳堂学派の漢学の知識や基本的姿勢を表す資料が多い。

懐徳堂点→五三頁

非徴（ひちょう）

関係人物名　中井竹山
数量（冊数）　八冊（一冊欠）
外形寸法（㎝）　各縦二七・二×横一七・八
懐徳堂文庫図書目録該当頁　国書一三下

中井竹山の主著で荻生徂徠の『論語徴』を批判したもの。竹山の手稿本は八冊からなり、一冊〜五冊目に各二巻、六・七冊目には各三巻、八冊目には四巻の計二十巻を収録している。天明四年（一七八四）、五井蘭洲の『非物篇』とともに、懐徳堂蔵版で刊行された。『非物篇』の精神を継承し、その続編に当たるとの意識から、表紙題簽には「続編非徴」と記された。ただし、その後、手稿本の第一冊目（学而・為政の二巻を収録）は失われ、一九八八年に懐徳堂文庫復刻叢書一として復刻刊行された際には、懐徳堂所蔵の刊本でその部分を補っている。

全体は、巻頭の「総非」という総論に始まり、以下、学而篇から堯曰篇《ぎょうえつへん》までの各章について、『非物篇』の内容を補いながら注釈を加えている。その基本的姿勢は、荻生徂徠批判で一貫しており、例えば、「総非」では、「非に曰く、吁嗟《ああ》徂来（徠）物氏、学術の病、其の症、自ら大いに名を好《もと》むるに在り」と、物氏（徂徠）の学問の弊

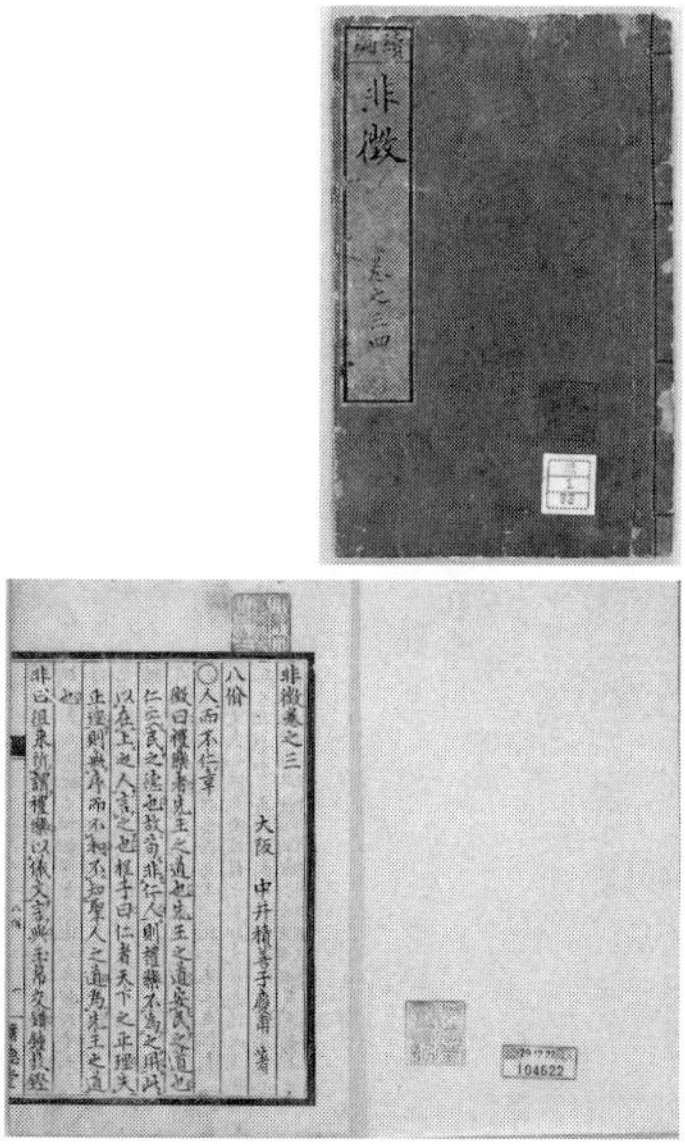
非徴

害が「名」をあげることにつとめるという尊大な態度にあることを指摘し、また、その根本的な原因は、徂徠が純粋な学術的態度からではなく、伊藤仁斎への対抗意識から『論語』注釈を行ったことにあると説いている。さらに、徂徠の学は時の政事や風俗を乱し、志に燃えた若き学生たちに「妖妄邪誕の痼《こ》」（あやしく乱れたなおりにくい病）を植えつけるものである、と厳しく批判している。

本書には、権威に屈することのない強烈な批判精神が見られると言える。もっとも徂徠批判については、朱子学の正統化を意図した寛政異学の禁という時代の潮流も無関係ではない。しかし、こうした批判精神は、『非物篇』や『非徴』にのみ突出した現象ではなく、竹山の弟の中井履軒にも、また、それに続く学者たちにも貫かれた、懐徳堂精神の一つであった。

なお「物」とは、徂徠のことを指す。徂徠が物部氏の流れを汲む者として中国風に「物茂卿」と称していたことによる。また「非徴」とは、その徂徠の『論語徴』を「非」難するという意味である。

蒙養篇（もうようへん）

関係人物名　中井竹山
数量（冊数）　二帖
外形寸法（㎝）　縦三一・六×横一三・四
懐徳堂文庫図書目録該当頁　国書二二下

中井竹山が年少者向けに分かりやすく「人の道」を箇条書き（漢字仮名交じり文）にした書。全五十三条。草稿では「貧陰消息」と題していたが、後に「蒙養篇」と改称した。明治四十四年（一九一一）に、懐徳堂記念会から『懐徳堂五種』の一つとして活字翻刻されている。読者対象は、主として年少者（町人）であるため、そこに説かれる倫理は、家庭内の倫理、学習の心得、商業倫理などが中心であり、特に、「孝」の精神を説く条が多数を占めている。また、習字の手本や暗誦を意図して「候文」で記されている。

例えば、「孝」については、冒頭の第一条に、「父母によくお仕えするのを孝といい、年長者によくお仕えする

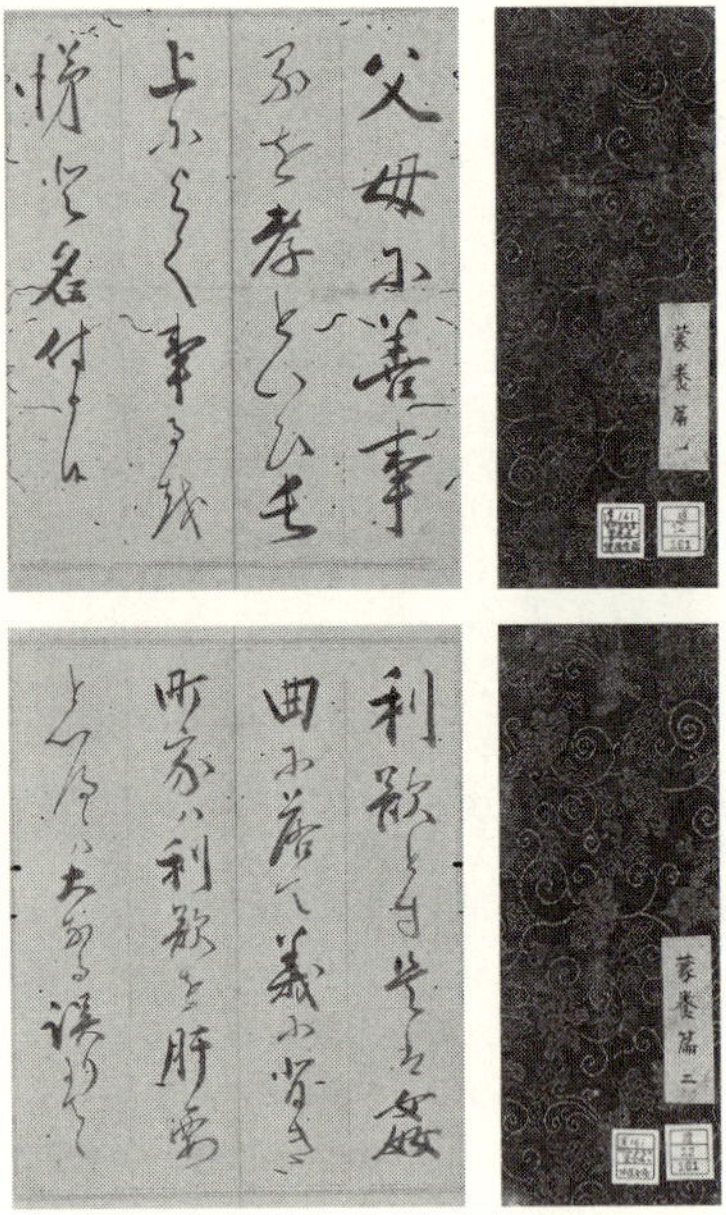

蒙養篇

のを悌と名づける」と「孝」「悌」をまず第一の徳目として掲げている。そして第二条で、「孝悌の二字は日夜心がけて、一生忘れてはならない」とそれを強調している。また、第十六条では、「孝」について具体的に、「親に仕えるというのは、（口先だけではなく）手足の働きを第一とすべきである。子は親の恩愛に甘えて孝行を怠りやすい。よくよく心がけねばならない」、第三十条では「一つのことを行うにも、それが親の心に叶うかどうかをよくよく考えねばならない」と説くなど、懐徳堂で「孝」が重要な理念として掲げられていたことが分かる。

　また、商業活動にともなう「利」について、第二十五条に、「商人が商業活動によって得る利益は、武士の知行（土地支配による利益）、農民の作徳（年貢を納めた後に残る純益）に相当する。それらはみな商・士・農それぞれの「義」であり「利」ではない。ただし、分不相応の高い利益を貪るような気持ちを「利欲」といい、これはよこしまな誤った道に落ちるものであり、義に背く行為である」と述べ、第二十六条でも「町家（商家）は利欲が肝心と考えるのは、大いなる誤りである」と説く。このように竹山は、商業活動を、商人の「義」と論じ、それ自体は決して非難されるべきものではないと断言した。ここには、「義」と「利」についての柔軟な思考が窺える。これも、大坂の町に生まれた懐徳堂の大きな特色の一つである。

逸史（いっし）

関係人物名　中井竹山
数量（冊数）　十三冊
外形寸法（㎝）　縦二九・三×横一九・九
懐徳堂文庫図書目録該当頁　国書三〇上

　中井竹山が著した徳川家康の一代記。竹山の手筆定稿。自序によれば、完成までに「三紀（三十六年間）」を要し、その間に五たび稿を変え、天明年間（一七八一～一七八八）に完成したという。最後に加えられた「進牋《しんせん》」が寛政十一年（一七九九）であるから、最終的な完成までは、およそ五十年の歳月を要したことになる。竹山が最も力を尽くした著述であると言えよう。ただし、「題辞《だいじ》」（全体の概要・主題を述べたもの）が明和七年（一七七〇）に書かれていることから、ほぼその頃に原型が出来上がり、その後推敲を重ねていったものと思われる。その後、寛政八年（一七九六）に竹山の高弟・脇屋蘭室《わきやらんしつ》（脇愚山《わきぐざん》）が、序文を書いている。寛政十年（一七九八）、竹山の子・蕉園が江戸に下った際、『逸史』の副本を携えさせて、親交のあった儒者達に見せたことが契機になり、同年十一月、同書を幕府に献上するよう命が下った。本書は、寛政十一年（一七九九）に幕府の命によって献上したものの副本である。後に『逸史』は、嘉永元年（一八四八）

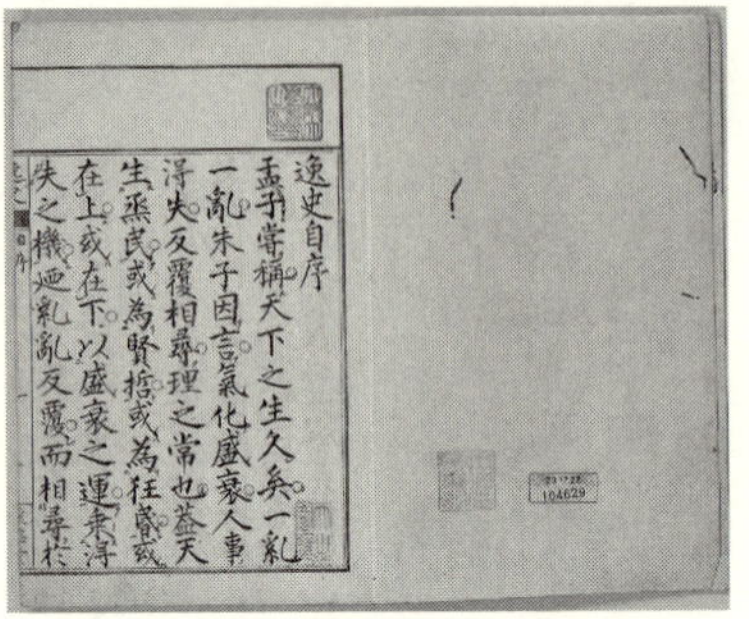

逸史　中井竹山自序部分

に並河寒泉によって刊行されているが、本書は、その際の底本となった。

『逸史』は、表面的には徳川家康を賛美し、徳川幕府に阿《おもね》ったもののようにも見えるが、決してそうではない。自序によれば、大坂の人々が豊臣贔屓で、家康の功績を正当に評価せず、悪口ばかり言うので、この書を著したとのことである。また、「進逸史牋」の本文一行目、「英」字の最終画が書かれていないことも注目される。これは書き誤りではなく、中国の避諱《ひき》の習慣（帝王の諱《いみな》を憚《はばか》って、その字を書く場合は、最終画を書かないこと。欠画という）に倣ったものである。ここでは、後桃園天皇（一七七九年没）の名（英仁）を憚ったものであろう。この欠画を「進逸史牋」冒頭部に用いることによって、竹山は自らの尊皇の立場を明らかにしているものと思われる。

なお、竹山が幕府に上呈した『逸史』献上本は、現在、江戸幕府以来の貴重古書・古文書などを管理する内閣文庫に収められている。また、献上の経緯の詳細を記した「逸史献上記録」が、『懐徳』第十三号に翻刻されている。

逸史上木→二二六頁

逸史献上記録（いっしけんじょうきろく）

数量（冊数）　一冊
外形寸法（㎝）　縦二四・〇×横一六・四
懐徳堂文庫図書目録該当頁　国書四〇上

寛政十年（一七九八）十一月に幕府より中井竹山に対して『逸史』の献納が命ぜられた一件に関する記録。その中心となるのが、中井竹山と大坂東町奉行（若狭守水野忠通）との文書のやりとりである。これらから、両者の間で献上用の『逸史』への句点の有無、筆写は一冊一筆で行い四・五人で携わることの確認、完成時期の見積もりから、完成した写本を懐徳堂から奉行所に運ぶための人夫役や筆写にかかる諸経費に関する相談など、実に様々な交渉がなされたことが知られる。中でも注目すべきは、『逸史』の献上にあわせて「進牋」の献上を竹山が町奉行書に打診し、さらに奉行所からの意見を取り入れてその文面に修正を加えていることである（これについては、逸史進牋草稿の項目も参照）。このほかにも、幕府献上用の『逸史』および「進牋」の最終的な仕立（紙質・紙数・木箱の特徴など）についての具体的な記述や、『逸史』

献上の褒美として時服二領（将軍家の紋が付いた熨斗目《のしめ》と小袖）が竹山に与えられたこと、幕府献上用とは別に後日、町奉行所用の控・進牋が作られたことなどが記されている。本資料の翻刻は、『懐徳』第十三号に「懐徳堂旧記」の一つとして掲載されている。

逸史進牋草稿（いっししんせんそうこう）

関係人物名　中井竹山
数量（冊数）　一冊
外形寸法（㎝）　縦二六・二×横一六・八
懐徳堂文庫図書目録該当頁　国書三〇上

中井竹山がその著『逸史』を幕府に献上するに際して記した上奏文の草稿等をまとめたもの。「牋《せん》」は漢文の上奏文のこと。「逸史を進むるの牋」草稿、「進牋ノ和解（牋の趣旨を和文で詳説したもの）」等からなる。寛政八年（一七九六）に『逸史』を完成した竹山に対して、寛政十年（一七九八）十一月、同書を献上するよう命が下る。竹山は献上するにあたり、新たに「逸史を進むるの牋」および「自序」を作成して『逸史』に添付した。その作成の過程で、草稿と「和解」、さらに『逸史』本文の表記の可否についての質問状を添付して、有識者や大坂の奉行所等に意見を求めたようである。質問状には所々付箋が貼られ、その回答が記されている。こうして広く他者の意見に耳を傾け、充分に推敲を重ねた上で、最終的に「牋」を完成させたのである。

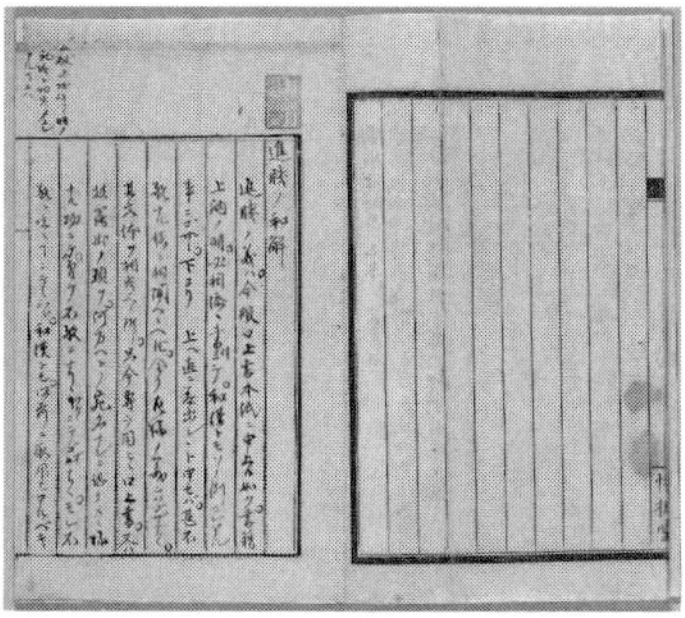
逸史進牋草稿「進牋ノ和解」部分

実際に『逸史』清書本と対照してみると、やはり所々異なっているところが見られる。興味深い例をあげれば、草稿段階では「一葵傾日《いっきけいじつ》（ひまわりの花が太陽の方に傾くように、人民が君主の徳を仰ぎ従う意）」となっていた句が、清書本では「藿葉傾日《かくようけいじつ》（意味は一葵傾日とほぼ同じ）」と書き改められている。これは、草稿の「葵傾」の二字を、葵が傾く、すなわち徳川家（三つ葉葵は徳川の家紋）の没落を願ったものと曲解されることを危惧して、改めたものであろう。幕府献上に際して、一字一句に至るまで注意をはらっていた様子が窺える。

逸史自序進牋質疑（いっしじじょしんせんしつぎ）

関係人物名　中井竹山
数量（冊数）　一冊
外形寸法（㎝）　縦二三・九×横一六・八
懐徳堂文庫図書目録該当頁　国書三〇下

中井竹山が幕府に『逸史』を献上する際、新たに添付することになった「進逸史餞」「自序」の表記や押韻等についての質問状。作成時期は、本文中に「男《だん》（息子）曽弘（竹山の子・蕉園の名）、去年東下ノ時」という記述があるので、寛政十一年（一七九九）であることは、間違いない。ちなみに、蕉園は寛政十年（一七九八）、『逸史』の副本を携えて江戸に赴いている。同書の上部には朱筆で、下部には墨で書かれた、質問に対する回答が、付箋で貼りつけられている。付箋の筆者について、西村天囚『懐徳堂考』は「林祭酒《はやしさいしゅ》（当時の大学頭、林述斎のこと）の朱批《しゅひ》（朱筆で書かれた意見）、古賀精里《こがせいり》（竹山の友人で、寛政三博士の一人）の墨批《ぼくひ》とも覚しきものあり」と述べている。実際、下部の付箋には、上部の付箋の意見を受けて、「イカニモ祭酒ノ通《とおり》可ナラン」という記述がある。すなわち竹山は、まず林述斎に意見を求め、次いで下部の付箋の筆者（古賀精里か）に意見を求めたと推測される。

三者の問答で興味深い例をあげれば、駢儷文《べんれいぶん》（一句四字六字の、対句を多用する韻文）について、竹山が自己の考えを示して意見を求めた箇所で、述斎が「コレマデ合点セザリキ。此《この》説ニテ始メテ発明（よく分からなかったことが明らかになる）シタリ」と述べている。竹山には『詩律兆』という、詩の韻律に関する著述があるが、この問答から察すると、韻文全般に対して大学頭を上回る学識を有していたようである。この資料からは、『逸史進餞草稿』と同様、竹山が『逸史』献上に際して周到な準備をしていたことを窺い知ることができる。

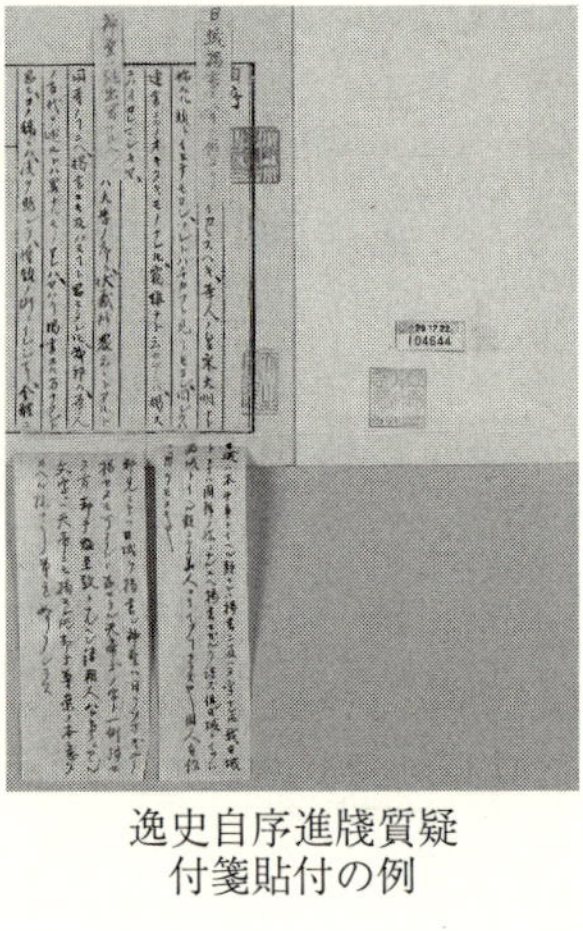

逸史自序進餞質疑
付箋貼付の例

かはしまものかたり（かわしまものがたり）

加藤景範、中井竹山、中井履軒
数量（冊数）　一冊
外形寸法（㎝）　縦二六・八×横一七・九
懐徳堂文庫図書目録該当頁　国書六一上

三宅石庵・甃庵の門人である加藤景範《かとうかげのり》（号は竹里《たかさと》、字は子常）が、山城国葛野郡川島村《かわしまむら》（京都桂の近辺）に住む義兵衛《ぎへえ》の行状を和文で記したもの。表紙題簽《だいせん》には変体仮名で「かはしまものかたり」と記され、巻首に「革島語序」とする中井履軒の序があり、巻末に「明和辛卯（八年［一七七一］）十一月」の中井竹山の跋がある。本文二七丁、跋四丁からなる。懐徳堂蔵板。内容は、明和七年（一七七〇）、養母に対して孝養をつくしたことにより「孝子」として幕府から表彰された義兵衛の行状を和文で紹介・顕彰するもの。岩崎象外の挿絵を五点付している。

川島村は竹山の妻の実家（革嶋《かわしま》家）の所在地で、竹山もしばしばこの地を訪れて義兵衛の孝状を知り、その表彰を領主鷹司家などへ働きかけた。また、竹山自身、『孝子義兵衛記録』を著したほか、『子華孝状《しかこうじょう》』では、懐徳堂に学んだ稲垣子華《いながきしか》（浅之丞）の孝状を紹介し、また、龍野藩儒の股野玉川《またのぎょくせん》の『孝婦鳴盛編《こうふめいせいへん》』に跋文を記し、龍野に住む女性「よし」を孝婦として賞賛するなど、積極的な孝子孝婦顕彰運動を展開している。懐徳堂における「孝子」の顕彰については、すでに中井甃庵の『五孝子伝』（一七三九）があるが、本書も、「孝」に重きを置く懐徳堂の倫理観を表した重要資料である。また、当時、江戸幕府が編纂を進めていた『孝義録』との関係も注目される。

なお、懐徳堂文庫には、この加藤景範関係の資料として、その書簡を集めた『加藤竹里書簡集』自筆本二帖、五井蘭洲・中井竹山・履軒などの詩文を景範が編集した『国儒雑著』三冊なども収められている。

東征稿・西上記（とうせいこう　さいじょうき）

関係人物名　中井竹山
数量（冊数）　一冊
外形寸法（㎝）　縦二六・二×横一七・五
懐徳堂文庫図書目録該当頁　国書七五上

中井竹山が明和九年（一七七二）の江戸行きを漢詩・漢文で著した紀行。不分巻一冊。竹山手稿。大坂から江戸への往路を漢詩で表現した『東征稿』を前に置き、後に江戸から大坂への復路を漢文で記した紀行文『西上記』を付す。

嘉永六年（一八五三）に『東征稿・西上記』と題して、江戸青雲堂から二冊本で刊行され、また同じ版木を用いて大阪青木崇山堂から『東西遊記』として刊行された。嘉永六年版本は、これを底本として『日本儒林叢書』巻十二「随筆部雑部」に翻刻が、富士川英郎・佐野正巳編『紀行日本漢詩』第三巻に影印が収録されている。

竹山は、明和九年（一七七二）、四十三歳の時、近江宮川藩主の堀田正邦《ほったまさくに》（一七三四〜一七七二）に随って江戸へ下った。この江戸行の理由については、西村天囚『懐徳堂考』が堀田侯を頼っての就職活動と見るほか、堀田の依頼により懐徳堂関係者が総力を傾けた『大日本史』筆写の完成に対する褒美、文人としての旅、などの説がある。『東征稿』には、京都から江戸までの道中と、約三カ月に及ぶ江戸滞在中とに詠んだ漢詩九十一篇を収録する。詩からは竹山が自らの文才を顕示しようとした姿勢がうかがえ、また序を尾張藩の南宮大湫《なんぐうたいしゅう》に、評を同じく尾張の細井平洲《ほそいへいしゅう》に、跋を佐倉藩の渋井太室《しぶいたいしつ》に書いてもらうなど、『東征稿』を世に問おうとしたことが察せられる。堀田正邦は江戸に到着して間もない明和九年六月二日に急逝し、復路は旗本の佐々木新左衛門・長谷川主税との旅となった。この明和九年は「迷惑年《めいわくねん》」と言われるほど災害が頻発した年で、一行は八月二日に江戸を出発、途中、暴風や大雨には足止めを食らいながら、二十七日にようやく大坂に帰り着いた。この復路の様子を漢文で記した『西上記』には、事態を的確かつ巧みに描写する文章力のみならず、災害に臨んでの取材力・洞察力・行動力など竹山の優れた才能をうかがうことができる。また、風水害の記録としても貴重である。なお本資料については、湯城吉信『江戸期の漢文遊記の研究―懐徳堂を中心に』（科研費報告書、二〇一三年）に翻刻と訳注がある。

詩律兆（しりつちょう）

関係人物名　中井竹山
数量（冊数）　三冊
外形寸法（㎝）　縦二五・二×横一七・七
懐徳堂文庫図書目録該当頁　国書六五下

中井竹山が漢詩（近体詩）の詩作法を整理集成した百科事典的な書。安永五年（一七七六）に大坂加賀屋善蔵等によって懐徳堂蔵版として刊行された。第一冊は巻一から巻三、第二冊は巻四から巻六、第三冊は巻七から巻十一までを収めている。

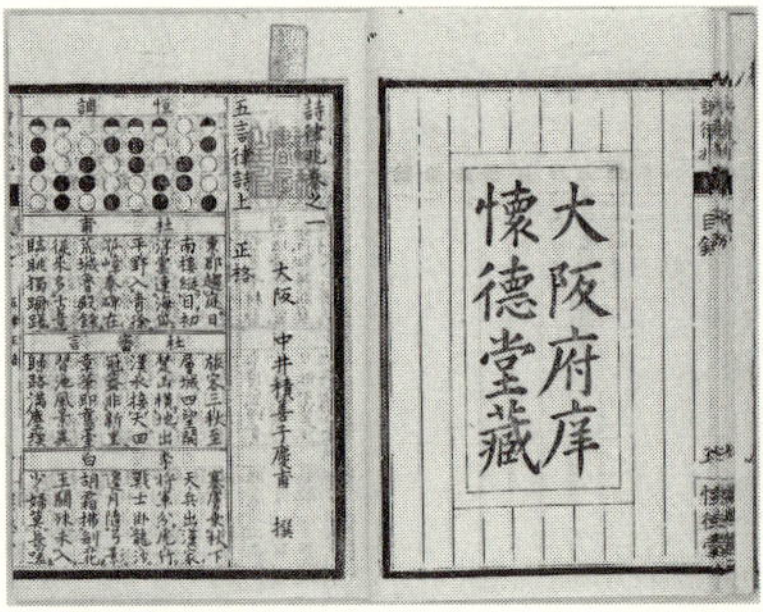

詩律兆

巻一から巻九までは五言律詩、七言律詩および七言絶句を平仄《ひょうそく》（漢字の発音上の区別）別に整理し順序よく並べる。その詩句例は唐代と宋明時代の著名な詩から選んでいる。そして、巻十は余考として体格等について述べ、巻十一は付録として詩論八篇を収めている。

例えば、巻一冒頭では五言律詩の正格で恒調の例として杜甫の「詔州《えんしゅう》の城楼に登る」、李白「塞下の曲」、岑参《しんじん》の「左省《さしょう》の杜拾遺《としゅうい》に寄す」等、十一首を取り上げている。また、巻十一の詩論の中では、「大出子友に答うの書」が興味深い。この中で竹山は日本の詩人が音韻に疎いことや中国の詩に対する知識の浅いことを批判する。一方、竹山自身は懐徳堂において唐宋明の詩を広く門人に読ませ、詩作にあたっては音韻に注意し、平易を心がけさせ、字句の法に乖《そむ》くもの、体裁のよくないものは添削を加えるという。そして、十分に詩作の基礎ができた上で詩の格調について論じ、他人の作を模倣しないようにと説く。

　懐徳堂では宝暦八年（一七五八）から詩の講会が始まっており（「宝暦八年定約附記」第五条による）、漢詩文の実作も行なわれていたようである。『詩律兆』自序も宝暦八年に書かれており、懐徳堂で使用するためのテキストとして、この『詩律兆』も生まれたものと考えられる。当時の知識人は、漢詩、特に近体詩を作成できることが教養として求められていた。本書の存在は、竹山が一代の優れた文人であったことを表すものである。

　また一方で、項目ごとに荻生徂徠や服部南郭の詩の誤りをことさらに指摘し、総論でも辛辣な批判を繰り返している。この点から見れば、この書は詩文の方面における蘐園学派批判という側面を持つものといえる。

奠陰文集並詩集（てんいんぶんしゅうならびにししゅう）

関係人物名　中井竹山
数量（冊数）　二十冊
外形寸法（㎝）
奠陰文集、詩集ともに縦二六・一×横一七・三
ただし文集第八冊のみ縦二六・一×横一七・九、
詩集第二冊のみ縦二五・七×横一七・一
懐徳堂文庫図書目録該当頁　国書七四下

宝暦から享和期に至る約五十年間（十八世紀後半）にわたる中井竹山の詩文集。「奠陰」とは淀川の南の意。竹山の住居、すなわち懐徳堂は大坂北船場の尼崎町一丁目にあった。これはまさに淀川の南岸にほど近い。彼の詩文集が「奠陰」と名づけられたのはその住居の所在に基づく。

　懐徳堂文庫所蔵の手稿本は、その整理時の誤りから文集入りの帙を第一函、詩集入りの帙を第二函としている。

奠陰文集並詩集「詩」の部

しかし、「先詩後文」が本来の順序であり、正されるべきであろう。二十冊のうち詩集は八冊、文集は十二冊。その中に詩千四百余、文四百三十余を収める。この手稿本は詩文おのおの製作年代順に並べられており、詩文の一つ一つからその時々の竹山の思いや交流関係の変遷を窺うことができる。また、『奠陰集』は明治四十四年（一九一一）、懐徳堂記念会により『懐徳堂遺書』の一つとして

活字翻刻されている。こちらは詩集が古詩、近体詩等に、文集が論、説、伝等に体別分類によって編集されている。

『奠陰集』中には三百人近い人名を見ることができ、懐徳堂の学主・預り人として活躍した竹山の交流関係の広さが窺い知られる。例えば、『詩集』巻五には「混沌社諸友と墨江の舟中に遊びて作る」と題した詩があり、竹山と混沌社との親密な関係が窺える。また、熊本藩・薩摩藩などの九州諸藩や尾張藩の儒者との交流の様相も窺える。さらに『詩集』巻二や巻三には幕府大番頭で大坂城在番であった堀田《ほった》出羽守《でわのかみ》正邦《まさくに》に贈った詩が数首収められており、預り人として精力的に武家と接触していた竹山の姿勢が窺える。

竹山の詩の題材は広汎で、例えば、『詩集』巻二「日本武尊《やまとたけるのみこと》」「楠中将《くすのきちゅうじょう》」のように歴史上の人物に材を取ったもの、同じく巻二「千里鏡」のように当時はまだ珍しい存在であった望遠鏡を題材としたものなど多種多様にわたる。その中でも印象的なのは自らの家族に対して贈った歌である。『文集』巻四「女布美《むすめふみ》の埋銘《まいめい》」で竹山は幼くして亡くなった娘に対する痛切な心情を記している。逆に弟の履軒に子が生まれたときには五首もの慶びの詩を贈り、それらは『詩集』巻二に収められる。竹山の家族への思い入れがわかるようである。『奠陰集』にはこれらの他、『中庸錯簡説』『非物篇序』（共に『文集』巻八）なども収められている。

扶桑木説附扶桑考（ふそうぼくせつ　ふ　ふそうこう）

関係人物名　中井竹山
数量（冊数）　一冊
外形寸法（㎝）　二三・三×一六・六
懐徳堂文庫図書目録該当頁　国書一三上

中井竹山が「扶桑木」の伝承について論じたもの。全五葉。「寛政九年丁巳八月　中井居士誌」の奥書がある。後に撰者未詳の扶桑考一篇六葉を付し、併せて仮綴じしてある。題名について、仮表紙は、反古の裏を使用し、外題に「竹山先生扶桑木記　扶桑考　上田藏」と記すが、「記」の横に「説」と訂正し、内題・書帙題簽《しょちつだいせん》も「扶桑木説」とする。

抄者未詳であるが、抄写の際、字句を確認できなかったのか、「扶桑木説」第二葉裏、第四葉裏の数字分を空白のままにしている。

本文は漢字仮名交じり文（朱の句点あり）で記されている。まず、本邦の上古の西国に「扶桑木」と称する大木があり、外国の船舶が遙かにこの扶桑を認めて、日本の目当てとしたことから日本を「扶桑國」と言ったという「古老」の説を引き、続いて、中国の字説に、太陽が木の下にあるのを「杳（ヨウ、くらい）」、木中に昇るのを「東」、木の上にあるのを「杲（コウ、あかるい）」とし、そこで言われる木は中国の東方の島（日本）にある「扶桑」であるとするのを紹介する。

そして、これらは附会の説ではあるが、古代の日本にこうした大木が存在したのは事実であるとして、『日本書紀』景公紀に天皇が筑紫後国（筑後）を巡幸した際、長さ「九百七十丈」に及ぶ「僵木（倒れた木）」を見てその名を尋ね、古老が「歴木」と答えた故事などを指摘する。竹山は、この「歴木」について、書紀は「クヌ木」と訓むが、「クスノ木」の誤脱ではないかと推測し、またこれが「全樹」なのか倒木の一部なのか未詳であると説く。

さらに竹山は、これに関連する巨木伝承を紹介した後、樹木の成長速度から推算して、この「扶桑」は、樹齢四十五千年を経た大木であり、「金石」以上の年を数えているのは「大奇中ノ一大奇」であると結んでいる。

なお、竹山の弟・履軒の『左九羅帖《さくらじょう》』は、動植物を図示した懐徳堂の代表的な本草書であるが、この中に「扶桑木」も取り上げられている。そこでは、巨大な扶桑木の根元に米粒ほどの人々が描かれている。このことから、履軒もこの竹山の「扶桑木説」を首肯していたことが分かる。また、出所・由来未詳であるが、懐徳堂文庫の器物の中には、「扶桑木」と記された木箱の中に長さ五十cm、幅十cm程度の木片が収められている。これも、上記の扶桑木伝説に関わる木片と思われるが未詳である。

懐徳堂記→二八頁

社倉私議→一七七頁

草茅危言→一七九頁

懐徳堂瓦当拓本（かいとくどうがとうたくほん）

関係人物名　中井竹山
数量（冊数）　一帖
外形寸法（cm）　縦一四・九×横一四・五

懐徳堂の瓦当（軒丸瓦の先端部分）を拓本にとったもの。現在は、「懐徳堂絵図屏風」（懐徳堂遺物）のうち第十版に貼り込まれている。懐徳堂の講堂は、ごく初期には茅葺きであり、宝暦元年（一七五一）の改築の際に瓦葺きとされたのではないかと考えられる。しかし、宝暦元年に改築された懐徳堂は、寛政四年（一七九二）の火災により焼失した。本資料に用いられた軒丸瓦は、寛政七年（一七九五）より八年（一七九六）に

懐徳堂瓦当拓本

かけての懐徳堂再建に際して新たに作られたもので、瓦当には「學」字が打ち出されている。

竹山らは、寛政年間の焼失を機として懐徳堂の敷地拡大と聖堂の建設などを行おうと企て、いったん幕府から許可された。しかし後に何度も工事の規模縮小を求められ、最終的に幕府から与えられた手当金は、類焼前の規模への復旧にも足りない三百両に過ぎず、不足分は同志らの寄付によって賄うという有様であった。このような困難な状況下にありながら特にこのような軒丸瓦を作らせたことによっても、竹山が懐徳堂再建にかけた意気込みと、その理想を窺い知ることができよう。

本資料に用いられた軒丸瓦の現物は既に失われており、この拓本は、再建された懐徳堂の一端を知るための貴重な資料であるとされる。また本資料は、懐徳堂記念会のシンボルマークとしても用いられている。

葛子琴刻印（子慶氏印　積善印信印）（かつしきんこくいん（しけいしいん　せきぜんいんしんいん））

関係人物名　葛子琴、中井竹山
数量（冊数）　一顆　石印
外形寸法（㎝）　子慶氏印　縦五・二×横五・二×高さ二・八
積善印信印四・五×四・五×二・八

混沌社社友の葛子琴《かつしきん》（一七三九～一七八四）によって作成された中井竹山の印。「子慶」は竹山の字、「積善」は名である。「印信」とは印のこと。共に石印であるが、「子慶氏」印の方は上部のみ木製である。

葛子琴、本姓の葛城氏を修して葛という。名は張。橋本氏。貞元を通称とする。父橋本貞淳《はしもとていじゅん》は医者で、彼自身も医を業とした。彼は混沌社において最も秀れた詩人と評価されており、混沌社の盟主片《かた》山北海《やまほっかい》（一七二三～一七九〇）をして「浪華の詩、必ず子琴を推す」と言わしめている。また、子琴は詩作に秀でるだけでなく、篆刻にも巧みであった。彼は篆刻の方面では古体派の高芙蓉《こうふよう》（一七二二～一七八四）に師事していた。古体派は、秦漢時代に作られた古銅印の醇朴な味わいのある作風をその特徴

子慶氏印

積善印信印

としている。芙蓉はその友人や門弟から「印聖」と仰がれ、その復古体の印風は我が国の篆刻史上、一時期を画すると言われている。子琴はよく師の刀法を受け継ぎ、その作風は流麗婉約（なだらかで美しく品のあること）と評され、高芙蓉の社中においても傑出した存在であった。

竹山は明和年間（一七六四～一七七一）後半から混沌社社友の多くと交流を始め、以後、社友とはならなかったものの親密な関係を保ち、自身も詩作に励んでいる。竹山の『奠陰《てんいん》詩集』巻四に「季秋（九月）始めて寿王・子明・公翼・安道・子琴・千秋、六子を邀《むか》え、書堂に宴す」という序のある七言古詩がある。寿王から千秋までの六名はすべて混沌社の社友で、この中の「子琴」は言うまでもなく葛子琴である。彼らを懐徳堂の宴に招いているということは、すなわち竹山と混沌社との交流の深さを物語るものであろう。恐らくこのような交流の中から、葛子琴が竹山のために自身が作成した篆刻を提供するような関係が築かれていったのだと考えられる。なお、『奠陰詩集』巻五には「篆刻歌　葛子琴に贈る」と題する詩が収められており、子琴の篆刻を竹山が高く評価していたことが窺える。

朱文公大書拓本（しゅぶんこうたいしょたくほん）

関係人物名　中井竹山

朱文公大書拓本

数量（冊数）　四幅
外形寸法（㎝）　各縦一二七・八×横三三・六（拓本本体）
各約一九二×三七（表装を含む全体）

朱子の書の摸刻を拓本にとり軸装したもの。全四幅。底本となった朱子の四行書は、徳川将軍家の所蔵品であったが、中井竹山がこれを借用し、大坂の篆刻家で竹山の門人でもあった前川虚舟《まえかわきょしゅう》が二枚四面の刻板に摸刻した。この刻板からさらに拓本をとり、掛軸の形に表装したものが本資料である。「懐徳堂遺物」の一として昭和十四年（一九三九）に中井木菟麻呂から重建懐徳堂へ寄贈され、後に刻板そのものも寄贈された。

本文には「読聖賢書」「立修斉志」「存忠孝心」「行仁義事」（聖賢の書を読み、修斉の志を立て、忠孝の心を存し、仁義の事を行う）とある。これは、人間が学問を修め実行に移す際の姿勢を、卑近な事柄から順を追って示したものである。まず「聖賢の書」すなわち儒家の経典を読み、ついで「修身斉家《しゅうしんせいか》（我が身をととのえ我が家をととのえる）」を行うという志を立て、また君親に対して生まれつき持っている「忠孝の心」を失わず、最終的には「仁義の事」を実践する、という意味である。

懐徳堂は、官許学問所として、幕府の認めた官学である朱子学を奉じ、荻生徂徠以降に盛んとなった朱子批判には反対の立場をとっていた。竹山が将軍家よりこの四行書を借り受けて摸刻させたことは、朱子学を奉じる懐徳堂の立場をより鮮明にする行為でもあったと考えられる。

堂聯（どうれん）

関係人物名　中井竹山
数量（冊数）　一枚（上聯欠）
外形寸法（㎝）　縦一〇七・四×横一八・一

懐徳堂の講堂南面の二つの柱に掲示されていた聯。中井竹山の揮毫《きごう》による。署名の「渫翁《せつおう》」は竹山の号。「聯」とは、漢文の対句を二つに分けて書き、柱・門などの左右に掛けたもので、上句を上聯、下句を下聯と言う。この聯は、本来、「經術心之準繩、文章道之羽翼」（経術《けいじゅつ》は心の準縄《じゅんじょう》、文章は道の羽翼《うよく》」という上下二句から成っており、各々一枚の紙に筆写され、左右相対して掲げられていた。現在、懐徳堂文庫に伝わっているのは、向かって左側にあった下聯「文章道之羽翼」のみであるが、大阪大学創立七十周年記念事業で公開されたCGでは、竹山の筆跡をもとに、上聯「經術心之準繩」の部分が復元された。

堂聯

「経術」とは儒学の経典に関する学術、「準縄」とは水平を測るみずもりと直線を決める墨縄《すみなわ》。転じて、規則・標準の意。「羽翼」とは、鳥の羽と翼。転じて、鳥の羽のように左右から補佐することである。この聯に対する解説が、竹山の書簡を集成した『竹山先生国字牘』に見える。その中で竹山は、若年の頃から学問修行の主旨は「経術」「文章」の二つにあり、この二つを極めなければ大成とは言えない。「羽翼」は単なる補佐という意味ではなく、まさに鳥を飛ばすことのできる翼の意味であり、飛翔させる道具として喩えたものである。宋代の儒者は、久しく廃絶しかけていた聖学を後世に伝え、正しい道を飛翔させたが、それは文章によってである。その文章が美しかったからこそ、時間・空間を越えて飛翔したのである、と解説し、自ら「修身の事業はこの一聯にあり」と、この聯の内容を極めて重視している。竹山が記したこの聯は、文章を軽視する当時の風潮を批判し、「経術」と「文章」とが表裏一体の関係にあることを宣言しているのである。

入徳門聯（にゅうとくもんれん）

関係人物名　中井竹山
数量（冊数）　一聯
外形寸法（㎝）　縦八八・〇×横一〇・五

中井竹山の筆になる竹製の聯。漢文の対句を二つに分けて書き、それを家の入り口、門、壁などに左右相対して掛けたものを「聯《れん》」あるいは「対聯《たいれん》（ついれん）」と言う。懐徳堂の外門を入ると、講堂に通ずる庭「已有園《いゆうえん》」があった。この竹聯は、その庭の組格子の中門の左右に掛けられていたものである。この門の上に竹山の筆で「入徳之門」と記した額がかけられていたことから、この聯を特に「入徳門聯」と呼ぶ。一本の竹を縦に二つに割り、各々の表面に石灰で「力學以修己」「立言以治人」と白書している。写真は二一頁参照。

これは、「学に力《つと》めて以て己を修め、言を立てて以て人を治む」と読む。全体が特定の古典に直接基づくものではないが、「力学」は努力して学ぶこと、「修己」は自己を修養すること、「立言」は他者に伝えるべき立派な言説・学説を樹立すること「治人」は人を統治することで、各々中国の古典に由来する語である。

この対聯は、こうした古語を組み合わせたもので、自己の修養努力と、それを基にした社会的活動（経世）の重要性を説く内容となっている。「修己治人」は朱子学の理念でもあり、竹山自身、この聯について解説し、自ら修養努力して、それでも時に逢わなければ、その業は「修身斉家（自身を修めて一家をととのえる）」に止まって「治国平天下（一国を治めさらに天下を平定する）」には至らないが、書物を著して言を立て、進むべき道を明らかして世を正すという功績は、実際に為政者となって政教を行うにも匹敵するものがある、と述べている（『竹山国字牘』所収「応宮川侯尊命、大書呈上懐徳堂諸聯附説」）。世を正すという自らの気概をこの語に込めていることが分かる。

なお、懐徳堂文庫所蔵の竹山印には、この竹聯の言葉を縮めた「力學立言」印および「力學修己立言治人」印がある。

文恵先生襄事録（ぶんけいせんせいじょうじろく）

関係人物名　中井竹山
数量（冊数）　一冊
外形寸法（㎝）　縦二二・六×横一五・八

中井竹山の葬儀の記録。「文恵先生」とは竹山の諡《おくりな》で、「襄事」とは事を成し遂げること、すなわち葬式を言う。懐徳堂文庫には、「中井家歴代葬儀記録」として、中井甃庵・甃庵夫人・中井蕉園・中井竹山・中井履軒・中井

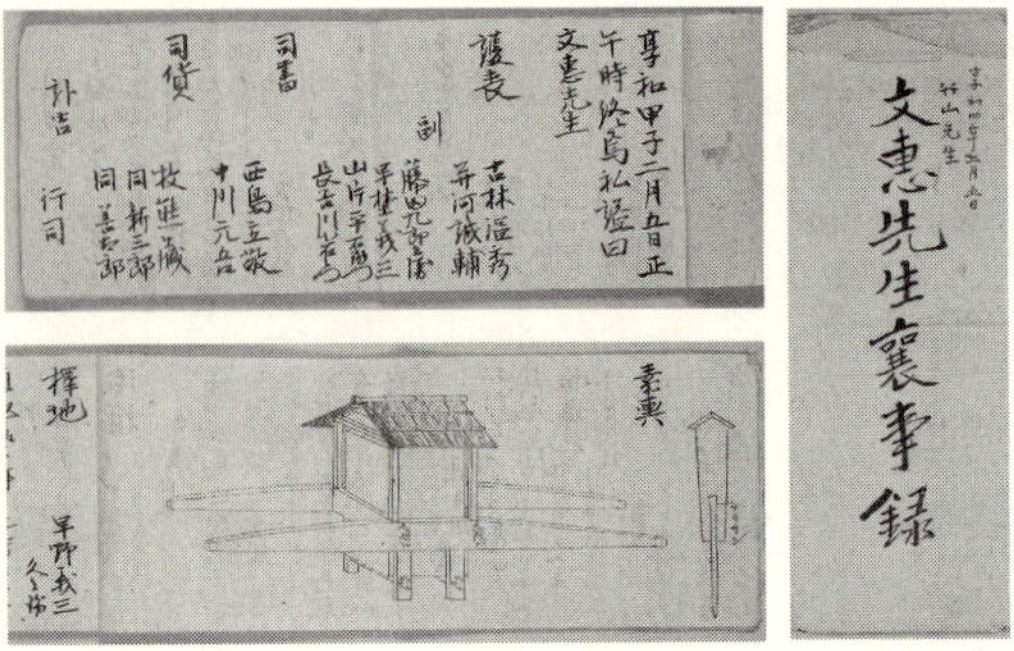

文恵先生襄事録

柚園・柚園夫人・中井碩果・碩果夫人・中井桐園・桐園夫人の十一種の葬儀録が収められている。また「中井竹山葬儀記録」として、『文恵先生襄事録』の他に、「御悔名簿」「香儀簿」「竹山先生三虞朝夕奠」が残されている。この内、「中井竹山葬儀記録」は、中井家歴代の記録の中で、最も詳細に記された代表的な記録である。

竹山は、文化元年（一八〇四）二月五日に七十五歳で没した。竹山は、この数年前から体調を崩していたが、享和三年（一八〇三）八月四日に長男の蕉園を亡くし、次いで同月十三日には娘のとじを亡くすなど、精神的な追い打ちもあり、年が明けて間もなく息を引き取った。『文恵先生襄事録』には、葬儀の次第はもちろん、棺桶の大きさから同日の料理の献立に至るまで、事細かに記録されている。また葬儀の参列者や葬儀当日の役割分担についても記されており、この資料から儒葬の具体的内容だけでなく、懐徳堂内外の人間関係についても知ることができる。

なお本記録は、『懐徳』第五十四号に、山中浩之・小堀一正「中井竹山葬儀記録」として、「御悔名簿」「香儀簿」とともに翻刻されている。

懐徳堂記額→二九頁

懐徳堂義金簿→二九頁

4　中井履軒

懐徳堂最大の学問的業績を残したのは、中井履軒《りけん》である。履軒は中井甃庵《しゅうあん》の子で、竹山の二歳下の弟である。竹山が懐徳堂預り人・学主として表舞台で活躍したのに対し、履軒は、後に懐徳堂を離れて私塾水哉館《すいさいかん》を開き、独創的な研究を生み出していった。『七経逢原《しちけいほうげん》』としてまとめられた経学研究、理想世界を仮名文で記した『華胥国《かしょこく》物語』、自然科学への関心を示す『越俎弄筆《えっそろうひつ》』「天図」「方図」など、履軒の才知は伝統的な漢学の領域をはるかに越えるものであった。この履軒の門下からは近代的な英知として後に評価される山片蟠桃が出ている。履軒の知はすでに、近代のすぐ手前にあったと言えよう。

また、履軒は、兄竹山と異なって、人付き合いを苦手とし、著名な政治家や学者との面会を避けていたという。自らの私塾「水哉館」を華胥国になぞらえ、「天楽」の境地に遊んだ履軒には、その人柄を伝える逸話が数多く残されている。

中井履軒（なかいりけん）［一七三二～一八一七］

中井甃庵の第二子。竹山の二歳下の弟。名は積徳《せきとく》、字は処叔《しょしゅく》、通称は徳二《とくじ》。履軒あるいは幽人《ゆうじん》と号した。諡は文清《ぶんせい》。享保十七年（一七三二）、懐徳堂内で生まれ、兄竹山とともに五井蘭洲に朱子学を学んだ。竹山が懐徳堂学主として活躍したのに対し、履軒は後に懐徳堂を離れて私塾水哉館を開き、そこで膨大な経学研究を残した。初め履軒の経学研究は、既存のテキストの欄外に自説を書き加えることから始まり（『七経雕題《しちけいちょうだい》』）、それらはやがて整理され（『七経雕題略』）、最終的には『七経逢原《ほうげん》』として完成した。その研究は、脱神話、脱権威の批判的実証的精神に貫かれており、富永仲基・山片蟠桃らとともに近代的英知の先駆的存在であると評価できる。

一方、履軒は自らの住まいを、中国古代の聖王黄帝が夢の中で遊んだというユートピア「華胥国《かしょこく》」になぞらえ、自らを「華胥国王」と称して、経学研究とは異なる思いを多く書き記した。そうした著作として、経世面では『華胥国物語』『有間星《あらまほし》』、科学面では『越俎弄筆《えっそろうひつ》』「天図」「方図」、歌文面では『華胥国歌合』などがある。文化十四年（一八一七）、八十六歳で没。

履軒（りけん）

中井積徳の号。中井履軒は享保十七年（一八三二）、兄

竹山《ちくざん》の二歳下の弟として懐徳堂内で生まれた。名は積徳、字は処叔、通称は徳二。「履軒」あるいは「幽人」と号した。「履軒」という号は『周易』の語にちなむ。『周易』「履」卦の九二の爻辞に、「履道坦坦、幽人貞吉（道を履むこと坦坦たり。幽人貞にして吉）」とあり、その象伝に「幽人貞吉、中不自亂也（幽人貞吉とは、中自ら乱れざるなり）」と説く。正しい道を坦々と履んで野に隠れている人であれば、その心中が穏やかで欲によって乱されることがないから、正しくて吉であるという意味。私塾の名に使った「水哉」にも通ずる履軒の人生観を反映した号である。なお、履軒は後年、「履道坦坦幽人貞吉」の八字を彫り込んだ印章をいくつも作った。

龍珠楼（りゅうじゅろう）

懐徳堂内で生まれ育った中井竹山・履軒兄弟が居住した、懐徳堂内の居室のこと。宝暦六年（一七五六）に完成した竹山の著『左伝比事蹄《さでんひじてい》』の序文や、履軒の自伝である『履軒幽人伝』の中にこの語が見える。『履軒幽人伝』によれば、その部屋の南側の窓の外に葡萄棚があり、その垂れ下がる熟した葡萄の実にちなんで命名された。龍珠とは、龍のあごの下にあるという真珠のこと。竹山・履軒兄弟は懐徳堂内に長く同居した。履軒は明和三年（一七六六）に京都の高辻家に招かれ上京、翌年大坂に帰ったが、懐徳堂には居住せず、独立して私塾水哉館を長堀に開いた。

水哉館（すいさいかん）

中井履軒の私塾。履軒は三十代半ばに懐徳堂から独立して私塾水哉館を営み、厖大かつ精緻な古典研究を行なった。「水哉館」の名称は、孔子がしばしば水を称えていたということにちなむ。『孟子』離婁篇下に、孟子の弟子の徐子と孟子との問答が次のように見える。「徐子曰、仲尼亟称於水、曰水哉水哉。何取於水也。孟子曰、原泉混混不舍昼夜、盈科而後進、放乎四海、有本者如是、是之取爾（徐子曰く、仲《ちゅう》尼《じ》亟《しばしば》水を称して曰く、水なる哉《かな》水なる哉《かな》と。何をか水に取れる。孟子曰く、原泉は混混として昼夜を舎《お》かず。科《あな》を盈《み》たして後に進み、四海に放《いた》る。本《もと》有る者は是《か》くの如《ごと》し。是《こ》れ之を取るのみ）」。これによれば、「水哉」とはたゆみのない持続的な学問研究の姿勢を、常に流れて止まない水に喩えたものと言える。

華胥国（かしょこく）

中井履軒が自らの私塾に名づけた理想の国。安永九年（一七八〇）、南本町一丁目に転居した履軒は、その住居に華胥国門《かしょこくもん》の扁額《へんがく》を掲げ、自らを華胥国王に擬した。「華胥国」とは、中国の伝説的な皇帝であった黄帝《こうてい》が夢の中で遊んだという理想国で、そこでは身分の上下がなく、民には愛憎の心がなく、利害の対立もなく、自然のままであったという。その故事は『列子《れっし》』黄帝篇に次のように記されている。

　晝寝而夢、遊於華胥氏之國。……其國無師長、自然而已。其民無嗜慾、自然而已。不知樂生、不知悪死、故無夭殤。不知親己、不知疏物、故無愛憎。不知背逆、不知向順、故無利害（黄帝）昼寝て夢み、華胥氏の国に遊ぶ。……其の国師長無く、自然なるのみ。其の民嗜欲無く、自然なるのみ。生を楽しむを知らず、死を悪むを知らず、故に夭殤無し。己を親しむを知らず、物を疏《うと》んずるを知らず、故に愛憎無し。背逆を知らず、向順を知らず、故に利害無し）。

華胥国門額

　黄帝は、この夢から覚めた後、大いに悟るところがあり、その後、二十八年間、天下は大いに治まって、ほとんど華胥国の如くであったという。また、黄帝が崩御した際、民は黄帝の治を慕って泣き叫び、その悲しみは二百年間続いたという。

　この語も、「履軒」や「水哉」に相通ずる性格を持つ語である。その後、履軒は相次いで「華胥国」を冠した書を執筆する。経世については、「華胥国物語」、天文学では「華胥国暦」、歌文では「華胥国囈語」「華胥国歌合」などである。

　なお、懐徳堂文庫所蔵の「華胥国門額」は経年の擦れや虫損により、表面が損傷している箇所、下地（杉板）まで見えている箇所があり、特に周囲の劣化が著しかった。そこで、平成二十一年（二〇〇九）に修復作業が行われた。本紙を下地から解体し、欠損部分に薄美濃紙と生麩糊を用いて繕いを施し、裏打ちした。また修復した本紙を下地に貼り込んだ。これにより特に、螺鈿《らでん》模様が見事に再現されるに至った。

天楽楼（てんらくろう）・偸語欄（ちゅうごらん）

　中井履軒の私塾の二階の一室の名、およびその部屋の欄干の名。履軒は、安永八年（一七七九）に再婚した後、華胥国門《かしょこくもん》の扁額《へんがく》を取りつけた借家の二階の一室を、「天楽楼」と名づけた。これは、『荘子』天道篇の「與人和者、謂之人樂。與天和者、謂之天樂（人と和する者は、之を人楽と謂い、天と和する者は、之を天楽と謂う）」にちなんだものである。『荘子』は、人間同士が和することを「人楽」と言うのに対して、人が天の自然と和する境地を「天楽」と評した。そして、この天の楽しさをわきまえた者は、生きているときには自然のままに振る舞い、死んでいくときには万物の変化に従い、静かにしているときには陰の気と徳を同じくし、動いているときには陽の気と波を同じくする、と説いた。この思想は「無心の静けさ」につながっていくが、決して隠者（世捨て人）の立場を説いたものではなく、「天樂者、聖人之心、以畜天下也（天楽とは、聖人の心、以て天下を畜《やしな》うなり）」とあるように、天下を経営するという理想を表している。

また、この「天楽楼」の楼上の欄干を、履軒は「偸《ちゅう》語欄《ごらん》」と呼んだ。これは、『春秋左氏伝』の語にちなむ。襄公三十一年の条に、叔孫豹《しゅくそんひょう》が趙孟《ちょうもう》の死を予言した言葉として「趙孟將死矣。其語偸、不似民主。且年未盈五十、而諄諄焉如八九十者、弗能久矣（趙孟将に死せんとす。其の語偸《うす》くして、民の主たるに似ず。且つ年未だ五十に盈《み》たざるに、而も諄諄焉《じゅんじゅんえん》として八九十の者の如し。久しき能《あた》わず）」とある。叔孫豹は趙孟の言葉がなおざりで、とても民の長のようには見えない。また、歳が五十にも満たないのに、くどくどしく、まるで八、九十歳の年寄りのようだから、長くは生きられないだろうと言ったのである。履軒は、これを自らの戒めとして心に刻み、欄干を「偸語欄」と称したのである。

羲上窓（ぎじょうそう）

中井履軒が、安永九年（一七八〇）に移り住んだ南本町一丁目（米屋町）の借家の窓に付けた名。履軒は、中国古代の聖王である黄帝が夢に華胥国《かしょこく》という理想郷に遊んだという話にちなみ、その住まいを華胥国、また自らを華胥国王と称し、部屋の入り口には「華胥国門」と篆書で記した額を打ち付けた。また書見をする場所に選んだ北向きの窓を「羲上窓」と呼び、白土で「羲上窓」の文字を作り、額として窓の上に掲げた。「羲上」の「羲」とは、中国古代の聖王である伏羲《ふっき》を指す。「羲上」とは、「羲皇上人《ぎこうじょうにん》」と同義で、伏羲よりもさらに昔の、安逸に暮らした人を指すと思われる。

掩鼻亭（えんびてい）

中井履軒が晩年を過ごした和泉町の借家の厠《かわや》のこと。履軒は東隣の家の窓に面していた厠の側に「掩鼻亭」と記した横板を掲げて目隠しにした。後にその書きぶりを好んだ隣人が、その板を取って額にしたという。

鶉居（じゅんきょ）

うずらのように、居所が一定しないこと。かつて上田秋成と中井履軒とが合賛した鶉図一幅があったとされるが、長い間、所在不明であった。平成二十二年（二〇一〇）

に発見され、現在は懐徳堂記念会所蔵。その図に履軒は「悲哉秋一幅、如聞薄暮聲、誰其鶉居者、獨知鶉之情（悲しきかな秋一幅、薄暮の声を聞くが若し。誰か其れ鶉居する者ぞ、独り鶉の情を知らん）」という画賛を記した。これは、『荘子』天地篇に「夫《か》の聖人は鶉居して鷇食《こうしょく》（ひな鳥が親鳥から与えられたままに口移しで餌を食べること）し、鳥行して（鳥のように自由に飛び回って）彰《あら》わるる無し（夫聖人鶉居而鷇食、鳥行而無彰）」とあるように、鶉が棲むところを転々として一定の場所に止まらないことをいう。懐徳堂の外に身を置いて転居を繰り返した履軒の生涯を、そのまま示したような語である。なお、鶉翁《じゅんおう》、鶉《うずら》居《い》は秋成の別号である。

中井履軒上田秋成合賛鶉図↓二〇〇頁

天地間第一の文章（てんちかんだいいちのぶんしょう）

中井履軒が『論語』を評した語。門人鷦《さ》鷯《さき》春斎《しゅんさい》が「文章を学ぶの準縄《じゅんじょう》」（標準となるもののこと）を質問したのに対して、履軒は『論語』のみがそれにあたり、『論語』は「天地間第一の文章」であると評した。その理由について履軒は、『論語』は孔子の言を弟子たちが記録したものであって、最高の道理が説かれており、道家や仏教の説などと比べられないこと、また『論語』の文章は「斉整正大」であって後世のものは到底及ばないこと、さらにこうした『論語』の特色については、二千五百年余りにわたって異議を唱えるものがないことなどをあげる。履軒が『論語』を「天地間第一の文章」であると評したことは、伊藤仁斎が『論語』を「宇宙第一の書」と評したことと類似する。

なお履軒は、『論語』に次ぐものとしては『孟子』をあげ、『孟子』に次ぐものとして『荘子』をあげ、その後は『左伝』『史記』が続くとする。また、『礼記』『周礼』などは秦の焚書坑儒の後に漢代の儒者が集めたものであるから『論語』『孟子』には及ばないと指摘する。

人寿の四害（じんじゅのしがい）

人の寿命を損なう四つの行為のことで、第一は飲食の節度を失うこと、第二は思慮が度を過ごすこと、第三は女性との（過度の）交わり、第四は誤った医術を施すこと。中井履軒が「題南極老人圖」の文に記した。履軒は、この四害の中の一つでも行えば、百の南極老人（人の寿命を司るという、南極にある星のこと）といえどもその人の寿命は損なわれてしまうと述べた。この語は、八十六歳の高齢で没した履軒が、平生から摂生に努めていたことを窺わせる。また、履軒はその著『老《ろう》婆《ば》心《しん》』で、人体に与える砂糖の悪影響などについて論じている。

出立届（しゅつたつとどけ）

中井履軒の死亡届。履軒は懐徳堂に居住していた時には預かり人である兄竹山の同居人という身分であったが、明和四年（一七六七）に水哉館を開いて懐徳堂から独立し、安永二年（一七七三）に町年寄からの申し入れにより人別帳（戸籍）から抜かれることになると、戸籍に「儒者」と記せない当時の大坂では、身分の名乗りようがなかった。とは言え身分不明では取り締まり上許されないので、中井家の出所である龍野の脇坂家中のものが大坂に一時滞在するという形式で借家をした。こうして履軒は「脇坂家中」の者の「一時逗留」という架空の身分のまま借家暮らしを続けた。文化十三年二月十五日、履軒は八十六歳の生涯を閉じたが、借家主から奉行所へは死亡届ではなく「今十五日辰の刻（午前八時頃）御出立成され候」という「出立（旅立ち）」の届け出が提出された。旅宿人や通行人の死去には奉行所による検視があり、手続きが面倒になる恐れがあったための処置であった。履軒の置かれた立場や生き方を象徴する逸話である。

履軒の贅（りけんのこぶ）

中井竹山・履軒兄弟にまつわる逸話。中井木菟麻呂《つぐまろ》の『懐徳堂水哉館先哲遺事』によれば、中井履軒の容姿の特徴は、大きな目と頭の瘤《こぶ》であったという。竹山・履軒兄弟が懐徳堂内に同居していた頃、仲の良い兄弟は互いに肩をもむことがあったが、竹山が履軒の肩をもんでいたとき、頭の贅を見て「あなたの瘤は随分大きいものですな」といったところ、履軒は応えて「左様、私の智慧は皆其の中にはいって居ります」と述べたという。竹山と履軒の性格は正反対であったとされ、西村天囚『懐徳堂考』は、竹山を「通儒」「政治家」、履軒を「隠逸《いんいつ》」「経学者」と対比しているが、この逸話は、兄弟の仲むつまじき様子と履軒の機知をうかがわせる。

深衣図解（しんいずかい）

関係人物名　中井履軒
数量（冊数）　一冊
外形寸法（㎝）　縦二四・七×横四五・九
懐徳堂文庫図書目録該当頁
漢籍一〇下（経部、礼類、礼記之属）

『礼記《らいき》』の深衣篇《しんいへん》および玉藻篇《ぎょくそうへん》に基づいて、深衣《しんい》の制度を考証し図解したもの。中井履軒の手稿本。深衣とは、中国古代の服で、衣《うわぎ》と裳《もすそ》とをつなげて仕立てたもの。本書は、履軒手製の紙製深衣とともに、深衣の制度を明快に解説する内容となっている。全一巻十五丁。巻末に「明和二年（一七六五）乙酉孟冬」の跋がある。懐徳堂文庫には、この明和二年手稿本の他、並河寒泉が題簽を付けた懐徳堂遺書本もある。

全体は、執筆の動機を述べた序に続き、『礼記』深衣篇および玉藻篇の本文の解説、図解、跋文から成る。解説部分では、深衣篇の本文を、数句ずつ区切りながら掲げ、各々について一字下げて履軒の解説を記している。ただし、深衣篇が儒教的な意義を説いている部分については、「牽強附会の蕪説《ぶせつ》」で制度とは関係がないから論じないと説くなど、履軒の目的があくまで制度の実証的な復元にあり、儒教的な意味づけにはなかったことが分かる。また、玉藻篇についても、「深衣は瓦《そで》を三にす。斉《すそ》を縫うは要を倍す」という記述に基づき、「袖口囲二尺四寸ならば則ち要囲七尺二寸。要を倍すれば則ち丈四尺四寸有り」と解説するなど、具体的数値をあげて復元に努めている。これに続く、図解では、「裁縫の図」として「袖」「身」「袷」「衽《えり》」「釣辺」などの図、深衣全体の「前図」「背図」、さらには「穿図《せんず》」として、衣を着た際の全体がややふくらんだ様子をも図示している。最後に跋文で、「深衣は燕服なり」と、深衣が古代中国の士大夫の燕服（ふだん着）であることを論じている。

古来、深衣の制度については諸説があり、中国では、清の黄宗羲《こうそうぎ》（一六一〇～一六九五）が、朱子《しゅし》・呉澄《ごちょう》・王廷《おうてい》相《しょう》など五家の図説を列挙してその誤りを指摘する『深衣考』を著し、江永《こうえい》が深衣の制度を『礼記』玉藻篇の文によって考証した『深衣考誤』を撰しているが、本書はそれらに匹敵する業績であると言える。

服忌図（ふくきず）

関係人物名　中井履軒
数量（冊数）　一冊
外形寸法（㎝）　縦二七・五×横一八・二
懐徳堂文庫図書目録該当頁
漢籍一一上（経部、礼類、三礼総義之属）

「高祖父母」より「玄孫」に至る親族のそれぞれにつき、服喪《ふくも》の期間などを一覧にした図表およびその解説書。中井履軒の手鈔本。水哉館遺書の一。巻首に宝暦戊寅（八年［一七五八］）の「前引」を付す。宝暦八年は、竹山・履軒兄弟の父である中井甃庵の没年に相当する。このため本資料は、履軒らが服喪の必要に迫られて行った研究の一部であろうと推定されている。「前引」によると、経書に見える服喪の制度にはそもそも不合理な点があり、伝承の過程で混乱が生じた可能性もある。また日本の服喪制度は、その対象とする範囲や期間も、経書のそれとは異なる。現在では、衰麻《しま》（服喪中で最も軽いもの）は名目のみ存する有様で、忌と喪とは混同されるに至った。履軒はこのような現状を憂い、日本の制度に適した『服忌図』を作成したという。つまり本資料は、単に経書の規定に盲従しようとするのではなく、日本の民情・慣習に適合した独自の服喪規定を定めようとする点に特徴がある。これは甃庵『喪祭私説《そうさいしせつ》』の傾向を継承するものといえよう。

本資料には、その草稿ではないかとも考えられる「擬《ぎ》

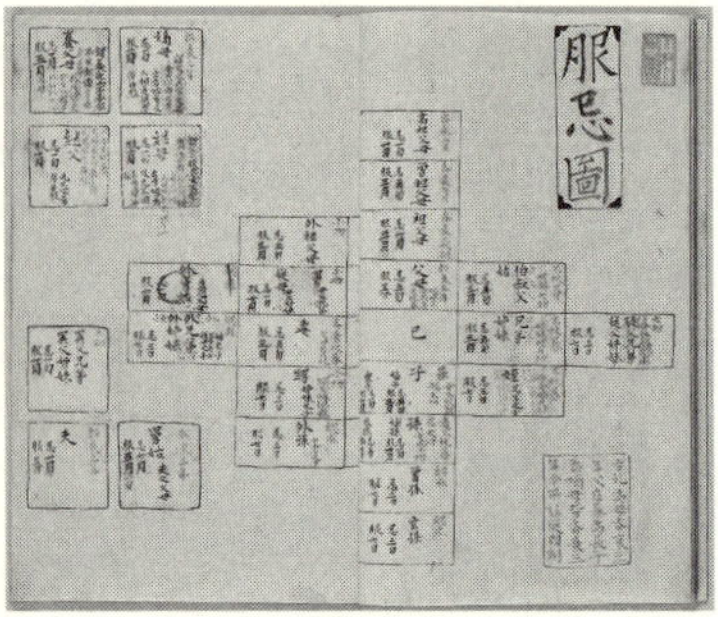
服忌図

服図《ふくず》」（年次未詳）が付されているが、そこに記されている「服」の期間は『服忌図』のそれとは異なっており、この問題についての履軒の考えの変遷の跡を窺わせる。また宝暦十年（一七六〇）には、竹山および履軒による『喪祭私説』の補正も行われている。甃庵の死を契機として、竹山・履軒兄弟の間で葬送・服喪についての研究が推進されたことが、これらの資料から窺える。

　なお懐徳堂文庫には、『服忌図』を付録する鈔本『喪祭私説』が収められている。この抄本の抄者は未詳であるが、懐徳堂において『喪祭私説』と『服忌図』とが深い関係を有すると理解されていたことが、この抄本からわかる。

非物継声篇（ひぶつけいせいへん）

関係人物名　中井履軒、五井蘭洲
数量（冊数）　一冊
外形寸法（cm）　縦二四・九×横一六・六
懐徳堂文庫図書目録該当頁　国書一三上

中井履軒が荻生徂徠の『論語徴』を批判した書。履軒自筆手稿本。懐徳堂学派は基本的に反徂徠学の立場で、履軒の師五井蘭洲には『非物篇』、履軒の兄中井竹山には『非徴』という、ともに徂徠の『論語徴』を批判した書がある。『非物篇』は中井竹山・履軒によって校定され、竹山の『非徴』とともに、天明四年（一七八四）に懐徳堂蔵版として刊行された。『非物篇』序に明和三年（一七六六）の日付があることから、本書はそれとほぼ同時期に編まれた可能性が高い。

　序によれば、履軒が少年の頃に、当時流行していた徂徠の著述を学ぼうとしたが、父の中井甃庵にまず正論正論たる所以を学ぶよう諭されて、非正論たる徂徠の著述を読むことができなかったという逸話が紹介されている。甃庵も徂徠に対して批判的であったことが窺える。

　本書の前半部分は行書体で執筆されているが、後半部分は草書体になって非常に読みにくい。また、推敲の跡も少なからず見受けられる。履軒は本書の執筆を始めながらも、途中から本書の刊行意図が薄れてきたのかもしれない。師蘭洲の『非物篇』の意図を継ぐために兄の竹山と履軒とは『非物篇』の続編を刊行する意図がもともとあったが、諸般の事情によって、履軒の著は刊行されず、竹山のみ『非徴』の刊行に至ったと考えられる。

　なお、『非物継声篇』の「継声」は『礼記』学記篇の「善く歌う者は、人をして其の声を継がしむ。善く教うる者は、人をして其の志を継がしむ」に基づき、良い師は学ぶ者にその志を継ぐ決意を起こさせることをいう。履軒が師蘭洲の徂徠批判の志を継ぐ意識から本書を著したことは、この書名から窺うことができる。

中庸天楽楼定本（ちゅうようてんらくろうていほん）

関係人物名　中井履軒
数量（冊数）　一冊
外形寸法（㎝）　縦二五・七×横一八・二
懐徳堂文庫図書目録該当頁　漢籍二一下（経部、四書類）

朱熹以来の『中庸』テキストに錯簡があるとする懐徳堂学派の「中庸錯簡説」を受けて考定された中井履軒独自の『中庸』テキスト。本書完成以前は、履軒も中井竹山の『中庸懐徳堂定本』によっていたが、完成後は、履軒の私塾である水哉館で、このテキストを使っていたと考えられる。履軒の『中庸逢原』は、この『中庸天楽楼定本』に従って注釈をしている。本書は、『中庸』の第十六章を第二十四章の後ろに置いている点では『中庸懐徳堂定本』と同じである。しかし『中庸懐徳堂定本』が朱子の分章に従って全三十三章に分けているのに対して、本書は、配列は同じであるものの、章の分け方が異なり、全二十八章となっている。これは単にいくつかの章を統合したのではなく、例えば第二章から第十一章までを一つの章にまとめる一方で、第十三章や第十八章をそれぞれ二つの章に分けるなど、その分章は複雑である。また経文の字句を移動させたり、訂正したり、削除したりと、たとえ経典といえども改めるべきものは改めようとする履軒の合理的批判精神が窺われる。

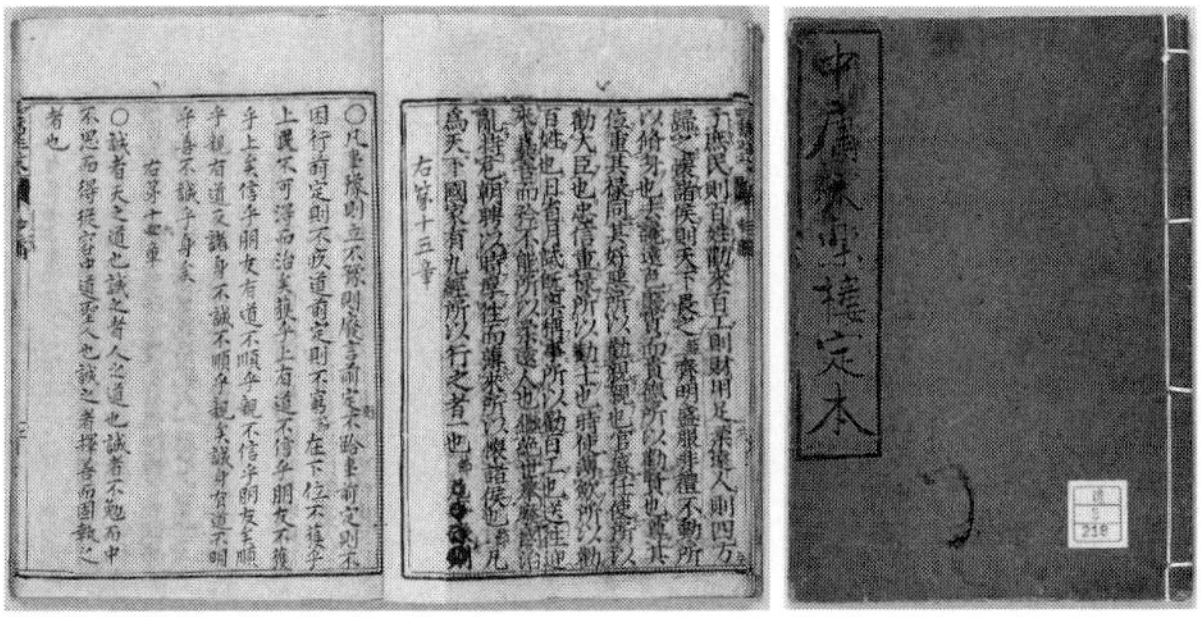

中庸天楽楼定本

懐徳堂文庫所蔵の『中庸天楽楼定本』は、天明年間（一七八一～一七八八）に含英堂から刊行された官本『四書正文』を切り貼りして作られている。この切り貼りの作業はたいへん見事で、一部、補写している箇所もあるが、極力、刊本を利用しようとしており、匡郭の微妙なズレはあるものの、一見しただけでは、まるで『中庸天楽楼定本』という一冊の刊本のように見える。

なお、本書は、平成六年（一九九四）に懐徳堂文庫復刻叢書七として、『中庸雕題』『中庸雕題略』などと併せて復刻刊行されている。また『中庸雕題略』の巻末には、『中庸天楽楼定本』の前段階として作成された『中庸水哉館定本』が付されている。

孝経大義（こうきょうたいぎ）

関係人物名　中井履軒
数量（冊数）　一冊
外形寸法（㎝）　縦二五・〇×横一八・〇
懐徳堂文庫図書目録該当頁　漢籍二四上（経部、孝経類）

和刻本『孝経大義』に対して中井履軒が書き入れを行い、ほぼ全面的に訓点を改めたもの。水哉館遺書の一つ。

『孝経大義』は、宋の朱熹が削定した『孝経刊誤《かんご》』に元の董鼎《とうてい》が注を施したもので、日本において広く読まれた『孝経』注釈書である。履軒が用いた『孝経大義』テキストは、明刊本（成化二二年〔一四八六〕刊本）を覆刻した和刻本（正保四年〔一六四七〕刊本）であり、全体に訓点が施されていた。しかし履軒は、その訓点の大部分を抹消し、新たに自己の見識による訓点を施したのである。また本テキストには、履軒のものと思われる書き入れが散見する。しかし、単なる誤字の訂正や「註大謬」などとのみ指摘するものが大部分を占めており、本書の内容に全く無関係な書き込みすら見られる。要するに、これらの書き入れからは、『孝経』や『孝経大義』に対する履軒の思想的立場は窺えない。本テキストにおいて示された履軒の訓点は、後に『水哉館読法礼記』や『水哉館読法書経』などにおいて示されるものとの一致も多く認められる。中井履軒独自の訓読法を示す資料としての本テキストは、量的には決して多くない『水哉館読法礼記』や『水哉館読法書経』を補うものとして貴重である。なお、本テキストの題簽は、中井柚園の筆に係るものである。

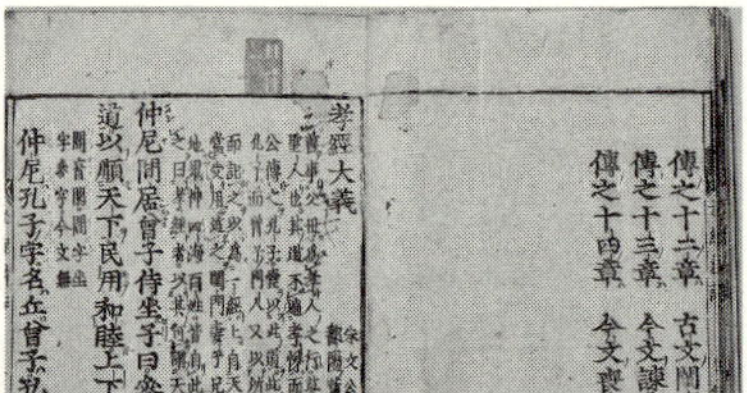
孝経大義冒頭部

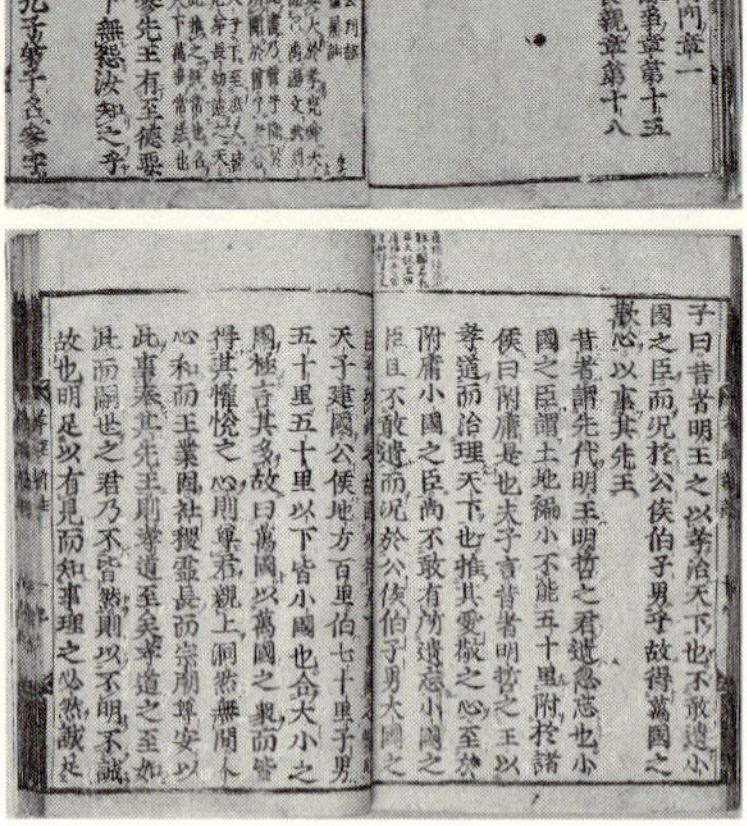
書き入れ例

七経雕題（しちけいちょうだい）

関係人物名　中井履軒
数量（冊数）　五六冊（欠二十冊）
外形寸法（㎝）　易　縦二七・〇×横一八・八
書二七・四×一九・二　詩二七・五×一九・四

春秋二六・〇×一八・〇
論語・孟子・大学・中庸二三・六×一三・六
懐徳堂文庫図書目録該当頁　漢籍二七下（経部、諸経総義類）

中井履軒の経書研究に関する最初の成果を示す注釈書。その内訳は、『周易雕題』『尚書雕題』『詩雕題』『左氏雕題』『礼記雕題』『学庸雕題』『論語雕題』『孟子雕題』の計八種であるが、現在、『礼記雕題』は散逸している。計八種類であるにもかかわらず、なぜ「八経」ではなく「七経」なのかという点については、『大学』と『中庸』が、もともと『礼記』の中の一篇であったことから、『学庸雕題』を『礼記雕題』に含めて数えていた可能性が考えられる。ただ履軒自身、『七経雕題』の中で、『学庸雕題』『論語雕題』『孟子雕題』を合わせて「四書雕題」と記し、「七経雕題」と記す箇所は見られないことから、あるいは『七経雕題』編纂の時点では「七経」という意識を持っていなかった可能性もある。

「雕題」とは、『礼記』王制篇の「南方を蛮と曰う、題《ひたい》を雕《きざ》み趾を交え、火食せざる者有り」により、本来、額に入墨するという意味であるが、ここでは転じて刊本に記した頭注を言う。履軒は自分が刊本の欄外に注釈したものをすべて「〇〇雕題」と称し、『七経雕題』の他に、例えば『史記雕題』『荘子雕題』『古文真宝雕題』など多数の注釈書を残している。

その際、主として用いられた底本は、当時通行していた朱子の注釈書の刊本である。例えば、『周易』は朱子の『周《しゅう》易《えき》本《ほん》義《ぎ》』を、『尚書』は朱子の門人で娘婿でもある蔡沈《さいちん》の『書集伝』を、『詩経』は朱子の『詩集伝』を、『大学』『中庸』『論語』『孟子』は朱子の『四書集註』を用い、ただ『春秋』については、朱子の『春秋』に関する注釈書がないため杜預《どよ》の『春秋経伝集解』を用いている。このことからも履軒の学問が朱子学をその出発点としていることがわかる。

七経雕題

履軒の注釈態度は、欄外に注釈を記すだけでなく、刊本の誤字脱字はもちろん、場合によっては、経文の字句までも改める、という徹底したものであった。また和刻本については、その句点、返り点、送りがなに至るまで、納得できないものはすべて胡粉《ごふん》（白色の顔料）で丁寧に塗抹し、その上に訂正を記しており、これによって履軒の訓読法を知ることができる。

なお、履軒の経学研究は、その後、『七経逢原』を経て、『七経雕題略』として集大成された。

七経雕題略（しちけいちょうだいりゃく）

関係人物名　中井履軒
数量（冊数）　二十冊
外形寸法（㎝）　縦二三・〇～二四・〇×横一六・〇～一六・五
懐徳堂文庫図書目録該当頁
漢籍二七下二八上（経部、諸経総義類）

中井履軒の『七経雕題』の概略を記した注釈書。初め履軒は、「雕題」と称して、刊本の欄外に注釈を記していたが、紙幅に限りがあり、新旧の大量の注釈が入り乱れて、自分以外の者には読めなくなってしまったので、その概略を別冊に記すことにした。しかし概略とは言え、本書は、『易雕題略』冒頭の「七経雕題略辨言三則」に、「我を知り、我を罪するは、これこの編（『七経雕題略』）に在るか」と言うほどの自信作であった。

その内訳は、『易』（七経雕題略之一）、『尚書』（七経雕題略之二）、『詩』（七経雕題略之三）、『左氏春秋』（七経雕題略之四）、『礼記』（七経雕題略之五）、『中庸』（七経雕題略之六）、『論語』（七経雕題略之七）、『孟子』（七経雕題略之八）の計八種である。また『七経雕題』中には、明確に「七経」と記される箇所はなかったが、本書では、すべての内題に「七経雕題略」と明記されている。八種類の注釈書をなぜ「七経」と数えたのかという疑問は残るが、少なくとも履軒自身が「七経」の意識をもって『七経雕題略』を編纂したことは間違いない。『七経雕題』との最大の違いは、『学庸雕題』が『中庸雕題略』となり、『大学』が「七経」から完全にはずされてしまった点である。実は「七経」中、履軒が最も重視していたのは、『論語』『孟子』『中庸』の三書であった。履軒の『孟子逢原』公孫丑篇上に、「夫子晩年『六経』を緒正《しょせい》す。固《もと》より垂教《すいきょう》の意無きにあらず。然れども秦漢以降、『礼』『楽』已に泯滅《びんめつ》し、『詩』『書』欠乏紛乱し、以て夫子の功を見る無し。『易経』は存すと雖も亦た功無く、『春秋』も亦た孔子の筆にあらず。故に孔子の道を伝うるものは、唯だ『論語』『孟子』『中庸』の三種のみ」と述べているが、『大学』は名前さえもあがっていない。この点については、伊藤仁斎も「大学非孔氏遺書辨」を著し、「四書」を「三書」に改めるべきであると主張している。

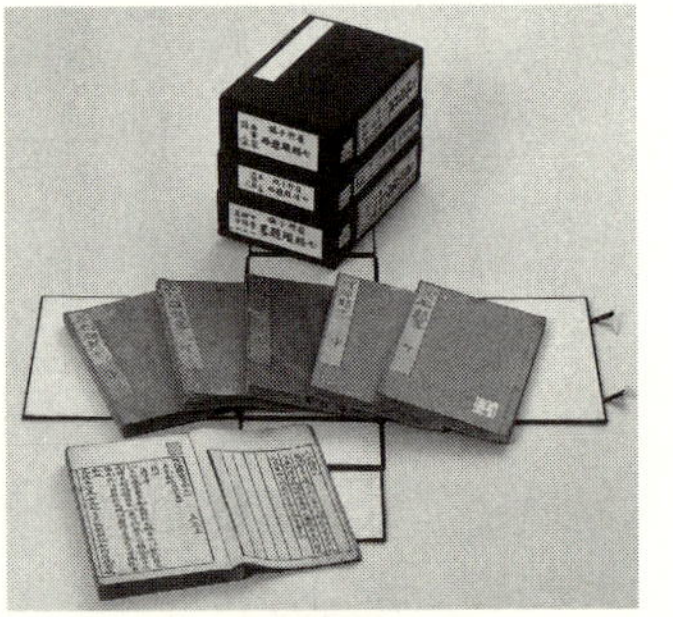
七経雕題略

なお、履軒の経学研究は、本書を経て、後に『七経逢原』として集大成された。

七経逢原（しちけいほうげん）

関係人物名　中井履軒

数量（冊数）　三三冊
外形寸法（㎝）　縦二四・〇～二四・二×横一六・〇～一六・二
懐徳堂文庫図書目録該当頁　漢籍二八上（経部、諸経総義類）

中井履軒の経書研究の集大成と言える注釈書。履軒の経学研究は、初め、『七経雕題』としてまとめられたが、履軒はその後も増補改訂を重ね、約三十年間にわたる蓄積を『七経雕題略』にまとめ直した。しかし、「略」であることに満足できず、最後の完成体として『七経逢原』を編纂したのである。ここに履軒は初めて「水哉館学」と署名し、本書において独自の学を築いたことを表明している。本書は、履軒の存命中、その高弟である三村崑山、早野橘隧、竹島簣山らにのみ借覧することを許したという。また、この三人は、書風も履軒に類似していたため、すべて『逢原』の原本に擬して手写したという。

「逢原」とは、『孟子』離婁篇下の「其の原《みなもと》に逢《あ》う」にちなむ。その内訳は、『周易逢原』『夏書逢原』『古詩逢原』『古詩得所編』『古詩古色』『左伝逢原』『論語逢原』『孟子逢原』『中庸逢原』『大学雑議』の計十種である。ただし『大学』は、「大学逢原」ではなく「大学雑議」として格下の扱いを受けており、また『古詩逢原』『古詩得所編』『古詩古色』は、いずれも『詩』に関するものとしてひとまとめにできる。「七経」という名称とその内訳との関係は、「雕題」「雕題略」ではなお不明瞭であったが、この「逢原」では、ようやく名実（『易』『書』

七経逢原

『詩』『春秋』『論語』『孟子』『中庸』）が合致したと言える。本書は、履軒の経学研究の到達点を示す資料として極めて貴重であるが、また、「雕題」「雕題略」と本書とを対比することにより、その研究の展開を具体的に見ることができる。

なお、『古詩逢原』の序文によれば、履軒がまだ三十代後半の頃、『逢原』という著述があったが、くり返し修正を加えるうちに大変読みづらくなったので、注釈を刊本の欄外に記すことにし、これを『雕題』と名づけたと言う。ここで言う『逢原』とは、「原『逢原』」とも言うべき著作であり、いわゆる『七経逢原』とは別ものと考えられる。

典謨接（てんぼせつ）

関係人物名　中井履軒
数量（冊数）　一冊
外形寸法（㎝）　縦二四・〇×横一六・一
懐徳堂文庫図書目録該当頁　漢籍二七下（経部、諸経総義類。なお、『懐徳堂文庫図書目録』では「七経雕題略　日本中井積徳撰　手稿本　水哉館遺書」中に「尚書二

巻坿典謨接一巻」とあるが、実際には「典謨接」は「易三巻」と同じ帙に収められている)。その他、国書一二下・一三上にも記載されている。

中井履軒が『尚書』堯典・皐陶謨に対してその本文に言葉を補って解釈を施した書。本書末尾に、紀年「癸巳仲冬」(安永二年(一七七三))及び「中井積徳、大坂、浪華旧都、西成郡、摂津国」を示すと考えられる謎詩の記載がある。「典謨」とは一般的に『尚書』堯典・舜典・大禹謨・皐陶謨・益稷の二典三謨を指す。ただし、履軒は堯典と篇首二十八字を削除した舜典とを併せて堯典とし、梅賾《ばいさく》の偽作だとして大禹謨を削除したうえで皐陶謨・益稷を併せて皐陶謨としている。この他、後儒によって付加されたと履軒が考えたために為された文字の削除や衍文・錯簡の指摘も多く、履軒によって本書における『尚書』本文には、かなりの変更が加えられていることが分かる。また、履軒は欄上や文中に所々自注を記し、本文全体には自ら返り点を付している。

『典謨接』の体裁は、『尚書』本文を朱字で記し、その前後に黒字を用いて履軒が解釈を補う形式で記述されている。例えば、堯典冒頭部分を履軒は以下のように記す(〔 〕内は履軒が補った部分)。「〔夏史紀是篇者云、〕曰若〔追〕稽〔考〕古〔昔〕帝堯〔之徳業如是、〕……(夏史の是の篇を紀す者云く、曰若《ああ》 追いて古昔の帝堯の徳業を稽考すること是くのごとし、〕……)」

本文とは別に注釈を施す手法ではなく、このように本文に漢文を補うことによって解釈する方法は従来あまり見られず、本書の特徴と言えるだろう。なお、懐徳堂文庫には、末尾に謎詩が附されていない『典謨接』の写本や、履軒による本文の入れ替えが少なく、より通行本『尚書』に近い構成の『典謨接』の写本等、複数のテキストが収蔵されている。また、履軒の『尚書』関連の注釈書としては、本書の他に『尚書雕題』『尚書雕題畧』『夏書逢原』等がある。

史記雕題　附　史記削柿(しきちょうだい　ふ　しきさくはい)

関係人物名　中井履軒
数量(冊数)　二九冊
外形寸法(㎝)　縦二七・五×横一九・〇
懐徳堂文庫図書目録該当頁　漢籍四七下(史部、正史類)

中井履軒による『史記』の注釈書。『史記雕題』の名は、履軒自身の命名ではなく、『七経雕題』にちなんで、後人がつけたもの。江戸時代に最も流布した八尾版『史記《しき》評林《ひょうりん》』の欄外に、履軒が注釈を書き入れ、また、訓点の書き改めや、文字の誤脱等の訂正を行ったものである。『史記』百三十巻は前漢の司馬遷《しばせん》が著した歴史書であるが、後漢時代には、既に十巻が散逸していたことが分かっている。ただし、その十巻が具体的にどの部分なのかは伝えられておらず、しかも、現行の『史記』は、後世の書き加え等を経て、百三十巻が揃っていたため、どの巻が偽作なのかという文献学的問題が議論されてきた。履軒も当然、この問題に関心を持っていた。八尾版は本来、五十冊本であったが、履軒はその綴じ糸を外し、自身が偽作と考える部分を抜き出し、『史記評林』の序跋類等と併せて二冊にまとめ、題簽の「評林」の二字を削って、自ら「史記削柹」と書いている。そして、『史記削柹』以外の部分を二十七冊に綴じ直している。ただし、「日者列伝」《にっしゃれつでん》（従来、後世の偽作と考えられてきた巻の一つ）については、「其の文辞惜しむべき」、つまり、文章が優れているという理由を明記して、『削柹』には入れていない。

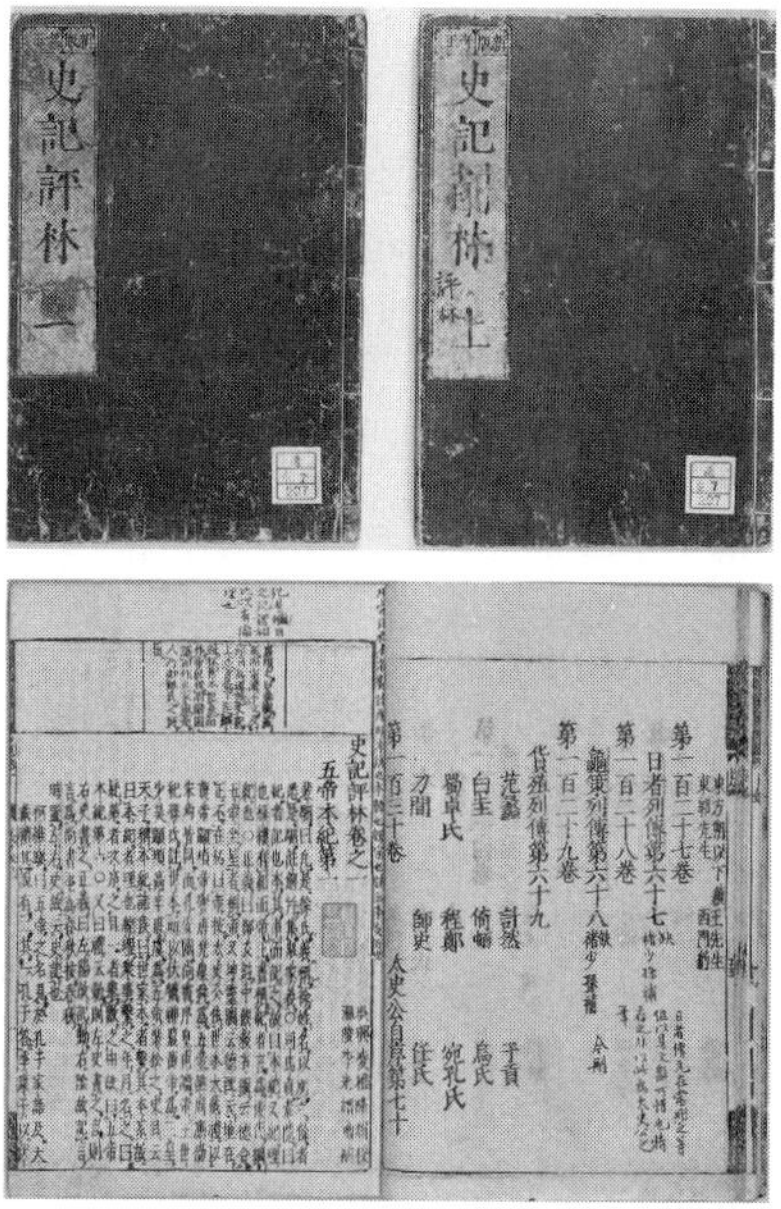

史記雕題　附　史記削柹

　履軒は『史記』を、『論語』『孟子』『荘子』に次いで、文章の規範になるものと評価していた（西村天囚『懐徳堂考』）。「日者列伝」の扱いから察すると、『削柹』を取り分けたことには、文献学的な目的の他に、『史記』の精華を選別するという意図もあったのであろう。「削柹」という言葉には、「余計なものを削り落とす、木札を削る」の意味がある。命名は、司馬遷の手によらない部分を削り落とすという意図、あるいは、題簽の文字を削ったことに因ったものと推測される。

　本書は、『史記』の注釈として、「和漢史記参考書の双璧」（池田四郎次郎『史記研究書目解題稿本』）と高く評価され、『史記』研究必備の注釈書となっている。

後漢書雕題（ごかんじょちょうだい）

関係人物名　中井履軒
数量（冊数）　六十冊
外形寸法（㎝）　縦二七・二×横一九・四
懐徳堂文庫図書目録該当頁　漢籍四八上（史部、正史類）

　江戸時代に出版された和刻本『後漢書』の欄外に、中井履軒が注を書き入れたもの。『後漢書雕題』という書名はどこにも書かれていないが、履軒の注釈は『七経雕題』にならって、「○○雕題」と呼ばれていることから、

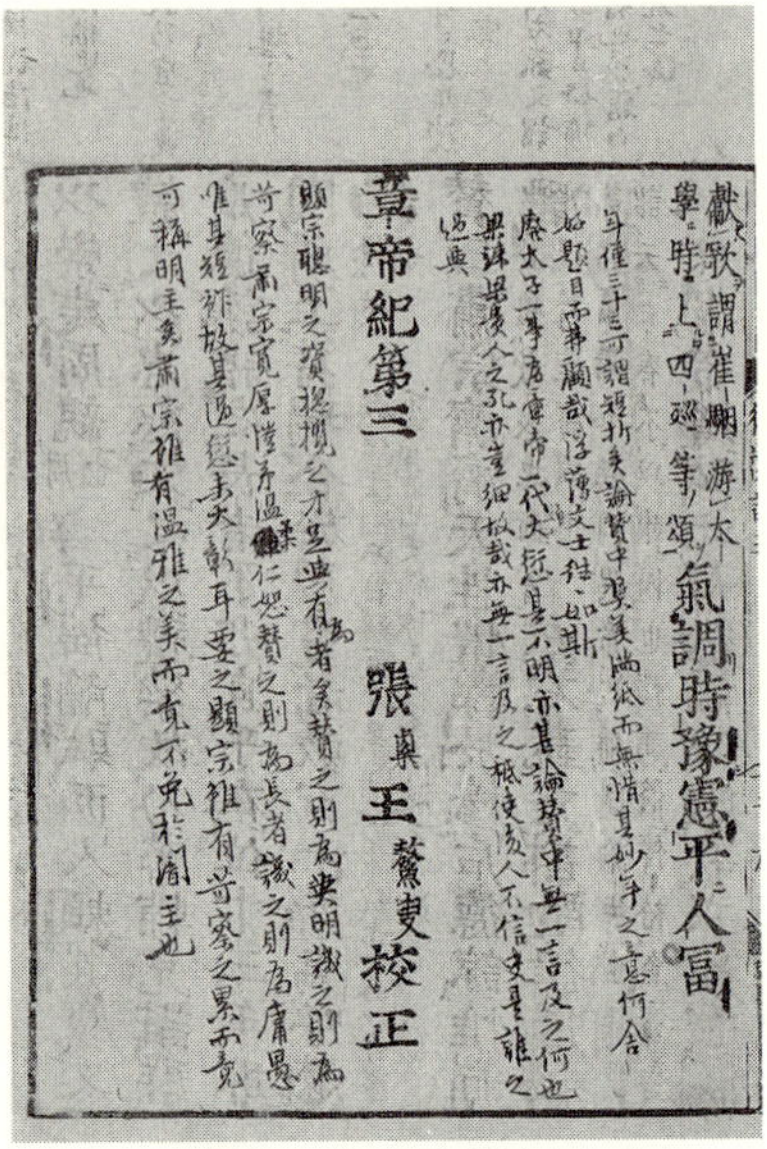

後漢書雕題　章帝紀末尾書き入れ

本書の呼称もその例に従った。この本の各冊には「有不《ゆうふ》爲齋《いさい》」の蔵書印があり、懐徳堂が重建される以前には、伊藤介夫《いとうすけお》（号は有不為斎）が所蔵しており、後に同遺族から寄贈されたことが分かる。

『後漢書』は、南北朝時代・宋の范曄《はんよう》が後漢時代について著した紀伝体の歴史書である。『後漢書』の注釈としては、唐・章懐太子《しょうかいたいし》のものが高い評価を受けており、この本も同注を併載したものである。この本の書き入れで、履軒は章懐太子の注に数多く異を唱え、また、『後漢書』本文の文字の誤りを指摘している。履軒の中国史書に対する注釈には定評があり、『史記雕題』は『史記』注釈の（中国のものも含めて）白眉とされている。従って、『後漢書雕題』の注釈の価値もまた、非常に高いものであることが予想される。現在、『後漢書』の注釈を集成したものとしては、清・王先謙《おうせんけん》『後漢書集解《しっかい》』があるが、今後、『後漢書雕題』が検討されることによって、従来の『後漢書』解釈が大幅に改められる可能性が極めて高い。

また、これら個々の語句に対する注釈とは別に、履軒は『後漢書』中の人物について批評するなど、歴史評論的立場からの書き入れを数多く行っている。例えば、巻三「章帝紀」末尾の余白に「顕宗は苛察《かさつ》の累《わずらい》有りといえども、竟《つい》には明主と称すべし。粛宗は温雅の美有りといえども、竟には闇主を免れざるなり」と書き入れ、後漢の第二代皇帝・顕宗明帝を名君、第三代・粛宗章帝を暗君と評している。

三国志雕題（さんごくしちょうだい）

関係人物名　中井履軒
数量（冊数）　四十冊
外形寸法（㎝）　縦二七・〇×横一七・三
懐徳堂文庫図書目録該当頁　漢籍四八上（史部、正史類）

中井履軒が、中国の歴史家である陳寿《ちんじゅ》（二三三〜二九七）の著した史書『三国志』に対して施した注釈。村上勘兵衛・秋田屋山本平左衛門が寛文十年（一六七〇）に刊行した和刻本の欄上に、『三国志』本文および裴松之《はいしょうし》（三

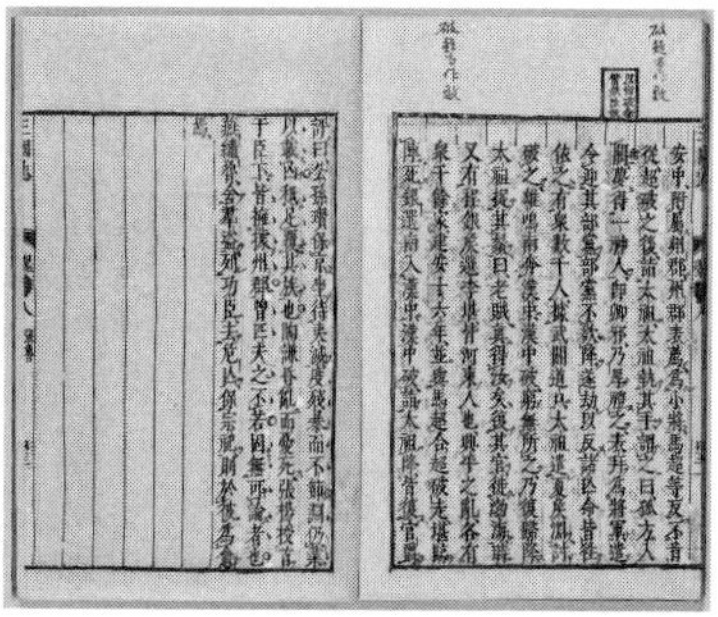
三国志雕題

七二～四五一）注の語法・誤字・脱文・衍字《えんじ》（余分に紛れ込んだ不要な字）などの問題について自己の見解を書き付けた自筆本である。ただし、『史記』『後漢書』など他の史書に対する履軒の注釈が、考証や論評にも及ぶ詳細なものなのに対し、『三国志雕題』（以下『雕題』と略記）は表現や字句の問題に限られ、履軒の歴史観は窺えない。

なお、『雕題』とは別に、その下書きを記した『三国志雕題草本』と題する文献もある。

三国志雕題草本（さんごくしちょうだいそうほん）

関係人物名　中井履軒
数量（冊数）　一冊
外形寸法（㎝）　縦二二・七×横一六・三
懐徳堂文庫図書目録該当頁　漢籍四八上（史部、正史類）

中井履軒が、『三国志雕題』の下書きを記したもの。『雕題』にはない貴重な見解を見ることができる。例えば、陳思王《ちんしおう》（曹操の子の曹植《そうしょく》。陳王に封ぜられ、死後に「思」と諡《おくりな》された）の死去を記す「陳思王植、薨《こう》ず」という記述に対して、『雕題』は「『思』疑うらくは衍文ならん」と記すだけであるが、『草本』は「『思』の字は当に削るべし。此《ここ》に未だ諡を称す可からず」とし、死去の記事に死後に贈られる諡を記すべきではないとの見解を述べている。

また、履軒の歴史観を述べた論評も多い。例えば、朱子学の大義名分論では劉備の蜀は正統の政権とされるが、履軒は、次のように、劉備の言行にしたたかな野心を読み取り、曹操らと同等の一政権と見ている。あるとき、曹操の庇護を受けていた劉備は、曹操に軟禁されていた皇帝から「曹操を誅殺せよ」との密勅を受け、曹操に反旗を翻す。朱子はこの劉備の行動を正当視するが、

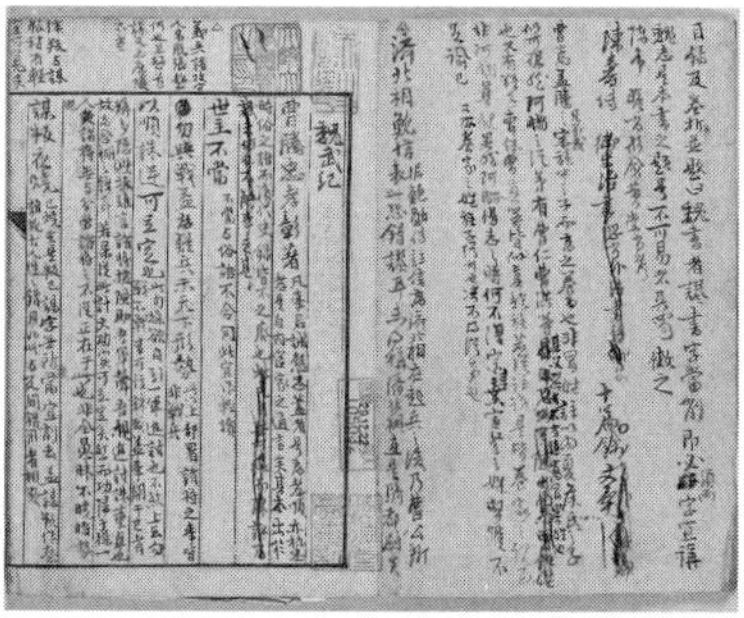
三国志雕題草本

履軒は、「劉備の行動は裏切りだ。忠義の挙兵などではない」「曹操が死んでも、また別の曹操が現れる。劉備がもし曹操暗殺に成功したなら、彼も第二の曹操になったはずだ」と評す。竹山の若い頃の詩に、「陳寿蜀を黜《しりぞ》けて温公（司馬光のこ

と）惑い、吾が紫陽（朱子のこと）を待ちて筆始めて直し」という句が見え、魏を正統政権とした陳寿・司馬光を批判して朱子を信奉する見方が窺える。履軒も若い頃は竹山同様の史観に立っていたようだが、その後、大義名分の観念論を離れ、時代の客観的状況や人情に基づく『三国志』観に到達したのである。

戦国策雕題（せんごくさくちょうだい）

関係人物名　中井履軒、早野橘隧
数量（冊数）　五冊
外形寸法（㎝）　縦二七・七×横一八・九
懐徳堂文庫図書目録該当頁　漢籍五〇下（史部、古史類）

中井履軒による『戦国策』の注釈書。寛保元年（一七四一）、京都で出版された『戦国策譚棷《たんしゅう》』の欄外に注釈を書き入れたものである。この本の来歴については、一冊目冒頭にある、伊藤介夫《いとうすけお》の識語に詳しい。それによれば、本書の書き入れは、履軒の『戦国策雕題』を早野橘隧《はやのきっすい》が手写し、三村崑山《みむらこんざん》が校讎《こうしゅう》（一人が読んで、もう一人が文字に誤りがないか確認すること）したものであるという。早野橘隧・三村崑山は、いずれも履軒の高弟であったことから、この書き入れは、履軒の自筆原本によったものと思われる。

伊藤介夫は、その父が早野橘隧《はやのきっすい》の門に学び、また、三村崑山の子・政五郎と交遊があったことから、懐徳堂に強い関心を持ち続けていたらしい。彼は散逸してしまった懐徳堂関係の書籍の収集保存に努め、本書も「松雲堂」という古本屋に売られていたものを発見して、購入したとある。またこの他にも、懐徳堂関係の書籍を多数蔵有しており、後に重建懐徳堂に寄贈されたものも少なくない。

本書は、その写本が少ないこともあって、これまであまり注目されてこなかったが、例えば、安井小太郎《やすいこたろう》によって冨山房《ふざんぼう》漢文大系『戦国策正解』に摘録され、「往往精当不易《せいとうふえき》ノ説アリ」（永久に朽ちることのない詳細で正当な説が見える）と高く評価されるなど、今後の『戦国策』研究に資する可能性を秘めている。

なお、『戦国策雕題』の原本の所在は未詳であるが、

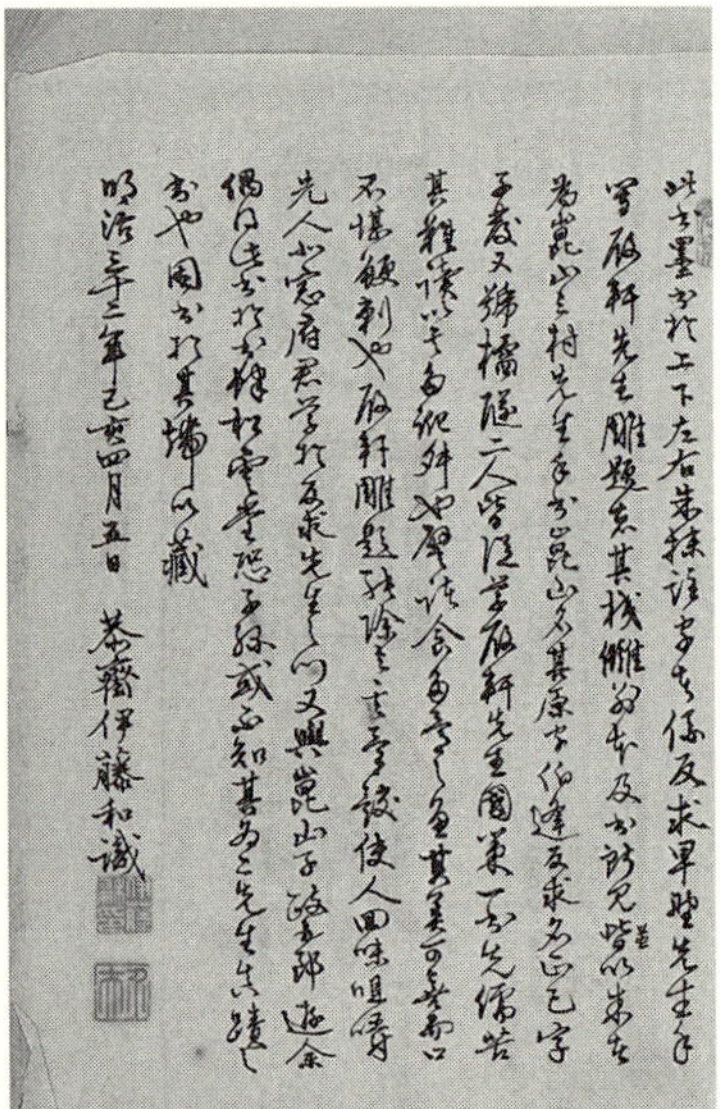
戦国策雕題　伊藤介夫識語

写本としては、この他に国立国会図書館・無窮会《むきゅうかい》図書館・大阪天満宮御文庫等にある。その中でも特に注目に値するのは、大阪天満宮御文庫のものである。同書は大阪の儒者・近藤南州《こんどうなんしゅう》の筆写によるもので、その識語には、南州は明治二十九年（一八九六）、履軒自筆原本の所蔵者（南州は「某氏」とのみ記す）から借りて筆写したとあり、当時自筆本が存在していたことを示している。

述龍篇（じゅつりゅうへん）

関係人物名　中井履軒
数量（冊数）　一冊
外形寸法（㎝）　縦二三・三×横一六・一
懐徳堂図書目録当該頁　国書四三上

中井履軒が、諸葛亮《しょかつりょう》の「八陣《はちじん》」について、図入りで解説した書。諸葛亮は、三国時代、蜀に仕えた名宰相であり、『述龍篇』の「龍」は、諸葛亮の異名「臥龍《がりゅう》」のことである。古来より「八陣」は、諸葛亮が得意とした陣法だと伝えられてきたが、具体的な資料が残されていないため、後世、中国や日本において、様々な「八陣」解説が生まれた。

履軒によれば、当時、諸葛亮の「八陣」は、大きな八陣（八つの部隊）のそれぞれに小さな陣を八つを設け、合計六十四の陣が存在するものだと認識されていた。一方履軒は、これを「殊《こと》に臥龍の八陣を知らず」と断じ、諸葛亮の八陣が実は「九陣」―つまり大きな九陣のそれぞれに小さな陣を九つ設け、合計八十一の陣が存在すると述べる。

また本書では、軍の編成人数について詳細に解説するが、その構成にも特徴が見られる。『孫子《そんし》』や『周礼《しゅらい》』にあるように、中国兵法における基本的な部隊の最少人数は五人であり、五人一隊を基に「卒《そつ》」「旅《りょ》」「軍《ぐん》」の人数が規定される。しかし、履軒はこのような制度を「古人の糟粕《そうはく》（昔の人の残りかす）」と評し、真の諸葛亮の八陣は「五」ではなく「九」であり、九人一隊を基に、「卒」「旅」「軍」の人数構成が規定される、と推測する。

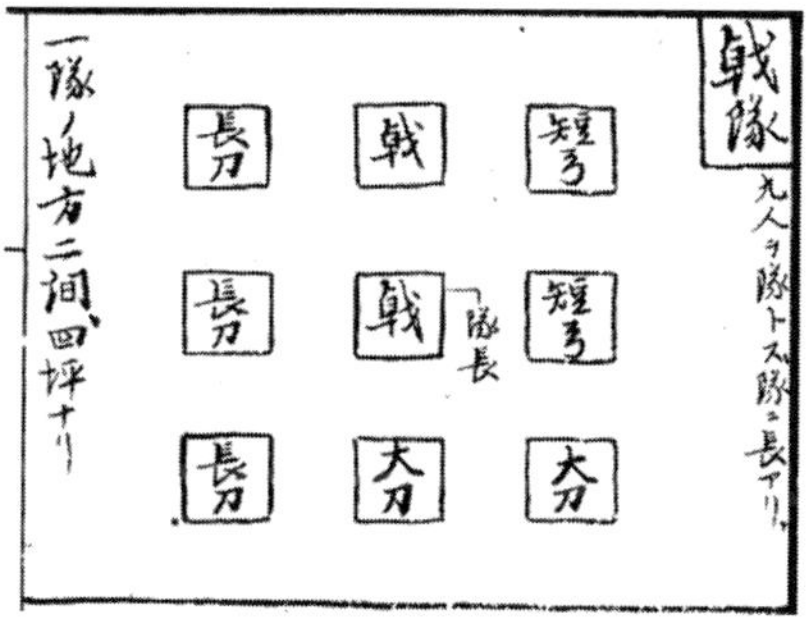

『述龍篇』戟隊（九人で構成される）

その他、本書では、右のような基本認識に基づき、「陣形」について彩色した図を付けて解説する。「方陣」「円陣」といった基本的な陣形から、「玉連環《ぎょくれんかん》勢《せい》」「左顧亀勢《さこきせい》」といった聞き慣れない陣形まで、多種多様な陣形が紹介される。

履軒は、生涯を通し

て膨大な研究業績を挙げているが、『述龍篇』や『刀甲《とうこう》辯《べん》』といった著述が存在することから、経学や諸子学、医学、天文学だけでなく、兵学にも関心のあったことが窺える。

河図累棊（かとるいき）

関係人物名　中井履軒
数量（冊数）　一冊
外形寸法（㎝）　縦三〇・一×横一八・二
懐徳堂文庫図書目録該当頁　漢籍五八下（史部、地理類）

中井履軒手製の中国歴史地図集。「河図」とは、太古、伏羲《ふっき》氏の時、黄河から現れた龍馬が背に載せていたという図のことで、聖王出現の瑞祥《ずいしょう》。「累棊」は碁石を積み重ねることで、非常に危うく崩れやすいことの譬え。『戦国策』に「物至れば而《すなわ》ち反《かえ》る。冬夏是なり。致至れば而ち危うし。累棊是なり」とある。つまり、名君が現れて中国を統治しても、やがて元の乱世に戻り、また名君が現れて善政を回復するという中国の歴史を暗示した命名である。

地図は、同じ履軒の『治水潤論《ちすいかつろん》』と同じく、永日堂版「大明一統二京十三省図」という一色刷の地図を使用し、履軒が書き入れを施している。全体は、「禹貢九州図」、「禹貢五服図」（いずれも伝説時代、舜が統治していた頃の地図）、「周詩列国図」（周代、『詩経』の詩が作られた頃の地図）、「春秋列国図」（春秋時代の地図）、「戦国七雄図」（戦国時代の地図）、「楚漢際図」（始皇帝没後、漢が天下統一する前の地図）、「漢郡国図」（漢の郡国制を図示したもの）、「三国割拠図」（三国時代の地図）、「両晋南北図」（西晋～南北朝時代の地図）、「唐十道藩鎮図」（唐の節度使制度を図示したもの）、「五代図」、「宋」、「大明一統二京十三省図」（明代の地図）、「清」の、計十四の地図からなる。基にした地図が明代のものなので、各地代の地名・川筋と異なっている場合が多い。そこで、必要に応じて塗抹《とまつ》を施し、その上に書き入れをしたり、川筋についても、藍色の墨で

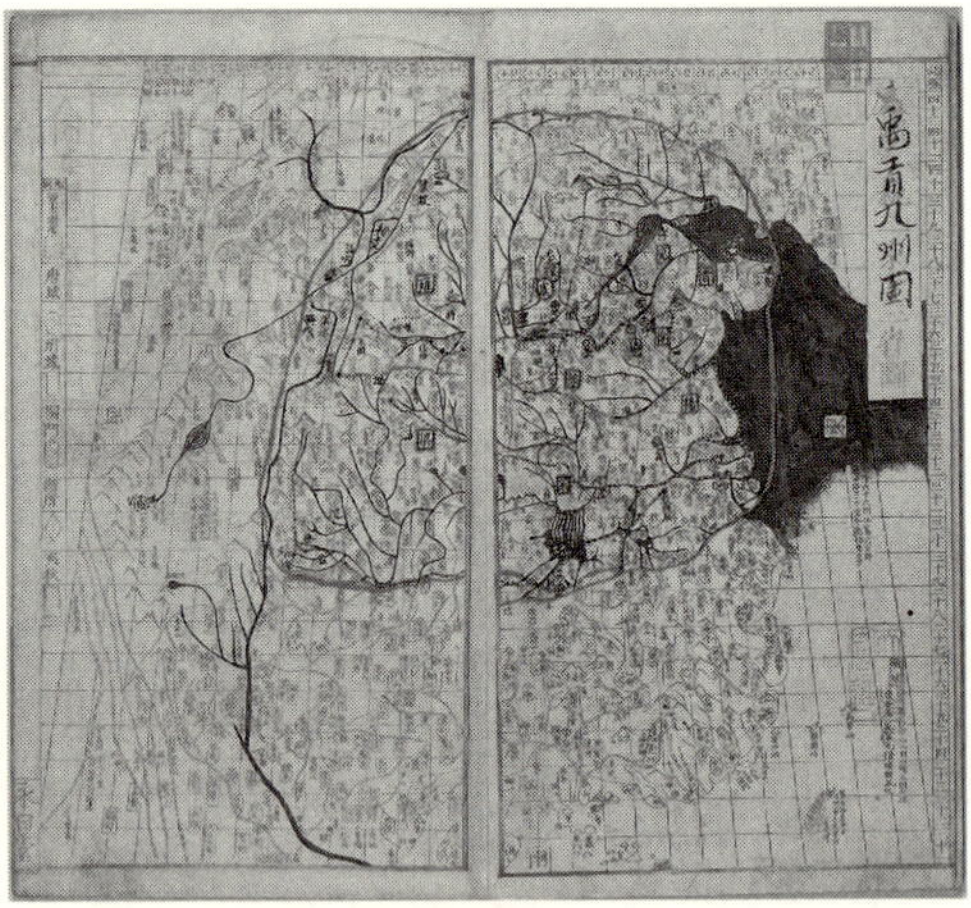

河図累棊

書き改めている。ただし、本資料は地図のみで、『治水潤論』のように解説文に相当するものは記されていない。

治水潤論（ちすいかつろん）

関係人物名　中井履軒
数量（冊数）　一冊
外形寸法（cm）　縦三〇・三×横一八・二
懐徳堂文庫図書目録該当頁　漢籍六三上（史部、政書類）

中井履軒が中国古代の治水について考察し、併せて当時（履軒の時代）の中国において、どのような治水政策を行なえばよいかを論じたもの。履軒の自筆本。潤論は、大まかな議論、または誇大な議論の意などがあるが、履軒は諧謔《かいぎゃく》を込めて命名したのであろう。

本書は四編の論文と、それに対応する四枚の地図とからなる。地図はいずれも永日堂から出された「大明一統二京十三省図」という一色刷の地図に手を加えたものである。「黒弱論」では、禹《う》（古代の聖王舜の賢臣）の治水事業の最大の功績は、黄河の上流に流れ込む、黒水・弱水の二つの川を治めたことにあるとし、「龍門論」で、第二の功績は龍門の開鑿《かいさく》であることを論じている。「堯時の汎濫図」では、禹以前の洪水の様子を、また「禹黒弱を導き龍門を鑿《うが》つの図」では、禹の治水の成果を、それぞれ図示している。「黒弱論余論」では、積石《せきせき》（黄河の上流の地名）で黄河上流の流れをせき止めれば、水は南北に分流して黄河に流入せず、下流の洪水は永久になくなると述べ、それを「塞積石図」で図解している。ただし、この方法はあまりにも大胆で費用もかさむ。そこで「復古論」では、次善策として黄河を万里の長城のルートに導き、華北平原を通らせずに渤海へと注がせる方法を提案し、「古道を復するの図」でそれを図示している。履軒によれば、この次善策でも、二千年間は水害の恐れがないとのことである。

黄河は古来、氾濫を繰り返し、歴代の為政者を悩ませてきた。従来、その対策として、堤防の構築、川底の浚渫《しゅんせつ》、川幅を狭めて水流を速くするなど、様々な策が講じられてきた。しかし、それらの策は専ら黄河の下流域に施された対症療法に過ぎず、履軒のような上・中流

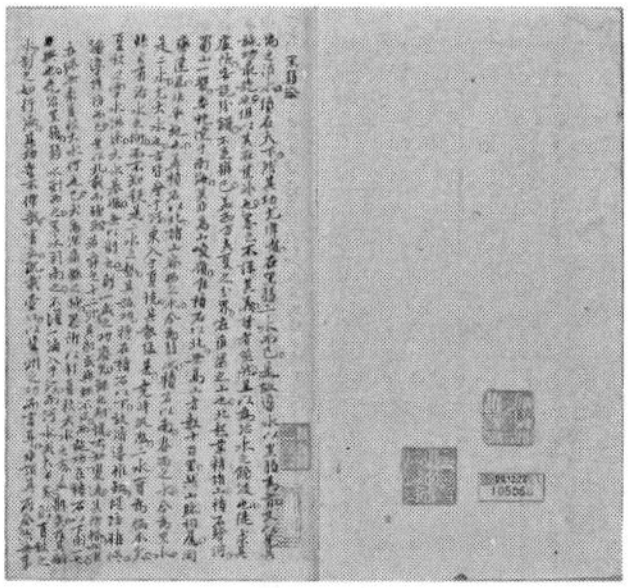

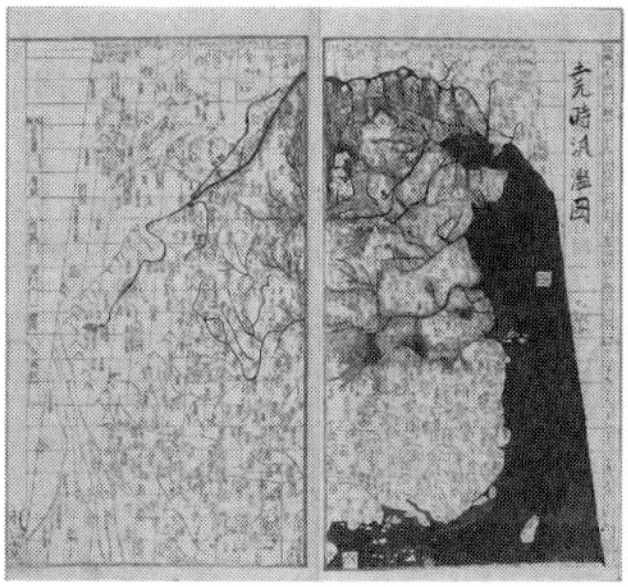

治水潤論

に施す根本的な解決策は、ほとんど考えられてこなかった。ここに示された履軒の治水理論は、その適否についての評価はともかく、極めて奇抜で大胆なものであることは間違いない。この資料からは、履軒の柔軟な思考の一端を窺うことができよう。また、履軒が単に古典の注釈に埋没していただけではなく、その学識を行政に生かそうとしていたことをも知ることができる。

小学雕題（しょうがくちょうだい）

関係人物名　中井履軒
数量（冊数）　二冊
外形寸法（㎝）　縦二六・六×横一九・〇
懐徳堂文庫図書目録該当頁
漢籍七九下（子部、儒家類、家訓勧学郷約之属）

『小学』に対する中井履軒の注解書。寛文四年（一六六四）京都田村五郎右衛門刊の『小学句読《しょうがくくとう》』を使用して、欄外に自分の説を書き入れたものである。表紙には二冊ともに「小学雕題」と書かれた題簽《だいせん》が貼られている。明治十五年（一八八二）、大阪柳原喜兵衛等刊の『小学雕題』として翻刻されている。この翻刻本には河野春颿《かわのしゅんぱん》の批評と市村元貞《いちむらげんてい》の訓点とが付される。

『小学句読』は明の陳選《ちんせん》が著した『小学』の注解書。『小学』は朱子の門人劉子澄《りゅうしちょう》が朱子から指導を受けて編纂した書で、初学者に対する朱子学の入門書と位置づけられている。内篇四巻、外篇二巻から成り、履軒は内外二篇にわたって『雕題』を施している。また、『小学』は経伝からの引用書であり、履軒は経書で篇名の記されていないものなどにそれぞれ篇名を施してその出典を明確にしている。

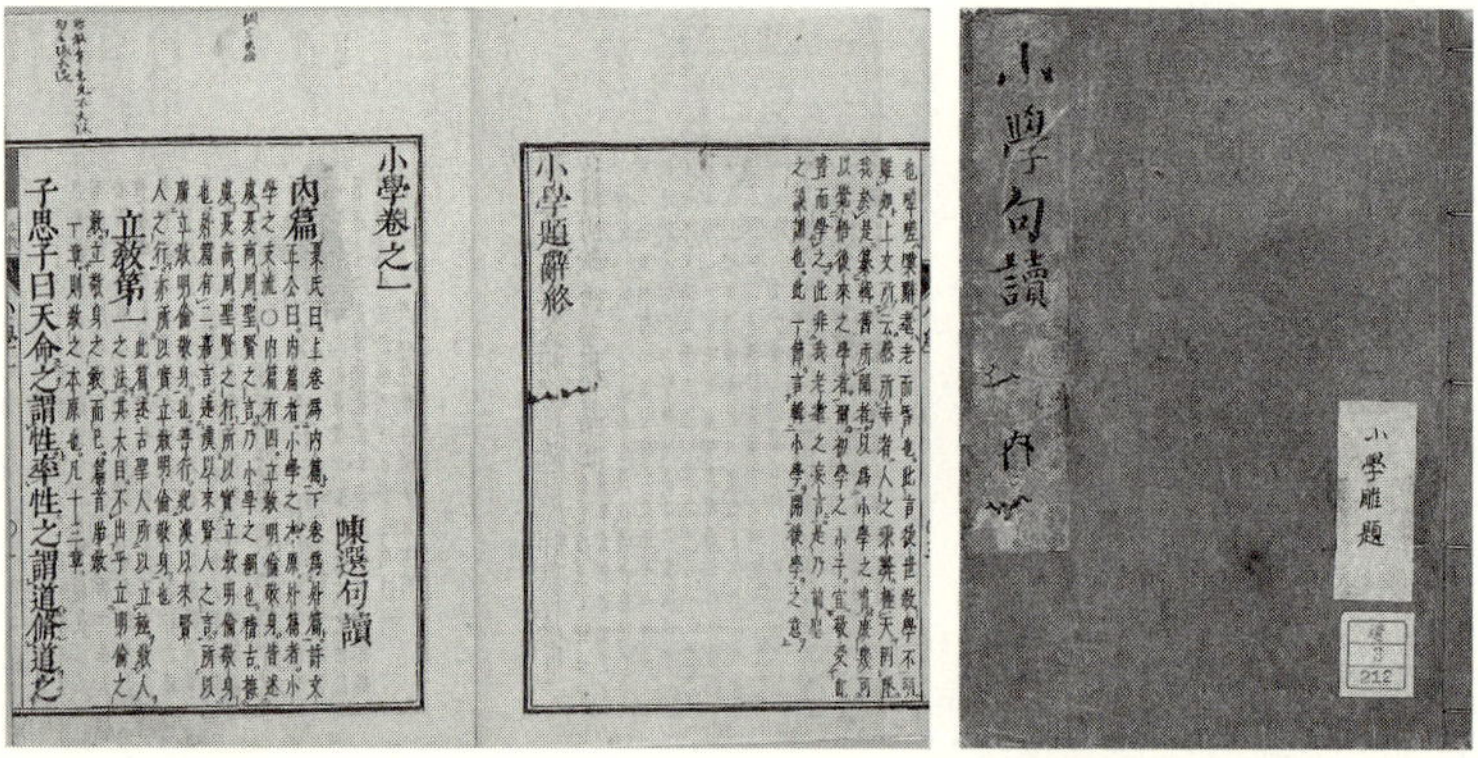

小学雕題

履軒の注解は『漢書』『三国志』の史書や『尚書大伝』『管子』『顔氏家訓』などの資料を縦横に引用しており、その博覧強記ぶりを窺うことができる。また、自説の主張も明確である。例えば、「小学書題」における陳選の注に小学と大学との区別を不明確に解する箇所があるのに対して、履軒は「大学は自ら大学の工夫有り」と述べ、小学と大学との機能は初学者向けとそれ以上のレベルの者向けというようにおのずから区別されるべき点があることを強調している。また、巻二「明倫」において『礼記』祭義篇から引かれた曽子の語に「是れ売薬の能書きなり（薬売りの自己宣伝である）」とかなり手厳しい言葉を投げかけている。このように履軒は注釈だけでなく、その本文自体に対しても自由に批判する精神をもっていたことが窺える。

なお、懐徳堂文庫（北山文庫）には、中井竹山が『小学』に対して注釈を加えた書『国読刪正小学《こくどくさんせいしょうがく》』四冊も収められている。これは嘉永三年（一八五〇）大阪加賀屋善蔵刊『小学句読』の欄外に竹山の説を記したものである。

天経或問雕題（てんけいわくもんちょうだい）

関係人物名　中井履軒
数量（冊数）　三冊
外形寸法（㎝）　縦二七・二×横一八・一
懐徳堂文庫図書目録該当頁　漢籍八二下（子部、天文算法類）

『天経或問』に対する中井履軒の注解書。享保十五年（一七三〇）江戸府書林松葉軒 萬屋清兵衛《よろずやせいべえ》刊の『天経或問』を使用して、欄外に自分の説を書き入れたものである。底本の『天経或問』は清の游芸《ゆうげい》の著書で、中国の伝統的な天文学を踏まえながら、西洋の新しい天文学の知識を紹介する書である。この書の基本的立場は、その序に「天は理と気とのみ」とあるように朱子学的な天文学だったので、江戸期の儒者らにも広く読まれていた。

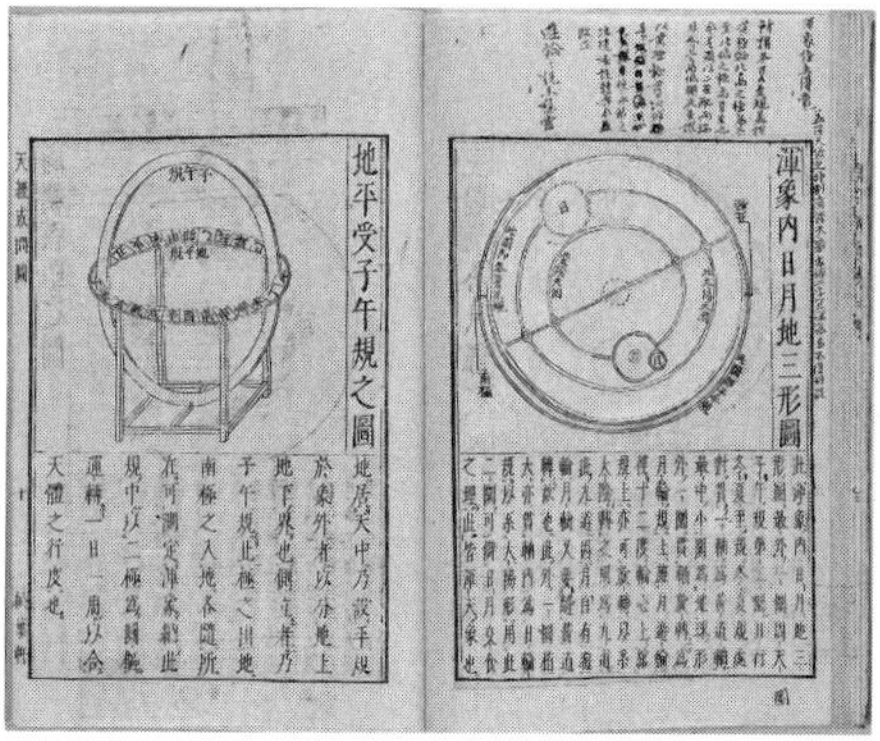

天経或問雕題

履軒は麻田剛立《あさだごうりゅう》との交流から天文学に対しても大いに関心をもち、天体の動きや宇宙の構造等について、剛立のもつ新しい天文学知識への理解を深めていた。例えば、『天経或問』「天体」の項の本文では、黄道と赤道との交点が東から西へ移動する（履軒自身は本文を訂正して、西から東へと移動するとしている）周期を二万五千余年とするという。しかし、履軒は「麻子新測《まししんそく》」の歳差《さいさ》（黄道と赤道との交点が毎年黄道に従って移動する年差）は二万六千年、一周の後、凡そ新測はみな是と云う」と述べる。この「麻子新測」とは剛立独自の実測方法を指しており、履軒の剛立説に対する傾倒ぶりを窺うことができる。また、『天経或問』「七曜離地」において、「若《も》し人　星上従《よ》り地を視れば、決して一塵の如《ごと》きは見ること能《あた》わず」とあるが、この後半部分に履軒は朱で傍点を施している。履軒は自己の存在を地球上だけに限定せず、より大きな立場から見ようとする視点を有していた。このことから履軒の壮大な相対主義的思想を見て取ることができよう。彼のこのような観点は『荘子』の世界観の影響もあったと考えられるが、机上の空論だけではなく、当時としては最新の天文学との交渉によってもたらされた実証的な根拠を持ったものでもあったことがわかる。

なお、『天経或問』への関心は履軒の師五井蘭洲《ごいらんしゅう》の頃からすでに存しており、新知識に対する幅広い関心を懐徳堂学派が持っていたことを表している。

世説新語補雕題（せせつしんごほちょうだい）

関係人物名　中井履軒
数量（冊数）　十冊
外形寸法（㎝）　縦二六・五×横一八・〇
懐徳堂文庫図書目録該当頁　漢籍一〇一上（子部、小説家類）

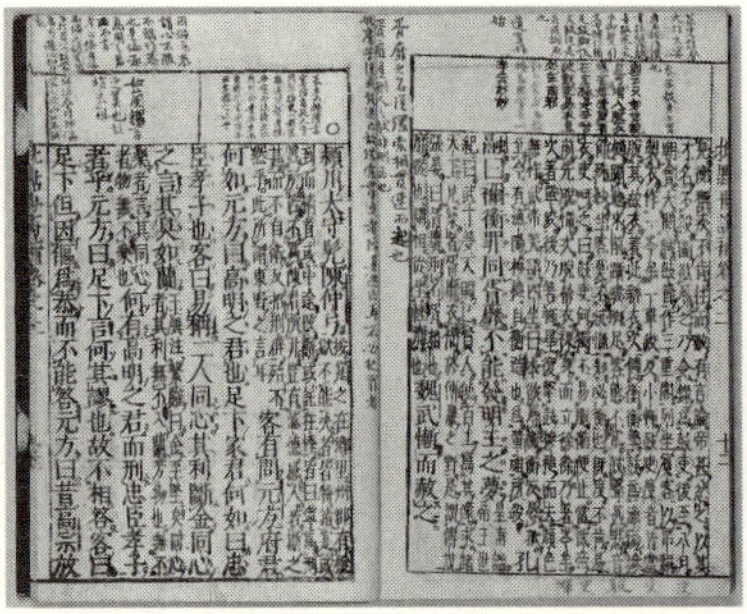

世説新語補雕題

『世説新語補』に対する中井履軒の注解書。元禄七年（一六九四）京都林九兵衛刊の李卓吾《りたくご》の批評や訓点などがついた『世説新語補』を使用して、欄外に自説を書き入れたものである。底本の『世説新語補』は六朝期の劉《りゅう》義慶《ぎけい》編『世説新語』と明の何《か》良俊《りょうしゅん》編『何氏語林《かしごりん》』とから内容を取捨選択したもの。『世説新語』の記事が漢から晋までに止まるので、その一部を削って、六朝から元に至る時期の逸話を含む『何氏語林』の一部を補い、明の王世《おうせい》貞《てい》が一書に編した。従って、『世説新語補』は『世説新語』とはその内容が異なっている。『世説新語補』は江戸時代初期に日本へ輸入された。江戸期に広く流行したのはこの『世説新語補』であって『世説新語』ではなかった。

履軒は『世説新語補』に対して「世説　元もと他書を抄す、而して節ほぼ宜《よろ》しきを失う」（巻十七）という。すなわち、『世説』中の逸話は他の書物から抄録されたものなので、本来の意味から外れたものも含まれるという。このように履軒は『世説』に対してやや批判的であったが、その「雕題」は全編にわたって詳細に施されている。履軒の注解は『三国志』『晋書』などの史書や『列子』『論衡』『文選』『太平御覧』などの資料を縦横に引用しており、その博覧ぶりが窺える。

その中でも仏教に対する記述が注目される。魏晋六朝期など仏教が盛んであった時期の記事を含む『世説新語補』には仏教徒に関する記述も多い。履軒は基本的に仏教に対しては批判的で、例えば、「凡そ浮図《ふと》氏（仏教の僧侶）礼義を拝せず名分を知らず」（巻三）と述べ、仏教徒が儒教風の礼をわきまえていないという。ただ、仏教関連の記述に対して、履軒は『大明三蔵法数』（巻五）『法華経』（巻十八）などの仏典を引いて解釈したり、「苦集滅道　之を四諦《したい》（四つの真理）と謂う」（巻五）などと仏教の教義を解説している。履軒もある程度仏教の知識を持ち、その注釈に生かしていたことが窺える。

荘子雕題（そうじちょうだい）

関係人物名　中井履軒
数量（冊数）　十冊
外形寸法（㎝）　縦二七・五×横一九・五
懐徳堂文庫図書目録該当頁　漢籍一〇五下（子部、道家類）

『荘子』に対する中井履軒の注解書。寛文五年（一六六五）風月庄左衛門《ふうげつしょうざえもん》刊の『荘子鬳斎口義《そうじけんさいくぎ》』を使用して、欄外に自分の説を書き入れたものである。『荘子』逍遥遊篇から天下篇に至る全三十三篇にわたって詳細な書き込みがなされている。本書は、一九九八年に懐徳堂記念会から懐徳堂文庫復刻叢書十一として復刻刊行されている。

底本の『荘子鬳斎口義』は宋の林希逸《りんきいつ》による『荘子』の注釈書で、その三教一致（儒教、仏教、道教には共通の教えがあるとする考え）の注釈態度が江戸期に受け入れられて盛行していた。ただ、履軒は林希逸の注釈態度に対しては基本的に批判的立場をとっており、独自の見地から『荘子』を注釈する。すなわち、履軒は荘子や老子の道家思想を正統たる儒教から見れば異端だと捉えており、そのような異端の思想を儒教と合致するように牽強付会の解釈を施すのではなく、字句に即した素直な解釈をすることによって、その内容を理解すべきだと考えた。このような履軒の考えは「荘子を読むときは、只《た》だ荘子を以て之を解すれば可なり」（斉物論篇の『雕題』）という彼の言葉からも窺うことができよう。

履軒は『荘子』を異端と捉えてはいたが、その文章には一定の評価を与えていたようである。あるとき、履軒は弟子から文章の手本とする書物について問われた。履軒はまず『論語』を推し、次に『孟子』をあげ、さらに

荘子雕題

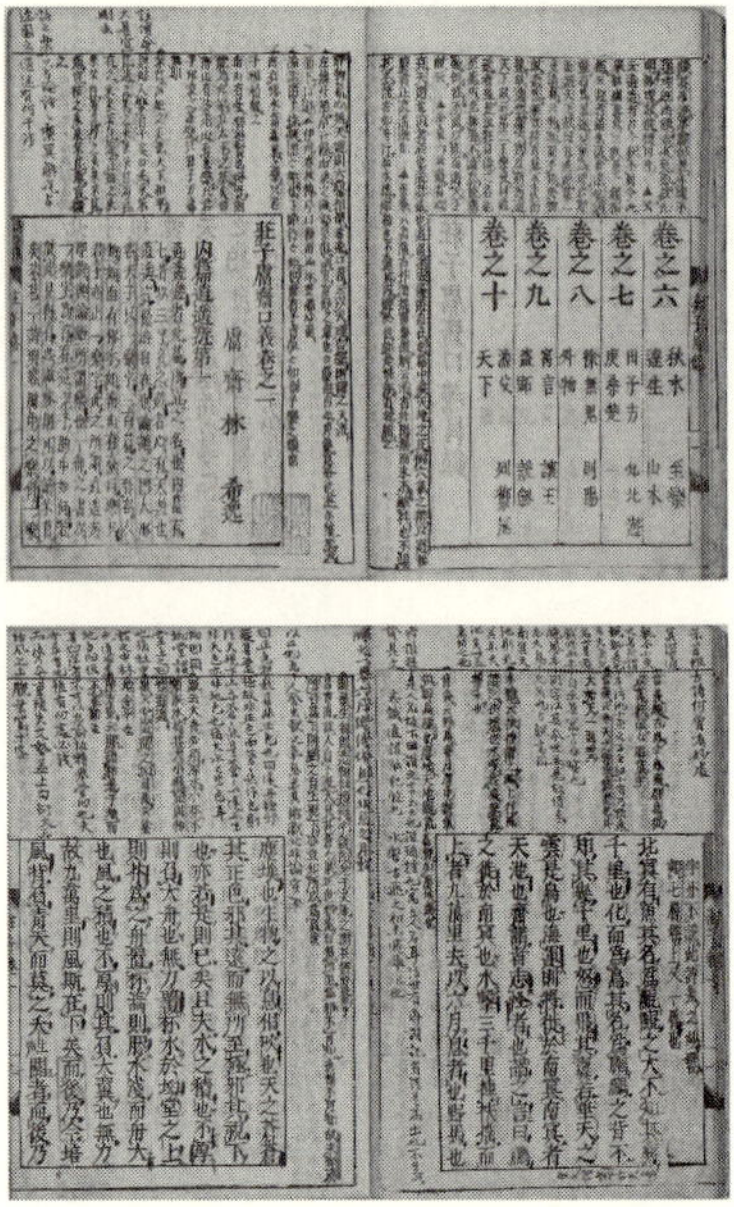

続いて『荘子』の名をあげている。また、彼は自らの住居の一室を「天楽楼」と名づけた。これは『荘子』天道篇中の語句によるものである。これらの事実からも履軒の『荘子』に対する一種の思い入れを窺うことができる。

なお、懐徳堂文庫には、履軒自筆の『荘子雕題』が書き込まれた『荘子鬳斎口義』の他、履軒の高弟三村崑山《みむらこんざん》（一七六一～一八二五）手写による『荘子雕題』が書き込まれた『荘子鬳斎口義』も収められている。

柳文（りゅうぶん）

関係人物名　中井履軒
数量（冊数）　一冊
外形寸法（㎝）　縦二四・二×横一六・四
懐徳堂文庫図書目録該当頁　漢籍一一二下（集部、別集類）

中井履軒が唐の柳《りゅう》宗元《そうげん》（七七三～八一九）の詩文集『柳《りゅう》河《か》東集《とうしゅう》』から愛誦の文二十篇を抄写したもの。『柳河東集』中の「伝」から三篇、「説」から四篇、「戒」から一篇、「雑題」から一篇、「序」から三篇、「記」から八篇の順で抜き出している。『柳河東集』では「説」が巻十六、「伝」が巻十七に収められているので、やや順序が異なる。「玄挙の幽泉寺に帰るを送るの序」までの十二篇に対して、履軒は句点を施している。

実際に履軒がどのような『柳河東集』のテキストを見ていたかは明らかではない。ただ、懐徳堂文庫には鵜飼《うかい》石斎《せきさい》が訓点を施した寛文四年（一六六四）京都中江久四郎刊『柳河東集』が収められており、あるいはこの種のテキストを使用していたのかもしれない。履軒は『柳河東集』からほぼ忠実に文章を抄写している。ただ、若干テキストの文字を改めている箇所がある。例えば、有名な「蛇を捕る者の説」である。その文中に「非死而徙爾」の句があり、一般に「死するに非ざれば徙《うつ》るのみ」（死んだのでなければ転居しただけだ）と訓んでいる。この部分の「而」を履軒は「則」と改める。「則」の方が「而」よりも条件を表すこの部分の意をよく捉えている。また、「今以蒋氏観之尤信」の句があり、「今蒋氏を以て之を観れば、なお信なり」（今蒋さんの話しからすると、やはり本当だ）と訓む。この部分の「尤」を履軒は「猶」と改める。「尤」「猶」ともに発音が同じなので訓みも通用するが、「やはり」の意味とするためには「猶」の方が妥当である。これらの例から、文章の意味を明確にすることを重要視していた履軒の読解態度を窺うことができる。

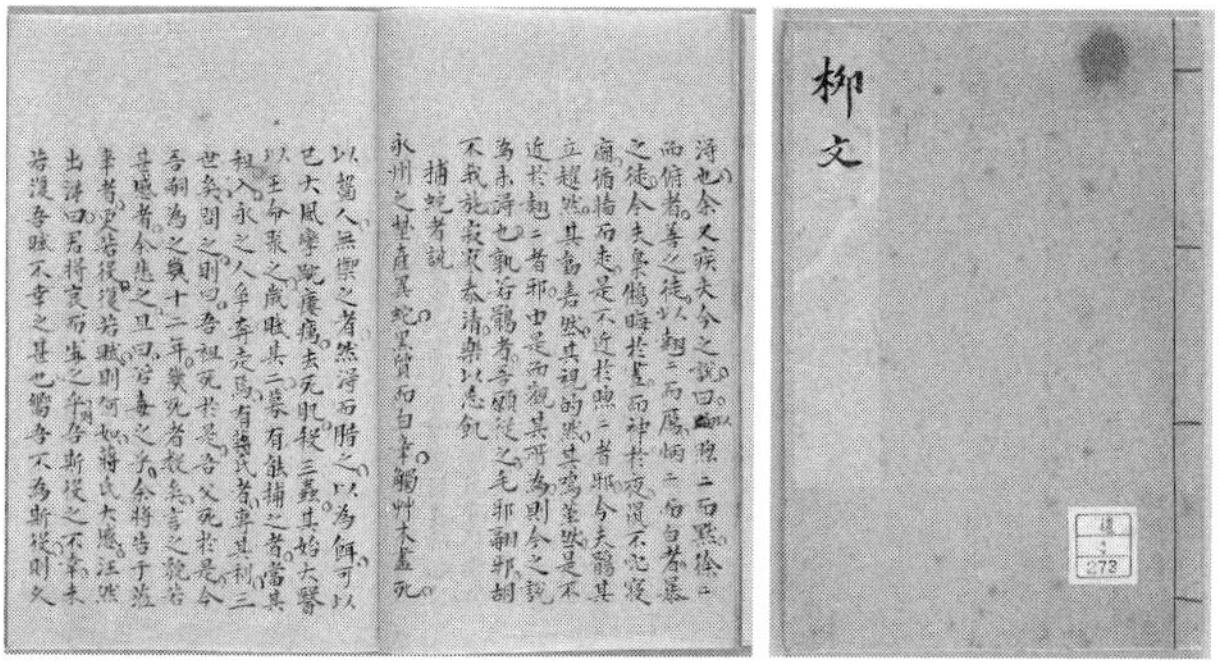

柳文

西村天囚『懐徳堂考』によると、あるとき、弟子から文章について問われた履軒は、『論語』『孟子』『荘子』等をその手本とするべきだと答える一方、世間で大家とされている韓《かん》愈《ゆ》や柳宗元の文章は学ぶに及ばないと述べたという。ただ、このように柳宗元の文章を抜き出した『柳文』があるところから、実際には柳宗元の文も履軒自身はよく読み込んでいたようである。

唐詩選国字解（とうしせんこくじかい）

関係人物名　中井履軒
数量（冊数）　一冊
外形寸法（㎝）　縦二三・六×横一四・八
懐徳堂文庫図書目録該当頁　漢籍一三二下（集部、総集類）

中井履軒が『唐詩選』中の五言絶句七十四首、七言絶句十四首を取り上げて平易に解釈したもの。まず、白文で絶句を記し、その後に漢字片仮名交じり文で解釈を施す。解釈の後に「〇」印を施してさらに解説を付すものもある。五言絶句に四首、七言絶句に三首、解釈文のない絶句がある。最後の「峨眉山月《がびさんげつ》の歌」も絶句のみで解釈文はない。恐らく本書は未完であろう。

『唐詩選』は江戸時代初期に日本に伝来したらしいが、これが注目され始めたのは荻生《おぎゅう》徂徠《そらい》が評価し、徂徠の高弟服部南郭《はっとりなんかく》（一六八三～一七五九）が享保九年（一七二四）に南郭校訂『唐詩選』を出版してからであった。また、南郭の『唐詩選国字解』が寛政三年（一七九一）に出版されていて、履軒の書名と同名である。懐徳堂学派は徂徠学派とは対立する立場であったので、あるいは履軒は南郭の同書を意識していたのかもしれない。

試みに履軒の注釈と南郭の注釈とを比較してみると、両者の間には異なる点も多い。例えば、七言絶句中の杜《と》審言《しんげん》「蘇綰《そわん》書記に贈る」である。これは杜審言が遠方に赴任してゆく友人に贈った詩で、詩中に「紅粉楼中　応《まさ》

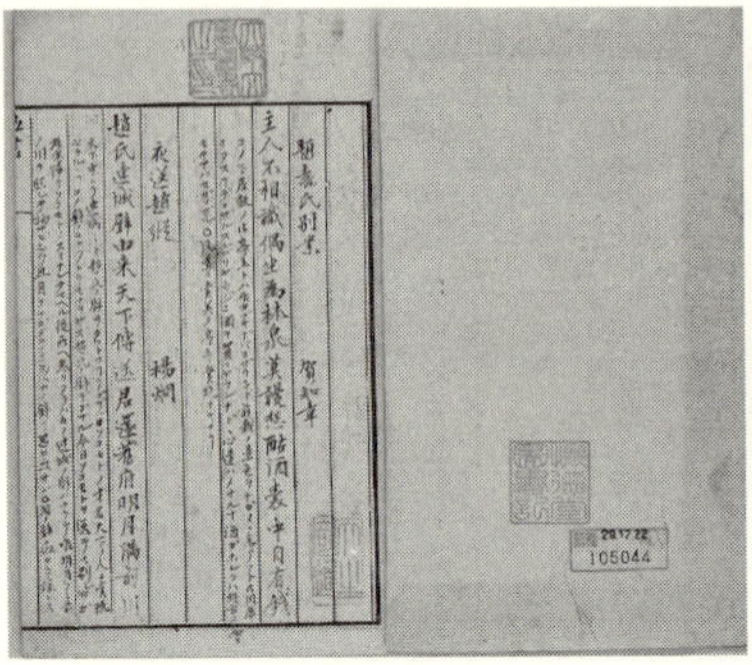

唐詩選国字解

に日を計《かぞ》うべし、燕支山下　年を経ること莫かれ」（ご婦人の住む高楼中では君の帰る日を心待ちにしている、燕支山のふもとでいつまでも年を過ごしなさるな）とある。地名の「燕支」は「臙脂《えんし》（婦人の顔料）」の産地で、「紅粉（同じく婦人の顔料）」と対句になっている。作者は友人に対して、赴任地の女性に心を奪われていつまでも留まっていてはならないと注意している。この対句の趣向を履軒は理解して「燕支山ヨリ出ル燕支（臙脂のこと）ハ婦人ノ粧ヲスルモノユヘ妬意（嫉妬心のこと）ヲフクマセテ云タル計ナリ」と述べる。一方、南郭はこの趣向については触れていない。履軒の見解の鋭さを見てとることができよう。履軒の『唐詩選国字解』には現代から見れば誤りと言わざるを得ない注釈も散見されるが、彼の『雕題』と同様、上記のような創見も多く見ることができる。

なお、懐徳堂文庫には履軒自筆の『唐詩選国字解』の他、古林《ふるばやし》来蘇館《らいそかん》（未詳）旧蔵で、履軒撰『唐詩選国字解』の七言絶句十四首のみを抄写した『李選唐詩訳解』も収められている。

古文真宝前後集雕題（こぶんしんぽうぜんこうしゅうちょうだい）

関係人物名　中井履軒
数量（冊数）　三冊
外形寸法（㎝）　前集　縦二七・三×横一八・七
後集二六・七×一八・二
懐徳堂文庫図書目録該当頁　漢籍一四一上下（集部、総集類）

『古文真宝前後集』に対する中井履軒の注解書。前集は宝暦三年京都秋田屋平左衛門刊『魁本大字諸儒箋解《かいほんだいじしょじゅせんかい》古文真宝前集』（「魁本大字諸儒箋解」は大きな文字で刊刻された大型本で、学者による注釈が付されたもの）、後集は安永四年京都上坂市兵衛刊の『魁本大字諸儒箋解古文真宝後集』を使用して、欄外に自説を書き入れている。『古文真宝前後集』は宋末元初の黄堅《こうけん》の編とされる。前集は漢から宋までの有名な詩を収め、後集は戦国末、楚の屈原《くつげん》から宋までの文章を収めている。日本には室町時代初期に伝来し、江戸時代に入っても読まれた。荻生徂徠らが俗本だとして批判したが、屈原・陶淵明《とうえんめい》・韓愈《かんゆ》・蘇東坡《そとうば》らの名文が収録されており、以後も広く行なわれた。

　懐徳堂文庫所蔵の履軒自筆『古文真宝前集雕題』が書き込まれた『魁本大字諸儒箋解古文真宝前集』には、墨筆の書き入れ以外に朱筆の書き入れも多く見られ、その中には所々「仰斎《ぎょうさい》先生曰」として懐徳堂門人の早野仰斎（一七四五～一七九〇）の説が引かれている。この朱筆の部分は筆勢も異なることから、履軒自筆ではなく後人の加筆であるかもしれない。

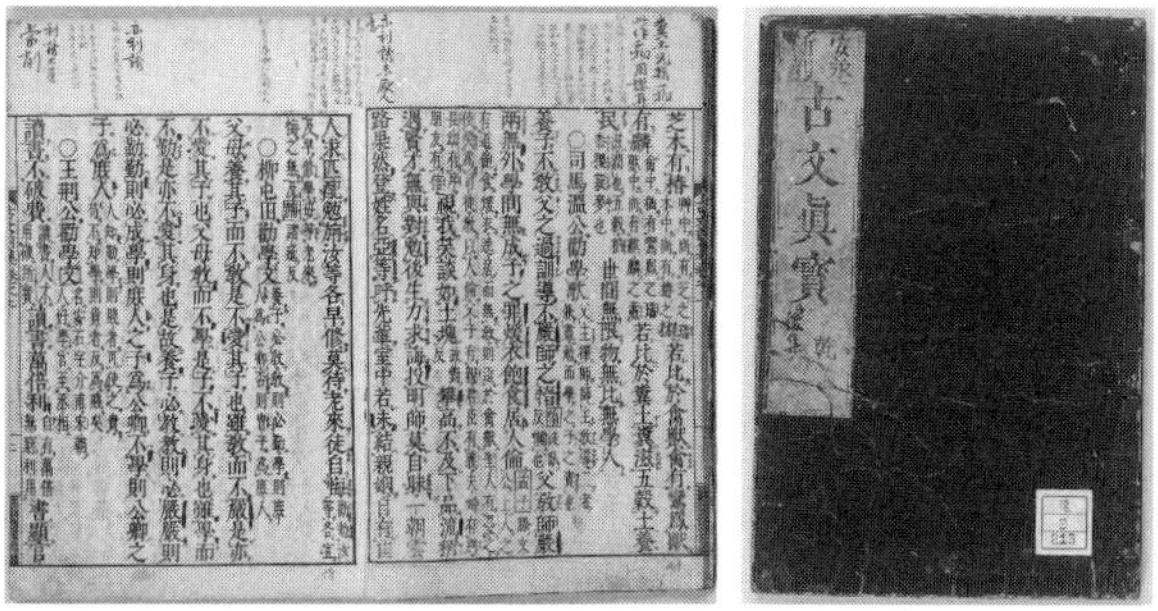
古文真宝前後集雕題

　『古文真宝』の内容について、履軒は独自の観点から鋭い批判を展開している。例えば、『前集』巻上の冒頭に「勧学の文」八編が収められている。その中の五編について履軒は「利もて誘う」と述べ、学問を勧めるために利益で誘っていると批判する。大阪の商人達の援助によって支えられていた懐徳堂としては、正当な商業利益を否定することはなかった。ただ、履軒は水哉館にあって懐徳堂とは少し距離を置く立場であったことから「利」批判の言が生まれてきたのであろう。また、『前集』において、黄山谷《こうさんこく》「子瞻《しせん》海南に謫《たく》せらる」、韓愈「諸葛覚が随州に往きて書を読むを送る」「酔うて張秘書に贈る」などの詩に対して、履軒は「悪詩」と述べてその批判的立場を明確にしている。
　なお、懐徳堂文庫には履軒自筆の『古文真宝前後集雕題』の他、中井蕉園手写による『古文真宝後集雕題』が書き込まれた『魁本大字諸儒箋解古文真宝前後集』も収められている。

天楽楼書籍遺蔵目録（てんらくろうしょせきいぞうもくろく）

関係人物名　中井履軒、竹島簣山
数量（冊数）　一冊
外形寸法（㎝）　縦二一・一×横三四・一
懐徳堂文庫図書目録該当頁　国書二下

　中井履軒が開いた私塾水哉館《すいさいかん》に収蔵されていた書籍の目録。「天楽楼」は、履軒が居住していた借家の二階にあった部屋の名。表紙に「天保五年（一八三四）甲午十月下旬」とあるのは、この目録が作成された時期を表すものと思われる。また、目録末尾に「竹島衡《たけしまこう》校正」とあるから、履軒の弟子・竹島簣山《たけしまきざん》が校正したものであることが分かる。裏表紙にある「中井威奈太郎《なかいいなたろう》」（履軒の孫・中井桐園（幼名は魣太郎）と思われる）が、この目録の作成者であろう。

　履軒没後、水哉館は子の柚園に引き継がれていたが、天保五年（一八三四）、柚園が亡くなり、水哉館は閉じられる。桐園は、その二年前の天保三年（一八三二）、中井碩果の養子として懐徳堂に入っていたが、この時はまだ十二歳であった。水哉館に残されていた履軒の遺書遺物は、桐園が成人するまでは、履軒の門人たちが保管することに決まる。この目録は、その際に作成されたものであろう。図書は「一番イ」から「廿番子《ネ》」の本箱別に、詳細に記録されており、「一番イ」から「十番ヌ」は広屋氏（広屋得左衛門か）が保管し、「十一番ル」から「廿番子」は西村庄兵衛が預かるということが記されている。また、履軒が書き入れをした本には、「頭書」「雕題」等と記しており、さらに、紛失してしまった本や、貸出し中の本の名・貸出し先等についても、明確に記録されている。校正者・竹島簣山は、履軒の門人であり、履軒の雕題類を見ることを許されていた人物でもある。恐らくは履軒の蔵書についても熟知していたであろうことから、この目録は履軒の蔵書の全容をほぼ正確に伝えていると思われる。履軒の書籍所蔵状況やどのような本に書き入れをしていたのかを知る上で、貴重な資料である。また、同目録と併せて、目録作成の際に用いられたと思われる紙片二枚も保存されている。

　なお、本目録の翻刻は、「『天樂樓書籍遺藏目録』について―懐徳堂資料のデジタルアーカイブ化に向けて―」（寺門日出男、湯浅邦弘、神林裕子、井上了）として、『懐徳』第六十九号（二〇〇一年）に掲載されるとともに、懐徳堂データベースに収録された。

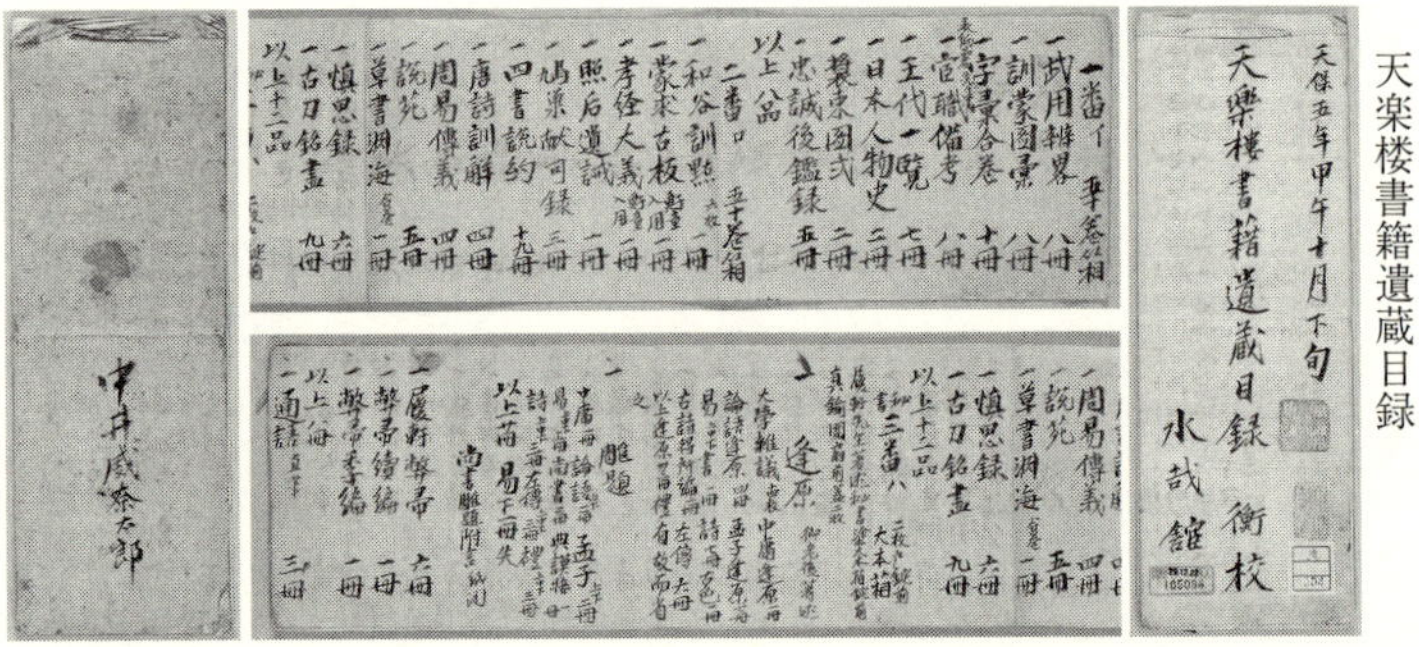

天楽楼書籍遺蔵目録

華胥国新暦（かしょこくしんれき）

関係人物名　中井履軒
数量（冊数）　一冊
外形寸法（㎝）　縦二三・九×横一六・四

懐徳堂文庫図書目録該当頁　国書二一上

中井履軒の暦書。履軒が自分の住まいを「華胥国」という伝説の理想郷に見立てて著した一連の著作の中の一つである。履軒は、現実からの逃避ではなく、現実を超えた架空の場に身を置くことで、日常世界の既成概念に束縛されることなく現実を捉えなおそうとした。本書も、この理想郷に相応しい、新しい天体観をもって創案され、いち早く太陽暦を取り入れている。その背景となっている西洋天文学の知識は、主として清の游芸《ゆうげい》が撰した『天《てん》経或問《けいわくもん》』から得られた。『天経或問』とは、中国の伝統的天文学を基盤に西洋の天文学を紹介した書物で、履軒はこれに注釈を加えて『天経或問雕題』を著している。また新暦を作成するに当たっては、江戸時代を代表する天文学者、麻田剛立《あさだごうりゅう》との交流によるところも大きかった。

暦は、通常、農期を明記することを目的に作られるが、この履軒の新暦には、貞享改暦以来（貞享暦は貞享二年（一六八五）から宝暦三年（一七五三）まで用いられた）、非科学的な迷信記事を多く載せる当時の暦への反発もあった。そのため、この新暦は、合理的現実主義者である履軒らしい、至って簡潔なものになっている。具体的には、享和元年（一八〇一）の暦を、上下二段組に編集し、上段には太陽暦の日付を、下段にはそれに対応する太陰暦の日付を記している。上段では、一年を十二カ月に分けず、太陽暦の節目となる二十四節気に従って、立春を一年の始まり、すなわち春の第一日とし、以下、立夏を夏の第一日、立秋を秋の第一日、立冬を冬の第一日といった具合に一年を四季で分けているため、春は九十三日、夏・秋・冬は各九十一日、一年は計三百六十六日となる。一方、下段では、従来どおり十二カ月を立て、太陰暦の節目となる朔・西弦・望・東弦を明記し、立春の次の朔を一年の始まり、すなわち正月の一日とし、以下、朔を毎月の月初めとしているため、正月・三月・五月・七月・八月・十月・十二月は各三十日、二月・四月・六月・九月・十一月は各二十九日、一年は計三百五十五日となる。また二十四節気および朔望に当たる日については、最上段に干支を記している。

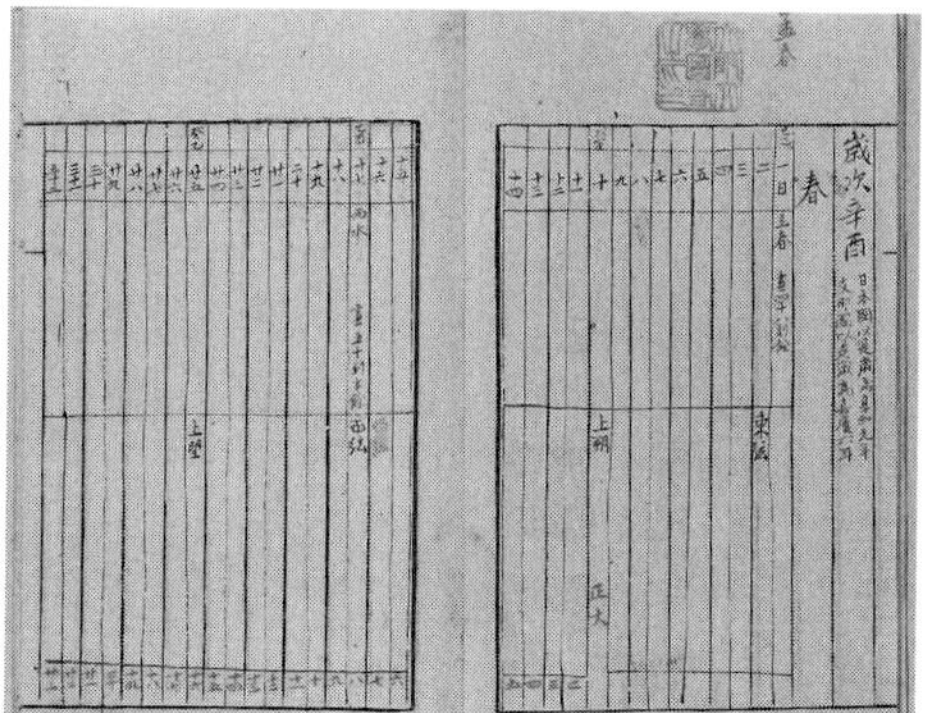

華胥国新暦

なお、履軒は、本書に先んじて、安永九年（一七八〇）に、「華胥国暦書」（『有間星』巻一）を作成している。この「華胥国暦書」ならびに『華胥国新暦』は、平成二年（一九九〇）、懐徳堂文庫復刊叢書三として、『華胥国物語』などとともに復刻刊行されている。

水哉子（すいさいし）

関係人物名　中井履軒
数量（冊数）　二冊
外形寸法（㎝）　一冊目　縦二三・五×横一七・三
二冊目二四・七×一六・一
懐徳堂文庫図書目録該当頁　国書一二上

中井履軒の自筆随筆集。「水哉」は、『孟子』離婁《りろう》篇の「水なる哉《かな》、水なる哉」という文に基づいたもので、履軒の私塾の名（水哉館）にも用いられている。本書は、履軒が読書の際に気づいたことを書きためたもので、例えば、「畠」という国字の由来や豊臣秀吉の逸事など、極めて広範な内容のものである。

本書の表紙裏側に「天生寄進」の印があることから、履軒の曾孫に当たる中井木菟麻呂《つぐまろ》（号は天生）が所有していたものであることが分かる。『水哉子』は、昭和五年（一九三〇）、関儀一郎《せきぎいちろう》によって刊行されている（『日本儒林叢書』第七巻所収）。この刊本の校訂は木菟麻呂が行ない、校語も記しているが、それによれば、履軒自筆の『水哉子』としては、もともと草稿本と正本との二種類があった。懐徳堂文庫所蔵のものは、その内の草稿本と思われる。木菟麻呂は正本を所有しておらず、草稿本と古本屋で入手した写本、大阪府立図書館所蔵の写本等とを併せて、刊本（日本儒林叢書本）を校訂した。

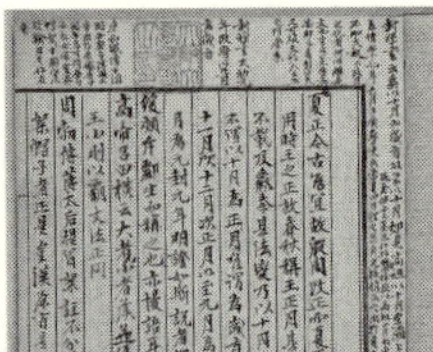
水哉子

草稿本と刊本とを比較してみると、草稿本では、各章の配列は雑然としているのに対し、刊本では個々の章の内容により、覆載《ふうさい》（天地）・庶物《しょぶつ》（色々な物）・器服《きぶつ》（道具）・祭祀《さいし》（祭礼）・異端・記述・雑の三巻七篇に整然と分類されている。また、草稿本では、推敲の跡が随所に見られ、各章の下にはそれぞれ、○・△のどちらか一方の記号がつけられている。これらの記号は履軒が正本を作成する際につけたものらしく、○のついたものは刊本に採られているが、逆に△のついたものは採られていない。以上のような相違点と、『天楽楼書籍遺蔵目録』に「『水哉子』五冊」とあることとを併せて考えると、履軒はこの草稿本を基に、正本『水哉子』五冊を作成したものと思われる。なお、同目録でこの草稿本については明記されていないが、「先生真蹟草稿色々」という記録があり、おそらくその中に含まれていたのではないかと思われる。

履軒古風（りけんこふう）

関係人物名　中井履軒
数量（冊数）　二冊
外形寸法（㎝）　縦二四・四×横一六・〇
懐徳堂文庫図書目録該当頁　国書一二三下

中井履軒の詩集。自筆稿本。第一冊には巻一〜三を、第二冊には巻四を綴じてある。巻頭自序に「幽人（履軒自身をさす）は古風の詩賦を喜びて誦し」とあるように、履軒は、押韻《おういん》・対句・平仄《ひょうそく》の格律の厳格で窮屈な今体詩を好まず、今体詩が成立する以前の詩体で作詩した。ここに収められた作品は、そのような古体の詩、および賦（散文的で、しかも韻を踏む、韻文と散文の中間的な文体）と呼ばれる作品で、折りに触れて作った作品をまとめたものである。自らの感懐、書物の読後感、他者への贈答など作品の主題はさまざまである。

例えば「孝思詩三首」は、人の善行を聞くのを喜んだという履軒が稲垣子華《いながきしか》の孝行を称えた詩である。稲垣は、中井甃庵の弟子で、故郷美作《みまさか》の老父のために仕官を辞して孝養を尽くした人物である。宝暦十三年（一七六三）、美作の村人が彼の孝状を役所に報告し、公儀より表彰を賜ることになった。詩にいう、「（お上より表彰を受けて）友朋は咸《みな》喜び、躬《み》ずから賜を受くるが如し。幽人積徳（幽人は履軒の号、積徳はその名）は式《ここ》に此の詩を作り、遥かに稲生（稲垣を指す）に貽《おく》り、其の美を称颺《しょうよう》し、以て四方に伝え、民をして興起せしむ」と。この稲垣の表彰に関しては、竹山も「稲垣浅之丞《あさのじょう》純孝記録」「子華孝状」を著し、後者は懐徳堂で刊行している。開学以来、人倫道徳とくに孝を重視した懐徳堂の精神が履軒にも受け継がれていることを示している。

また、かく生きようという履軒の決意を述べる作品に「履軒吟《りけんぎん》」がある。そもそも履軒という号は、儒教経典の一つ『易』の履《り》の卦《か》に見える「道を履《ふ》むこと坦坦。幽人、貞ならば吉。（意味は、踏みゆく道が平坦ならば、踏む者の心も平然として動揺せぬ。貧賤にある賢者は平坦の道を歩むのみ、志を正しく保てば吉である）」（解釈は中井履軒『周易逢原』による）からとったものである。「履軒吟」は、その履の卦を踏んで言う「中にして下位にあり、剛にして能く屈す。我は其れ夙夜《しゅくや》、道を履むこと之《こ》れ坦、貞に

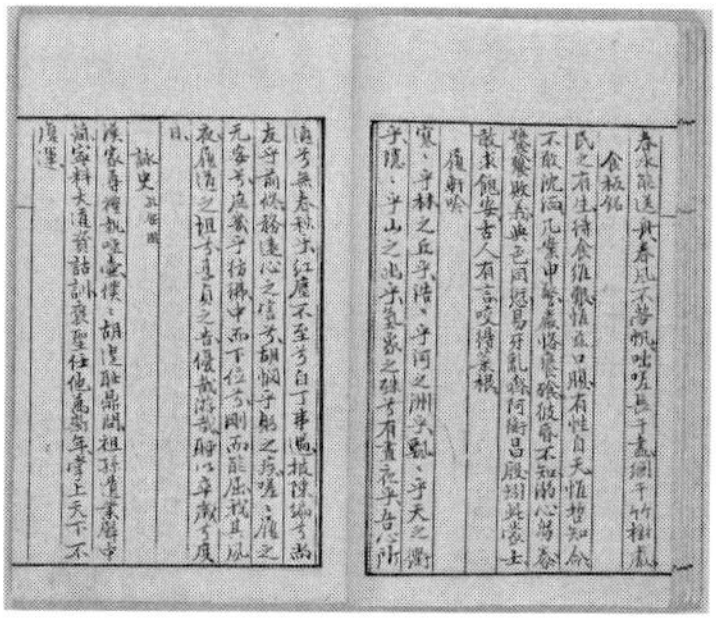
履軒古風

して之《こ》れ吉を享《う》く。優なるかな優なるかな（あくせくしない様子）、聊《いささ》か以て歳を卒《お》え日を度《わた》らん」と。正に履の卦のような、無欲恬淡たる生き方の宣言である。

履軒数聞（りけんすうぶん）

関係人物名　中井履軒
数量（冊数）　一冊
外形寸法（㎝）　縦一八・五×横一二・三
懐徳堂文庫図書目録該当頁　国書一三下

中井履軒が和漢の度量衡などについて論じた小冊。その議論の対象は、井田制《せいでんせい》、貨幣制度、天体・測時法にまで及ぶ。中井履軒の自筆本であるが、数次にわたる訂正・加筆の跡も残されており、未定稿である可能性もある。「万鍾弁《ばんしょうべん》」（『弊帚続編』所収）や『経界図《けいかいず》』などとともに、荻生徂徠の『度量衡考《どりょうこうこう》』に対する批判ともとれる議論が随所に見られる。懐徳堂文庫には、刊本『度量衡考』の欄外などに履軒が自説を書き入れ、徂徠の説に逐一反駁した『度量衡考雕題』という資料なども現存しており、おそらくは『履軒数聞』も、徂徠『度量衡考』の影響下に作成されたものであろう。

また注目すべきこととして、「禹貢五服《うこうごふく》」の図において「当時ノ王畿《おうき》円径千里也、方千里ニアラズ」などとし、「圏子重画《けんしちょうかく》」の説を主張していることがあげられる。これは、例えば「荒服《こうふく》」の二千五百里は、伝統的な経学が主張する二千五百里四方ではなく、半径二千五百里の圏内であるとするもので、このように理解すれば「道里均平《どうりきんぺい》」（首都への距離が「荒服」内ならどこでも均しくなること）だと履軒は主張する。これは、履軒独特の極めて合理的な理解と言えよう。

なお懐徳堂文庫には、履軒自筆本『履軒数聞』の他、履軒の弟子・竹島簣山《たけしまきざん》の手写した『履軒数聞』も収められている。また『履軒数聞』の抄本は多数が現存し、所在も広範囲に及んでおり、履軒の著述の中でも比較的ひろく読まれたものと考えられる。

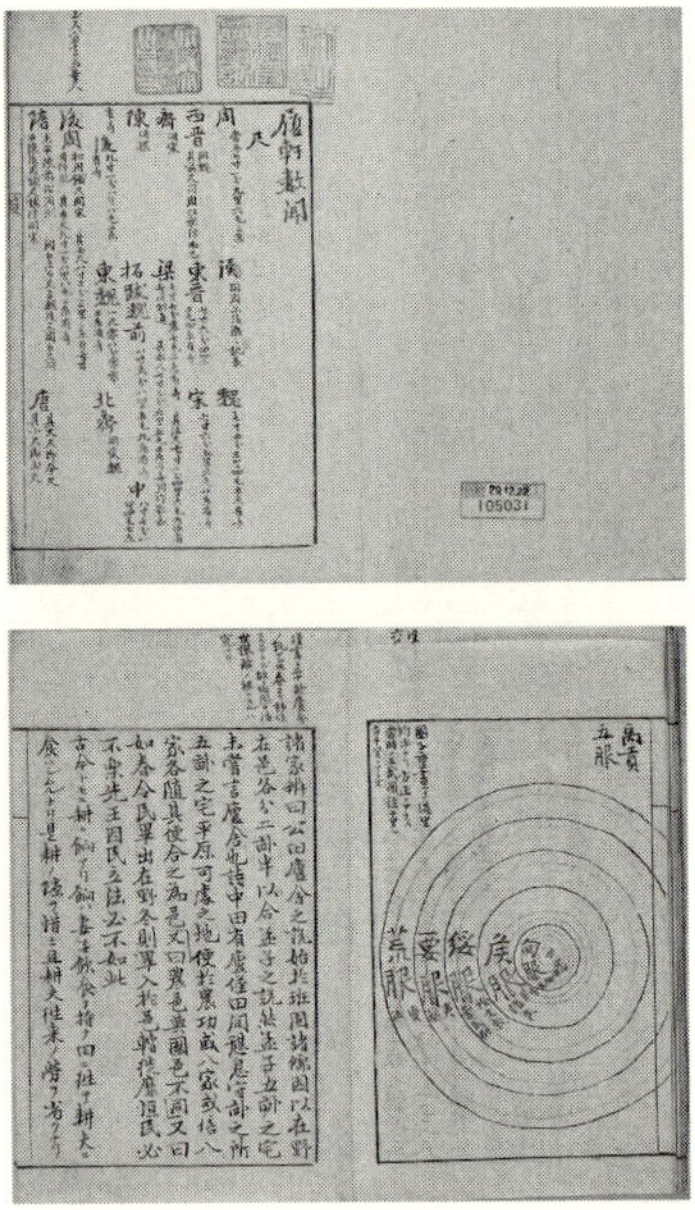

履軒数聞

履軒弊帚（りけんへいそう）

関係人物名　中井履軒
数量（冊数）　三冊
外形寸法（㎝）　正編　縦二四・四×横一六・一
続編二四・五×一五・六　季編二四・四×一五・八
懐徳堂文庫図書目録該当頁　国書一三下

　中井履軒の漢文による文集。正・続・季の三編からなり、ともに自筆稿本。『弊帚』とは「弊《やぶ》れた帚《ほうき》」の意味。魏の文帝（曹丕《そうひ》）の「典論論文《てんろんろんぶん》」（『文選』所収）に、「里語に曰く、『家に弊帚有り、之を千金に享す』」と。斯《こ》れ自《みずか》ら見ざるの患なり」とあり、自ら過大評価し自分の短所を知らないことを意味する当時の俗諺にもとづく。正編は履軒四十歳頃の成立、続編には享和三年（一八〇三）付の自序があり七十二歳の成立、季編には文化四年（一八〇七）付の自序があり、履軒七十六歳に成ったものである。正編に二十五篇、続編に七十一篇、季編には十一篇の文章を収める。関儀一郎『続日本儒林叢書』に翻刻されている。

　履軒は、『論語』を「天地間第一の文章」と理想の文章とし、それに次いで『孟子』『荘子』『左伝』『史記』を文章の模範とした。正編の自序に、履軒自身が好む古文は、世間のいわゆる古文と異なり、韓愈と同系のものである、自分の文章を自分では高く評価するが世間はそれを認めない、と述べ、それに続けて「其の雑著を輯《あつ》むるに及び、自《みずか》ら命《なづ》けて『弊帚』と曰うは、蓋《けだ》し自ら其の用に中《あた》らざる者なるを知れども千金を享《う》けんとするの心は則ち未だ消えざればなり」と結んでいる。弊帚千金の俗諺は、身の程知らずの意であるが、履軒は自分の文章は千金に値するとの自己評価を『弊帚』の名によって標榜したのである。みずから簡潔素朴で骨太な「古文」を書いた履軒の、文章に対する自負が強く表れている。

　『弊帚』所収の文章は、時事・歴史・道義など多岐にわたる議論の他、画賛、評伝、随筆など多様である。例えば、続編所収「義貞論」には履軒晩年に到達した歴史観が窺える。大義名分論からすれば、新田義貞は忠臣、足利尊氏は謀反人、その評価に異議を容れる余地はない。しかし、履軒はいう、「其の世を論じ、其の情を繹《たず》ぬれば、則ち五十歩が百歩を笑うもの有り。（略）尊氏の兵は関東に起こり、王命を拒み逆（謀反人）となる。義貞は王命を奉じ徂征して順（忠臣）となる。其の事は相反するも、而《し》れども其の心は則ち一なり」と。観念的な大義名分論によらず、客観的な時代状況と人情とを踏んでなされた

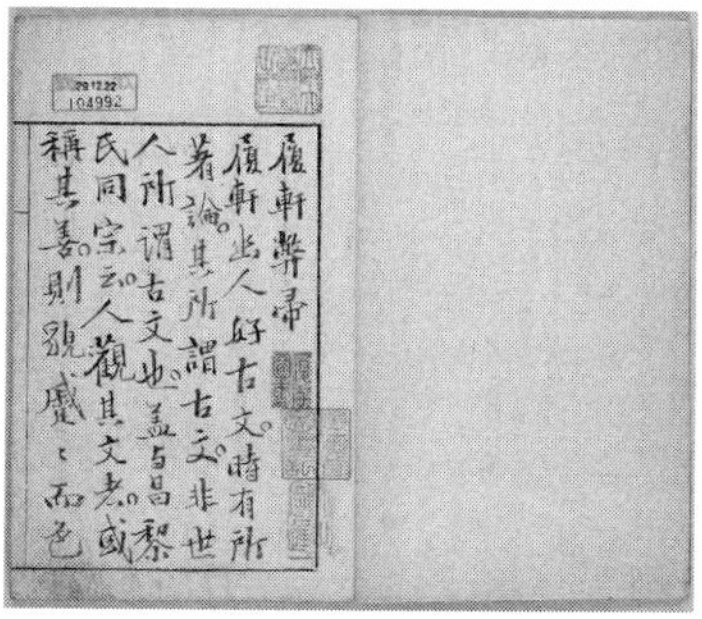

履軒弊帚

歴史観が見て取れる。

度量衡考離題（どりょうこうこうちょうだい）

関係人物名　中井履軒
数量（冊数）　二冊
外形寸法（㎝）　縦二六・〇×横一七・六
懐徳堂文庫図書目録該当頁　国書一七下

荻生徂徠『度量衡考』の欄外に、中井履軒が注釈を書き入れたもの。履軒の自筆書き入れ本である。徂徠は、「度（物差し）」「量（枡）」に関しては生前『度量考』を著していたが、「衡」すなわち秤に関する研究は、徂徠の弟・北渓《ほっけい》が著した。それに、『度量考』を校訂したものを併せて、享保十九年（一七三四）に刊行されたものが、『度量衡考』である。

履軒の書き入れは、総じて『度量衡考』の誤りを批判するものが多い。例えば、「量考」の中で、周代の枡の容量を求める際に、徂徠は『周礼《しゅらい》』の記述を根拠としているが、履軒は、「蓋《けだ》し、斯の翁（徂徠を指す）『周礼』を崇奉《すうほう》して護身仏と為すが故に、毎《つね》に回護《かいご》（守る）して敢えて一言も出さず。殊《こと》に其の劉歆《りゅうきん》の書たるを知らざるなり」と述べ、『周礼』は後漢の劉歆の偽作なのだから、それを根拠とすることが、そもそも間違いであると批判している。ちなみに、偽作者が劉歆か否かはともかく、『周礼』を後世の偽作とするのは、有力な通説である。

江戸時代の日本にあっては、実際に中国で発掘された物差しや秤を対象にするという、考古学的な方法を採り入れることは、当然不可能であった。そのため、徂徠はもちろん、それを批判した履軒の研究方法も、古典籍の記述だけを頼りに研究する、文献考証学的方法論という点では共通している。しかし、履軒の厳密かつ客観的な資料批判の姿勢は、徂徠の学問以上に評価できるだろう。

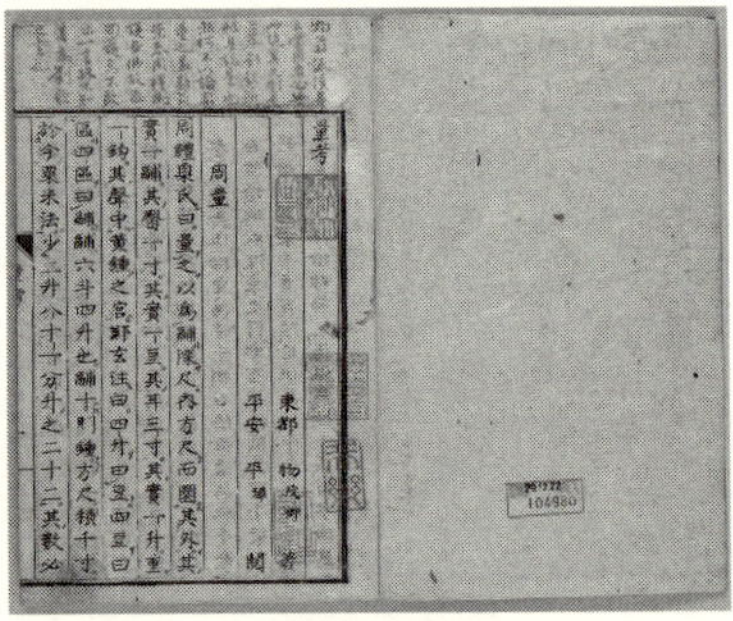

度量衡考離題

度量考提要（どりょうこうていよう）

関係人物名　中井履軒
数量（冊数）　一冊
外形寸法（㎝）　縦二六・三×横一八・一
懐徳堂文庫図書目録該当頁　国書一七下

中井履軒が荻生徂徠『度量考』の要点を抄録し按語《あんご》（説明や証明のために添えた言葉）をつけたもの。中井履軒の自筆本。「度」とは物差し、「量」とは枡、「提要」とは要点を提示した本のことで、『度量考』は、中国歴代の度量制度の変遷について考察したものである。

散見する履軒の按語は、徂徠を批判するものが多い。例えば、「度考・周漢尺」で、徂徠は『資治通鑑外紀《しじつがんがいき》』という本の記述を根拠にしているが、履軒はそれが遙か後世になって著されたいい加減なもので、古代の制度を論じる根拠にならないと述べ、徂徠の姿勢を「強弁牽《きょうべんけん》合《ごう》(強引に資料をつなげた議論)」と批判している。ただし、ここに見える徂徠批判は、徂徠の個々の説に対するものに限られており、例えば竹山の『非徴』が徂徠の人格や学問の姿勢そのものをも攻撃するのとは異なる。こうしたところにも、懐徳堂学主としての竹山と、比較的自由な立場にあった履軒との違いを見ることができる。

ところで、なぜ履軒は、敢えてこのような抄録を作成したのだろうか。その理由について履軒自身は何も述べていないが、あるいは『度量考』の長々しい文章が気に障って、その要旨を抜き出したのかもしれない。西村天囚『懐徳堂考』には、古賀精里《こがせいり》(寛政三博士の一人)が自作の文章を履軒に見せたところ、履軒はそれを添削して、三枚分の文章をわずか半枚に縮めたという逸話が載せられている。このように履軒は達意の文章を好んでいたので、徂徠の文章が冗漫に思えて、本書を作成したのではないかと推測される。

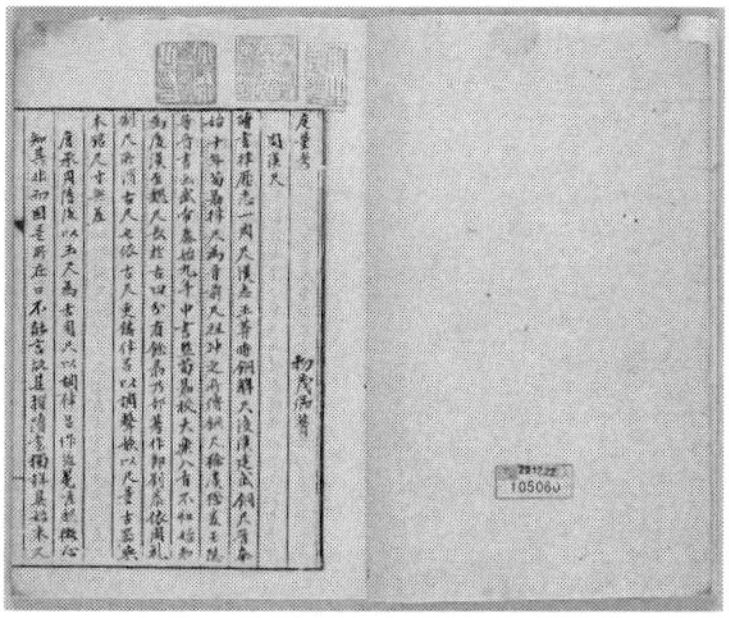
度量考提要

通語(つうご)

関係人物名　中井履軒
数量(冊数)　三冊
外形寸法(㎝)　縦二四・五×横一六・二
懐徳堂文庫図書目録該当頁　国書二八下

中井履軒が著した史論。全十巻。成立は、明和(一七六四～一七七二)の初め頃とされている。本書は、履軒の没後、天保二年(一八三一)に履軒門人の早野橘隧《はやのきっすい》(号は反求)によって公にされた(西村天囚『懐徳堂考』)。その後、門人清水中洲の序を録した版本が天保十四年(一八四三)に大坂書林河内屋記一兵衛により刊行されており、拙修斎叢書にも活字本が入っている。また、明治十七年(一八八四)に、並河寒泉の門人森訥《もりとつ》が注を施した『標註通語』も出版された。

本書には、保元から南北朝までのおよそ二百六十年間の出来事が記されており、清水中洲の序によれば、『左氏外伝(国語)』に倣って「通語」と名付けられたとされている。全体の構成は以下の通りである。第一冊は「保元語(保元年中の記述)」「平治語(平治年中の記述)」「平

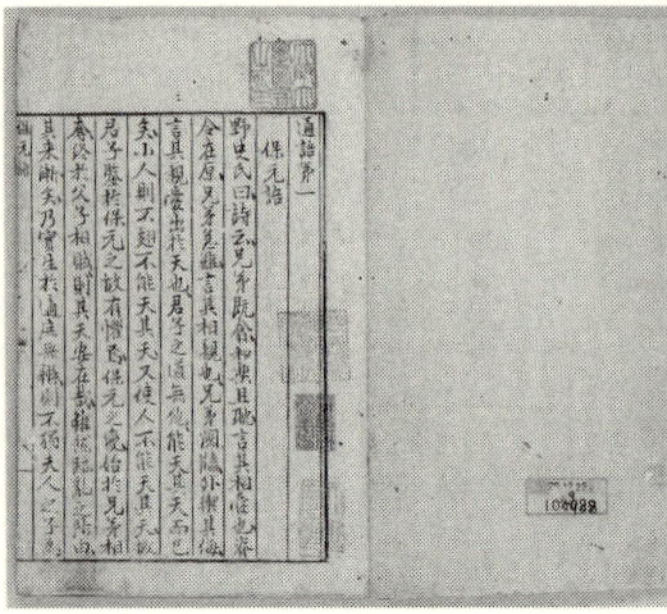

通語

語上・下（平家に関する内容）」。第二冊は「東語上・中・下（関東（鎌倉）に関する内容）」。第三冊は「元弘語（元弘年中の記述）」「延元語（延元年中の記述）」「南語（南朝に関する内容）」。

本書では、保元・平治の乱から、南北朝合一までの歴史について、履軒が自らの史論を述べている。各巻の冒頭と末尾には「野史氏曰く」として自身の論賛を記す。尊王斥覇の立場から、儒家的な仁政思想、名分論を説く。南北朝については、兄・竹山が著し幕府に献上した『逸史』同様、南朝正統説を採っている。

懐徳堂文庫には、この履軒手稿本を底本とした鈔者不明の写本、および中井柚園手写本が収蔵されている。この柚園写本は、天保十三年（一八四二）の清水中洲序、および早野橘隧序を附す。また、この柚園写本を底本として、天保十四年（一八四三）に大坂書林河内屋記一兵衛により刊行された版本も蔵する。なお、WEBサイト「国立国会図書館デジタルコレクション」では、以下の関連書を閲覧することができる。刊本『通語』（明治九年）、櫛田磯三郎・近藤良蔵『通語字解』（明治十五年）、市野靖『通語字引』（明治十五年）、森川重明『通語字解』（明治十六年）、市野靖『通語摘註』（明治十六年）、刊本『通語』（明治十七年）、森訥『標註通語』（明治十七年）、石黒磐『通語難語解』（明治十七年）。

通語聞書（つうごききがき）

関係人物名　中井履軒
数量（冊数）　四冊
外形寸法（cm）　縦二四・〇×横一六・一

中井履軒の史論『通語』の講義録（筆写者未詳）。国立国会図書館蔵。全体をとおして漢字仮名交じり文で記されており、第一冊には所々に文字の修正や語句説明等を示す頭注が見える。

本書には、保元から南北朝までのおよそ二百六十年間の出来事が記されており、全体の構成は以下の通りとなっている。第一冊は「保元語（保元年中の記述）」「平治語（平治年中の記述）」「平語上・下（平家に関する内容）」。第二冊は「東語上・中・下（関東（鎌倉）に関する内容）」。第三冊は「元弘語（元弘年中の記述）」。第四冊は「延元語（延元年中の記述）」「南語（南朝に関する内容）」。

本書冒頭には「〇通語第一ハ通語ハ保元年中ヨリ南朝北朝迠テノヿヲ通ノカキタル語ト云フ義ニテ通語ト名付ル〵履軒先生ノツクリ玉ヒシ書〵」とあり、『通語聞書』

の『通語』が中井履軒の書を指していることが分かる。また、第一冊四十葉オモテには「優ハワザヲギ舞〻以下ノ嘻平氏之夥其甃也善哉ナゾハ皆コウユウヿヲ云フテ舞ヲマウ也」という頭注が見え、第二冊五十三葉ウラには「北條氏自ラ将軍トナラズ猶ヲヤツパリ源氏ノアトヘ天子ノ御子《コ》方ヲコウテトリヨセテ……」と記されている等、関西方言が散見している。そのため、本書には講義者の訛りか、あるいは筆写者が関西の人物であり、筆記の際にその訛りが反映された可能性が高いと考えられる。なお、大阪大学附属図書館には、本書のマイクロフィルムが収められている。

越俎弄筆（えっそろうひつ）

関係人物名　中井履軒
数量（冊数）　一冊
外形寸法（㎝）　縦二四・四×横一六・二
懐徳堂文庫図書目録該当頁　国書四三上

　中井履軒が作成した人体解剖図譜。自序・解剖図・解説文から成る。自序によれば、履軒は麻田剛立《あさだごうりゅう》が獣体解剖を行い、人体との対照確認を行おうとするのを、「旁《かたわら》に在りて膝を抱えて寓目（注視）」した経験を基に、自ら十五点の人体解剖図を彩色筆写して解説を加えたという。「越俎」は自らの本分を越えること、「弄筆」はたわむれに書くということ。この書名には、本来麻田剛立によって執筆されるべきものであったのに、剛立が研究に忙しく著述の暇がなかったため、自ら分を越えて執筆したとの意が込められている。履軒の実証的精神が漢学という枠を越えて、医学にまで及んでいたことを示す資料である。

　解剖図では、まず解剖の手順に沿って内臓の様子を記す（「去皮膜（皮膜を去る）」、「去肋而見肺（肋を去りて肺を見る）」、「去肺而見隔膜及心（肺を去りて隔膜及び心を見る）」、「去隔膜而見肝（隔膜を去りて肝を見る）、「去腸而見腸脈（腸を去りて腸脈を見る）」、「去肝而見胆（肝を去りて胆を見る）抉腸而見腸膜（腸を抉《えぐ》りて腸膜を見る）」）。次に、内臓を前後から見た様子を記す（「心・肺脈」「心背」「気道」「肝胆」「脾脂」「精道」の各局部、「紫白脈大略」（大動脈・大静脈の大略）、「経筋・肉筋」（筋肉の様子））。解説文では各臓器について説明を記した後、「凡そ図記するは通人大抵の模様なり。精《くわし》くいはば人々にて小異あるべし。小異に依りて大同を疑うなかれ」と結んでいる。

　本書の成書は安永二年（一七七三）三月であり、前野良沢・杉田玄白らによる『解体新書』完成の前年のことであった。また、近年大阪大学に移管された新田文庫が所蔵する履軒自筆本『越俎戴筆《えっそたいひつ》』および『弊箒《へいそう》』所収の「越俎戴筆序」は、『越俎弄筆』の成書以前のものと考えられ、本書の成書過程を知る上で極めて重要な資料である。

なお、本書は『華胥国物語』（懐徳堂文庫復刻叢書三）の中に影印収載されているほか、平成二十三年（二〇一一）一月にデジタルコンテンツ化もされており、「ＷＥＢ懐徳堂」で電子ブックとして全ページを閲覧することができる。

老婆心（ろうばしん）

関係人物名　中井履軒
数量（冊数）　五巻＋付録一巻
外形寸法（㎝）　縦三三・〇〜三四・〇×横一七五・〇〜四一〇・〇
懐徳堂文庫図書目録該当頁　国書四三下

中井履軒が、人体に与える砂糖の悪影響などについて和文で論じた警世書。懐徳堂文庫所蔵の自筆本は、奉書紙数枚を継いだ巻子本であり、全五巻。付録として、履軒撰「しからみ」一巻を付すが、これは後人の抄写に係るものである。天保五年（一八三四）以前に紛失していたが、昭和十四年（一九三九）、伊藤介夫《いとうすけお》の遺族から重建懐徳堂に寄贈された。

第一巻「長きまどひ」では、近二百年間に、乳幼児の病気が増加し、特に富家の子ほど夭折《ようせつ》する例が多いことを嘆く。第二巻「夢のさめかた」では、その原因を最近用いられるようになったものに求め、茶や煙草は無害であり、木綿は食用にされないから、砂糖が原因だと断定し、砂糖の使用・輸入を厳禁すべきであると説く。第三巻「くすしめく」では、砂糖が病気を起こす原因を、砂糖の慈潤効果によって臍管内の淤血《おけつ》が乾くことが妨げられることに求める。第四巻「のこるうたがひ」では、砂糖が天然痘の一因となることを論じる。第五巻「へびのあし」では、麻疹・癇癪《かんしゃく》が砂糖に起因すること、喘息が新穀（今年熟し、明年の熟す時期までの穀物）・新酒（冬に醸し、翌年五月までの酒）に起因することを論じ、砂糖の害を強調する。

懐徳堂においては、いわゆる陰陽五行説に基づく伝統的な医学を排斥する傾向が強いが、本資料において表明

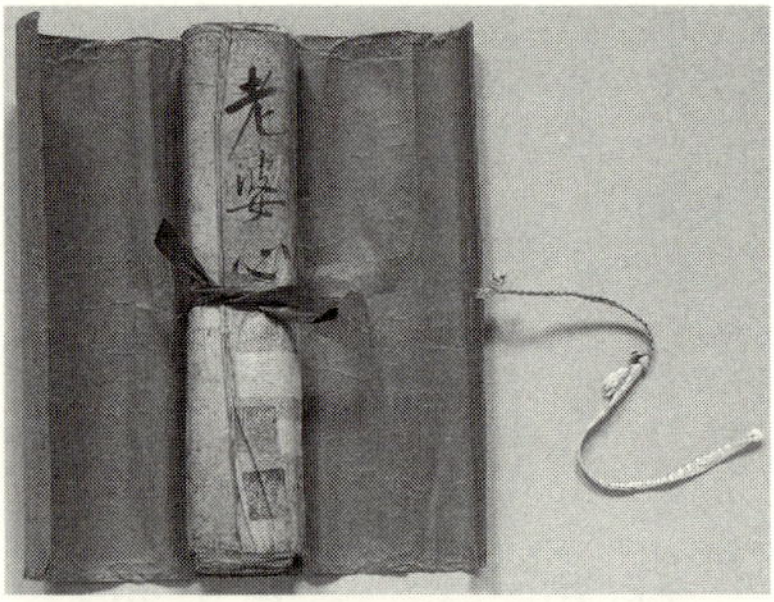

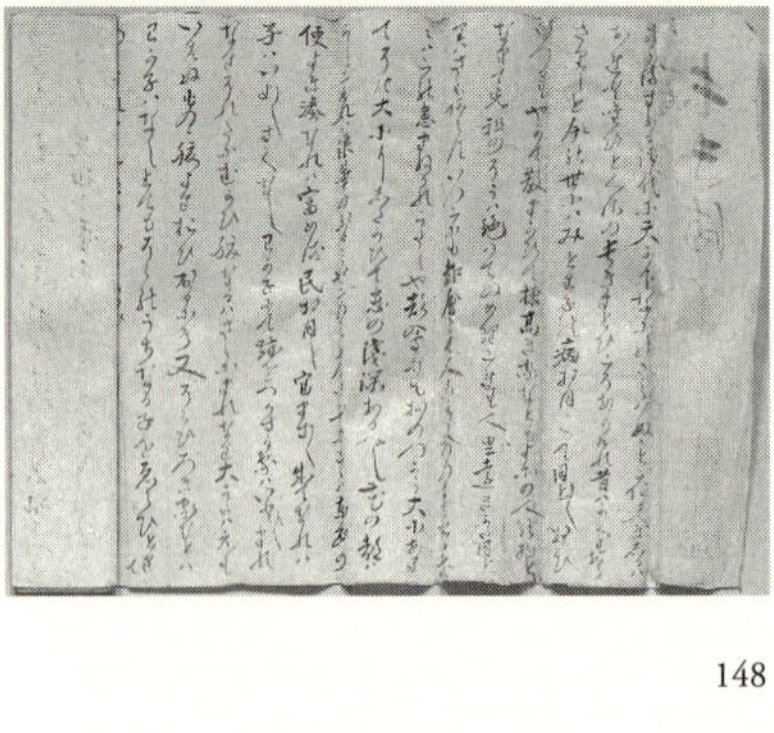

老婆心

される履軒の身体観・病原観は特に斬新である。今日の医学的な観点からは首肯できない議論であるが、日本医学思想上において注目すべきものであり、これが履軒の独創であるか否かということも含め、今後の研究が待たれる。

なお懐徳堂文庫には、やはり履軒の手鈔に係る『老婆心』（線装一冊、懐徳堂遺書）が架蔵されており、これは本資料の草本と考えられる。また、本資料の全文を翻字したものが『懐徳』第二十号に掲載されている。

有間星（あらまほし）

関係人物名　中井履軒
数量（冊数）　三冊
外形寸法（cm）　縦二四・五×横一六・五
懐徳堂文庫図書目録該当頁　国書六一下

中井履軒が世に「あらまほし」きことを書き付けた仮名文の随筆。原本は四巻を合本とした三冊から成る。全七十五丁。平成二年（一九九〇）に刊行された『華胥国物語』（懐徳堂文庫復刻叢書三）に収載された『有間星』は、この履軒手稿本を底本として影印されたものである。

特に注目されるのは、全四巻の内の第一巻を占める「華胥国暦書」である。そこでは、「庚子歳」すなわち安永九年（一七八〇）、履軒が転居してその住まいを「華胥《かしょ》国《こく》」になぞらえた年の暦が記載されている。この暦は太陽暦を採用し、正、四、六、八、十一月が各三十一日、二、三、五、七、九、十、十二月が各三十日の計三百六十五日としている。後に、山片蟠桃は『夢ノ代』で、「華胥国暦」を作るが、それは、この『有間星』の「華胥暦」に基づくものであった。また、同じく履軒の『華胥国新暦』は、享和元年（一八〇一）の暦であり、同じく太陽暦を採用しながら、そこでは、一年を四季に分け、一年三六六日を月を分けずに記している。こうした暦の作成には、麻田剛立《あさだごうりゅう》との交遊が大きな影響を与えている。履軒は、麻田剛立の動物解剖に立ち会って『越俎弄筆《えっそろうひつ》』を執筆し、また『履軒数聞』の中で、剛立が実測した地球や月、太陽の周径、地球からの距離などを「麻子測法《ましそくほう》」として記すなど、剛立から医学・天文学的知識を吸収したことが知られる。

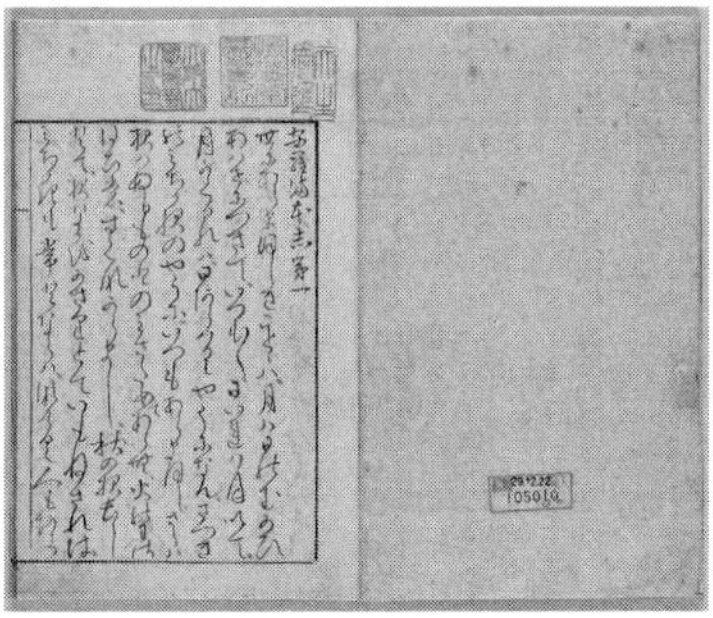
有間星

洛汭奚嚢（らくぜいけいのう）

関係人物名　中井履軒

数量（冊数）　一冊
外形寸法（㎝）　縦一九・八×横一二・六
懐徳堂文庫図書目録該当頁　国書七七下

中井履軒が京都の高辻《たかつじ》家に賓師として仕えた時期に制作した詩をまとめた詩集。「洛汭」は洛内（京都市中）、「奚嚢」は詩文を入れる袋の意。巻末に「明和四年季冬朔」の日付をもつ履軒の自跋を付す。翻刻・訳注に、湯城吉信「洛汭奚嚢―中井履軒の京都行」（『懐徳堂センター報二〇〇四』二〇〇四年二月）がある。

履軒は、明和三年（一七六六）、三十五歳の時、高辻家の若き新当主の胤長《たねなが》（元名は世長）の補佐役として京都に招かれた。高辻家は菅原道真の後裔で、代々文学頭・文章博士を務めた家柄であった。履軒が高辻家に招かれたのは、中井家と縁戚関係であった京都桂の革嶋《かわしま》家（竹山・履軒の妻はともに革嶋氏）が高辻家に仕えていた関係によると考えられる。本書には、京都への旅立ちから、一年の京都滞在の後、京都を離れるまでの詩三十篇を収め、制作順に並べられている。詩からは、京都における履軒の心情を読み取ることができる。出発に際して履軒は知人から出世を祝ってもらい、自身も「自《みずか》ら笑う閉戸《へいこ》生《せい》、多事　茲《ここ》より始まらんと（世間知らずの書生の厄介事はこれから始まるのだな）」（『洛汭奚嚢』所収「既上舟、奉寄伯兄」）と自嘲しつつも期待を抱いて上京した。しかし、京都での生活は総じて寂しいもので、結局は高辻家に重用されることなく、一年で大坂へ帰ることとなり、履軒にとって京都での生活は無念と挫折とを免れないものであった。ただこの経験は、履軒が自身の生き方を再認識する役割を果たしたと考えられる。この後、履軒は二度と宮仕えすることなく、私塾水哉館《すいさいかん》を開いて学問に全精力を傾け、幽人と称して自らの精神的王国に遊んだのである。

なお、履軒の京都行きの送別会で参加者が詠んだ詩は『懐徳堂会餞詩巻《かいとくどうかいせんしかん》』にまとめられ、湯城吉信「『懐徳堂会餞詩巻』訳注―中井履軒京都行きの送別詩」（『中国研究集刊』第三十四号、大阪大学中国学会、二〇〇三年）にその原文と訳注がある。

華胥国物語（かしょこくものがたり）

関係人物名　中井履軒
数量（冊数）　一冊
外形寸法（㎝）　縦二四・五×横一六・五
懐徳堂文庫図書目録該当頁　国書六二上

中井履軒が、理想の国の有様を流麗な仮名文で記した物語。全十八丁。平成二年（一九九〇）、大阪大学懐徳堂文庫所蔵の履軒自筆稿本を影印し、『有間星《あらまほし》』『越俎弄筆《えっそろうひつ》』などとともに、懐徳堂文庫復刻叢書三として刊行された。

題名の「華胥国」とは、中井履軒の住居の号。安永九年（一七八〇）、履軒は米屋町（南本町一丁目）の借家に転居し、その住居に「華胥国門」の扁額《へんがく》を掲げ、自らを華胥国王に擬した。『列子《れっし》』黄帝篇《こうていへん》に記された故事によれば、「華胥国」とは、中国の伝説的な皇帝であった黄帝《こうてい》が夢の中で遊んだという理想国で、そこでは身分の上下がなく、民には愛憎の心がなく、利害の対立もなく、自然のままであったという。また黄帝は、この夢から覚めた後、大いに悟るところがあり、その後、二十八年間、天下は大いに治まって、ほとんど華胥国の如くであったという。さらに黄帝が崩御した際、民は黄帝の治を慕って泣き叫び、その悲しみは二百年間続いたという。

履軒は、この故事を基に、自らの理想を説いた。『華胥国物語』は、華胥国内に位置する南柯国《なんかこく》の君主が質素倹約に努め、租税を軽減し、均田制を採用し、僧侶を還俗させて庶民教育にあたらせ、新田を開発するなどの善政を行っていく様子を描いたものである。したがって、『華胥国物語』は寓話によって理想的な政治の在り方を説いた経世の書である。懐徳堂文庫には、履軒の曾孫に当たる中井木菟麻呂が同書を刊行したときに彫らせた版木十枚（各二二・六×四三・五）も残されている。

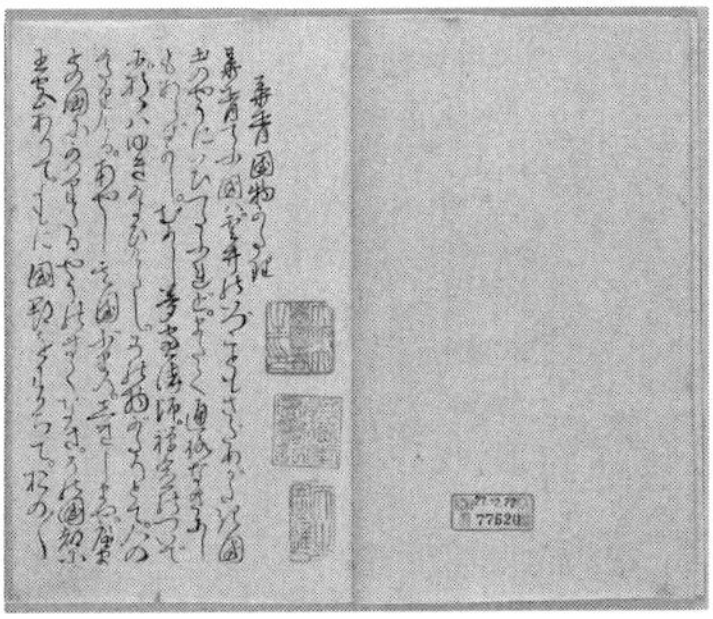

華胥国物語

なお、履軒は、その住まいで「華胥国」を冠した書を相次いで執筆している。経世については、この『華胥国物語』、天文学では『華胥国新暦』、歌文では『華胥囈《げい》語《ご》』『華胥国歌合《うたあわせ》』などである。

華胥国物語版木→二三三頁

解師伐袁図（かいしばつえんず）

関係人物名　岩崎象外、中井履軒
数量（冊数）　一幅
外形寸法（㎝）　縦二〇五・三×横五八・七

猿蟹合戦を主題として、岩崎象外《いわさきしょうがい》が絵を描き、中井履軒がこの絵に賛を書いたもの。賛は『春秋左氏伝』の文体を巧みに模倣している。成立時期は未詳。賛は以下の通りである（原文は句読点なし）。

経、四十有七年春、王六月丁戊、大雨雪。夏七月、鮮師伐袁。

甲亥、入袁、獲袁侯。戊丑、用袁侯于鮮山。秋十月。

傳、四十七年六月、大雨雪、書不時也。七月、鮮伐袁、獲袁侯、復讐也。初鮮子之未生也、其母適野、見袁侯在樹上食柿也。従而請一顆。袁侯怒、擇未熟者而投之、中龜而卒。鮮子胎方盈、自闕出、匍匐横行而帰。長而好勇、善撃劔、恆弩目戟手罵曰、「袁侯親讐也。我必復之。」毎罵未嘗不噴沫也。歳峙黍以為甃。是歳、大雪、無柿栗。袁大饑。於是興師。麻石遇諸塗、問「将何之。」鮮子曰「伐袁。復讐也。」「所齎者何。」曰「黍團。為天下最。」麻石請従。許之。牛異、刀前、金咸、栗子亦至、謂之如初。皆従焉。壬酉、圍袁。金咸与栗子、宵孔壁而入。金咸匿于衾中、刺袁矦、栗子爆其爐。袁矦一夕三遷。丙子、鮮子親以師門焉。牛異伏于門側、麻石刀前先登。袁矦懼欲奔、方出門、遇牛異而滾焉。麻石下而壓之、刀前挟之、去其指。鮮子揮劔、三撃剄之、逐滅袁族。戊丑、用袁矦以祭其母也。

この『解師伐袁図』は、『懐徳堂先賢墨迹』（文教社、一九一二年）などに収められている。また賛は「紀俗傳猿嶋復讐事」という題で、土屋栄編『近世名家小品文鈔』（小林喜右衛門、一八八二年）の中にも収められている。

なお、中井履軒戯著として、『昔昔春秋《せきせきしゅんじゅう》』という書物が出版されている。この本は、猿蟹合戦・桃太郎・花咲爺などの昔話を組み合わせて翻案し、『春秋左氏伝』の文体で書いたものである。しかし、これは中井履軒の著作ではないというのが定説である。

鴻池稲荷祠碑拓本（こうのいけいなりしひたくほん）

中井履軒（積徳）の撰文・筆になる碑文の拓本。碑文は、履軒の弟子にあたる鴻池宗家の山中氏から、宝暦十三年（一七六三）の大風によって倒壊した鴻池稲荷の再建に際して依頼があり、天明四年（一七八四）に作成されたものである。鴻池家の家譜により、当家が、戦国時代の武将で尼子十勇士のひとり山中幸盛《ゆきもり》（鹿之助）（?～一五七八）の孫・幸元であり、当家発祥の地が伊丹であること、自宅の裏に大池があったことから「鴻池」と称したこと、酒造業によって家業の隆盛に至ったことなどを漢文で詳細に説き、文末に「浪華　中井積徳撰并書」と記している。本資料は、その拓本である。

宮本又次『鴻池善右衛門』（吉川弘文館、一九五八年）によれば、碑そのものは、幕末に何者かに持ち去られたが、明治に入り、骨董屋に出ていたのを鴻池家が買収し、瓦町別邸内の稲荷祠の傍らに建て、その後、昭和の初めに、現位置（伊丹市の鴻池稲荷）に立て直したという。現在は、中国古代の貨幣「布貫」にかたどった砂岩製の碑が、花崗岩製の亀趺（亀形台石）の上に立てられている。また、文は、履軒の『弊帚』にも「鴻池稲荷祠碑」として収録されている。

享保年間、懐徳堂を創設した五同志の一人が鴻池又四《またし》郎《ろう》（山中宗古《やまなかそうこ》）であり、以後、宗家も分家も懐徳堂門人となってその経営を支援した。天明二年（一七八二）の「懐徳堂義金簿」に「鴻池宗太郎」とあるのは、宗古の曾孫宗通であり、鴻池家が代々懐徳堂に貢献したことがわかる。碑文の中にも、「今之大宗子」として幸元七世の孫「元長」、その子で履軒の弟子でもあった「元漸」の名が見える。さらに重建懐徳堂期においても、鴻池善右衛門（鴻池銀行社主）、島村久（鴻池銀行理事）が懐徳堂記念会の発起人に名を連ねるなど、鴻池家と懐徳堂との関わりは深い。

なお、西村天囚『懐徳堂考』は、「関東人は上方人を悪口したがる風」があるとし、その一例として、この履軒の碑文に言及している。それによれば、ある関東の儒者が「竹山は鴻池稲荷記といふを書きて、富豪鴻池を山中鹿之助の子孫なりと記せしより、世に鄙儒の名を取れり」と言ったことを紹介し、これは、竹山と履軒のことを混同しているばかりか、あらぬ中傷を加えたものであると厳しく批判している。

紙製深衣（かみせいしんい）

関係人物名　中井履軒
数量（冊数）　一領
外形寸法（㎝）　丈一二五・〇　幅一五〇・六

中井履軒手製の深衣の模型。明和二年（一七六五）秋、中井履軒は、深衣《しんい》を作製した。深衣とは、中国古代の服で、衣《うわぎ》と裳《もすそ》とをつなげて仕立てたもの。懐徳堂文庫所蔵の中井竹山肖像画（中井藍江《らんこう》筆）で竹山が着用しているのが、これである。履軒は、中国古代の礼制を記した『礼記《らいき》』の記述に基づき、身、裳、袖、衽《えり》などのそれぞれの寸法を記しながら、この深衣の雛形《ひながた》を、反古紙《ほごし》を使って試作した。表面（胸側）には、「身　長二尺二寸」「裳　長四寸五尺」などの書き込みの他、襟と袖口、裾については黒で彩色し、その上に「純（布の端）」と白書するなど、実物を忠実に再現しようとしている。また、裏面（背側）には、「明和二年季秋　履軒幽人製」と記してある。全体に薄く小さな文字が透けて見えるのは、反古紙を使用しているためである。

また履軒は同年冬、『礼記』深衣篇や玉藻《ぎょくそう》篇の内容を考証して『深衣図解』を著した。そこでは、深衣について具体的に図を交えて解説し、また深

紙製深衣　表面

紙製深衣　裏面

衣が古代中国の士大夫の燕服《えんふく》（ふだん着）であることを論じている。この紙製深衣と『深衣図解』とは、とかく中国の礼が観念的に捉えられてきたことに対し、自分の目で確認し、また他者にもそれを明瞭な図解によって示そうとするもので、履軒の実証的な精神を表している。

左九羅帖（さくらじょう）

関係人物名　中井履軒
数量（冊数）　一帖
外形寸法（㎝）　縦二八・五×横一七・一

中井履軒が著した画冊。動植物をわかりやすく描き、その傍らに名称を記す。その筆致は極めて写実的であり、履軒の本草への関心を伝える資料であるとともに、履軒の画才を窺わせる資料ともなっている（但し、画は別人の筆になるとの説もある）。履軒が本草に関心を持っていたことは、履軒抄本『本草目録』（大阪大学懐徳堂文庫蔵）の存在によっても窺える。しかし、一方で履軒は動植物の名称の混乱を憂え、これを正すために本資料を著したとも考えられる。例えば本資料の冒頭には、サクラおよびウグイスが描かれているが、その傍らには「樺」および「青鳥」と記されている。日本で「サクラ」には「桜」字をあてるのが一般的であり、竹山・碩果らは「桜」ではなく「海棠」の字をあてるべきだとした。履軒はこれらをみな非とし、「樺」が正しいとするのである。なお、懐徳堂最後の教授並河寒泉が晩年「桜ノ宮」に住み「樺翁」と号したのも、従祖父である履軒の説に基づくとされる。

なお、大阪府立中之島図書館に弘化五年（一八四八）片山重信《かたやましげのぶ》抄本『樺《さくら》帖』が所蔵されているが、これは本資料を底本として筆写されたものである。また、本資料の解説書である『画觽《えくじり》』は関西大学図書館に手稿本が所蔵されており、『天楽楼書籍遺蔵書目』にも『左九羅帖』とあわせて録されている。しかし、本資料のみが中井家に伝えられ、『画觽』は佚したものと考えられる。『画觽』は『左九羅帖』の解説書であり、事物に対する名称の乱れ、不一致を質すことを目的としている。『左九羅帖』とあわせて、名物学（対象物とその名称の関係を考える学問）における履軒の研究成果を窺い知ることのできる資料である。

本資料は平成十九年（二〇〇七）三月にデジタルコンテンツ化されており、「WEB懐徳堂」で電子ブックとして全ページを閲覧することができる。

聖賢扇（せいけんおうぎ）

関係人物名　中井履軒、中井柚園
数量（冊数）　一握
外形寸法（㎝）　上弦長五四・五　幅一六・四

中井履軒が扇面の表に歴代の聖賢や学者の名を朱筆

し、裏面にはこれらの人々を酒にたとえて評を加えたもの。原本は失われて存しないが、文政三年（一八二〇）に履軒の子柚園《ゆえん》が写したものが残されている。その扇面の記載は、『懐徳』第十七号の吉田鋭雄《はやお》「懐徳堂水哉館《かいとくどうすいさいかん》遺書遺物目録《いしょいぶつもくろく》」に翻刻されている。以下、履軒の評を、表面・裏面を対照させて各々記す。なお、［　］内は裏面の細書。（　）内は本事典編者の注記。漢字は現行字体にし、送りがなを加えるなど、表現の一部を改めた。

表面……裏面

・孔孟（孔子と孟子）……伊丹極上御善酒［賞賛に詞なし］
・漢以来の俗学……諸国の酒［上酒もあり粗酒もあり、処により時によりて様々差別あり、但よきというには限りあり、あしきは限りなし］
・老荘……薩摩あわもり［たまたまに一盞の賞玩、但酒宴に出されぬ］
・釈（仏教）……チンタ［夷狄人はうまがるげな］
・道家……薬保命酒［名目は結構なれど取りあぐる人なし］
・神道……濁醪《どぶろく》［古代はこれにて事すみたるか］
・禅……焼酎［暑中或いは積気おさえに一杯はよき事もあるべし。畢竟は毒と心得たるがよからん］
・程朱（北宋の程明道・程伊川と南宋の朱熹）伊丹並諸白［どちからみても江戸づみづみ、但並酒の古道具を用いて造られたる故、すこしのうつり臭《か》あり。又実《み》が澪《うす》うて足がよわい。ここが御膳酒におよばぬ所］
・明諸儒（明代の儒者）……火入酒［損じたる酒をなおすが手段。但酢き味はなおりたるようなれど灰の気が鼻をつく。さらは酒はなおりたるやあらずや］
・陽明（明の王陽明）……贋伊丹酒［急度伊丹極上御膳酒と印はあれど、実は並酒に焼酎を合わせたるものと見えたり。やはりビイドロの猪口にてまいるべし。間してはいけまい］

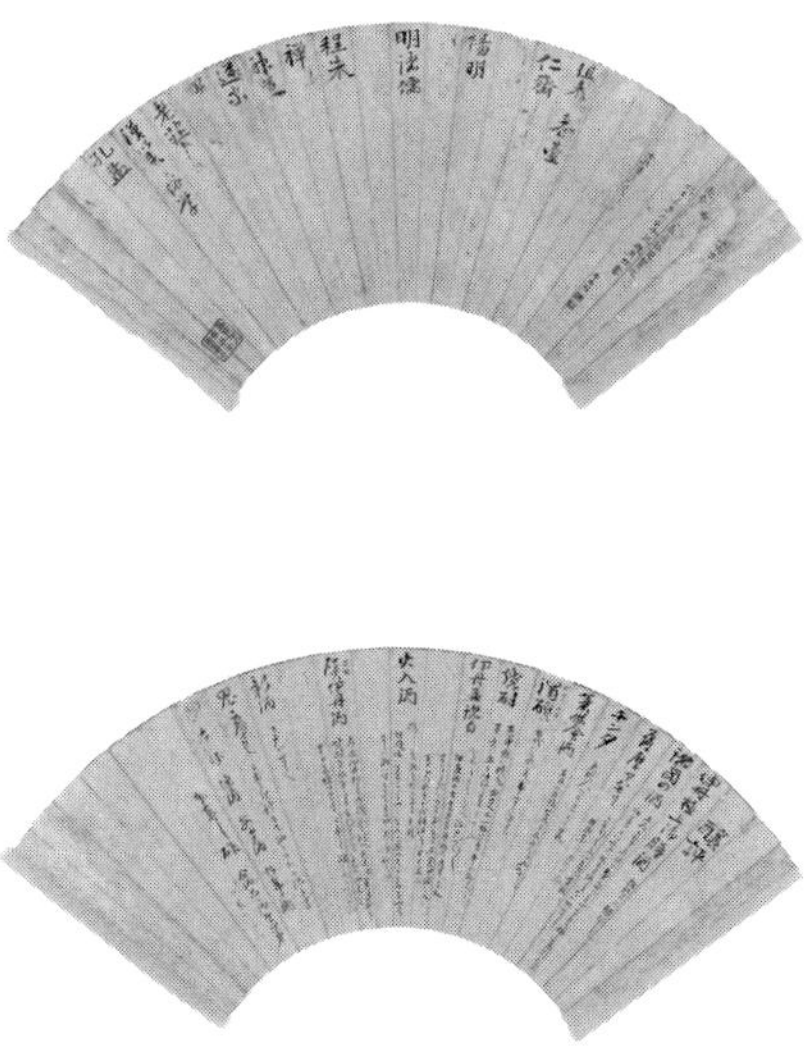

聖賢扇

・仁斎（伊藤仁斎）……新酒［下戸がすく］
・徂徠春台（荻生徂徠と太宰春台）……鬼ころし［あらき計《ばかり》にて酒ともおもほらず］

このように、醸評では孔孟の正統儒学が「伊丹極上御膳酒」として絶讃される一方、漢代以降の儒者、宋代・明代の儒者については徐々に評価が厳しくなり、また、儒家以外の老荘や仏教、神道、禅宗などには手厳しい評価が下され、さらに、荻生徂徠と太宰春台は「鬼ころし」と酷評されている。諸学に対する履軒の評価、特に反徂徠の立場を明快に示す資料であると言えよう。

なお、本資料は平成二十二年（二〇一〇）十二月にデジタルコンテンツ化されており、「ＷＥＢ懐徳堂」で両面を対照させつつ閲覧することができる。

先君子逢原笈蓋表書（せんくんしほうげんおいぶたおもてがき）

関係人物名　中井履軒
数量（冊数）　一枚
外形寸法（㎝）　縦約六×横約二

『七経逢原』を納めていた本箱の蓋の表面に、中井履軒が貼りつけていた紙。「笈」は本箱、「蓋」はふたのこと。この表書のことは、すでに西村天囚『懐徳堂考』でも触れられていたが、最近の調査で初めてその存在が確認された。現在は、変色し、一部虫食いのある表書一枚が「先君子逢原笈蓋表書」と墨書された白い包み紙によって包装されている。ただし、『懐徳堂考』では、この紙は蓋の裏に貼られていたとしている。『天楽楼書籍遺蔵目録』によれば、『七経逢原』を収める「三番」の本箱には、他に、『七経雕題』『通語』『越俎弄筆』等も入っており、また「三番」は、「秘書」「二枚戸錠前」と注記されていて、履軒にとって最も重要な書籍を収蔵した本箱だったことがわかる。

紙の上部中央に大字で記された「假山畚」とは、音読みすると「かさんほん」、すなわち「貸さん本」となる。ただし、「貸さん」は「貸さない」（貸さぬ）の意にも取れるし、「貸そう」（貸さむ）の意に取ることもできる。下部に小字で書かれた「武怒通」の三字は、「『む』『ぬ』（のどちらにも）通ず」と読み、「假山畚」は「貸さぬ本」の意にも取ってもよいし、「貸す本」の意で取ってもよいということを暗示している。つまり、「貸さぬ」という貴重な本であるが、「貸そう」という気持ちも履軒にはあるという謎が理解できる者には、この本箱内の本を貸してやろうという意味である。いかにも遊

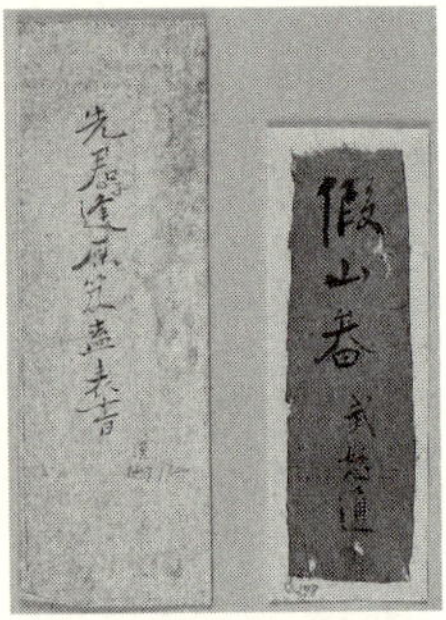

先君子逢原笈蓋表書

び心の豊かな履軒らしい謎かけである。従来、履軒は自己の著述を他人に見せることを頑なに嫌ったとされてきたが、この資料を見る限り、理解できる者には積極的に見せよう（貸そう）としていたのではないかとも考えられる。

天図（紙製）（てんず（かみせい））

関係人物名　中井履軒
数量（冊数）　一面
外形寸法（㎝）　直径四五・〇

中井履軒が天の構造や運行の仕組みを示すために作成した天体図。懐徳堂文庫には、中井履軒手製の二種類の「天図」が収められており、一つは周囲に金箔を施した紙製の天体図で、もう一つは木製の回転式模型である。いずれも、履軒が暦を作成する際の基礎となったと考えられるもので、伝統的な「天円《てんえん》地《ち》方《ほう》」（天空の形状は円形で大地の形状は四角い）の考えに基づいて、円形を成している。

天図（紙製）

紙製の「天図」は、図の真ん中に大きく「天圖」と記し、中央の「氣」を二十八宿《にじゅうはっしゅう》（黄道に沿って天球を二十八に区分し、星座の所在を明らかにしたもの）が取り巻いている。注目すべきは二十八宿の並びが木製の天図と逆であることである。木製天図の視点が地球から見上げるものであるのに対し、この紙製の天図は視点が宇宙にあることがわかる。視点を移動して見るという履軒の相対的な思考がよく窺える資料である。二十八宿の各名称を記した「星天」の外には、「星天即動天矣、即天穀矣」（「星天」は地球の周囲を動く「天」の穀である）と記され、青く塗られている。

また、本図は厚手の板に貼り付けて周囲に金箔を施し、壁に吊り下げられるようになっている。履軒はこの図を壁にかけ、「天は青色の殻があるだけ、その内側は茫々とした気が広がっているだけだ」という自身の宇宙観を来客に語ったのではないか。（詳細は、湯城吉信「中井履軒の宇宙観―その天文関係図を読む」（『日本中国学会報』第五十七集、二〇〇五年）を参照。）

なお、木製の天図については事項参照。

天図（木製）（てんず（もくせい））

関係人物名　中井履軒
数量（冊数）　一面
外形寸法（㎝）　回転板…直径二五・五
台板…縦三一・一×横一九・〇

中井履軒が天の構造や運行の仕組みを示すために作成した木製回転式の天体模型。四角い台板の上に取り付けられている。赤く塗られた中央の円盤が太陽の光の及ぶ範囲を示しており、中心には別紙で太陽とその周囲を回転する紙製の「水胞」「金胞」が取り付けられ、太陽の隣にはこれまた別紙で作られた地球とその周囲を回転する紙製の「月胞」が取り付けられている。赤い円盤の外側には、輪状に切られた木枠に、内側から「火胞」「木胞」「土胞」が記され、その外側の輪は、三十六等分され、そこに二十八宿の所在が示されている。また各輪に付けられた小さな革ひもによって各輪を回転させ、白い小円で示された火星、木星、土星が、地球の周囲を運行する様子を確かめることができる。

ここで注目されるのは、本図が示す宇宙構造が、同じく履軒手製の「方図」と異なる点である。「方図」が地球を中心とした天体構造を示しているのに対し、本図は中心に太陽を置き、水星、金星、地球、火星、木星、土星、二十八宿という配列になっており、一見、本図が地動説に基づいて作成されたかのように見える。ところが実際に中央の赤い円盤を回転させると、回転板の軸が地球にあるため、全ての天体が地球を中心として回転する。このことから、履軒が地動説と天道説とを折衷した修正天道説を採っていることがわかる。『天経或問《てんけいわくもん》』などの書物や、麻田剛立《あさだごうりゅう》などの一流の天文学者との交流から、天文学に関する知識を習得していた履軒は、その知識に

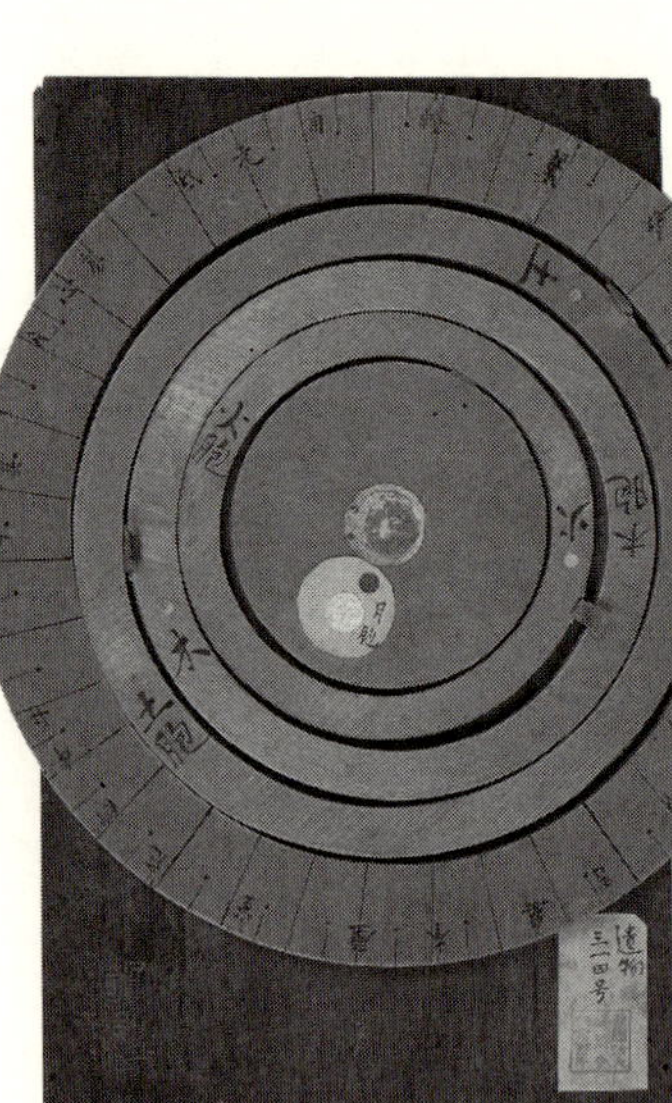

天図（木製）

基づいて模型を作るなどし、宇宙を実感しようとしたと考えられる。

また履軒は、宇宙のような極大の世界を解明することに熱心であったが、その一方で、極小の世界にも多大の関心を寄せており、顕微鏡を使った観察記録を記した「顕微鏡記」も残されている。こうした履軒の自然科学の分野に関する作品は、まさに朱子の「格物致知《かくぶつちち》」（各々の物事の本質までつきつめて知識を深めること）が実践された成果と言えよう。

なお、懐徳堂文庫には、本図よりもさらに詳細かつ厳

密な「天体図解」（付「天体小図」）が所蔵されている。

また、天図（木製）は平成二十一年（二〇〇九）十二月にデジタルコンテンツ化されており、「WEB懐徳堂」で閲覧・シミュレーション操作することができる。

方図（ほうず）

関係人物名　中井履軒
数量（冊数）　一面
外形寸法（㎝）　縦四五・五×横四六・〇

中井履軒手製の天体図。「方」とは大地・国土のことであるが、本図は、同じく履軒手製の「天図」とともに宇宙の構造を示すもので、伝統的な「天円地方《てんえんちほう》」（天空の形状は円《まる》く大地の形状は四角い）の考えに基づいて、四角い厚紙を用いて作られ、周囲には金箔が施されている。また「方図」は厚手の板に貼り付けられ、壁に吊り下げられるようになっている。なお、二十八宿の並びは紙製の天図と同じで、この方図の視点も宇宙から地球へと迫っていった図である。「方図」の中心には「虚」に包まれた地球があり、これを「月胞」「日胞」「星胞」「天」の層が同心円状に取り巻いている。そして「月胞」には月を、「日胞」には太陽を、「星胞」には二十八宿《にじゅうはっしゅう》（黄道に沿って天球を二十八に区分し、星座の所在を明らかにしたもの）の星座の形を描いている。ただし、このように地球を中心に据えていることから、本図が天動説によっていることがはっきりとわかる。

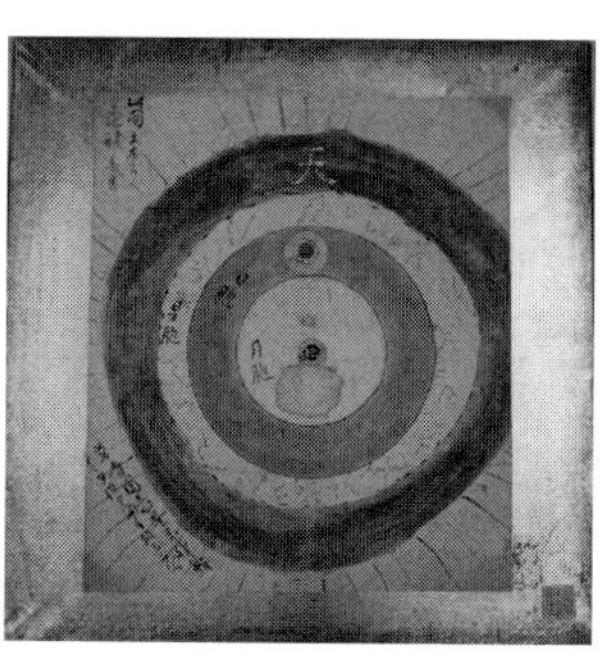
方図

また注目されるのは、「天」の外に「華胥国王曰是ヨリ外ハ我イマタ往タル事ナキ故シラズ」と記されている点である。「華胥国王」とは履軒自身のことで、履軒は自分の住まいを「華胥国」という伝説上の理想郷に見立て、自身を「華胥国王」と称していた。「往タル事ナシ」とは、観測が及ばないというくらいの意味であろう。履軒は、実証主義的立場から、「天」の外にさらなる宇宙が存在するか否かについて、観測などによって確認ができない以上、安易に結論を出さず、敢えて未詳としているのである。また逆に言えば、履軒は、観測可能な範囲を「天」と定義したのである。また図の左上に「此図土木火三胞脱、未悉」（この図は土木火の三胞が欠けており、完全なものではない）と記されている。履軒は宇宙の全体像を示すためのこの図では、日胞を包む土木火の三胞を天胞に含まれるものとして省略したのである。いっぽう地球と惑星との位置や運動を説明するための木製天図では「土胞」「木胞」「火胞」が「月胞」「日胞」を取り巻くように作られている。「天図」「方図」については、湯城吉信「中井履軒の宇宙観―その天文関係図を読む」（『日本中国学会報』第五十七集、二〇〇五年）に詳しい。

潮図（ちょうず）

関係人物名　中井履軒
数量（冊数）　一面
外形寸法（㎝）　縦三三・一×横四四・四

月の位置によって変化する潮汐の満干を示す中井履軒手製の模型。薄手の板に貼り付けられた厚紙の中心に地球を置き、それを包む形で「虚」「月胞」「日胞」が広がる。この内、「虚」と「月胞」は別紙で作られ、「月胞」の上に描かれた月が地球の周囲を回転するようになっている。地球を取り巻く青い部分は海水で、青い下地が多く露出している地点では満潮が、そうでない地点では干潮が起こっていることを示す。回転部分の中央が楕円形にくり抜かれているため、これを回転させると、満潮箇所は月の後を追うように地球の表面を移動する。毎日、約十二時間に一回、満干が起こるのは、実は月の公転ではなく地球の自転によるのだが、本図は、履軒が月は地球の周囲を一日で一周すると考えていたことを示している。潮汐の干満が月の出入と連動することは、観測によって古くから知られていたが、その原理を解明したのはニュートン力学であり、地球の表層部分が、月側では月の引力が地球の遠心力に勝り、月の反対側では地球の遠心力が月の引力に勝るため、海水が月に対して前後に伸びると説明される。この理論に従えば、満潮は常に月が南中したとき起こることとなるが、実際は地形や海深の影響を受けて複雑な動きをするため、例えば日本近海では月の南中より約六時間遅れて観測される。この『潮図』を見ると、満潮と月が直角に位置しており、『潮図』がいかに厳密に作成されているかがわかる。

潮図

この満干現象の発生原理を履軒がどう考えていたのかについては、履軒の潮汐論を受けた山片蟠桃が「潮汐ハ月ニ随フテ干満ス。何ノ謂ヲシラザレドモ、ソノ由縁ナキニシモアラズ。月は地ヲ心トシテメグリテ間断ナシ。尤地ニ近シ。ユヘニソノ力ヲ以テ海水ヲ推スナリ」（『夢の代』）と述べているのが参考となる。確かに履軒の『潮図』では、海水が押されゴムまりのようにひしゃげている。また、干満に及ぼす太陽の引力の影響についても、蟠桃は「朔望ノ前後ハ潮平日ヨリ干満甚シ。コレ日ノ力ヲ添ルナリ」（同前）と言及している。こうした履軒や蟠桃の潮汐研究は、単なる科学的興味によるものではなく、当時の海上運送に関わる実学研究であり、履軒が熱心に暦を作成したのも、一つには潮汐の満干周期を知るためと考えられる。

中井履軒肖像画（なかいりけんしょうぞうが）

関係人物名　中井履軒、三村崑山
数量（冊数）　一幅
外形寸法（㎝）　縦一一七・五×横三六・〇

中井履軒の肖像画。筆者未詳。描線の様子からみて、下絵の段階のものであると推定される。上部に履軒の墓誌銘の拓本が貼られている。懐徳堂文庫には、同一の構図の肖像画がもう一枚蔵されているが、そちらの方は、膝や机の位置がやや不自然であり、恐らくこの肖像画から模写されたものではないかと考えられる。西村天囚『懐徳堂考』によれば、「履軒の容貌は魁秀《かいしゅう》」で顔の輪郭が非常に大きく、また両眼の大きいことが、その特徴であったという。この肖像は、『懐徳堂考』の伝える風貌によく合致している。

上部の墓誌銘は、履軒の高弟・三村崑山《みむらこんざん》の撰によるもの。一句四文字の韻文で、「卓《たか》いかな厥《そ》の才、醇《あつ》いかな厥の学。洙泗《しゅし》の源を探り、末流の濁れるを澄ます。古《いにしへ》を攷《かんが》ふること精微にして、識　先覚を超ゆ　厳なるも克《よ》く裕く　高潔にして俗を絶つ　千歳まで朽ちず　永く懿《い》徳《とく》を欽《つつし》まれん」と訓読できる。おおよそ以下のような意味であろう。履軒先生の才能は何と高く、学問は何と厚いことか。先生は孔子の学問（洙泗は、洙水とその支流泗水に挟まれた土地のこと。孔子の生地であり、没した地でもある。転じて孔子の学問を言う）の本源を探究して、現世の学問の濁りを取り除かれた。経書や史書などの注釈は精緻で、その学識は先人の学問を遥かに越えている。その人となりは厳格ではあるが寛大で、無欲で心が気高く、世俗とかけ離れていた。その徳はいつまでも朽ちることなく、後世の人々に敬われるであろう。

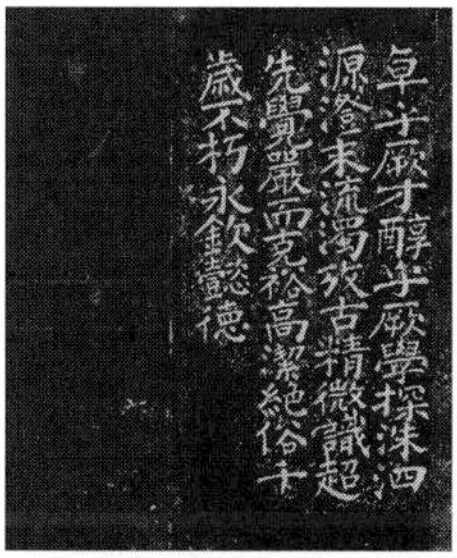

墓誌銘拓本

中井履軒肖像画

昔昔春秋（せきせきしゅんじゅう）

桃太郎の話を本にしつつ、猿蟹合戦やかちかち山など他の昔話を取り合わせた物語。『春秋』の体裁に擬している点に特色があり、その文章は作文の手本とすべきものとして高く評価された。作者について、中井履軒と伝えられているが、西村天囚によれば、『昔々春秋』の著者は水戸の長窪赤水《ながくぼせきすい》、あるいは履軒門下の讃岐出身者。履軒は『左伝』になぞらえた猿蟹合戦の文章を著しており（「解師伐袁図《かいしばつえんず》賛」）、それが『昔々春秋』の粉本《ふんぽん》（下敷きとなったもの）になったという。

百首贅々（ひゃくしゅぜいぜい）

百人一首に対して詳細な注釈を加えた中井履軒の著書。手稿本は早くに散逸したが、懐徳堂の門人清水中《しみずちゅう》洲《しゅう》の所蔵本（履軒の門人竹島簣山《たけしまきざん》が履軒手稿本を書き写したもの）をもとに、明治二十五年（一八九三）、中井木菟麻《つぐま》呂《ろ》が活字本として印行した。巻首の「自序」「百首考」に続き、一首ごとに精細な解釈が施されている。履軒は漢詩を作るとともに和歌も好み、また「歌のすがた」「かすめ歌」などの歌論も多数著した。履軒は、「喜怒哀懼愛悪欲」の「七情」の無い歌は和歌ではないと排除し、また『古今和歌集』を高く評価した。序詞や枕詞などの伝統的な技巧を用いることを重視する履軒は、思う心をありのままに詠むのを歌であるとする立場を「神道者ノ僻言《へきげん》ニ類」するものとして批判しているが、それは『万葉集』を重視して技巧を否定した賀茂真淵らの歌論に対する批判であった。なお、福島理子氏による解説・翻刻が『百人一首注釈書叢刊18』（和泉書院、一九九七年）に収められている。

昔の旅（むかしのたび）

関係人物名　中井履軒、中井竹山
数量（冊数）　一冊
外形寸法（㎝）　縦二四・六×横一六・〇
懐徳堂文庫図書目録該当頁　国書六三上

中井履軒が執筆した紀行体の物語。明和八年（一七七一）春、中井履軒は兄の竹山とともに中井家の出身地である龍野《たつの》を訪れた。履軒はその体験をもとに、昔の文章博士一行の旅という設定で、和文の紀行文的な物語に仕立てた。「昔の公家の世界」に設定された虚構ではあるが、その内容と登場人物は基本的に事実に基づく。

『昔の旅』には、三月三日夜の出発から三月二十四日の別れまでが記されている。如月の頃、文章博士（竹山がモデル）のもとに播磨国の揖保《いぼ》（龍野）に住むおじ「岡の翁」（竹山・履軒の伯父、伯元《はくげん》がモデル）から、会いたいという手紙が届いた。年老いて病に伏すおじを見舞うため、三月三日の夜、博士は弟の内記（履軒がモデル）や二人の文章生らとともに揖保へ旅立った。道中、名勝を愛で、人情に触れて、和歌や漢詩を読む。揖保では、親族と旧交を温め、一族の墓参をし、また当地の孝女貞婦に金品を贈るなどをして励ました。その後、博士は赤穂の父方の祖父の墓参、内記は長谷の母方の祖父の墓参に向かう。上津の知人宅で一泊し、墓参を終えた内記は、さらに杉坂峠を越えて美作に住む稲垣子華《いながきしか》（一七二三～一七九七）のもとへ向かった。揖保に戻った内記は、博士とともに揖保川を下り、瀬戸内の遊覧を楽しむ。このように二十日足らず滞在した後、別れを惜しみつつ、帰路に着いた。

　本書には、稲垣子華や「よし」、「親にけうふかきをうな」（はつ）、「教順が妻」（さん）といった実在の孝子貞婦が登場する。これらの人物はみな幕府・領主から褒賞を受けており、懐徳堂の重要な社会活動である孝子貞婦顕彰活動の実態を知る手がかりにもなる。

　なお、「中井履軒撰『昔の旅』翻刻訳注および解説」（『懐徳堂センター報2005』、二〇〇五年）に翻刻訳注がある。また、懐徳堂記念会のホームページで公開されている「懐徳堂史跡マップ」では、おすすめルート「中井履軒『昔の旅』―孝子稲垣子華を訪ねる旅―」として、『昔の旅』に描かれている場所や懐徳堂ゆかりの地をめぐるルートを紹介している。

5 中井蕉園・中井碩果

中井竹山の子として名を残したのは、第四子の蕉園《しょうえん》、第七子の碩果《せきか》である。ともに、竹山・履軒のような巨大な業績を残すことはできなかったものの、懐徳堂の伝統の継承に大きな役割を果たした。

蕉園は詩賦・文章に特異な才能を発揮して、「一宵十賦」「七歩二首」などの逸話を残し、頼山陽から「文妖」と評された。また、竹山を継いで第五代教授に就任した碩果は、懐徳堂の学風の保持に努めて閉鎖主義的傾向に陥り、学問的には大きな発展をもたらすことはなかったが、一方で、理財の才をいかして懐徳堂の財政を立て直し、多くの蔵書・備品を増やした。

中井蕉園（なかいしょうえん）［一七六七〜一八〇三］

中井竹山の第四子。名は曽弘《そうこう》、字は伯毅《はくき》、通称は淵《えん》蔵《ぞう》。号は蕉園・仙坂《せんぱ》。仙坂は船場にちなむという。母は革島順《かわしまじゅん》。明和四年（一七六七）、懐徳堂内に生まれる。家学を受け、懐徳堂預り人となる。詩賦文章に長じ、歴史書『越史』（未定草稿）を著し、また、『周易』『礼記』『春秋左氏伝』などの経書の欄外に細字の書き入れを行った。手記『雕蟲《ちょうちゅう》自《じ》為《い》』からは、蕉園が父竹山の期待に応えようと日夜読書に励んだ様子が窺える。竹山の期待を担っていたが、享和三年（一八〇三）、三十七歳の若さで亡くなった。

一宵十賦（いっしょうじっぷ）

中井蕉園の詩賦の才能を示す逸話。蕉園は、父・竹山の期待を担って成長し、また学問的才能に恵まれていたが、特に、詩賦の才に優れていた。寛政四年（一七九二）、蕉園二十六歳の春、自らの才能を試そうとして、父・竹山に賦題を請った。竹山は天象・地理・草・木・禽獣・虫・魚・器用・人事から各々一題を選んで課題とし、蕉園はそれに応えて、「露」「川」「芭蕉」「海棠」「鶏」「猫」「鈴虫」「金魚」「印」「読書」の十首の賦を午の刻から子の刻までの間に速成した。しかし、本当に即席で作ったの

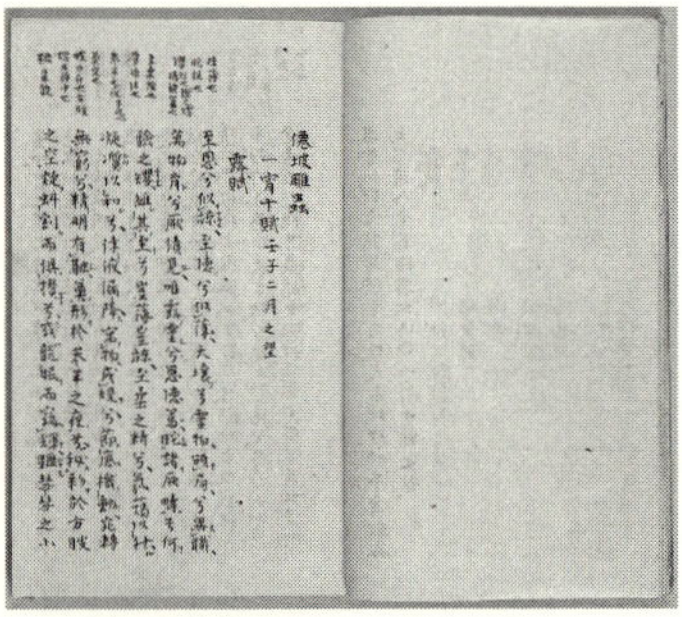

雕蟲篇所収　一宵十賦

かと人に疑われたため、翌年、再度、新たな賦題を請い、竹山から与えられた人事に関する「天爵」「嘉遯」「得志」「失意」「畏」「怒」「哀」「楽」「自悼」「自叙」の賦題で十首を完成させたという。なお、この時の計二十賦は、蕉園の賦集『雕蟲篇《ちょうちゅうへん》』に収められている。

文妖（ぶんよう）

中井蕉園の文章の才能を評した頼山陽のことば。角田《つのだ》九華《きゅうか》『続近世叢語』（弘化二年［一八四五］刊）巻三文学下に「中井蕉園、詩藻敏捷、嘗て自ら己が賦才を試さんと欲して、其の父竹山に白して賦題を請い、一宵に十賦を作ること再びす。時に年二十六。頼山陽称して文妖と曰う」とある。ただし、蕉園が一宵十賦を行った年は、頼山陽十三歳の時に当たるので、これは、後の評語である。

七歩二首（しちほにしゅ）

中井蕉園の詩賦の才能を示す逸話。七歩あゆむうちに詩を作り、それを二度行ったという。また、同様の逸話として、一晩の間に、与えられた賦題で十賦を完成させたという「一宵十賦」がある。また、暑気払いのため線香が燃え尽きるまでに毎日七律の詩二首ずつ計六十首を作ってまとめたという『炎窓代睡《えんそうだいすい》』一巻、蝋燭が燃え尽きるまでに作ったとされる「観螺杯記《かんらはいき》」六百六十四言なども、同様の文才を示すものである。

木司令（もくしれい）

懐徳堂で使用されていた樫製の柝《たく》（ひょうしぎ）。開講を告げる合図として用いられた。絵馬のような五角形で、上二辺の中程にそれぞれ鉄製の釣具がつけられており、そこに縄をかけて吊り下げられるようにしてある。材は、上辺各二〇・〇cm、下辺三八・八cm、左右辺各二二・四cm、厚さ四・三cm、重さ三・四kgの重厚な樫木である。

表面には「木司令」の三字が、また裏面には「一令而寤、再令而顧、三令而聚、執簡而馳、莫余敢違、紘于斯、誦于斯、以終余始」との字句が、ともに陰刻され、白い顔料で埋められいる。銘文はともに中井蕉園の筆に係る。

表面には、木槌の痕が残っており、実際に懐徳堂で使用されていた器物として注目される。木槌の方は残念ながら失われて存しないが、重建懐徳堂期に作製された複製品が残っている。「司令」とは指揮・監督の意。また裏面の文「一令で寤《さと》り、再令で顧《かえり》み、三令で聚《あつ》まり、簡を執《と》って馳《は》せよ」からは、この柝を三度に分けて打ち鳴らし、学生たちに徐々に準備を促したことが分かる。

なお、中井桐園・並河寒泉時期の幕末の懐徳堂の様子を記す中井終子「安政以後の大阪学校」（『懐徳』第九号、一九三一年）によれば、学校預り人の書斎の床の間に「古風な日本流の時計が二つ掛つて居て、いつもヂリヂリと校内に時を報じて居た」という。また、講堂内に新式のランプがあったことについて、「こんな時代に、此様な珍しい新式のランプを十五六も揃えて、此の舊式の講堂へ輸入したのは、全く父桐園の計ら」いであったと記すことからすれば、理財に力を発揮した桐園の時代に、これらの器物が購入・設置されたことが分かる。

　この「木司令」は、その後、明治四十四年（一九一一）の懐徳堂記念祭（師儒公祭）の式典進行の合図としても使用され、また、大正五年（一九一六）に再建された重建懐徳堂でも使われていたという。

　いずれにしても、本資料からは、喧噪にまみれた現代とは違って、静寂に包まれていた懐徳堂に、時を告げる乾いた音が響き渡っていた様子を想像することができる。

蕉園首書周易（しょうえんしゅしょしゅうえき）

関係人物名　中井蕉園
数量（冊数）　五冊
外形寸法（cm）　縦二三・〇×横一六・〇
懐徳堂文庫図書目録該当頁　漢籍三下（経部、易類）

　中井蕉園による『周易』の注釈書。享保九年（一七二四）京都今村八兵衛刊本を用いて、その欄外に注釈を書き入れている。全二十四巻。この『周易』のテキストは、『周易伝《しゅうえきでん》義《ぎ》』とも呼ばれ、明の永楽年間（一四〇三～一四二四）に編纂された『周易大全《しゅうえきたいぜん》』を底本とし、「上経・下経」「繋辞伝」「説卦伝」「序卦伝」「雑卦伝」という構成になっている。またその書名は、文字通り、程子の『伊川《いせん》易伝《えきでん》』と朱子の『周易本《しゅうえきほん》義《ぎ》』を合わせたものという意味である。この『伊川易伝』と『周易本義』は、易学に新しい局面を開いた書物であり、宋代以降の程朱学者にとって、両者の説をいかに統合していくかが一つの大きな課題であった。蕉園はこのテキストの体裁を踏襲するとともに、内容的にも、『周易大全』によっており、『周易大全』から、朱子の説を中心に、宋元の儒者の説を数多く引用している。

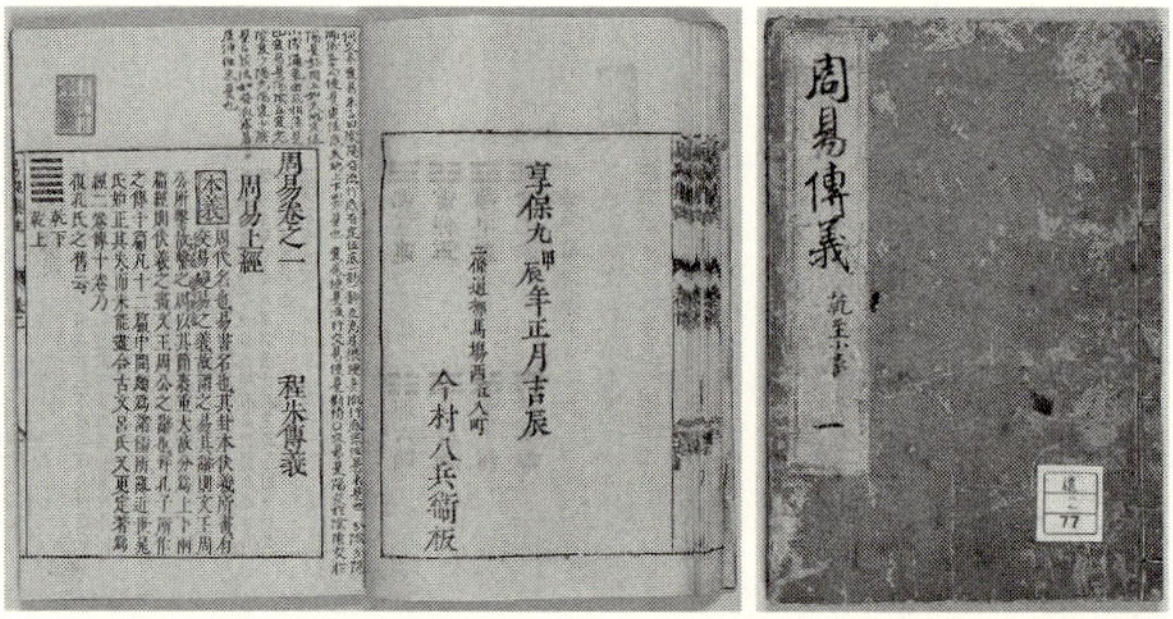

蕉園首書周易

　また蕉園は、『詩集伝』『礼記集説』『春秋左伝』、そして『四書集註』にも書き入れをしているが、いずれも蕉園独自の注釈というよりは、大半が中井履軒の『雕題』あるいは『雕題略』からの引用であり、ほとんど履軒の注釈書の「抄本」に近い。これに対してこの『周易』の書き入れは、中井竹山の『易断』や履軒の『周易雕題』『周易雕題略』と内容的に重なる部分が少なく、他の書き入れ本のように、「叔父曰」あるいは「伯父曰」という形で、履軒や竹山の説を引く箇所が見られない。このことから、蕉園が必ずしも履軒の説に全面的に従わず、独自の解釈を模索していた可能性を推測することができる。

蕉園首書詩経集註（しょうえんしゅしょしきょうしっちゅう）

関係人物名　中井蕉園
数量（冊数）　四冊
外形寸法（㎝）　縦二三・〇×横一六・一
懐徳堂文庫図書目録該当頁　漢籍八上（経部、詩類）

『詩経集註』に対する中井蕉園の自筆書き入れ本。全十五巻。『詩経』は、中国古代の歌謡を集めた本で、儒教の経典のひとつ。『詩経集註』は、南宋の朱熹が『詩経』に対して注釈を施したものである。その享保年間刊本『詩経集註』に対して、蕉園が書き入れを施したものが、この本である。

書名について、刊本の内題は『詩経集註』であるが、蕉園はそれを『詩集傳』と訂正し、「集註當作集傳他倣此（「集註」は当に「集傳」に作るべし。他此に倣《なら》う）」と書き入れている。さらに、各冊の書き題簽にも「詩集傳」と書いている。

詩経本文の韻字には、左上に朱で押韻《おういん》の記号を附している。朱子の注文には、朱子が毛伝・鄭箋を引用している部分に傍点を施し、朱子が孔疏を引用している部分には圏点を施している。また、欄外には蕉園自身による書き入れがある。その際、「伯子曰」「夫子曰」として中井竹山『詩断』の説を引き、「仲子曰」「履軒先生曰」として中井履軒『詩雕題』『詩雕題略』などの説を引き、「坡案」「坡云」「坡曰」として自説を述べる（中井蕉園の号は仙坡《せんば》）。蕉園による自説の書き入れとしては、テキストの校勘や、朱子の注の批判などがあるが、その数は少ない。しかし、独自の説が少ないのは、この注釈作業を完成させることができなかったからである。蕉園は、まず『詩経』を読みながら、竹山・履軒たちの説を実に几帳面に書き入れていっ

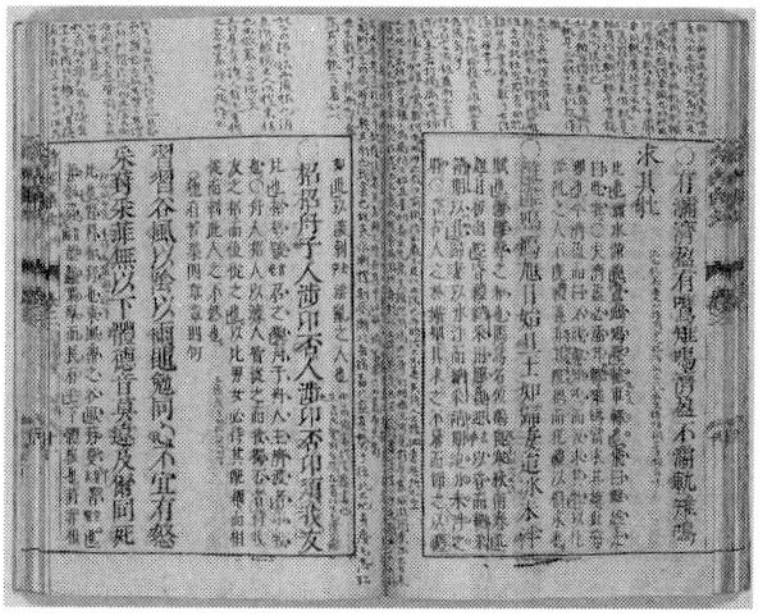
蕉園首書詩経集註

た。蕉園の手記である『雕《ちょう》蟲《ちゅう》自為《じい》』によれば、彼は少なくとも二十四歳、二十七歳、三十四歳の時に『詩経』を読んでいる。この本の書き入れはその時になされたものであろう。その後は、自説を発展させていくはずだったに違いない。しかし、蕉園は享和三年（一八〇三）、三十七歳の若さでこの世を去り、この注釈作業はここで中断された。

蕉園首書礼記集説（しょうえんしゅしょらいきしゅうせつ）

関係人物名　中井蕉園
数量（冊数）　十冊
外形寸法（㎝）　縦二三・一×横一六・一
懐徳堂文庫図書目録該当頁
漢籍一〇上（経部、礼類、礼記之属）

中井蕉園が『礼記』についての注釈を書き入れたもの。全三十巻。『礼記』は、中国古代の社会規範である「礼」についての文献を集めた本である。『礼記集説』は、元の陳澔《ちんこう》が著した『礼記』に対する注釈書である。この注釈は朱子学の立場から『礼記』に注釈を施したものであり、明代の『五経大全《ごきょうたいぜん》』のひとつ『礼記大全』は、この陳澔『礼記集説』をもとにして作られた。懐徳堂文庫所蔵の本書は、享保九年（一七二四）に京都の今村八兵衛が刊行した刊本『礼記集説』の欄外に、中井蕉園が書き入れを施したものである。『礼記』本文に、墨筆で訓点が施され、また、同じく墨筆で欄外に書き入れが施されている。書き入れのほとんどは「叔子曰」として履軒の説（『礼記雕題略』）を引用するものである。自説の書き入れが少ないのは、この注釈が準備段階で終わってしまったからである。

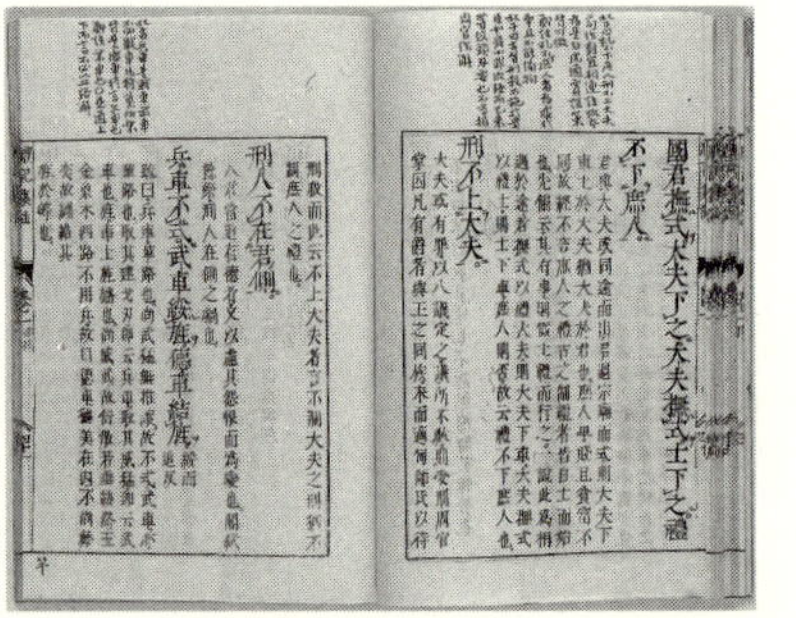
蕉園首書礼記集説

蕉園の手記である『雕《ちょう》蟲《ちゅう》自為《じい》』によると、彼は少なくとも二十八歳、三十五歳の時に『礼記』を読んでいる。特に三十五歳の年すなわち享和元年（一八〇一）は、集中的に『礼記』に取り組んだ一年だったようである。この本の書き入れはその時になされたものだと考えられる。全十冊のすべての版心にその篇名を朱書して、検索しやすくしていることからも、その後もこの『礼記』をノートとして書き入れを続けていく予定だったと思われる。しかし、蕉園は享和三年（一八〇三）に三十七歳の若さでこの世を去り、注釈作業も完成することはなかった。

蕉園首書春秋左氏伝（しょうえんしゅしょしゅんじゅうさしでん）

関係人物名　中井蕉園
数量（冊数）　十五冊
外形寸法（㎝）　縦二四・六×横一四・〇
懐徳堂文庫図書目録該当頁
漢籍一一下（経部、春秋類、左伝之属）

中井蕉園が『春秋左氏伝』（儒教経典の『春秋』に対する解釈のひとつ。以下『左氏伝』と略記）の本文および杜預《どよ》（二二二～二八四。西晋の学者で、『左氏伝』の注釈である『春秋経伝集解』を著した）の注に関する諸説を欄外に書き付けたもの。明の金蟠《きんばん》が校訂した永懐堂本《えいかいどうぼん》『左氏伝』の欄外に、全編にわたって中井履軒『左氏雕題略』の説を「雕曰《いわ》く」として写し、その他、孔穎達《くようだつ》（五七四～六四八。唐の学者で、杜預の注の注釈『正義』を選定した）や顧炎武《こえんぶ》（一六一三～一六八二。明末清初の学者で、客観的実証的な清朝考証学の祖とされる）などの諸説を書き付け、さらに「坡《は》曰く」「坡案《あん》ずるに」として蕉園自身の見解も記している（蕉園は「仙坡」とも号した）。自筆稿本。

蕉園は詩文の才に優れ、かつ経学（儒教経典を研究する学問）の研鑽に励んだ人物で、端正な細字でなされた『左氏伝』の書き入れからも、その人柄が想像される。履軒の経学において、『左氏伝』に対する説は特に前人未発の卓見とされるが、蕉園はその叔父の学説を丹念に転写することで、その学識を吸収しようと努めたのであろう。

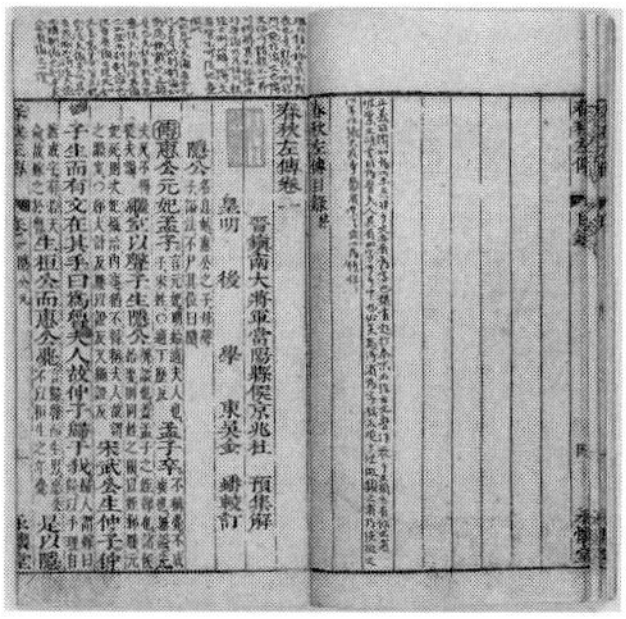

蕉園首書春秋左氏伝

「坡曰く」として記される蕉園の説は、杜預や孔穎達の説への批判的な見解が多いが、彼が傾倒した履軒の説に対しても、それとは異なる自説を記している。例えば、『左氏伝』襄公二十六年の記事に、味方を三百人も殺した敵を追撃できない孫蒯《そんかい》に対して父親の孫林父が「厲之不如（厲にもこれ如かず）」と告げたとある。杜預はこの「厲」を「幽霊」の意味として「幽霊にも及ばぬやつめ」と解釈し、履軒は「厲」を「よからぬ病」の意味として「よからぬ病に罹ったものは多くが物乞いになる、『物乞いめ』などとののしる言葉だ」と解釈する。これに対し、蕉園は、『礼記』壇弓篇に「殺厲」の語が見え、その注に「『厲』とは疾病なり」と有るのを根拠に、「『病人にも及ばぬやつめ』と、その臆病さを病人にたとえた言葉だ」と解釈している。

東莱博議（とうらいはくぎ）

関係人物名　中井蕉園
数量（冊数）　三冊
外形寸法（㎝）　縦一八・八×横一二・六

懐徳堂文庫図書目録該当頁
漢籍一一下一二上（経部、春秋類、左伝之属）

中国南宋時代の儒学者である呂祖謙《りょそけん》（一一三七～一一八一）の著『東莱博議』（『左氏博議《さしはくぎ》』『東莱左氏博議《とうらいさしはくぎ》』ともいう）に、中井蕉園が、文字の誤りを正し、批点《ひてん》（文章の特に注意を要する箇所のかたわらにうった点）を打ち、簡単な批評を付したもの。「東莱」は呂祖謙の号。『東莱博議』の和刻本全四冊に書き込みをしたものと思われるが、現在第一冊を欠く。呂祖謙は、朱子と陸象山《りくしょうざん》との学問上の対立の調和をはかり鵝湖《がこ》の会を催したことで知られるように、折衷調和の学問傾向があるが、一方で実学を強調した。実用を追求する彼の思想は、朱子学と対立した永《えい》嘉学派《かがくは》（功利学派）とも関係が深く、利と義との峻別を批判する点などは、懐徳堂の学風にも通じる。

『東莱博議』は、科挙の論文試験対策として、『春秋左氏伝』（以下『左氏伝』）中の治乱得失（治世と乱世、成功と失敗）を記した記述を選び、それに対する見解を論述したもので、乾道四年（一一六八）頃の成立という。蕉園はこの書に文章表現上の批正・批評を行っている。例えば、斉の桓公が諸侯を葵丘《ききゅう》の地に集め、覇者として同盟を主催したという『左氏伝』僖公九年（前六五一）の記事にからめ、呂祖謙は、「天下を治めたものには、みな期する所（心に堅く誓った目標）があった。ある程度の到達点に満足するようでは、その到達した地位さえ保持できぬ」と述べ、それを喩えて「駿馬が峻坂（急な坂）を駆け上がる、その途中に足を休める場所があろうか」と表現する。これに対して蕉園は「駿馬と峻坂との比喩は当を失す」と評している。

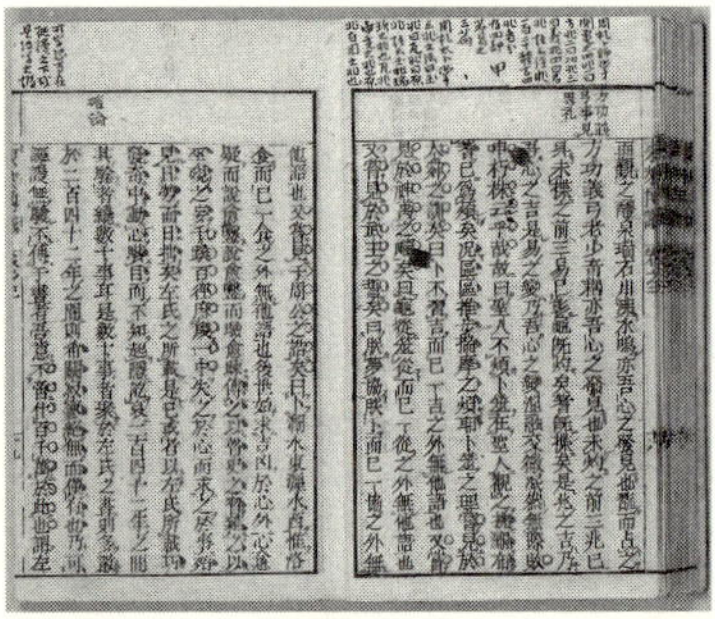

東莱博議

また、内容についても評を加えている。呂祖謙は卜筮《ぼくぜい》について述べて「聖人はすぐれた『心』で判断し、卜筮に頼ったのではない。後世、人は『心』で判断せず、めったに当たらぬ卜筮に頼るようになってしまった。『左氏伝』中に卜筮の的中が記されているという人があるが、『左氏伝』二百四十二年間に的中した記事はわずか数十だけ、的中せずに記録されなかったものは数えきれぬ」という。これに対して、蕉園は「確論」と記して賛意を示している。懐徳堂の学者たちは理性的認識を欠いた神秘説を排斥し、『左氏伝』中の神秘的な記述については竹山・履軒もでたらめとして否定している。蕉園も同様の見解を持っていたことが見てとれる。

雕蟲自為（ちょうちゅうじい）

関係人物名　中井蕉園
数量（冊数）　一冊
外形寸法（㎝）　縦一九・三×横一三・一
懐徳堂文庫図書目録該当頁　国書一三上

中井蕉園の備忘録。蕉園の手録で、表紙には「雕蟲自為　語辭」と自書してある。蕉園は『雕蟲篇』という賦集も残しているが、「雕蟲」とは篆刻をするような細かい技術のことで、文学を謙遜していう時に使う。「自為」とは「自分でする」という意味、あるいは「自分のためのもの」という意味で名づけたのだと思われる。蕉園がいろいろなことを書き留めた手記である。

前半は、賦の題、印の図案、用語の整理などが記されている。後半は「月課」と題して二十四歳以降の読書計画が記されている。例えば、「月課」の辛亥の年（寛政五年［一七九三］）、二十七歳の読書計画を見てみる。この年には『詩経』『論語』『孟子』『大学』『中庸』『（春秋）左伝』『世説（新語）』『近思録』『朱子語類』を読む計画を立てた。もちろん、経書などはすでに読んでいるはずであるが、この年には、『大全』『注疏』『蒙引』などの注釈を読んでいこうという計画である。その他に、夏には「算詩」すなわち算数と詩作をし、夜には『（資治）通鑑』を読む予定であった。これらのうち、朱で圏点《けんてん》が施されていない『世説（新語）』以外は、すべて読破したようである。父竹山の期待に応えようと、日夜読書に励んだ様子が窺える。この計画は、四十二歳以後の「日夕『大（日本）史』而已（昼も夜も『大日本史』だけを読む）」まで予定されていたが、惜しいことに蕉園は享和三年（一八〇三）に（おそらく肺結核で）亡くなった。三十七歳であった。

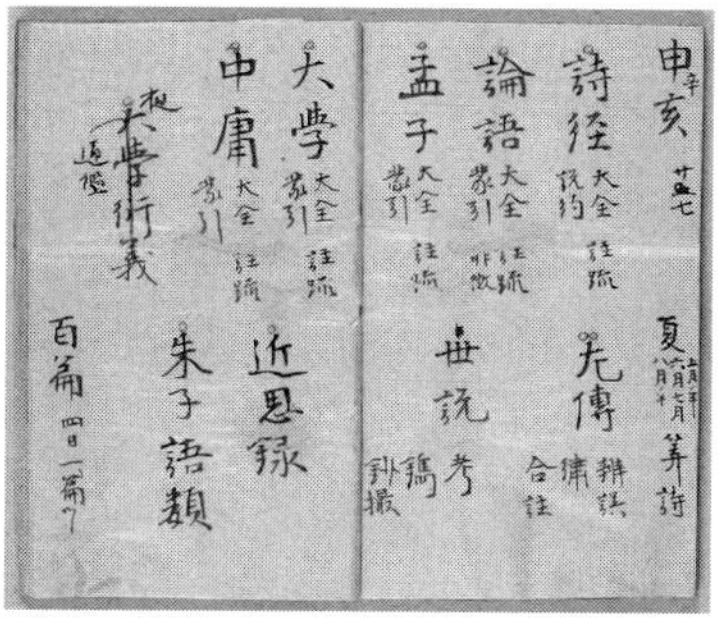
雕蟲自為

越史（えっし）

関係人物名　中井蕉園
数量（冊数）　一冊
外形寸法（㎝）　縦二四・三×横一六・五
懐徳堂文庫図書目録該当頁　国書三〇上

中井蕉園が著した歴史書。中井蕉園の手稿本。紀伝体《きでんたい》（年代順ではなく、人物別に著された歴史書）の形式で書かれたもので、「越世家《えっせいか》」と「直江兼続《なおえかねつぐ》・本荘繁長《ほんじょうしげなが》・上《かみ》条義春《じょうよしはる》・宇《う》佐《さ》美《み》定満《さだみつ》・本荘慶秀《ほんじょうよしひで》・松原親憲《まつばらちかのり》・斉藤柿寄色部」の七人の伝とからなる。現在見られるものは、上《うえ》杉景勝《すぎかげかつ》（上杉謙信の養子で、豊臣秀吉に仕えた五大老の一人）

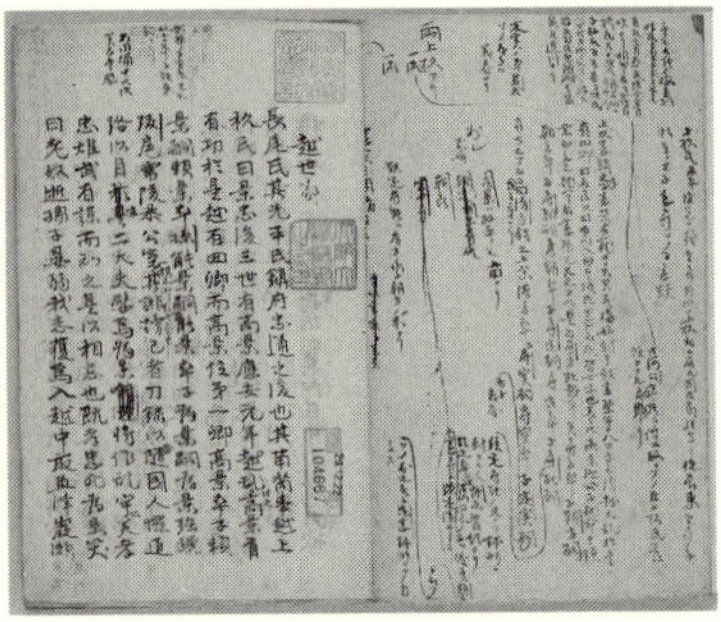

越史

時代の越後に関するものだけであるが、以下の事実から、もっと広範な時代・地域を含めた歴史書の未完草稿と思われる。

・表紙に『越史　上下』とあるが、現存するのは不分巻一冊のみであること。
・紀伝体の核になる「本紀」（帝王の伝記）が見あたらないこと。
・本文中の至る所に推敲の跡が見られること。
・表紙の裏表共に、和文の下書きと思われるものが大量にあること。
・その中に「信玄団扇ノコト、ウソナリ」など、武田信玄と思しき名が散見すること。

　蕉園には『甲越外史』二巻の著作があるので、あるいは何らかの関係があるものかもしれない。蕉園は中井竹山の第四子として、明和四年（一七六七）に生まれ、詩文を作ることにかけて天才と評されていたが、享和三年（一八〇三）、三十七歳で早世した。従来、蕉園の事績については、ほとんど研究されることはなかったが、この資料からは、蕉園もまた、懐徳堂先人の歴史学を継承していたことが窺える。父・竹山は『逸史』を、叔父・履軒は『通語』を、それぞれ著しているが、いずれも単なる歴史記録ではなく、虚伝を排して史実を明らかにし、その上で、歴史上の人物や事件の倫理的批判を行なうことを目的としていた。こうした先人の影響を受け、蕉園もまた、史書編纂に関心を持っていたものと思われる。

雕蟲篇（ちょうちゅうへん）

関係人物名　中井蕉園
数量（冊数）　二冊
外形寸法（cm）　縦二三・八×横一六・四
懐徳堂文庫図書目録該当頁　国書七四上

　中井蕉園の賦集。「雕蟲」とは、篆刻をするような細かい技術のことをいい、ここでは賦を作ることを謙遜していっている。蕉園は寛政四年（一七九二）自らの賦才を試みるべく、父竹山に賦題を請い、一晩に賦を十編作った。翌年にそれをもう一度試みた。この本はその二十賦を浄書した手稿本である。ゆえに、この二冊の本を『一宵十賦《いっしょうじっぷ》』『後一宵十賦《こういっしょうじっぷ》』とも言う。蕉園は文学的才能に恵まれ、後に頼山陽から「文妖《ぶんよう》」と称されたと言われる。

　一冊目は題簽に「雕虫篇　又称一宵十賦　前後全」と

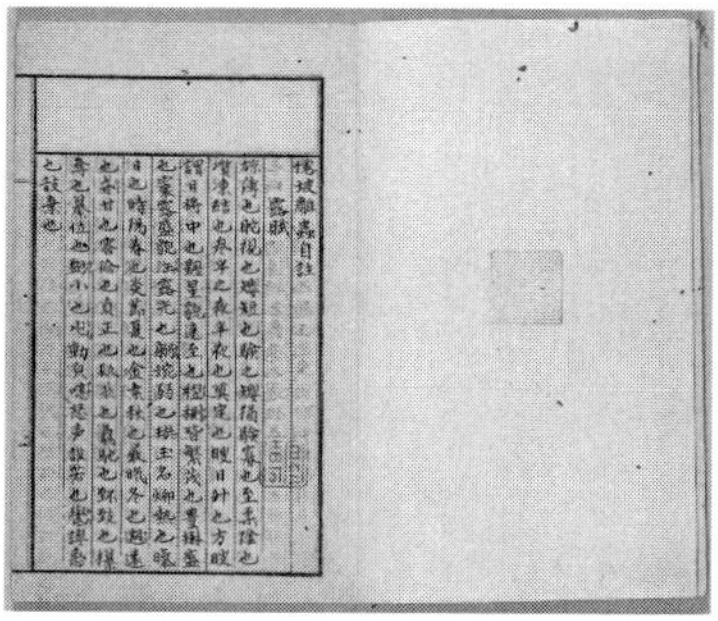
雕蟲篇自註

あり、蕉園の序と贅言、および竹山の与えた賦題の後に、「一宵十賦」「後一宵十賦」が収められる。巻末には附録として「與脇子善書」を収める。二冊目は題簽に「雕虫篇自註　全」とあり、雕蟲篇に自ら注釈を施している。

また、懐徳堂文庫は中井蕉園手稿の『一宵十賦前編』を蔵する。この本は草稿であり、中井竹山、履軒の朱批《しゅひ》が入っている。その他、懐徳堂文庫は中井蕉園手稿の『雕蟲篇』二冊も蔵する。

中井碩果（なかいせきか）［一七七一～一八四〇］

中井竹山の第七子。名は曽縮《そうしゅく》、字は士反《しはん》、通称は七郎。号は碩果・抑楼《よくろう》。石窩《せきか》とも記す。号の「碩果」は、『周易』剥卦上九の「碩果不食」（碩《おお》いなる果食《このみくら》われず）にちなむ。文化元年（一八〇四）、竹山の死去に伴い、三十四歳で懐徳堂第五代教授となる。ただし、その際には、履軒が名目上の学主を務めており、両者の具体的な出講関係は未詳である。同十四年（一八〇七）、履軒の死去により、教授（学主）となった。妻は頼山陽《らいさんよう》の母梅颸《ばいし》の従妹（義理の姪）。天保三年（一八三二）、履軒の次男柚園の子の桐園を養子に迎えた。

懐徳堂の学風の保持に努めたため閉鎖主義的傾向に陥り、学問的には大きな発展をもたらすことはなかったが、一方で、理財に長じていた碩果は、同志からの寄付金もあって懐徳堂の財政を立て直し、多くの蔵書・備品を増やした。碩果の詩集として『篪集《ちしゅう》』がある。なお、大塩平八郎も、幼時に碩果に教えを受けている。碩果は大塩平八郎の乱の四年後、天保十一年（一八四〇）、七十歳で病没した。

閉戸先生（へいこせんせい）

中井碩果の内向的性格を評した西村天囚のことば。岩村南里の碩果祭文に「其の世儒と交游せずして一方に割拠し、人の知るを求めざりしは、亦其の天性にも出けん。然れば交道極めて狭くして、社友故旧の外は、応酬甚だ希なりき」とある通り、外向的性格ではなかった。碩果の妻は、頼山陽の母・梅颸《ばいし》の姪《めい》であり、頼山陽との交遊はあったが、それでも父竹山の『奠陰集《てんいんしゅう》』を山陽が正座せずに読んだことに憤り、その後に予定されていた山陽との船遊びにも赴かなかったという。天囚は『懐徳堂考』において、こうした碩果の性格や逸話を踏まえ、碩果を「閉戸先生」と称した。

懐徳堂夜話（かいとくどうやわ）

懐徳堂学舎において、夜の講義の後に語られた談義を漢字片仮名交じり文で記録したもの。全二巻一冊。談者は中井碩果、筆録者はその門人の野村広善である。西村天囚旧蔵の原本が現在、懐徳堂文庫所蔵となっており、吉田鋭雄《はやお》の校訂による翻刻が、『懐徳』第十五号（一九三七）に掲載されている。当時の懐徳堂では、二四七九のつく日に夜講が開かれていたが、その講義の後、碩果は門人と雑談を交わした。その中で記録しておくべき有益な話をまとめたのが本書である。天保七年（一八三六）九月二十二日から同十年十月二十二日まで、すなわち碩果六十六歳から六十九歳までの記録である。

内容は、日付の後に当日の夜講で講じられたテキスト名をあげた後、夜話を筆録している。例えば、天保八年六月十二日の夜講は『孟子』と記されているが、その日の夜話では米価高騰が話題となり、碩果は「日本は結構な土地」でどこでも米ができるが、「オロシヤなどは、千里も通ふ間に米一粒も出来ざる土地あり。清土（中国）もそれ程にはなけれども、日本のやうにはなし」と述べている。いずれも当日の講義とは直接関係のない談義ではあるが、当時の世相や懐徳堂の特質、教授の人柄などを具体的に示す貴重な資料である。

第4章――懐徳堂の周辺

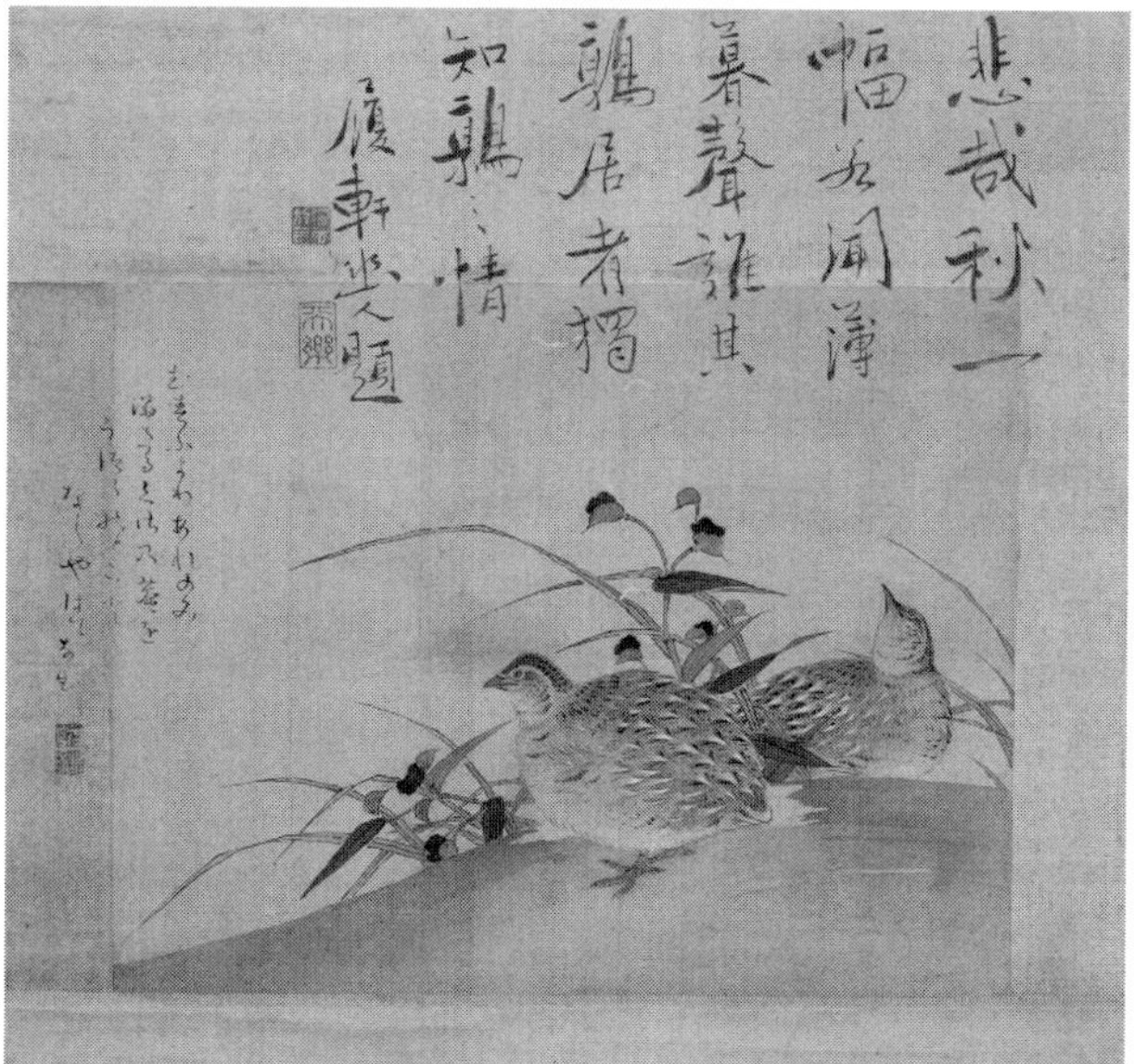

中井履軒・上田秋成合賛鶉図

1　懐徳堂と政治

「経済」とは、「経世済民」の略で、世を治めて民の生活を調整するという意味である。懐徳堂で講じられていたのは、朱子学を中心とする中国の思想であったが、それは、現実を離れた机上の空論ではなく、具体的な経世に主眼を置くものであった。そのため、懐徳堂学派の活動も、時の政治と密接な関係を持つこととなった。

特に、懐徳堂の完全官学化を目指した中井竹山は、老中松平定信との会見の機会を得て、その経世策を具申した。『草茅危言《そうぼうきげん》』と名づけられた竹山の経世策は、寛政の改革に大きな影響を与えたとされる。また、懐徳堂学派の歴史観は、『大日本史』の筆写や中井履軒の『通語』に見られる通り、明確な正閏論（大義名分論）として表明された。さらには、朝鮮通信使やロシア軍艦ディアナ号との関係など、懐徳堂は日本の政治的動向と深く関わりながら、その歴史を刻んでいったのである。

堀田正邦（ほったまさくに）［一七三四～一七七二］

近江宮川藩の四代藩主。享保十九年（一七三四）、三代藩主堀田正陳《まさのぶ》の子として生まれる。寛延二年（一七四九）に従五位下出羽守に叙せられ、宝暦三年（一七五三）に藩主となる。宝暦八年（一七五八）に大番頭になり、明和五年（一七六八）から大坂在番となる。

大坂赴任以前から中井竹山を尊敬し教えを受けていたが、来坂後は竹山を頻繁に館に招き、さらには城への毎月三度の講釈を招請した。竹山の送迎は降雨の時には乗り物を用意するなど丁重なものであったという。竹山の詩文集『奠陰集《てんいんしゅう》』には、正邦に贈った詩が数首収められている。また正邦は、竹山を大坂城代の松平乗佑《まつだいらのりすけ》に紹介するなどしている。

その後、二条城に転任してからも、竹山を月一度は京都に招いて講義を受けていた。安永元年（一七七二）、正邦が江戸に帰る際に竹山も同行して江戸に出たが、江戸に着いて間もなく正邦は三十八歳で死去し、竹山は数ヶ月の江戸滞在ののち大坂に帰った。この時、竹山は正邦の推挙で幕府に士官しようとしていたのだと、西村天囚『懐徳堂考』は竹山の詩を引いて指摘している。

松平定信（まつだいらさだのぶ）［一七五八～一八二九］

江戸中期の政治家。字は貞卿、号は旭峯・楽翁・花月翁・風月翁など。江戸の人。八代将軍吉宗の孫に当たる。奥州白河藩主を経て幕府老中に就任、寛政の改革を推進した。当時の学界は、徂徠学派、仁斎学派、折衷学派などが流行して、相対的に朱子学は低迷していた。こうした事態に対し、朱子学を養護する立場から、寛政二年（一七九〇）、松平定信の老中就任に際して、昌平黌では朱子学以外の講義を禁ずる旨が発令された。これを、寛政異学の禁という。定信は文化政策を重視し、多くの儒者を登用した。

これに先立つ天明八年（一七八八）、定信は来坂し、中井竹山を招聘して政務を諮問した。これに感激した竹山は、後日脱稿した『草茅危言《そうほうきげん》』を松平定信に送っている。竹山のまとめた経世の論『草茅危言』は、定信の寛政の改革に大きな影響を与えたとされる。

なお、竹山の弟の履軒は貴人と会うことを好まず、松平定信が竹山から履軒の評価を聞いて興味を示し、会いに来た際にも、挨拶もせずに会うのを避けたという。

寛政異学の禁→四九頁

高辻胤長（たかつじたねなが）［一七四〇〜一八〇三］

京都の公卿。元文五年（一七四〇）、京都に生まれる。名は初め世長、後に胤長、字は延年《えんねん》。高辻家とは、本姓は菅原氏で菅原道真の後裔に当たる。極官《ごっかん》は権大納言。

胤長と中井竹山・履軒との関係は深く、胤長は履軒を学問の師として京都に招いたり、菅原氏の学問を復興しようとして、竹山に『建学私議』を書くように命じたりしている。また堀田正邦が竹山を知ったのも胤長の紹介ではないか、と小堀一正は指摘する。また、光格天皇が胤長に、竹山の書は見たことがあるが、履軒のものは見たことがない、履軒はあまり書を書かないようだ、と下問されたことが機縁となって、前川虚舟《まえかわきょしゅう》から竹山・履軒に「天子知名」と刻んだ印が贈られもしている。寛政八年（一七九六）に権大納言に昇り、享和三年（一八〇三）、六十四歳で没。著作に『享和度辛酉改命改元一会』などがある。なお西村天囚『懐徳堂考』では、「高辻黄門」の名でしばしば登場するが、黄門とは中納言の唐風の呼び名である。

社倉私議（しゃそうしぎ）

関係人物名　中井竹山
数量（冊数）　一冊
外形寸法（㎝）　縦二七・三×横一七・七
懐徳堂文庫図書目録該当頁　国書一一下

中井竹山が「社倉」について論じた経済政策の上申書。安永三年（一七七四）上申。「社倉」とは、飢饉に備えて米を貯蓄しておいたり、その米を農民に貸し付けたりす

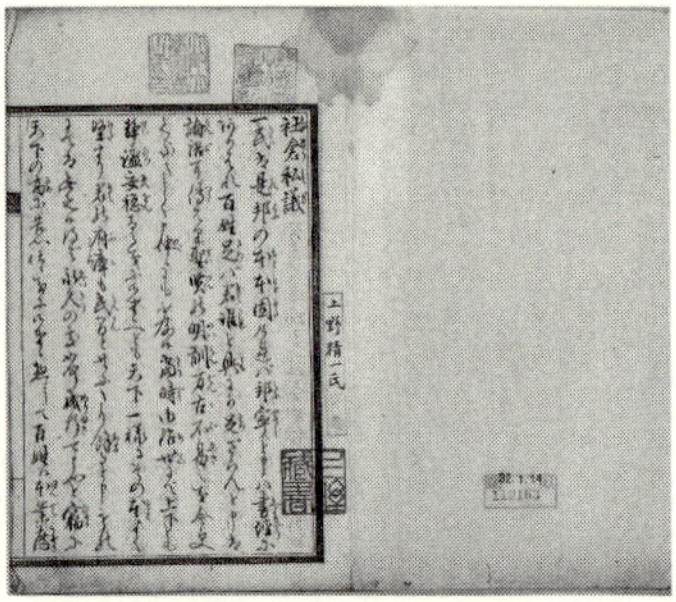
社倉私議冒頭部

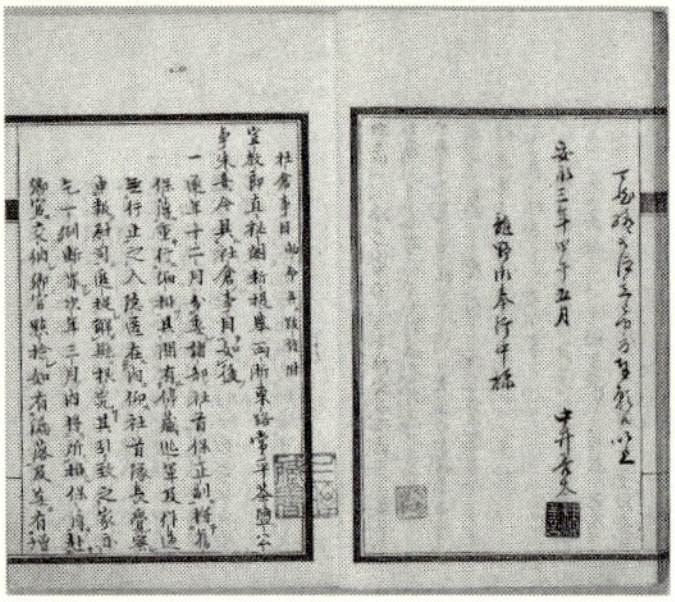
同・中井竹山跋文末尾と「社倉事目勅命并跋語附」冒頭

る制度。竹山は、播州龍野藩の藩主脇坂侯に、この制度を実施することを提起した。これはその上申書の手稿本である。

寛政六年（一七九四）跋の拙修斎叢書本には、巻末に附録として「社倉之事」という文がつけられている。これは、拙修斎叢書本『社倉私議』を刊行する際、彼の著書である『草茅危言《そうぼうきげん》』の中に社倉の概要を説明した文章があったため、それを附録としてつけたものである。しかし、この手稿本にはそれがない。そのかわりに朱子の文集から、社倉に関する記録などを書き抜いた「社倉事目　勅命并跋語附」がつけられている。

この本は全五十六葉からなり、一葉から二十四葉までは「社倉私議」、二十五葉から五十六葉までは「社倉事目　勅命并跋語附」となっている。

竹山が提起した「社倉」の実施法は、次のようである。毎年、藩と民間から掛米を千石ずつ拠出し、それを社倉に積み立てる。藩主はその掛米を借り上げ、藩の借金の返済にあてる。藩主は借り上げた掛米の利足米を、毎年社倉に出し、それを利米とする。五年後には、利米が二千石になるので、それを社倉の元米とする。この社倉の元米を民間に貸し付けたり、窮乏の際に使う。後にこの政策は、竹山の弟子の小西澹斎《こにしたんさい》により、龍野藩で実施された。

吉田鋭雄《はやお》「懐徳堂水哉館遺書遺物目録」（『懐徳』第十七号）が、「（『社倉私議』の）手稿本は散佚して遺書中にない」と記していることから、当時この手稿本は懐徳堂の蔵書ではなかった。この本には「月明荘」の印記が二カ所見られ、反町茂雄の弘文荘を経た本であることが分かる。その他に「上野蔵書」の蔵書印、「上野精一氏寄贈」の寄贈印があることから、上野（元懐徳堂記念会理事、朝日新聞社社主）が弘文荘から買いそれを懐徳堂記念会に寄贈したものだと考えられる。なお、懐徳堂文庫は、この手稿本の他に、寛政六年（一七九四）跋の拙修斎叢書刊本『社倉私議并附録』も蔵有する。

草茅危言（そうぼうきげん）

関係人物名　中井竹山
数量（冊数）　五冊
外形寸法（㎝）　縦二二・一×横一五・六
懐徳堂文庫図書目録該当頁　国書一二上

中井竹山による経世の論。時の老中松平定信《まつだいらさだのぶ》の求めに応じて献上したもの。中井竹山手稿本。献上に際して竹山は正副二部を作成したようで、この本はその副本であると思われる。「草茅」は、草むら、転じて民間・在野の意。「危言」は、『論語』憲問篇の「邦、道有れば、言を危くし行ないを危くす」（国に正しい道が行われている時は、言葉も行動も正しくする）という、孔子の言葉に基づいたもの。在野の士・竹山が、太平の世にあって自分の意見を忌憚《きたん》なく述べた、という趣旨の命名と思われる。

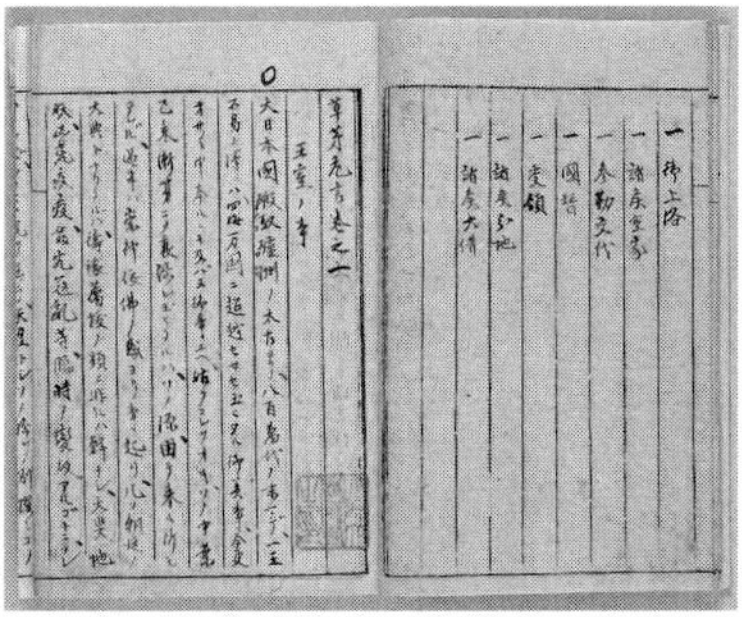
草茅危言巻一「王室ノ事」冒頭部

自序には、「愚《ぐ》（自分を謙遜して言う）の茲《こ》の編を腹稿《ふくこう》（あらかじめ腹の中で文章の大体をまとめておくこと）すること久し」とあるので、この書に著した内容については、以前から構想していたようである。

著作としてまとめられた経緯については、西村天囚『懐徳堂考』に詳しい。それによれば、天明八年（一七八八）六月四日、柴野栗山《しばのりつざん》（寛政の三博士の一人）の推挙により、竹山は大坂滞在中の松平定信に召見され、政務について諮問された。その後、「以来何事に依らず存じ寄り候《そうろう》義ども、追々申し上げ」るよう、定信から伝えられた。その内命に従って、自らの国家・社会・学問等に対する意見を著し、同年、最初の一巻を献上した。全五巻の完成は寛政三年（一七九一）である。なお、松平定信は、竹山との会見の前年、天明七年（一七八七）に老中に就任している。老中が直接、市井の儒者に諮問するというのは、極めて異例のことであり、当時の竹山の評価がいかに高かったかを物語っている。後の寛政の改革において、『草茅危言』は多大な影響があったとされている。

なお本書は、昭和十七年（一九四二）、懐徳堂記念会から、刊本が出版されている。

大日本史（だいにほんし）

水戸藩の二代藩主・徳川光圀によって事業が開始され、明治三十九年（一九〇六）に完成した漢文の歴史書。その編纂のために設置された彰考館《しょうこうかん》の総裁を、三宅石庵の弟・観瀾《かんらん》が務めている。江戸時代には水戸藩において、また明治維新後も引き続き水戸徳川家によって編纂事業が継続された。神武《じんむ》天皇から南北朝時代末期の後小松天皇の治世までが、中国の正史にならって紀伝体で書かれている。本紀七十三巻、列伝百七十巻、志百二十六巻、表二十八巻の合計四部三百九十七巻、別に目録五巻。元禄十年（一六九七）に本紀が、さらに光圀の没後の正徳五年（一七一五）に列伝が脱稿、享保五年（一七二〇）、幕府に献上された。

　史料によりつつ皇統の正閏《せいじゅん》並びに人物の評価を定めることを目的とし、神功皇后を皇妃伝に、大友皇子を本紀にそれぞれ入れ、また南朝を正統とする。その編纂と改訂には、塙《はなわ》保《ほ》己《き》一《いち》ら多くの学者が関わり、また長年にわたる編纂事業によって、水戸学と呼ばれる独自の学風が生まれた。

　懐徳堂では、明和八年（一七七一）ごろから『大日本史』の筆写が総力をあげて行われ、一部が懐徳堂に納められた。その筆写者は三十七名、校訂者は三宅春楼・中井竹山・履軒・加藤景範の四名であった。安永五年（一七七六）には、津和野藩家老の依頼を受けた頼春水《らいしゅんすい》（頼山陽《らいさんよう》の父）がその懐徳堂本を借用し、筆写している。

正閏論（せいじゅんろん）

　歴史を大義名分より解釈し、王朝の正統を厳密に問う論。「正」は正統、「閏」は正統でない天子の位の意。日本においては、主に南北朝時代の分裂期について、南朝と北朝とのどちらを正統な皇統と認めるかの議論を指す。懐徳堂学派の立場は、中井履軒の『通語』にうかがうことができる。『通語』は保元の乱より南北朝の終焉に至る、およそ二百六十年間についての歴史書である。その中で、履軒は尊王斥覇《そんのうせきは》（皇室を尊び覇王を斥けること）の論を展開し、大義名分論の立場から、南朝を正統と認めている。また、三宅観瀾《みやけかんらん》が編集に関わった『大日本史』も南朝正統論を採っており、懐徳堂ではこれを筆写している。

通語→一四五頁

大坂町奉行（おおさかまちぶぎょう）

　元和五年（一六一九）、大坂が幕府直轄地となった時点で設置された要職。知行高千〜三千石の旗本が任じられた。下僚として公用人・取次・大目付・書翰がおり、加えて東西奉行付属の与力各三十騎、および同心がいる。当初、大坂城の京橋口に東西町奉行所が隣接してあったが、享保九年（一七二四）の大火により西町奉行所は本町橋の東側に移転した。東町奉行所については一色直温旧蔵の平面図・鳥瞰図（『大阪市史』に付図として収録）があり、西町奉行所の絵図は幕末に東西の奉行を務めた川《かわ》村修就《むらながたか》の旧蔵資料として神戸市立博物館が所蔵している。また、西町奉行の日記として新見正路《しんみまさみち》（東北大学附属図書館蔵）と久須美祐明《くすみすけあきら》（筑波大学付属図書館蔵）のものが知られる。

東西の町奉行（各一人）は交代で月番をつとめ、大坂市中にくわえ摂津・河内・和泉・播磨四カ国の民事・刑事にあたった。しかし、任務に比して人員の不足は深刻で、優れた与力・同心の確保は町奉行の実務ひいては功績に直結していた。ここに奉行が下僚に文武の訓練を求める動機があり、町奉行が懐徳堂の学主を招いて『貞観政要』『論語』の講義を開き、与力同心の子弟に漢文の素読を勧めたことが知られる（『懐徳堂外事記』『新見正路日記』など）。一方、奉行との関係は懐徳堂にとっても重要であった。両者の関係は、享保十一年（一七二六）、中井甃庵が懐徳堂の官許を得、さらに四年後には町奉行より永代拝領地として懐徳堂用地が与えられたことで本格化するが、当初の関係は、甃庵と歴代町奉行との人的関係による恩恵としての性格が強かったようである。そのため甃庵を嗣いで預り人となった中井竹山は、官許「学校」としての懐徳堂の地位を固めるべく尽力した。懐徳堂の諸特権や奉行所との関係を、『懐徳堂外事記』『学校公務記録』として記したのも、その一つといえよう。また、竹山は『草茅危言』の中で「奉行代官は民を親むの重任」とし、属吏の与力同心は「皆地付の身にて、掌《しょう》故《こ》に熟し世機を諳《そらん》ずる故（世間の事情に通じているから）、因縁して奸を営む事限りなし」と断じ、その是正のため、懐徳堂を幕府の「学校」とする必要があると主張する。「学校」で儒学を修めた武士による統治が、町奉行・竹山双方にとって理想とされていたことが看取できる。

朝鮮使聘礼（ちょうせんしへいれい）

李氏朝鮮国王が日本国王に派遣した「朝鮮通信使（または朝鮮来聘使《らいへいし》）」と徳川将軍との国書交換の儀礼。江戸時代には、新将軍就任の祝賀通信使を中心として、計十二回の使節派遣があった。原則として江戸城で国書が交換されたが、文化八年（一八一一）は両国の財政事情悪化によって対馬での聘礼となった。これを易地《えきち》聘礼と称し、時の老中松平定信の決定によるが、これには中井竹山の影響があったとされ、また、懐徳堂と関わりの深い龍野藩主脇坂安董《わきさかやすただ》が責任者となって挙行された。竹山に学んだ儒臣小西澹斎《こにしたんさい》・藤江貞蔵・股野嘉善らも対馬に同行した。

ロシア軍艦の応接（ろしあぐんかんのおうせつ）

安政元年（一八五四）、ロシア軍艦ディアナ号が大坂湾に寄港した際、並河寒泉・中井桐園が通辞を命ぜられたこと。ロシアの海軍中将プチャーチンは、日本との条約締結の特命を受け、嘉永六年（一八五三）七月、長崎に来航。一旦退去の後、同年十二月に再び来航したが、幕吏筒井《つつい》政憲《まさのり》、川路《かわじ》聖謨《としあきら》らとの交渉も不調に終わり長崎を退去。安政元年九月十八日、大坂（天保山沖）に寄港した後、下田に回航し、同年十二月、日露和親条約を締結した。この大坂湾寄港の際、懐徳堂の並河寒泉・中井桐園は、応接史官を命ぜられ、漢文による筆談に備えた。二人は懐徳堂の授業を休講として毎日詰め所に出張した。二人はその功により、白銀七枚を下賜され、寒泉はその顛末を「拝恩志喜」と題した漢文に記した。

拝恩志喜→二一九頁

陵墓調査（りょうぼちょうさ）

幕末に行われた陵墓に関する全国的な調査。江戸時代には儒学や国学の発展で尊王思想が広まり、長らく荒れるに任された陵墓（天皇・皇后らの陵とその他皇族の墓）も調査や補修が行われるようになった。とりわけ幕末には、朝廷の伝統的権威の象徴として陵墓に関心が注がれ、公武合体策をとった幕府は、朝廷や尊王勢力の要求に応えて調査補修を行った。その総仕上げが、文久二年（一八六二）から慶応元年（一八六五）にかけて朝廷と連携して行われた全面的な陵墓の調査・修築事業、いわゆる「文久の修陵」である。

幕末の懐徳堂も「文久の修陵」に結実する陵墓調査に関わった。安政二年（一八五五）四月十九日、並河寒泉は大坂東町奉行所において河内所在の山陵（天皇陵）について文献・実地の両面からの調査を委嘱された。大坂町奉行佐々木信濃守から直々に「祖先の並河《なびか》誠所《せいしょ》の『五畿内志』（官撰地誌の先駆的著述）の遺業を継いで調査してほしい」と依頼された寒泉は、祖先尊崇の念に奮起して二年以上におよぶ調査研究に従事した。

寒泉は、資料の収集・考察などの準備を整え、安政二年八月十四日から十八日までと安政三年六月二十一日から二十八日までの両次にわたり実地調査を行なった。第二回の調査には京都の陵墓研究家の谷森善臣《たにもりよしおみ》と鈴鹿《すずか》筑《ちく》前守《ぜんのかみ》（吉田神社社家）が参加し、寒泉と共同で調査を行っている。一連の調査結果は『仲津山陵考』『仲哀帝陵考』『仁賢帝陵考後案』『允恭帝陵考』などの報告書にまとめられ奉行所に提出された。これらの控えや写本は天理大学附属図書館と宮内庁書陵部に所蔵されている。

寒泉の陵墓調査は後の文久の修陵に貢献したと考えられる。文久の修陵で陵墓治定に重要な役割を果たした調方《しらべかた》（調査研究班）の代表が谷森善臣で、谷森は前述の共同調査の後も例えば寒泉撰『河内陵図』を借り受けるなど資料の貸し借りを行い、親密な交流を続けたからである。また文久の修陵の実務を担当した宇都宮藩の幹部は、着工に先立ち、それ以前に陵墓調査に熱心に取り組んだ人物をリストアップして引き続き協力を得ようと図ったが（縣勇記『修陵雑記』）、そのリストには名立たる陵墓研究家と並んで「大坂　並河復一」（復一は寒泉の通称）と見える。幕府への恩義を感じ、尊王の念も篤かった寒泉にとって、陵墓調査は幕命に応じて尊王にも貢献できる意義ある任務であった。なお、寒泉の陵墓調査報告書については、矢羽野隆男『変革期における大坂漢学の研究―懐徳堂を中心に―』（科研費報告書、二〇一五年）に解題がある。

御城入儒者（おしろいりじゅしゃ）

文久三年（一八六三）五月に大坂城に設けられた儒官。当時の大坂城代であった松平伊豆守信古《のぶふる》（三河吉田藩主）によって懐徳堂の並河寒泉《なびかわかんせん》（一七九七～一八七九）・中井《なかい》桐園《とうえん》（一八二三～一八八一）、梅花書屋の後藤松陰《ごとうしょういん》（一七九七～一八六四）、泊園塾の藤沢東畡《ふじさわとうがい》（一七九四～一八六四）が任命され、大坂城内の城代屋敷で経書の講義が行われた。当初、広瀬旭荘《ひろせきょくそう》（一八〇七～一八六三）も任命を受けたが、病気や池田への転居を理由に辞退している。

文久三年三月、孝明天皇による攘夷の要求に屈する形で、徳川家茂《いえもち》は家光以来二百三十年ぶりに将軍として上洛した。四月二十一日から五月十一日まで大坂城に滞在した際、「御城入医者と同様に学者も選任せよ」との命が下され、五月下旬に御城入儒者への任命が通達された。御城入儒者が新設された理由として、この時期は安政の大獄を始めとして儒者の処刑者が多かったため、儒者の不満を鎮めるためであったと考えられている。もっとも儒者の大坂城への御城入は幕末に初めて行われたのではない。寛政二年（一七九〇）大坂城代の堀田正亮《ほったまさすけ》が、城中在勤の好学の士のために御城入と称して中井竹山《なかいちくざん》を招請した前例がある。天明八年（一七八八）に老中松平定《まつだいらさだ》信《のぶ》が来坂の折に竹山を宿舎に招いた流れを受けてのことである。

並河寒泉の日記『居諸録《きょしょろく》』には、御城入儒者に任命された翌年の元治元年八月二十五日に、城代からの御城入講義への出講依頼を載せる。それによると、毎月の三日と二十日の昼に中井桐園に『論語』講義、並河寒泉に『逸史《いっし》』講義を、毎月の九日と二十七日の昼に後藤松陰に『大学』講義、藤沢東畡に『詩経』講義を依頼している。大坂城代は五万石前後の譜代大名から選任される幕府高官で、御城入儒者は大坂城への出入りに大手門の通行を許されていた。幕府の権威が低下していたとはいえ、名誉ある役職であった。

中川宮と懐徳堂再興運動（なかがわのみやとかいとくどうふっこううんどう）

困窮した懐徳堂の再興を望む中川宮《なかがわのみや》（一八二四～一八九一）の意向を受けて並河寒泉《なびかわかんせん》が展開した運動。中川宮は伏見宮邦家親王《ふじみのみやくにいえしんのう》の第四王子で、文久三年の還俗《げんぞく》に際して孝明天皇より朝彦《あさひこ》の名を賜わった。明治二年に懐徳堂を来訪した山階宮晃親王《やましなのみやあきらしんのう》（一八一六～一八九八）は異母兄にあたる。

中川宮は伏見宮家に仕える儒医の並河丹波介尚美《なみかわたんばのすけひさよし》（一七五〇～一八二九）の家で生まれ養育された。尚美は並河天民の孫で、懐徳堂教授の並河寒泉《なびかわかんせん》（一七九七～一八七九）には本家筋に当たる。また、尚美の孫の尚教《ひさのり》（一八〇二～一八九三）は医療を通して中川宮の知遇を得ており、しかも尚教はかつて懐徳堂で学び、懐徳堂教授中井碩果《なかいせきか》（一七七一～一八四〇）の娘しん（竹山の孫）を妻とした。このように懐徳堂と伏見宮家（および中川宮）とは京都の並河本家を介して浅からぬ縁があった。

安政の大獄後、幕府が公武合体路線に転じると、孝明天皇の信頼を背景に中川宮の威勢は大いに高まり、文久三年（一八六三）八月十八日の政変では会津・薩摩と組んで、長州に通じた尊攘過激派を追い落した。さらに翌元治元年（一八六四）、徳川慶喜（一橋家当主）が禁裏御守衛総督・摂海防禦指揮に就任して、京都守護職の松平容保《かたもり》（会津藩主）、京都所司代の松平定敬《さだあき》（桑名藩主、容保の実弟）とともに京都における幕府勢力いわゆる「一会桑《いちかいそう》」政権を形成すると、中川宮はこれと結束を強め、朝廷側の最高幹部として絶大な権力を握った。

慶応二年十二月、中川宮から会津藩の公用方（藩の中枢機関）に対して懐徳堂を再興したいという意向が示された。理由は未詳ながら、懐徳堂への親近感や、中井竹山が『草茅危言《そうぼうきげん》』で皇族・宮家の子女の出家制度の廃止を建言したことへの共感・尊崇などが考えられる。この中川宮の意向を、会津藩の医師を務めるかつての門人から知らされた寒泉は、十二月十三日に息子の蜑街《たんがい》（一八四六～一八六八）を伴って急ぎ上京し、幕府と懐徳堂との関係をまとめた申請書類を三日がかりで書き上げ、会津藩公用方の大物である外島機兵衛《としまきへえ》や手代木直右衛門《てしろぎすぐえもん》らに提出した。ところが手続きを終えて帰坂する十二月二十七日の夜、孝明天皇が二十五日夜に急逝したと公表された。年が明けると明治天皇が即位し、倒幕派の公卿らが復権して、中川宮の政治的敗北は明らかとなった。薩摩藩など討幕派と結びついて新政府で要職に就く兄山階宮とは対照的であった。こうして中川宮や会津藩の政治力に期待した懐徳堂再興の運動は烏有に帰した。その後も寒泉は、懐徳堂門人の人脈を頼って老中や林大学頭など幕府要路への働きかけを図ったが、幕府自体が消滅する歴史の趨勢の中、それはかなわぬ夢であった。

2　懐徳堂と諸学

日本に伝えられた儒学は、官学化がはかられた朱子学の他に「四学」と称する学流を形成していった。中江藤樹《なかえとうじゅ》を始祖とする日本陽明学、伊藤仁斎の古義《こぎ》学、荻生徂徠の古文辞《こぶんじ》学、朱子学の原点への復帰を説いた山崎闇斎《やまざきあんさい》の崎門《きもん》学派がそれである。懐徳堂はこうした学問的状況の中で、朱子学を根幹とした道徳を最重視しつつ、陽明学、和学などをも柔軟に取り入れる折衷的性格に特色を示した。

ただし、懐徳堂の独自性とその存在意義を主張していく中で、厳しく対決せざるをえなかったのは、徂徠学派であった。古文辞学と呼ばれる荻生徂徠の学は、観念的な理解を排し、孔子の思想を古典の古訓の解釈から得ようとするもので、旧来の朱子学を批判するところに成立していた。こうした方法に、朱子学的道徳の軽視を感じた懐徳堂学派は、その批判に努めたのである。

なお、幕末以降隆盛した蘭学（洋学）は、これら伝統的儒学にかわって日本の近代化に大きな影響を与えていくこととなった。そうした中で、大阪大学の今ひとつの源流「適塾《てきじゅく》」が創設されることとなる。

四学（しがく）

江戸時代における儒学の四学流。陸王（陸九淵・王陽明）・仁斎（伊藤仁斎）・徂徠（荻生徂徠）・闇斎（山崎闇斎）の四つを指す。江戸時代において、朱子学以外の学流としては、この四者が大きな勢力を有していた。懐徳堂は、初め三宅石庵の学に諸学混交の風があり「鵺学《ぬえがく》」と評されたこともあったが、五井蘭洲以降は基本的には朱子学を主としたため、これら四学を排斥する傾向があった。また、こうした立場は時の老中松平定信による寛政異学の禁とも符合するものであった。

なお、五井蘭洲は、儒学を「人の道」を教える学問と考え、これに悖《もと》るものとして、陸王の学を「禅荘」、仁斎の学を「管商功利」、徂徠の学を「放蕩浮躁」、闇斎の学を「刻迫寡恩」と評して痛烈に批判した。また、中井履軒は、諸学に対する戯評を酒に喩えて記した「聖賢扇」において、孔子と孟子の正統儒学を「伊丹極上御膳酒」と絶讃する一方、老荘思想を「薩摩あわもり［たまたまに一盞の賞玩、但酒宴に出されぬ］」、陽明学を「贋伊丹酒［急度伊丹極上御膳酒と印はあれど、実は並酒に焼酎を合わせたるものと見えたり。やはりビイドロの猪口にてまいるべし。間してはいけまい」」とし、伊藤仁斎について「新酒［下戸がすく］」、荻生徂徠と太宰春台については「鬼ころし［あらき計にて酒ともおもほらず］」と酷評している。

聖賢扇→一五四頁

中江藤樹（なかえとうじゅ）［一六〇八～一六四八］

江戸初期の儒者。名は原《はじめ》、字は惟命《これなが》、通称は与右衛門、号は藤樹、黙軒、顧軒。後世「近江聖人」とも称された。近江国高島郡小川村に農民の子として生まれたが、九歳で武士である祖父の養子となって大洲藩加藤家に仕えた。のち脱藩して小川村に帰る。はじめ朱子学を修めるが、帰郷後に陽明学に接し、大きな影響を受ける。これにより日本陽明学の祖とされることがある。懐徳堂初代学主の三宅石庵はこの中江藤樹をも尊信しており、独自に『藤樹先生書簡雑著』という書簡集を編集している。

なお、藤樹が仕えた大洲藩は、のちに五井蘭洲の仕官先候補として挙がることとなる。蘭洲は悩んだ末に津軽藩への仕官を決断し、大洲藩へは三輪執斎の門人である川田雄琴《かわだゆうきん》が仕官することとなった。当時、蘭洲は江戸の三輪執斎のもとに身を寄せており、両藩への仕官の話は、陽明学者である執斎の推薦によるものであったとされている。

伊藤仁斎（いとうじんさい）［一六二七～一七〇五］

江戸前期の儒学者。京都の人。名は維楨《これえだ》、字は源佐《げんすけ》、号は仁斎、棠隠《とういん》。諡号《しごう》は古学先生。親族が勧めた医学の道を進まず、朱子学の研究に没頭、やがて朱子学に疑問を抱き、仏教や『老子』を学んだが、結局儒教に立ち返った。朱子学は孔子や孟子の教えと異なると批判し、「最上至極宇宙第一の書」である『論語』とその解説である『孟子』とを、朱子の注釈によらずに読み、孔子や孟子の教えに直接触れることを主張した。その独創的な学説は古義学と呼ばれ、また寛文二年（一六六二）に京都に開かれた仁斎の家塾は古義堂と称された。仁斎の著書『論語古義』『孟子古義』『中庸発揮』『大学定本』『語孟字義』などは、いずれもその死後、子の東涯《とうがい》や門人の手によって刊行された。『中庸』に漢代の儒者の学説が混入しているとする仁斎の主張は、懐徳堂の三宅石庵の中庸錯簡説に影響を与えた。五井蘭洲も若い時に仁斎に学んでいる。

伊藤東涯（いとうとうがい）［一六七〇～一七三六］

江戸中期の儒学者。京都の人。名は長胤《ながたね》、字は源蔵《げんぞう》、号は東涯、慥慥斎《ぞうぞうさい》。諡号《しごう》は紹述先生。伊藤仁斎の子。仁斎の死後、その家塾・古義堂を継いで、古義学を継承した。また仁斎の著書を編集・出版したが、その際に仁斎の草稿にかなりの訂正・増補を行っていることが知られている。著書に『周易経翼通釈』『訓幼字義』『古今学変』『経史博論』『制度通』『用字格』『名物六帖』『紹述先生文集』などがある。東涯は懐徳堂の中井甃庵と交友があり、享保十八年（一七三三）には、平野の含翠堂《がんすいどう》への行き帰りの際、懐徳堂を訪問している。また五井蘭洲は、二十歳の時に古義堂に入門、東涯に学んだ。

古義学（こぎがく）

伊藤仁斎の学問、およびそれを継承した子の東涯らの学問を指す。仁斎学ともいう。仁斎は、朱子学を孔子や孟子の教えと異なるものとして批判し、「最上至極宇宙第一の書」である『論語』とその解説である『孟子』とを、朱子の注釈によらずに読み、孔子や孟子の教えに直接触れることを主張した。宋・明の儒学を批判し、古の孔子・孟子の教えに復帰することを説く学派を、まとめて古学派といい、仁斎の古義学や、荻生徂徠の古文辞学《こぶんじがく》は、古学派の中でも代表的な学派である。

山崎闇斎（やまざきあんさい）［一六一八～一六八二］

江戸前期の儒者。京都の人。名は嘉、字は敬義《もりよし》、通称は嘉右衛門。闇斎は号。別号は垂加《すいか》。はじめ僧となり、のち儒者となり、京都で塾を開く。日本朱子学の大成者であるが、同時に、日本神道と儒学とを融合して垂加神道を創始した。著書に『文会筆録』『垂加文集』など。門生を多数養成し、浅見絅斎《あさみけいさい》、佐藤直方《なおかた》、三宅尚斎は崎《き》門《もん》三傑と呼ばれる。

三輪執斎（みわしっさい）［一六六九～一七四四］

江戸中期の陽明学者。京都の人。十八歳の時、のちに白木屋を開く大村彦太郎とともに江戸に遊学、山崎闇斎《やまざきあんさい》の高弟佐藤直方《さとうなおかた》に入門するが、朱子学に疑問を抱き、陽明学に転じた。三宅石庵らと交流があり、懐徳堂が官許を得るに際して助力した。懐徳堂文庫には、三輪執斎書状一通が残されている。なお、陽明学は江戸初期に日本に伝えられ、初めは危険思想視されたが、中江藤樹《なかえとうじゅ》、熊《くま》沢蕃山《ざわばんざん》、そして三輪執斎などの活躍により浸透し、大塩《おおしお》平八郎《へいはちろう》の乱に見られるような知行合一の実践を促した。懐徳堂も、三宅石庵の学風が「鵺《ぬえ》学問」と評されることがあるように、朱子学を中心にしながらも、陽明学を取り入れる側面もあった。

室鳩巣（むろきゅうそう）［一六五八～一七三四］

江戸中期の朱子学者。名は直清、字は師礼、通称は新助、号は鳩巣、滄浪、英賀。加賀藩に仕え、京都の木下《きのした》順庵《じゅんあん》に学んだ。新井白石《あらいはくせき》、雨森芳洲《あめのもりほうしゅう》らと並び、木門《もくもん》五先生の一人として知られる。後に白石の推挙により幕府に仕え、享保十年（一七二五）には八代将軍徳川吉宗に仕える奥儒者となった。著書に『六諭衍義《りくゆえんぎ》大意』『献可録』などがある。また赤穂浪士事件の際に『赤穂義人録』を著し、朱子学の立場から浪士たちを「義人」として顕彰した。

鳩巣は懐徳堂の中井甃庵と交友があり、奥儒者となったことを甃庵に手紙で知らせている。この時期、甃庵は懐徳堂官許の運動を進めており、甃庵にとって鳩巣との交友は支えになったものと推測される。

梁田蛻巌（やなだぜいがん）［一六七二〜一七五七］

江戸中期の儒者。漢詩人。名は邦美《くによし》、字は景鸞《けいらん》、通称は才右衛門。美濃加納藩に仕えた後、宝永三年（一七〇六）から江戸で塾を開き、新井白石《あらいはくせき》や室鳩巣らと交友があった。懐徳堂の中井甃庵とも交友があり、蛻巌は享保十年（一七二五）、新井白石の訃報を甃庵に伝えている。享保四年（一七一九）に明石《あかし》藩に仕え、以後明石に住み、明石で没した。朱子学者であるとともに詩人として活躍、著書に『蛻巌集』『蛻巌先生答問書』などがある。懐徳堂文庫には、梁田蛻巌尺牘一幅が収められている。

石田梅岩（いしだばいがん）［一六八五〜一七四四］

江戸中期の町人哲学者。名は興長《おきなが》、通称は勘平、梅岩（梅巌）は号。丹波国（京都府）の出身。京都の商家に奉公に出て、独学で神道・儒学などを学び、小栗了雲に師事して悟りを開き、心学《しんがく》の祖となる。享保十四年（一七二九）、四十五歳の時、自宅で無料の庶民教育を始める。朱子学をもとに、老荘、神道、禅宗をも取り込んだ平易な講説は、日本における社会教育の草分けであり、石門《せきもん》心学《しんがく》と呼ばれるその学は、弟子の手島堵庵《てじまとあん》によって大成された。特に、商人が商売で得る利益は武士の俸禄と同じく正当なものだから、職分に自信を持つようにと主張。悪徳商人を非難し、商人の倫理（正直と倹約）を説いた。そうした点は、町人を主たる受講生とし商業活動の基盤としての倫理道徳を説いた懐徳堂教育の性格とも類似する。元文四年（一七三九）、主著『都鄙問答《とひもんどう》』を刊行。また、延享元年（一七四四年）には『（倹約）斉家論』を著した。

なお、梅岩の孫弟子にあたる井上宗甫（三木屋太兵衛）は、天明五年（一七八五）、心斎橋筋一丁目の自宅を開放して心学明誠舎《しんがくめいせいしゃ》を設立、庶民教育にあたった。

寛政三博士（かんせいさんはかせ）

寛政年間（一七八九〜一八〇一）の昌平黌《しょうへいこう》の儒員として

高名な三人をいう。朱子学を正学として、昌平黌での他学派の講義を禁じたことに始まる、いわゆる寛政異学の禁が行なわれた時期に、昌平黌《しょうへいこう》の儒員として活躍した。初め、柴野栗山《しばのりつざん》・岡田寒泉《おかだかんせん》・尾藤二洲《びとうじしゅう》の三人を指したが、後、岡田寒泉に代わって古賀精里《こがせいり》が儒員となるに及び、寒泉の代わりに精里が寛政三博士と言われた。また、柴野彦輔《ひこすけ》（栗山）・尾藤良佐《よしすけ》（二洲）・古賀弥助《やすけ》（精里）の「輔」「佐」「助」の音、「すけ」が共通することから、「寛政の三助」とも呼ばれる。なお、柴野栗山・古賀精里・尾藤二洲はいずれも懐徳堂の中井竹山・履軒や頼春水と親交があり、老中松平定信による寛政異学の禁、寛政の改革に際して、相互に影響を与えたとされる。

柴野栗山（しばのりつざん）［一七三六～一八〇七］

江戸後期の儒者。名は邦彦、字は彦輔《ひこすけ》、通称は彦輔（助）、号は栗山・古愚軒。讃岐国の出身。程朱学を崇とし、文章に優れる。「寛政三博士」の一人。初め後藤芝山の下に学び、後に中村蘭林・林榴岡らに学ぶ。天明八年（一七八八）に昌平黌《しょうへいこう》の儒員となった。寛政二年（一七九〇）には、岡田寒泉とともに聖堂取締となり、朱子学を正学として、いわゆる寛政異学の禁を実施した。懐徳堂の中井竹山・履軒と親交があり、松平定信が来坂の際、竹山を召したのは栗山の推挙があったと言われ、大名が履軒を招聘せんとした際には、その仲介を行なっている（なお、この際、履軒は謝絶している）。また、履軒の文集である『弊帚続編』には、「送司馬皮虎入関序」がみえる（司馬皮虎は柴彦、即ち柴野邦彦を指す）。

尾藤二洲（びとうじしゅう）［一七四七～一八一三］

江戸後期の儒者。名は孝肇《たかもと》、字は士尹《しいん》、通称は良佐《よしすけ》、号は二洲・約山・静寄軒・流水斎。伊予川之江の出身。「寛政三博士」の一人。はじめ徂徠学を学ぶが、明和七年（一七七〇）に大坂に出て片山北海の混沌社に学び、中井竹山・履軒兄弟や頼春水と親しく交わった。天明七年（一七八七）には、昌平黌《しょうへいこう》の儒員となった。竹山の史学を高く評価し、幕府が史局を創設する際には、その総裁に中井竹山を推薦した（竹山は老病を理由に辞退）。寛政三博士の中では二洲が最も履軒と親しく、江戸に出る際には門下生を履軒に託している。

古賀精里（こがせいり）［一七五〇～一八一七］

江戸後期の儒者。名は樸、字は淳風、通称は弥助《やすけ》、号は精里・復原。「寛政三博士」の一人。初め陽明学を学んだが、崎門《きもん》の西依成斎《にしよりせいさい》に学んで闇斎の学を修め、後には朱子学を崇とした。天明元年（一七八一）に故郷の佐賀藩に弘道館が開設されるに及び、その教授となり、寛政八年（一七九六）には昌平黌《しょうへいこう》の儒員となった。懐徳堂の中井竹山・履軒らと親好があり、ある時、精里が履軒に文章を見せた際、履軒は許しを請うて添削し、三枚ほどの文を半枚に縮めたという。また、履軒が松平定信の招聘を受けなかったことを評して、「中井履軒は天下の偉人なり」と述べている。

雨森芳洲（あめのもりほうしゅう）〔一六六八～一七五五〕

江戸中期の儒者。名は俊良・誠清《のぶきよ》、字は伯陽、通称は東五郎、号は芳洲・綗尚堂《けいしょうどう》。近江伊香郡雨森の出身。初め医を修めたが、江戸に出て木下順庵に学び、新井白石・室鳩巣らとともに木門《もくもん》五先生と称された。二十二歳のとき対馬藩に仕え、朝鮮語・中国語に通じていることから、同藩の主要任務である朝鮮との外交交渉に携わった。当時の儒者は、朝鮮を朱子学の国として尊崇し、朝鮮通信使との交流を非常な名誉とした。芳洲が通信使と共に来坂した際、入江《いりえ》若水《じゃくすい》が懐徳堂の五井蘭洲を紹介したが、芳洲が蘭洲の著述を見たことがないと言ったため、蘭洲は「彼は韓人のみ、見ざるも亦た可」と言って退いたという。

荻生徂徠（おぎゅうそらい）〔一六六六～一七二八〕

江戸中期の儒学者。名は双松《なべまつ》、通称は惣右衛門、徂徠は号。物部氏の流れを汲む者として、中国風に「物徂徠」「物茂卿」と称した。館林藩主時代の徳川綱吉に仕えた侍医の子として江戸に生まれる。のち、柳沢吉保に仕え、将軍綱吉にも講義を行った。その学問は、古文辞学《こぶんじがく》と呼ばれ、観念的な朱子学を排し、孔子の思想を古典の古訓の解釈から得ようとするもので、旧来の朱子学や、伊藤仁斎の古義学派とも対立するものであった。著書に『弁道』『弁名』『論語徴』などがあるが、特に『論語徴』は、中国の清でも紹介された徂徠の代表作である。懐徳堂学派は、この徂徠の学を厳しく批判し、五井蘭洲・中井竹山は、徂徠の『非徴』に対して、各々『非物篇』『非徴』を著した。

太宰春台（だざいしゅんだい）〔一六八〇～一七四七〕

江戸中期の儒学者。名は純、通称は弥右衛門。春台は号。信濃国飯田藩士の子として生まれる。浪人生活を経た後、朱子学を学び、三十二歳で荻生徂徠に師事。徂徠の後継者として多くの業績を残した。経学関係の著に『論語古訓』『詩書古伝』など。また政策論にも通じ、主著『経済録』の付録では藩営専売を勧め、その利点を説いた。反徂徠の立場をとる懐徳堂においては、徂徠とともに批判の対象とされ、履軒の「聖賢扇」には、徂徠・春台が併せて最低の評価を付されている。

徂徠学批判（そらいがくひはん）

荻生徂徠がうち立てた独自の経学への他学派からの批判。観念的な朱子学を排し、孔子の思想を古典の古訓の解釈から得ようとする徂徠の学は、古文辞学《こぶんじがく》と呼ばれ、旧来の朱子学や、伊藤仁斎の古義《こぎ》学派を批判するところに成立していた。この徂徠の学は、享保年間には大いに世に行なわれるようになったが、その学風から、賛同者の増大に対して、「功利の学」として批判する者もまた多く、また、寛政異学の禁以降の朱子学重視の風潮とも相まって、小倉の石川麟洲《いしかわりんしゅう》『辨道解蔽《べんどうかいへい》』、堺の高志養浩《たかしようこう》の『鍼炳《しんぺい》』、蟹養斎《かいようさい》の『非徂徠学』、大坂の井狩雪渓《いかりせっけい》の『論語徴駁《ろんごちょうばく》』など徂徠の学問を批判する書が相次いで著された。

中でも、懐徳堂学派は先鋭な批判を展開し、五井蘭洲が『非物篇』を、中井竹山が『非徴』を著して、徂徠を痛烈に批判した。これに対して、同じ大坂で泊園書院《はくえんしょいん》を開いていた徂徠学派の藤沢東畡《ふじさわとうがい》（一七九四～一八六四）は、徂徠の『論語徴』弁護の立場から、『辨非物』（未完稿本）で再反論を行っている。

論語徴駁→五七頁

非物篇→七二頁

非徴→九三頁

度量衡考雕題→一四四頁

度量考提要→一四四頁

泊園書院（はくえんしょいん）

藤沢東畡《ふじさわとうがい》（一七九四～一八六四）が開いた学塾。なお、名称は時代により変遷があり、東畡の幕末時代は泊園塾、明治六年（一八七三）の南岳による再興から明治九年（一八七六）までは泊園舎といい、泊園書院と称したのは明治九年五月に淡路町一丁目に移転して以降である。

東畡は、寛政六年（一七九四）讃岐の生まれ。名は甫、東畡はその号で、書院の名となった泊園は別号である。荻生徂徠の学統を継ぐ中山城山に師事、のち大坂に出て文政八年（一八二五）、泊園塾を開いた。懐徳堂と並ぶ近世大坂の学塾となったが、『非物篇』（五井蘭洲）『非徴』（中井竹山）など徂徠学批判を展開する懐徳堂学派に対して、東畡は、徂徠の『論語徴』弁護の立場から、『辨非物』（未完稿本）を著して再反論を行った。

書院は、東畡の死没とともに閉校となったが、その子南岳によって明治六年に再興され、現在は大阪市中央区淡路町一丁目に大阪市による跡碑が建てられている。また、泊園書院の蔵書約二万冊は関西大学に引き継がれ、その目録として『関西大学泊園文庫蔵書書目』（一九五八年）がある。

辨非物（べんひぶつ）

荻生徂徠《おぎゅうそらい》（一六六六～一七二八）の『論語徴《ろんごちょう》』を批判した五井蘭洲《ごいらんしゅう》（一六九七～一七六二）の『非物篇《ひぶつへん》』に対して、泊園塾《はくえんじゅく》の藤沢東畡《ふじさわとうがい》（一七九四～一八六四）が徂徠学の立場から再批判を加えた書。一冊。書名はもと「非物辨」であったが後に「辨非物」に改められたもので、「非物を辨ず」（蘭洲の『非物篇』の是非を明らかにする）の意。内容は五井蘭洲の『非物篇』およびそれに付す竹山の序を批判の対象とする書であるが、全篇に及ぶものではなく、『論語』八佾《はちいつ》篇の第四章「林放問礼之本」章で終わっており、未完の稿本とされる。東畡の手稿本一冊（九十七葉）が関西大学図書館泊園文庫に所蔵され、影印が関西大学出版会から関西大学東西学術研究書資料集刊二十二『藤澤東畡著 辨非物』（二〇〇一年）として出版されている。また序の部分のみながら、訳注に矢羽野隆男「藤澤東畡著『辨非物』訳注（一）―「序」部分」（『懐徳堂研究』第三号、二〇一二年）がある。

荻生徂徠の出現は日本思想史における大きな画期となり、その影響は、経学はもとより文学・政治・経済さらには国学・史学など広範囲に及んだ。また、影響力に比例して徂徠学に対する批判も数多く出現した。懐徳堂もそうした反徂徠の主張を展開した学派の一つで、朱子学の立場から五井蘭洲が徂徠の『論語徴』を批判して『非物篇』を著わし、また師蘭洲の遺志を継いだ中井竹山（一七三〇～一八〇四）が更なる批判を加えて『非徴《ひちょう》』を著わした。また竹山の弟履軒（一七三二～一八一七）も兄竹山と同様に『非物継声篇《ひぶつけいせいへん》』を著わして独自の徂徠批判を試みたことがあった。こうした懐徳堂学派の徂徠学批判に対し、徂徠学の立場から再批判の書として著わされたのが藤沢東畡の『辨非物』である。

『辨非物』の執筆時期は未詳ながら、東畡が懐徳堂の徂徠学批判に対抗心を懐いたのには、同じ大坂の漢学塾という条件が影響したであろうから、東畡が大坂に泊園塾を開いた文政八年（一八二五）より後のことと考えてよかろう。東畡は官学である朱子学との争いを避けるため、平生はみだりに徂徠学からの主張をしなかったというが、『辨非物』には徂徠学の立場から五井蘭洲『非物篇』に対して冷静かつ的確な批判が加えられており、泊園書院と懐徳堂朱子学との間の学問観の相違が見て取れる。

また一方で、天保以後の激動の時代を反映して強い国家意識が表明されており、同時期の懐徳堂の並河寒泉《なびかわかんせん》（一七九七～一八七九）と軌を一にする面も見出せる。

蘭学・洋学（らんがく　ようがく）

日本に伝来したオランダ系の西洋学術のこと。江戸初期には南蛮学・蛮学と呼ばれていた。八代将軍・徳川吉《とくがわよし》宗《むね》による実学の奨励、漢籍系西洋科学書の輸入規制緩和などを契機に盛んになった。続く田沼意次《たぬまおきつぐ》の時代に、杉《すぎ》田玄白《たげんぱく》や前野良沢《まえのりょうたく》らがオランダ解剖書の翻訳『解体新書』を刊行し、これを新しい学問の創出と位置づけて「蘭学」と呼んだ。幕末以降、オランダ以外の国からも西洋の学術が伝わると「洋学」とも呼ばれた。その内容はさまざまな分野にわたり、医学・天文学・砲術などの科学技術を中心としつつも、西洋史・地理学など人文学的な知識をも含んでいる。幕末期、江戸の伊東玄朴《いとうげんぼく》の象先《しょうせん》堂《どう》や大坂の緒方洪庵《おがたこうあん》の適塾など、民間の蘭学塾は大いに盛えた。懐徳堂においても、中井履軒は麻田剛立《あさだごうりゅう》の天文学に深い関心を寄せた。また山片蟠桃も剛立に天文学を習ったほか、翻訳や漢訳を通して蘭学に接している。

適塾（てきじゅく）

緒方洪庵《おがたこうあん》（一八一〇～一八六三）の主宰した蘭学塾。洪庵は備中国足守《あしもり》藩士の子として生まれ、のち大坂に出て蘭方医の中天游《なかてんゆう》に学び、長崎遊学を経て、大坂に戻り、天保九年（一八三八）、瓦町に蘭学塾を開いた。塾の名は、洪庵の号「適々斎《てきてきさい》」にちなみ、「適々斎塾（適塾）」と称した。塾は後に、船場過書町《かしょ》（現在の大阪市中央区北浜三丁目）に移ったが、塾生は全国から集まり、橋本左内《はしもとさない》、福沢諭吉、大村益次郎（村田蔵六）、長与専斎《ながよせんさい》、大鳥圭介《おおとりけいすけ》など、幕末・維新にかけて活躍した人材が多く輩出した。また、除痘館《じょとうかん》を設けて種痘《しゅとう》の普及に努め、コレラの流行に際しては『虎狼痢治準《ころりちじゅん》』（一八五八）を刊行するなど、医学の発展に貢献した。適塾は、懐徳堂とともに大阪大学の今ひとつの源流となっており、塾舎は、国の史跡・文化財に指定されている。

3　懐徳堂の交友・門人

懐徳堂は、知のネットワークの拠点であった。輩出した門下生、交流のあった知識人は数多い。中でも、片山北海の混沌社《こんとんしゃ》との関わりは親密であった。また、その混沌社を通じて親交を持った頼春水・頼山陽の父子、柴野栗山《しばのりつざん》・尾藤二洲《びとうじしゅう》・古賀精里《こがせいり》の寛政の三博士、画家の蔀関月《しとみかんげつ》・中井藍江《なかいらんこう》・谷文晁《たにぶんちょう》、中井家の出身地である龍野《たつの》藩の儒臣たち、寛政三奇人の一人高山彦九朗《たかやまひこくろう》、随筆『胆大小心録《たんだいしょうしんろく》』で懐徳堂を紹介した上田秋成、天文学・医学面で中井履軒と交流した麻田剛立《あさだごうりゅう》など、懐徳堂の交友関係は「漢学」「儒学」の枠を越えて全国に広がっている。

また、懐徳堂に学んだ門下生には、後にその近代的英知が高く評価された山片蟠桃、富永仲基、草間直方の他、孝子として顕彰された稲垣子華《いながきしか》、『近世叢語』『続近世叢語』などを著した角田九華《つのだきゅうか》、履軒の自筆稿本の整理・筆写に努めた早野橘隧《はやのきっすい》、三村崑《みむらこん》山《ざん》、竹島簣山《たけしまきざん》、後に新見藩の藩校至誠館に学頭として迎えられた丸川松陰《まるかわしょういん》など、日本の近世から近代における学術史に足跡を残す人材が輩出している。

こうした懐徳堂の評判は、当時の人々に大きな印象を与え、『浪華学者評判記』『浪華風流月旦』『先哲叢談』などの評判記・伝記類に取り上げられた。

なお、寛政の三博士については、「第4章2節懐徳堂と諸学」で、また山片蟠桃、富永仲基、草間直方については、「第3章1節学問の特色」で解説した。

混沌（詩）社（こんとん（し）しゃ）

明和二年（一七六五）、片山北海《かたやまほっかい》を中心とし、田中鳴《たなかめい》門《もん》・平沢旭山《ひらさわきょくざん》・葛子琴《かつしきん》・篠崎三島《しのざきさんとう》・木村蒹葭堂《きむらけんかどう》ら十四人が大坂において結成した詩社。後に頼春水《らいしゅんすい》（頼山陽《らいさんよう》の父）も参加した。混沌社は塾や学校と異なる緩やかな組織であり、社員は月に一度（十六日）北海の家に集まり、漢詩文を作ってその作品を互いに論評しあった。そもそも詩作の流行は、詩文を重視した徂徠学の影響によるもので、混沌社員の中にも徂徠学系統の人物が多いが、やがて詩作は経学から離れて独自の世界を構築、混沌社は大坂の漢詩壇の中心として活発に活動し、全国的に注目された。

懐徳堂の中井竹山は混沌社員との交流があり、社員にはならなかったものの混沌社へ出入りし、また混沌社員を懐徳堂に招いている。特に頼春水との交友は親密で、春水が結婚した時の媒酌人を務めている。

片山北海（かたやまほっかい）［一七二三～一七九〇］

江戸中期の儒者。懐徳堂とも密接な関係にあった混沌社を主宰した。越後の出身で、名は旨、字は孝秩、通称は忠蔵。北海は号である。延享二年（一七四五）、大坂に出て、儒学と詩文を講じた。その詩社混沌社と懐徳堂とは密接な交流があり、頼春水《らいしゅんすい》、尾藤二洲《びとうじしゅう》、古賀精里《こがせいり》、葛子琴《かつしきん》などの社友は、中井竹山と交友を深めた。竹山の文集『奠陰集《てんいんしゅう》』には、「混沌社諸友と墨江の舟中に遊びて作る」と題した詩があり、竹山と混沌社との親密な関係が窺える。

佐藤一斎（さとういっさい）［一七七二～一八五九］

江戸後期の儒者。名は坦《たいら》、字は大道、通称は幾久蔵・捨蔵、号は一斎・愛日楼・老吾軒。美濃岩村藩の家老職の子として生まれ、はじめ同藩主の子でのちの林述斎の近侍となった。また、大坂に遊び中井竹山・林錦峯に学んだ。後に昌平黌《しょうへいこう》の儒員となり、将軍をはじめ天下の人に尊崇された。著書に『言志四録』などがある。生涯住居を転々としたが、常に懐徳堂との交遊があった。一斎の「陽朱陰王」とされる学問的態度は、竹山の影響があるといわれる。また、江戸に赴く際、竹山に「仆《たお》れて復《ま》た興く」の句を書して与えられ、書後に「余れ半生此の語を服膺《ふくよう》して以て今日あるを致せり」と記している。なお、「仆れて復た興く」とは、王陽明の「別湛甘泉序」（『王文成公全書』巻七）に基づく語で、元来、陽明が生涯の友である湛甘泉に出会って正しい学問への志を定めるまでは、倒れては起き上がるような危なっかしい状況だったことを示す。そこから、竹山は、困難があっても努力を続けていれば学門は成就するのだというメッセージを込めて一斎への餞別とした。

頼春水（らいしゅんすい）［一七四六～一八一六］

江戸後期の儒者。名は惟完または惟寛《ただひろ》、字は伯栗・千秋、通称は弥太郎、号は春水・霞崖・拙巣・和亭・青山荘。頼山陽の父。学問は朱子学を主とした。明和三年（一七六六）、二十一歳の時に片山北海らの混沌社に入門。天明元年（一七八一）に広島藩の儒官となり、晩年には昌平黌《しょうへいこう》の儒員となった。在坂時より、混沌社の尾藤二洲・古賀精里や懐徳堂の中井竹山などと親しく交わった。竹山が混沌社中最も親しかったのは春水であったと言われ、春水は竹山の容貌について「魁梧奇偉」との評を残している（『師友志』）。また、春水は竹山の媒酌によって大阪の儒医飯岡義斎《いいおかぎさい》の娘を娶っており、竹山の子碩《せき》果《か》は春水の妻梅颸《ばいし》の姪を娶っているなど、懐徳堂との関係は深い。

頼山陽（らいさんよう）［一七八〇～一八三二］

江戸後期の儒者。名は襄《のぼる》、字は子成、通称は久太郎、号は山陽・三十六峯外史。父は広島藩の儒官頼春水。尾《び》藤《とう》二《じ》洲《しゅう》・菅《かん》茶《ちゃ》山《ざん》の塾や昌《しょう》平《へい》黌《こう》に学ぶ。生涯仕官せず、著作につとめた。著書に『日本政記』『日本外史』などがある。山陽は、中井竹山と交流があり、また碩果の妻が山陽の母の姪であったため、来坂の際には懐徳堂に宿泊するなど懐徳堂との交流が深かった。山陽は、若い頃の放蕩によって父の春水に廃嫡されたことがあり、西村天囚『懐徳堂考』には、中井履軒に「天下の不孝者」と一喝されたとある。また、山陽はその性格に豪放なところがあり、ある時、碩《せき》果《か》に請うて竹山手稿の『奠《てん》陰《いん》集《しゅう》』を見た際、最初は正座していたが、後に横になって読んだため、碩果はその無礼に憤って座を立ったとの逸話がある。

井狩雪渓（いかりせっけい）［?～一七六六］

大坂の儒者。名は総、字は季群、通称は彦三郎。字義に詳しく、南船場で私塾を開き、多くの門生に教授した。荻生徂徠の『論《ろん》語《ご》徴《ちょう》』を論駁することを主旨とした『論《ろん》語《ご》徴《ちょう》駁《ばく》』を著す。懐徳堂文庫所蔵の写本の巻末には、五《ご》井《い》蘭《らん》洲《しゅう》が雪渓に宛てた書簡「与井狩雪渓子書」が収められており、これによれば、『論語徴駁』を書き上げた雪渓が、この書を蘭洲や富永仲基に見せて批評を求めたことが分かる。懐徳堂学派の特色として、徂徠学に対する先鋭な批判があるが、雪渓も同様に反徂徠の立場にあったことが分かる。

論語徴駁→五七頁

蔀関月（しとみかんげつ）［一七四七～一七九七］

江戸後期の画家。名は徳基《のりもと》、字は子温。月《つき》岡《おか》雪《せっ》鼎《てい》の高弟で、武者絵を継承した。後に各地の名所・旧跡を網羅した案内書兼地誌ともいうべき名所・名産図会を得意とした。代表作に『伊勢参宮名所図会』『東海道名所図会』などがある。画家の蔀関牛の父。

関月は五井蘭洲の門人・加藤景範（竹里）の弟子にあたり、懐徳堂講堂の東側梁上に掲げられていた「宋六君子図」の内、周《しゅう》敦《とん》頤《い》・程《てい》顥《こう》・程《てい》頤《い》は関月の筆になる。また、関月の筆に中井竹山が賛を付したものとして、懐徳堂文庫に「春山花見図」が、（財）柿衛文庫に「清平・酒泉像」「牧童図」「秋海棠図」などがある。

中井藍江（なかいらんこう）［一七六六〜一八三〇］

江戸後期の画家。名は真、通称は養清、別号は師古。蔀《しとみ》関月《かんげつ》の門人で山水人物を得意とした。風雅を好み、中井竹山に詩文を学んだ。寛政十年（一七九八）正月十六日の初講の日の宴席で書画の競作が催された際、渋井《しぶい》子要《しよう》が藍江に描かせた中井竹山の肖像画は、竹山の容貌を伝える貴重な資料となっている。なお、この時、自賛を請われた竹山は、酔いつつもその場で賛を加え、「渫翁題」と署名している。また、懐徳堂講堂の東側梁上に掲げられていた「宋六君子図」は、師の蔀関月との合作である。懐徳堂文庫には、他に中井藍江筆・中井蕉園賛「騎馬武者図」が残されている。

宋六君子図（そうろっくんしず）

関係人物名　中井竹山、蔀関月、中井藍江
数量（冊数）　六幅
外形寸法（㎝）　張子　縦二九・一×横一一五・八
周子二九・三×一一五・八　程伯子二九・七×一一五・八
程叔子二九・二×一一五・八　司馬子二九・一×一一五・八
邵子二九・七×一一五・八

中国・宋代の六人の学者、周敦頤《しゅうとんい》・程顥《ていこう》・程頤《ていい》・張《ちょう》載《さい》・司馬光《しばこう》・邵雍《しょうよう》に関する絵に、頼春水《らいしゅんすい》が賛《さん》をつけたもの。春水は号で、名は惟寛（一説に惟完）、頼山陽《らいさんよう》の父として名高い。春水は当時、広島藩儒であったが、かつて大坂に学び、詩社混沌社（中井竹山も同人であった）に入り、また、大坂・新天満町に塾を開いて在坂の儒者達と交遊するなど、以前から竹山・懐徳堂と深い繋がりがあった。また、春水の妻と中井碩果《せきか》（竹山の子）の妻とは姻戚関係にあった。絵は、周敦頤・程顥・程頤を蔀《しとみ》関月《かんげつ》が、張載・司馬光・邵雍を、関月の弟子・中井藍江《なかいらんこう》が書いている。

宋六君子図（邵雍）

画材として特にこの六人が選ばれているのは、朱子がこの六人の絵に賛文を書いていることによる。原画の所在は未詳であるが、賛文は、『朱子文集』巻八十五に、「六先生画像賛」と題して収められている。春水の書いた賛は、これを筆写したものである。

賛が書かれたのは寛政九年（一七九七）。懐徳堂は寛政四年に全焼し、寛政八年に再建落成している。おそらく、堂の再建を祝って、これらの画と賛とが作成され、竹山に贈られたものと思われる。もとは懐徳堂講堂の東側梁上に掲げられていた。保存状態が余り良くなかったため、かなり変色劣化していたが、大阪大学創立七十周年記念事業によるCGでは、可能な限り当初の色彩を再現するよう画像処理が施された。また、平成二十一年（二〇〇九）に六枚すべての修復が行われた。

中井竹山肖像画（なかいちくざんしょうぞうが）

関係人物名　中井藍江、中井竹山
数量（冊数）　一幅
外形寸法（㎝）　縦一二九・八×横五五・九

　中井竹山の肖像画。本書巻頭のカラー口絵参照。中井藍江《らんこう》の筆による紙本墨画。中井竹山の賛が記されている。この肖像画は竹山の詩文集『奠陰集』によると、寛政十年（一七九八）正月十六日の初講の日の宴席で書画の競作が催され、その席で佐倉藩侍読・渋井子要《しぶいしよう》（竹山の弟子）が、藍江に竹山の講義姿を描かせたものである。竹山六十九歳の晩年の姿である。藍江はこの年三十二歳、蔀《しとみ》関月《かんげつ》の門に学び、山水や人物を描くのに長じ、儒学を竹山に学んでいた。竹山の容貌は、『懐徳堂考』に、「竹山五十一歳の時には體量（体重）二十四貫目（約九〇kg）」とあり、かなりの肥満体であったようである。この肖像画は左後方からのものであるが、やはり、顔の輪郭・身体の線ともにふっくらと丸みをおびて描かれている。母の喪が明けた天明七年（一七八七）には二十貫目（約七五kg）まで痩せたようだが、この肖像画から見るかぎり、晩年には再び肥満体に戻っていたようである。

　上部の賛は「皐比坐断　四十餘年　淺陋之學　豈究天人　微力閑道　襄斥異言　愚者一得　竢聖不愆」とあり、「皐比《こうひ》（教師）に坐　断《さだ》まりて四十余年、浅陋《せんろう》の学、豈に天人を究めんや。微力もて道を閑《まも》り、異言を襄《はら》い斥《しりぞ》く。愚者の一得、聖を竢《ま》ちて愆《あやま》たず」と訓読できる。すなわち、講義の席に着いて四十年余り、見聞の狭い自分の学問では、天意と人道との関係を明らかにするなど思いもよらない。自分はただ、微力を尽くして聖人の道を守り、異端の言葉を払い除《の》けるだけである。しかし、たとえ自分のような愚者でも、一つぐらいは得るところがある。後世、必ずや自分を正しく評価してくれる聖人が現れるであろう、との意味である。

　この賛では「浅陋・微力・愚者」と、繰り返し謙遜した言い方が用いられてはいるが、逆に自己の信念を貫こうとする竹山の心情を読み取ることができよう。

谷文晁（たにぶんちょう）［一七六三〜一八四〇］

　江戸時代後期の画家。江戸の出身。通称は文五郎。号は写山楼、画学斎など。田安家の家臣谷麓谷の子。はじめ狩野派の加藤文麗、南蘋《なんぴん》派の渡辺玄対らに師事、また、天明八年（一七八八）長崎に遊学して文人画を学ぶなど、諸派の画風を折衷して独自の様式を確立した。その門下に渡辺崋山・立原杏所らが輩出した。多くの文人墨客と交流した文晁は、混沌社の木村兼葭堂《きむらけんかどう》や懐徳堂との関わりも深く、寛政八年（一七九六）再建頃の懐徳堂にしばらく逗留し、中井竹山の求めに応じて「帰馬放牛図」と「鵲巣図」の襖絵を描いた。

この「帰馬放牛図」は、懐徳堂の講堂とその北側に隣接する「西夾《せいきょう》」という部屋との襖に描かれていたもので、のちに剥ぎ取られ保存されていたものを、明治四十四年（一九一一）の際に双幅に仕立て直したものが、懐徳堂文庫に残されている。また、「鵲巣図」は現存していない。

上田秋成（うえだあきなり）［一七三四～一八〇九］

江戸時代中期の国学者・小説家・歌人。代表作に『雨月物語』『春雨物語』。本名は上田東作。通称は嶋屋仙次郎。号は漁焉《ぎょえん》、無腸など。大坂生まれ。実父は不明。四歳の時、生母に棄てられ堂島の紙油商島屋の養子となる。青年期に一時放蕩の時代があったが、中井竹山・履軒とほぼ同年輩で懐徳堂に学び、その体験を含む随筆を『胆《たん》大小心録《だいしょうしんろく》』として晩年にまとめている。

その中で、三宅石庵の頃の初期懐徳堂について、「今橋の学問所、万年先生の時は、さして学問をさすではなしに、むすこを先《まず》あづけて、よい事を少しでも聞かすのみ」と、その庶民教育としての雰囲気を伝えている。一方、竹山・履軒については忌憚なく、「段々世がかわって五井先生といふがよい儒者じやあつて、今の竹山・履軒は、このしたての禿《かむろ》じや」、「竹山は山こかしと人がいふ。山はこけねど、こかしたがった人じや」と述べている。

なお、かつて懐徳堂には、上田秋成と中井履軒とが合賛した鶉《うずら》図一幅があったという。長らく不明となっていたが、平成二十二年（二〇一〇）に所在が判明し、翌年、懐徳堂文庫所蔵となった。鶉翁《じゅんおう》、鶉居《うずらい》は秋成の別号である。

中井履軒上田秋成合賛鶉図（なかいりけんうえだあきなりがっさんうずらず）

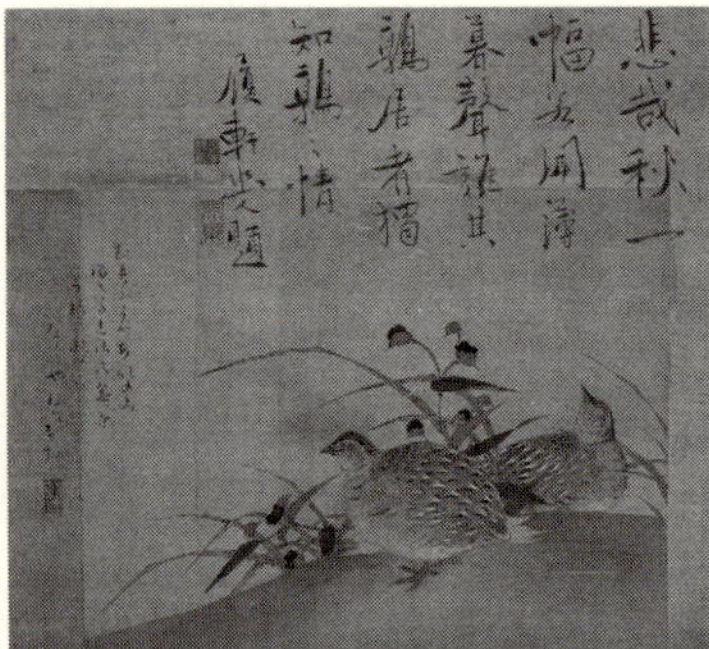

中井履軒・上田秋成合賛鶉図

中井履軒と上田秋成とが合賛した鶉図。一幅。かつて雑誌『上方』第四十五号（一九三四）に「森繁夫氏蔵」として掲載され、その後、行方が分からなくなっていた貴重資料である。平成二十二年（二〇一〇）、大阪の丸山保幸氏が所蔵していることが分かり、翌年、丸山氏のご厚意により、懐徳堂記念会に寄贈された。

この資料は、鶉二羽の絵の上部に中井履軒が漢文で題詩を記し、絵の左側に上田秋成が和歌を添えている。その画題は、鶉のように、居所が一定しないことを表し、懐徳堂の外に身を置いて転居を繰り返した履軒と、鶉《じゅん》翁《おう》、鶉居《うずらい》を号とした秋成との交友を示している。本紙の大きさは、縦三三・四×横四三・七。

履軒の詩は以下の通り。

悲哉秋一幅　悲しきかな秋一幅
若聞薄暮聲　薄暮の声を聞くが若し
誰其鶉居者　誰か其れ鶉居する者ぞ
獨知鶉之情　独り鶉の情を知らん

また、秋成の歌は次の通り。

むすふよりあれのみ
まさるくさの庵を
うつらのとこと
なしやはてなむ

およそ七十余年ぶりに発見されたこの資料については、飯倉洋一・濱住真有「中井履軒・上田秋成合賛鶉図について」（『懐徳堂研究』第三号、二〇一二年）に詳しい。

龍野藩（たつのはん）

播磨国揖西郡《はりまのくにいっさいぐん》龍野（現・兵庫県たつの市）を城地とした藩。江戸時代に本多政朝、小笠原長次、岡部宣勝、京極高和が相次いで封ぜられ、万治元年（一六五八）幕領となった後、寛文十二年（一六七二）に信州飯田藩より脇坂氏が五万三千石で移封、以後明治維新まで続いた。

懐徳堂の中井甃庵の祖父・養仙は、飯田藩主・脇坂安政の藩医となり、主君の移封により龍野に移住した。甃庵の父・玄端とその弟・玄意も龍野で藩医を務め、玄意とその子孫は、代々龍野で藩医として仕えたが、玄端は後に辞職して大坂に移住、甃庵ら家族も従った。甃庵の母・そのは、晩年を龍野で過ごし、甃庵はそのの看病のため一時大坂から龍野に帰っている。

龍野藩は、元禄年間に藤江熊陽《ふじえゆうよう》・股野龍渓《またのりゅうけい》を召し抱え、またその両家を継いだ藤江軍治・股野玉川《ぎょくせん》によって学問が定着した。軍治・玉川は中井竹山と同年輩であり、さらにその子の藤江貞蔵・股野嘉善は竹山の指導を受けるなど、龍野藩と懐徳堂には密接な交流があった。また江戸中期より窮乏した藩経済に対して、竹山は『社《しゃ》倉私議《そうしぎ》』を著して打開策を示し、一旦は不採用となったものの、後に、懐徳堂で竹山に学んだ小西澹斎《こにしたんさい》によって取り上げられ、文政三年（一八二〇）、実施されるに至った。

なお、龍野伝来の中井家関係資料や龍野藩関係資料は現在、たつの市立龍野歴史文化資料館に保存されており、その図書目録として『龍野文庫図書目録』（龍野市教員委員会、一九九四年）がある。

股野玉川（またのぎょくせん）［一七三〇～一八〇六］

龍野藩の儒臣。名は充美、また才助。号は玉川・楽翁。股野《また の》龍渓《りゅうけい》の子。藩儒藤江《ふじ え》熊陽《ゆうよう》に学び、のち京都の伊藤東涯に師事したが、四十歳を過ぎて朱子学に転じた。同年輩であった中井竹山と交流を持ち、その子股野嘉善も竹山に学んだ。玉川の著『孝婦鳴盛編《こう ふ めいせいへん》』に竹山は跋文を記している。

小西澹斎（こにしたんさい）［一七六九～一八五四］

龍野藩の儒臣。名は惟冲、澹斎は号。懐徳堂の中井竹山に学び、藩校敬楽館《けいごうかん》で教授した。また、竹山が『社倉《しゃそう》私議《しぎ》』として龍野藩に上呈した財政打開策を取り上げ、文政三年（一八二〇）の実施に寄与した。

稲垣子華（いながきしか）［一七二三～一七九七］

江戸中期の儒者。中井竹山・履軒時代の懐徳堂門人。享保八年（一七二三）、美作国吉野郡田殿《たどの》村で生まれる。名は隆秀《たかひで》、字は子華、通称は浅之丞《あさのじょう》、号は瀧下散人《ろうかさんじん》。孝子として有名で、明和元年（一七六四）、幕府から二百両を下賜され、中井竹山は『子華孝状』を著して顕彰し、また、甲田行善『美作孝民記』にも記される。父の勧めで上京し、十二歳の時に懐徳堂に入門した。実直に学を修め、中井甃庵の推挙で播州安志《あんじ》藩に仕えるが、宝暦四年（一七五四）、父を養うために慰留を振り切って帰郷する。父の没後に安志藩に戻り、また、懐徳堂に戻っていた時もある。温厚な性格で門人に慕われ、門下からは箕《み》作阮甫《つくりげんぽ》の兄、丈庵（名は貞固）がいる。寛政九年（一七九七）、七十五歳で没。故郷の田殿には、門人たちが建立した頌徳碑（撰文および書は中井蕉園）や、昭和三年建立の「稲垣隆秀先生碑」が立つ。また没するまで仕えた安志藩の開善寺（現在廃寺）には「瀧嵒《ろうがん》先生之墓」と刻まれた墓がある。

角田九華（つのだきゅうか）［一七八四～一八五五］

江戸中期の豊後岡藩の藩儒。中井竹山・履軒時代の懐徳堂門人。天明四年（一七八四）、豊後岡藩の大坂藩邸吏の中嶋休治の子として、大坂で生まれる。名は簡、字は大可《たいか》、または廉夫《れんふ》、通称は才次朗、号は九華山房《きゅうかさんぼう》。幼少時に父を亡くし、藩邸出入りの商人升屋《ますや》小左衛門《こざえもん》にひきとられ、小左衛門の援助により、中井竹山・履軒に学ぶ。九華の高評を聞いた岡藩医角田東水は、継嗣がいなかったこともあり九華を養子として迎え、東水没後に九華は角田家を継ぐ。岡藩に仕え、最終知行は二百六十石、藩校である由学館で教授した。温厚厳正な性格でしばしば藩主を諫めるなど、藩政にも関わることがあった。安政二年（一八五五）、七十二歳で没。『近世叢語』『続近世叢語』『孔子履歴考』『近世人鏡録』などの著作がある。

高山彦九朗（たかやまひこくろう）［一七四七〜一七九三］

江戸中期の尊皇憂国の士、寛政三奇人の一人。延享四年（一七四七）、上野国新田郡細谷村に生まれる。名は正之、字は仲縄《ちゅうじょう》、通称は彦九朗。十三歳の時に『太平記』を読んで志を抱き、十八歳の時に遺書を残して出奔、京都に遊学する。公卿と交際するなど尊皇の志が極めて篤く、幕府より睨まれる存在であった。北は蝦夷、南は九州に至るまで全国を周遊して交友を広める。京都大坂に来るときには、必ず中井竹山を訪ねていたという。竹山に「孝三伝《こうさんでん》」「卯谷伝《うこくでん》」があるが、これは仲縄から題材を得たのだろうと西村天囚『懐徳堂考』は述べている。竹山の尊皇の心に感じ入り維新に際して山階宮《やましなのみや》御成《おなり》があったように、両者の心情に一致するものがあったのであろう。寛政五年（一七九三）、自刃。京都三条大橋には、今も京都御所に跪拝する仲縄像がある。

菅茶山（かんちゃざん）［一七四八〜一八二七］

江戸時代の漢詩人・儒者。備後《びんご》出身。名は晋帥《ときのり》、字は礼卿。茶山は号。十九歳で上京し那波《なば》魯堂に朱子学を学び、遊学ののち帰郷して、天明元年（一七八一）、黄葉夕《こうようせき》陽村舎《ようそんしゃ》を開き、これはのちに福山藩の郷学廉塾《れんじゅく》となった。茶山は混沌社の社人や頼春水・山陽父子、さらには中井竹山と交流した。

茶山の詩集『黄葉夕陽村舎詩《こうようせきようそんしゃし》』は、葦陽文化研究会により原寸復刻され（児島書店、一九八一年）、『詩集日本漢詩』第九巻にも縮印収録された（汲古書院、一九八一年）。また、主要な詩を訳注したものとして、黒川洋一注『菅茶山・六如』（岩波書店・江戸詩人選集第四巻、一九九〇年）がある。

三浦梅園（みうらばいえん）［一七二三〜一七八九］

江戸中期の儒者。名は晋《すすむ》、梅園は号。豊後国東《くにさき》の医家に生まれる。生涯医を業とし、ほとんど独学であったが、麻田剛立《あさだごうりゅう》や中井履軒と生涯文通した。またその子の黄《こう》鶴《かく》は京都遊学の際、履軒に面会している。梅園は西洋の天文書を中国伝統の「気」の哲学によって解釈し、独自の哲学を完成させ、豊後聖人の称がある。著に『玄語』『贅語《ぜいご》』など。

麻田剛立（あさだごうりゅう）［一七三四～一七九九］

もと豊後国杵築《きつき》藩の藩医。本姓を綾部氏と称したが、天文学・医学を好み、脱藩して来坂、天文学塾先事館を開く。山片蟠桃もその門下生である。中国からもたらされた暦学や漢方がなお主流であった時代に、自らの実証で得た知識を基として、新たな天文学・医学の発展に寄与した。中井履軒と交遊があり、履軒は、麻田の動物解剖に立ち会った経験を基にして『越俎弄筆《えっそろうひつ》』を執筆した。また、履軒は『履軒数聞』の中で、麻田剛立が実測した地球や月、太陽の周径、地球からの距離などを「麻子測法」として記している。剛立はその後、寛政七年（一七九五）に幕府から改暦御用を命ぜられたが、高齢を理由に辞退し、門下の高橋至時《よしとき》と間重富《はざましげとみ》を推挙した。幕府天文方に登用された二人は、寛政十年（一七九八）から施行された寛政暦作成を担当した。

早野仰斎（はやのぎょうさい）［一七四六～一七九〇］

江戸中期の大坂の儒者。中井竹山時代の懐徳堂門人。延享三年（一七四六）、大坂に生まれる。名は辨之《べんし》、あるいは辨文《べんぶん》、字は士誉《しよ》、通称は栄輔あるいは永助《えいすけ》、号は仰斎、あるいは大痩生《たいそうせい》。号の大痩生とは、痩身であったことに由来する。父は薬売りであったが学問を好み、自身の成し遂げられなかった修学の夢を子の仰斎に託し、懐徳堂に入門させた。父と竹山との問答は有名で、竹山が、仰斎の勤勉を讃えつつも商業には不適当であると答えると、仰斎の父は、学問が成就すれば幸いである、と喜んだという。貧素な生活の中で父の志を叶えるよう学に邁進し、懐徳堂の助教も勤めたが、寛政二年（一七九〇）、四十五歳で没。墓は隆専寺（大阪市天王寺区生玉前町）にあり、墓碑銘は中井蕉園の撰。

早野橘隧（はやのきっすい）［一七七八～一八三二］

江戸中期の大坂の儒者。中井竹山時代の懐徳堂門人で履軒の高弟。早野仰斎《ぎょうさい》の子。名は正巳《まさみ》、字は子発《しはつ》、通称は三太郎、後に義三《ぎぞう》、号は流水、橘隧、反求。父と同じく幼少より懐徳堂に入門し、中井竹山・履軒に学ぶ。書道に巧みであり、また、著作を残さなかった父仰斎とは異なり、『橘隧骨薫』『橘隧先生詩集』『俗風雑詠』を残している。その風格は履軒に似ていたと伝えられる。父の業を継ぎ、南堀川吉野屋町で教授し、天保二年（一八三二）、五十四歳で没。墓は父と同じく隆専寺にあり、中井碩果の撰文である。

早野思斎（はやのしさい）［一八〇六～没年未詳］

江戸後期の大坂の儒者。早野橘隧の子。文化三年（一八〇六）、大坂に生まれる。名は艮輔《こんほ》、字は子序《しじょ》、通称は生三《せいぞう》、号は思斎、思粲《しさん》、小石《しょうせき》。水哉館《すいさいかん》に出入りして中井履軒に師事し、祖父の早野仰斎、父の橘隧を継いだ。妻は中井柚園の次女である。また詩文に秀でており、嘉永から安政にかけて浪華の詩壇で活躍した。没年は未詳。墓は祖父や父と同じく隆専寺にある。

山木眉山（やまきびざん）［？～一八三七］

阿波出身の儒者。名は積善《せきぜん》、字は伯厦《はくか》。善太《ぜんた》と称し、眉山、狂庵と号した。幼い頃から、神童の誉れが高かった。のち大坂に学び、また、江戸に出て名を揚げた。その後、亀山藩の儒官となる。眉山は、特に心酔していた中井竹山を「海内第一の大儒」と絶讃したほか、三宅石庵の折衷的学問について「石庵 苟《いやしく》も疑ふべき有れば、朱説と雖《いえど》も之を取らず、而も其の大本は朱説に依拠せり」と批評している。天保八年（一八三七）、三十八歳で没。

丸川松陰（まるかわしょういん）［一七五八～一八三一］

江戸中期の備中新見藩の藩儒。中井竹山時代の懐徳堂門人。備中浅口郡西阿智村の人。同国新見《にいみ》藩に仕える。名は茂延《しげのぶ》、字は千秋《せんしゅう》、通称は一郎、号は松陰。幼少時より才高かりしことが伝えられる。名儒を訪ねては親交を結んでいたが、中井竹山に会うや竹山に心服して弟子となり、家を大坂に移しもした。懐徳堂きっての俊才として名声高く、松平定信が竹山を通して松陰の仕官の意志を問うてきたが、松陰は新見藩の恩厚いことを理由にこの誘いを断っている。寛政六年（一七九四）、新見藩の藩校思誠館に学頭として迎えられる。その学問は朱子学を専らとし、躬行第一、文芸第二とするものであった。また、幕府より至孝《しこう》を以て表され、『孝義録』中に編入されている。晩年には「天地君親師」の五字を大書し、これを礼拝していた。門下には山田方谷がいる。天保八年（一八三一）、七十四歳で没。

脇屋蘭室（わきやらんしつ）［一七六四～一八一四］

江戸中期の儒者で、中井竹山の高弟。名は長之、字は子善、号は蘭室、愚山《ぐざん》。脇蘭室・脇愚山と称す。豊後の出身で、初め三浦梅園に学び、のち肥後で藪孤山に学び、さらに大坂に出て、懐徳堂に入門し中井竹山に師事した。竹山の『逸史』には、寛政八年（一七九六）の蘭室の序文が記されている。修学の後、郷里に帰り、私塾を開いたが、のち熊本藩儒に登用される。著書が『脇蘭室全集』としてまとめられている。西村天囚は、この蘭室を、三浦梅園、帆足万里、柴野栗山、皆川淇園《きえん》などと併せて『学界乃偉人』（東京・梁江堂書店、大阪・杉本梁江堂、一九一一）で紹介している。

三村崑山（みむらこんざん）［一七六二～一八二五］

江戸中期の大坂の儒者。早野橘隧・竹島簣山とともに中井履軒の高弟。宝暦十二年（一七六二）に生まれる。名は其原《きげん》、字は子達《したつ》、通称は貞蔵《ていぞう》、号は崑山、あるいは玉来居《ぎょくらいきょ》。履軒に学び、後に西横堀で塾を開いた。師の履軒が没したときに墓誌を撰したのが崑山である。文政八年（一八二五）、六十三歳で没。墓は大阪市天王寺区下寺町の万福寺にある。著作には、『玉来雑記』『玉来随語』『花間笑語』『芳山遊草』などがある。

竹島簣山（たけしまきざん）［？～一八三七］

大坂の人。名は衡《こう》、通称は立雪《りっせい》、簣山は号。三村崑山・早野橘隧とともに中井履軒の高弟であり、履軒の『七経《しちけい》逢原《ほうげん》』は、履軒の存命中、かれら高弟にのみ借覧を許されたという。また、中井桐園《とうえん》が中井碩果《せきか》の養子となって中井宗家を継ぐことが決められたときには、簣山および広屋得左衛門・岩崎十太夫の三名が、早野思斎・清水中洲・古林正見《ふるばやしせいけん》・瀧中書の四名と証文を取り交わし、履軒亡き後の水哉館の蔵書目録『天楽楼書籍遺蔵目録』の校正を行い、さらに『履軒数聞《りけんすうぶん》』『百首贅々《ひゃくしゅぜいぜい》』などの履軒自筆本を筆写するなど、履軒との関わりは深い。

越智高洲（おちこうしゅう）［一七七一～一八二六］

江戸中期の大坂の儒者。明和八年（一七七一）、播磨に生まれる。名は翼、字は子亮《しりょう》、通称は文平《ぶんぺい》、高洲は号。父は医者の赤松春庵であるが、高洲は本姓の越智を名乗った。初め、尾藤二洲《びとうじしゅう》の門人であったが、二洲が来坂した際、中井履軒に託され、以後、履軒に師事する。一説によると大塩平八郎が高洲に学んだとされるが、真偽は未詳である。文政九年（一八二六）、五十五歳で没。墓は大阪市天王寺区城南寺町の梅松院にある。

石野東陵（いしのとうりょう）

播州林田藩の藩儒。播州大田村の人。字は子楊《しよう》、通称は充蔵《じゅうぞう》、東陵は号。初め中井履軒に師事していたが、後に江戸に出て古賀精里《こがせいり》の門下で学び、さらに昌平黌《しょうへいこう》に入学した。中井竹山の葬儀にも参列している。また、文政年間には林田藩に仕えていた。生没年は未詳。著作に『東陵詩集』『東陵文集』がある。

桜井東門（さくらいとうもん）［一七七六～一八五六］

江戸中期の儒者。安政四年（一七七六）、備前国是里に近藤恒邦の子として生まれる。名は淮温、字は士良《しりょう》、あるいは子良、通称は良蔵、号は東門、馬上医者、知非子、迂叟《うそう》。親族から医学を学ぶよう強いられるが、反発して家を出、のちに但馬出石《いずし》藩の藩儒である桜井東亮に請われて長女を娶り、桜井氏を継いだ。肥後に遊学して高木紫溟に師事し、その帰路に頼春水らを訪ねる。

　その後、京都大坂に出て中井竹山・履軒と親交を結び、履軒から教えを受けている。さらには江戸に出て不朽社を結成するなど華々しく活動し、一時は剛毅な性格が災いしてか禁錮にあうが、水戸の弘道館教授を務めるに至る。晩年は諸国を周遊した。その学は初め諸家の折衷色が強かったが、晩年は朱子学である。著作に『藩黌事宜』『学者筆答』『西遊記』『東遊記』などがある。

犬養松窓（いぬかいしょうそう）［一八一六〜一八九三］

　江戸後期の備中藩の藩儒。文化十三年（一八一六）、備中国都窪郡山地村に生まれる。名は博、字は淵卿《えんきょう》、通称は源三郎。松窓は号。家は代々農業を営んでいたが、松窓は幼少時から読書を好み、村にいた儒者について学んだ。しかし『孟子』を読み、学問とは自己の研究によるのみと考え、これ以後は師に就かず学を修めた。朱子学者の偏窟さを嫌って初めは荻生徂徠の学説を支持していたが、中井履軒の学説を得ると、これを深く信奉して伊藤東涯の説とともに自説に取り入れ、折衷させていった。明治二十六年（一八九三）、七十七歳で没。

五星・五井（ごせい）

　渋井太室・細井平洲・南宮大湫《なんぐうたいしゅう》・井上四明・中井竹山の五名の総称。竹山が江戸滞在の折、江戸で儒者として名を馳せていた他の四名と親交を結んだ。中井木菟麻《つぐま》呂《ろ》『懐徳堂水哉館先哲遺事』によれば、南宮大湫は、もと井上氏といい、五名の姓に共通して「井」字があることから、五名を総称して「五井」といったという。また、西村天囚『懐徳堂考』によれば、「井」と「星」との音「セイ」が通じるところから、「五星」といったともいう。

大塩平八郎（おおしおへいはちろう）［一七九三〜一八三七］

　江戸後期の与力。陽明学者。名は正高、のち後素、字は子起、通称は平八郎、号は中斎・連斎・中軒・洗心洞主人。大坂天満《てんま》の与力の家に生まれ、与力を勤めるかたわら、陽明学を学んだ。天保八年（一八三七）、天保の大飢饉が起こり、米価が騰貴し餓死者が多数出た。大塩は官倉米の放出を進言したが入れられず、兵をあげるに至ったが、失敗して自殺した。

　大塩は、幼時中井碩果に句読《くとう》を学んでおり、その際、「寧《むしろ》」という字の読みが覚えられず、碩果が「下に敷く筵席《むしろ》」と覚えるよう教えたため、翌日復習した際に「ゴザ」と読んだという逸話が『懐徳堂考』に記されている。

帆足万里（ほあしばんり）［一七七八～一八五二］

江戸後期の学者。豊後日出《ひじ》藩家老の三男として生まれる。名は万里、字は鵬卿、通称は里吉。寛政三年（一七九一）、中井竹山門下の脇屋蘭室《わきやらんしつ》（脇愚山《わきぐざん》）に学び、のち、懐徳堂の竹山に入門する。文化元年（一八〇四）、藩校の教授となり、天保三年（一八三二）には家老として藩政改革に当たる。

清水中洲（しみずちゅうしゅう）［一七九〇～一八六七］

中井履軒の弟子で、並河寒泉の友人。名は原、字は士進、通称は弥三郎。号は中洲・含章斎。仙台藩大坂藩邸の留守居。学問を好み、役職の余暇に儒学を学び、中井履軒に師事した。のちに履軒の孫の桐園が、碩果の養子となって中井宗家を相続する際、早野小石（橘隧の子）・古林正見《ふるばやしせいけん》・瀧松陰《たきしょういん》（竹山の門人）らとともに立会人となっており、懐徳堂関係者のなかでも学識・地位・人物において重要な位置を占めていたと思われる。懐徳堂文庫には、中井履軒『通語』の柚園写本に、天保十三年（一八四二）の中洲の序文が見られ、また、散逸していた履軒手稿の『百首贅々《ひゃくしゅぜいぜい》』は、中洲所蔵写本を基に明治二十五年（一八九二）活字本として刊行された。特に漢詩・書道に通じ、天保から嘉永にかけての大坂詩壇における屈指の存在で、懐徳堂文庫に嘉永六年（一八五三）の序をもつ『清水中洲詩稿』（手稿本）が残る。墓は大阪の大蓮寺にあり、墓碑銘は『大阪訪碑録』に収められている。

平瀬露香（ひらせろこう）［一八三九～一九〇八］

並河寒泉・中井桐園時代の懐徳堂の門人。本名は亀之助、号は春愛。両替商である千草屋《ちくさや》の七代目。千草屋は大名貸しをする程の豪商であったが、商売自体は堅実で、明治維新を乗り切る力を有していた。安政六年（一八五九）、千草屋からの助成金に対する覚え書きが「懐徳堂永続助成金覚書」として懐徳堂文庫に残されている。露香は、母が本妻でなかったため、幼時に実家の平瀬家より赤松家へ養子に出されるが、六代目宗十郎亡き後は七代目として平瀬家に戻った。しかし、養子時代の赤松家当主が能や雑芸に没頭していたためか、露香は家業を受け継ぐも番頭や手代任せとし、自らは趣味風流の世界に熱中した。趣味人、博学多才として有名であり、大阪では「粋」な人物として名を馳せた。

伊藤介夫（いとうすけお）［一八三三～一九一二］

並河寒泉・中井桐園時代の懐徳堂の門人。名は和、字は介夫・子固、通称は軍八、号は雪香、有不為斎《ゆうふいさい》。漢学者。幼い頃に父と死別し、親類筋の扶養を受けながら学問に精進した。安政五年（一八五八）、江戸の昌平黌に入学。特に漢詩文に優れる。文久二年（一八六二）、幕府の清国への特使派遣の際、通訳として同行。長髪賊の乱（太平天国の乱）にあい、帰国。その後、尊皇派として活動する。明治四年（一八七一）、文部権中助教授、同八年修史館の書記となるが、同十二年に辞職し、再び中国に渡る。同十四年に帰国し東京外国語学校・師範学校の嘱託教授、同十七年、平安義黌の教授、中等学校教員、妙心寺学林教授と職場を転々とする。

　介夫は、その父が早野《はやの》橘隧《きっすい》の門に学び、また、三村崑山の子・政五郎と交遊があったことから、懐徳堂に強い関心を持ち、散逸してしまった懐徳堂関係の書籍の収集保存に努めた。その後、大阪市中に家塾を開くが、同三十年、大阪府第五中学校教諭となる。同四十四年（一九一一）、懐徳堂復興の祭典を開いた際には諸門人を代表して祭文を朗読した。なお、昭和十四年（一九三九）、その遺族から、中井履軒手稿本の『老婆心』『後漢書雕題』『三国志雕題』など、貴重資料五十余点が重建懐徳堂に寄贈されている。

近藤南州（こんどうなんしゅう）［一八五〇～一九二二］

　幕末明治期の儒学者・漢詩人。名は元粋、号は蛍雪軒。伊予松山の人。父の名州も儒学者であり、南州は幼い頃より素読を受ける。松山藩の明教館で漢学を学んでいたが、明治七年（一八七四）に明教館が廃されると、大阪に移り、猶興書院を開き、儒学を教授する。詩人としては「風騒吟社」「逍遥游吟社」等を主宰し、明治末から大正にかけての大阪の詩壇に貢献した。なお、大阪天満宮文庫は、南州の膨大な蔵書を基幹とするものであり、懐徳堂資料についても、例えば、中井履軒の『戦国策雕題』の写本が収められているが、これは『雕題』の原本（所在未詳）を南州が直接筆写したものである。

浪華学者評判記（なにわがくしゃひょうばんき）

　大坂を中心とした学者たち二十九人を、それぞれ当時の役者たちに見立てて対にして批評したもの。天明七年（一七八九）、浜松歌国《はままつうたくに》『摂陽奇観』所収。その「京江戸大坂役者見立記」の「惣巻頭」に中井竹山があげられている。その批評は、「大極上上吉」で「どふ見ても当時引くるめての親玉」とあり、当時、竹山の名声が極めて高かったことがわかる。巻頭に置いた理由としては、「此人は万事に能《よく》行届き何事でも夫《それ》々にうつせる所が生根」と記されている。しかしその一方で、「楽屋うけ町方とも自躰評判の悪い人」「身分不相応の大酒も義理道理を知るるか」との悪評も併記されている。

浪華風流月旦（なにわふうりゅうげったん）

儒者・書家・画家・俳人などを相撲の番付に真似て配列し、大坂の橋をその長短によってその人にあてた人物批評。「月旦」とは、人物批評のこと。後漢の許劭《きょしょう》とそのいとこの許靖《きょせい》が、毎月一日（月旦）に郷里の人物を批評しあった故事（『後漢書』許劭伝）にちなむ。例えば、嘉永六年（一八五三）新版では、今でいう東の横綱に当たる位置に、「淡路町　詩　廣瀬旭荘　五十二間半　大江橋」とある。また、相撲の番付と同じく、中央には行司・後見・勧進元などが並んでおり、その内、行司に並河寒泉が京橋、中井桐園が御成橋としてあげられている。全体的に儒者が取り上げられる数が少ない中で、この二者が行司として、いわば別格扱いされていることは、懐徳堂が大坂にあって人々の尊崇を受けていたことをうかがわせる。当時、相撲の番付に真似た人物批評はよく行なわれ、さかんに印行された。浪華風流月旦はその内の一つ。

摂津名所図会（せっつめいしょずえ）

旧摂津国の絵入りの地誌。秋里《あきさと》籬島《りとう》（字は舜福、通称仁左衛門、号は籬島）の編、竹原春朝斎（実名は松本信繁、通称は門次）らの絵図による。全九巻十二冊が寛政八年（一七九六）とその翌年に分けて刊行された。摂津は、現在の大阪府の北部および兵庫県の東部にあたる地域。この地域内の名所・旧跡・神社・仏閣、世相・風俗・行事、伝承・説話などを、絵図とともに掲げている。その内、当時の学塾の様子を伝えるものとして、「含翠堂《がんすいどう》に於て東涯先生講筵《こうえん》を闢《ひら》く」と記す一枚があり、伊藤東涯が含翠堂に出講した時の様子を描いている。見台を前にして裃《かみしも》姿で講義する東涯の姿は、懐徳堂の教授たちの雰囲気とは異なっていたと思われるが、当時の授業風景を描いた貴重な資料である。

大阪訪碑録（おおさかほうひろく）

大阪の木村敬二郎が、三十年近くの歳月を費やして大阪府下に残る名家の墓所を巡り、墓碑銘《ぼひめい》等を採録したもの。正式名称は『稿本大阪訪碑録』。昭和四年（一九二九）五月、浪速叢書（全十六巻）の第十巻として浪速叢書刊行会から発行された。木村が書いた原稿は、漢文はすべて白文であった。刊行にあたり、梅見春吉が返り点・句読点をつけ、藤沢黄坡《こうは》（藤沢南岳の次男）が校閲した。内容は墓碑銘が中心であるが、墓によっては姓名や法号《ほうごう》が刻されているだけのものも多数ある。その場合、『浪華人物志』、『浪華名流記』等から可能な限り資料が引用されている。人物資料としてとても有用な資料である。

懐徳堂関係者を例にとると、中井甃庵《しゅうあん》・竹山・履軒等の墓石自体は現存するが、その墓碑銘は全て失われている。五井蘭洲の場合、墓碑銘は残っているが、墓石下部の文字が欠落し、現状では判読できない文字がある。経年劣化が最大の原因であるが、それ以前に墓石の石材が泉州砂岩など耐久性の高くないものであること、空襲で破損したこと等もその理由である。

さらに、子孫が絶えたなどの理由で、いわゆる無縁墓となり、墓石自体が撤去されてしまったものも少なくない。こうした様々な理由から、現状では目にすることのできないものが少なくない。この本に採られているものも、現存していないものが多く、伝記資料としての価値は非常に高い。

先哲叢談（せんてつそうだん）

原念斎《はらねんさい》著。全八巻。文化十三年（一八一六）刊。藤原《ふじわら》惺窩《せいか》から原双桂（念斎の祖父）まで、江戸時代前期の儒者七十二人の伝記を記した書。懐徳堂関係では、巻四に五井持軒、五井蘭洲、巻五に三宅石庵、三宅観瀾の事跡を載せる。例えば、蘭洲については、「蘭洲博学にして著述に富む、瑣語、質疑篇、非物篇、既に刻して世に行わる、其の他は入梓《し》せんことを勧むれども謙譲して許さず」などとの評価が見え、石庵については、「世石菴を呼んで鵺《ぬえ》学問と為す、此れ其の首は朱子、尾は陽明、而して声は仁斎に似たるを謂ふなり」という香川修徳の言を載せる。また「石菴は陸象山を信じ、執斎（三輪執斎）は王陽明を喜び」（巻之五、三宅重固）とも書かれており、石庵は陽明学よりも陸学の方を重視していた、ということが窺われる。なお、本書の後、東条琴台が『先哲叢談後篇』を刊行（一八三一年）、さらに、松村操『近世先哲叢談』が中井竹山から安井息軒に至る江戸時代後期の儒者二十二人を取り上げており、これらにより、江戸前期から幕末までの儒者の伝記資料集となる。

拙修斎叢書（せっしゅうさいそうしょ）

天保期（一八三〇～一八四四年）に江戸の儒者中西忠蔵（名は邦基、号は伯基）によって刊行された木活字本の叢書。政治に関わる著作が多く、頼山陽『日本外史』を初め、荻生徂徠『政談』、新井白石『読史余論』、尾藤二洲『静寄軒文集』などの他に、中井竹山・履軒の著作も多い。

中井竹山の著作としては『逸史』『社倉私議』『草茅危言』『逸史問答』『奠陰略稿』『東征稿附西上稿』があり、履軒の著作としては『通語』『伝疑小史』が収められている。

昌平黌書生寮姓名録（しょうへいこうしょせいりょうせいめいろく）

関係人物名　中井竹山、西村天囚
数量（冊数）　一冊
外形寸法（㎝）　縦二四・〇×横一六・五
懐徳堂文庫図書目録該当頁　国書五下

懐徳堂文庫所蔵の昌平黌《しょうへいこう》（昌平坂学問所）書生寮の姓名録写本。中井竹山手稿。西村天囚が文献善本の写本を編集した「小天地閣叢書」乾集・坤集計百四十三冊中の坤集所収。本文全百三十丁。『懐徳』第四十二号（一九七二年）で、梅溪昇「懐徳堂本「昌平黌書生寮姓名録」の公刊にあたって」が本資料について概説し、これに続いて、東京大学史料編纂所所蔵本との一部の校合結果、および全文の翻刻、姓名索引・藩名備考が掲載されている。現在は、「小天地閣叢書　八本」との題簽が付された書帙に、『英艦戦争始末』（島津家編）、『倡善感義録』、『淇園門人簿』、『猗々斎先生遺稿』（宮内維清著）、『江戸日記』（高山正之著）とともに収められている。

内容は、弘化丙午（一八四六年）以降の昌平黌書生寮の名簿である。昌平黌は、元来旗本・御家人を対象とする学問所であったが、林家もしくは儒官の門人であれば藩士や浪人も聴講を許された。そこで本資料でも原則として、身分（出身藩など）、経由した儒官門、入寮・退寮年、姓名、年齢が記されている。例えば、「松平左京大夫家来　古賀門　文政十三年入寮　弘化四年四月退寮　日野良之助　午四十一」、「津軽越中守　佐藤門　弘化二、入　嘉永二、退　和田省吾　午二十一」「尾張浪人　古賀門　弘化四、入　同五、退　金子家一郎　未二十二」のような記載となっている。またこの写本には、ところどころ朱筆で書き入れや訂正が加えられている。

これに続き、後に付加された八名分の「姓名録」、および「林家出生氏名」の記録を加え、「合計七百七拾七人」（実際には七百七十四名）の姓名が記されている。

本資料は、江戸幕府直轄の教育機関であった昌平黌の実態を窺いうる貴重な名簿であり、また、藩校・藩士の動態を知る上でも興味深い資料である。

第5章——懐徳堂の終焉と復興

重建懐徳堂玄関

1　懐徳堂の終焉

　中井履軒が懐徳堂を離れて開いた私塾水哉館《すいさいかん》は、履軒の子柚園《ゆえん》に引き継がれたが、柚園の死とともに閉じられた。また懐徳堂も、幕末維新の動乱により、明治二年（一八六九）、百四十余年の歴史を閉じた。懐徳堂の掉尾《とうび》を飾ったのは、懐徳堂最後の教授並河《なびかわ》寒泉《かんせん》と最後の預り人中井桐園《とうえん》である。

　並河寒泉は、中井竹山の外孫で、門人を武士役人層にまで広げ、大坂町奉行に懐徳堂の援助を願い出るなど、懐徳堂の経営・維持に努め、さらに文庫の建築、『逸史』の上梓などの事業を推進した。また中井柚園の子で、碩果の養子となった桐園は、蔵書や備品類を売却するなどして、懐徳堂および並河・中井両家を財政面で支えた。しかしかれらの努力もむなしく、懐徳堂はついに閉校を迎えることとなった。明治維新は新たな体制と文化を生み出したが、一方では、旧来の伝統的文化の継承に深刻な打撃を与えることとなったのである。

中井柚園（なかいゆえん）［一七九五～一八三四］

　中井履軒の子。名は環《かん》、字は君玉《くんぎょく》、幼名は菊麿、菊次郎、通称は雄右衛門《ゆうえもん》。柚園は号。履軒が開いた私塾水哉館を継承し、水哉館教授となった。墓誌や行状などの記録がなく、伝記についてはほとんど不明。手記が数冊残されているほか、父履軒の『通語』の手写本や、履軒の書に書き入れたテキストを残しており、よく家業を継承したことは推測される。懐徳堂文庫所蔵の「聖賢扇」（履軒）の文面や『孝経大義』（履軒）の題簽は柚園の筆によるものである。天保五年（一八三四）、四十歳（また五十三歳とも）で没し、水哉館も閉じられた。

並河寒泉（なびかわかんせん）［一七九七～一八七九］

　中井竹山の外孫。並河尚誠《しょうせい》に嫁した竹山の娘とじの子。懐徳堂最後の教授。「並河」は一般に「なみかわ」と読まれるが、西村天囚の『懐徳堂考』は「なびかわ」と振り仮名を振っている。名は朋来《ともき》あるいは鳳来《ほうらい》、字は享先《きょうせん》、通称は復一。寒泉は還暦以前の号、晩年「桜宮」に住み「樺翁」と号す。これは、履軒の『左九羅帖《さくらじょう》』に、サクラの正しい表記が「樺」であるとする説に基づいたものである。

　十七歳で伯父の中井碩果の門に入り、懐徳堂で教鞭を執った。一旦懐徳堂を離れたが、のち、碩果の死去に伴い、四十四歳の時に教授となった。懐徳堂の諸生からは「大先生」、晩年には「老先生」と敬称されていた。懐徳堂の講義日程を遵守し、門人を武士役人層にまで広げ、大坂町奉行に懐徳堂の援助を願い出るなど、懐徳堂の経営・維持に努め、また文庫の建築、『逸史』の上梓などの事業を推進した。

一方、対外的には、安政年間に大坂町奉行所からの委嘱を受け、天保山沖に来航したロシア軍艦ディアナ号との応接や河内の陵墓調査を行っている。また慶応二年（一八六六）には、公武合体派の中枢にあった中川宮に懐徳堂復興の意向があると知り、老身に鞭打って京都へ上り、当時権力の中枢にあった会津藩の要路へ働きかけるなど、行動的な面も持ち合わせていた。

しかし、幕末維新の動乱によって、明治二年（一八六九）、懐徳堂は終焉を迎えた。同年十二月、寒泉は「百余り四十路四とせのふみの宿けふを限りと見かへりて出づ」の歌を門に貼り付けて学舎を去り、城北の本庄村に転居した。主著の『辨怪』は、懐徳堂学派の無鬼論とその実践的性格を知りうる重要な資料である。

なお、寒泉の祖父並河誠所（一六六八～一七三八）は、伊藤仁斎の高弟で、懐徳堂開学の年には、三宅石庵の助教を務めた。また、寒泉の次女霜は、寒泉と同時期に預り人を務めた中井桐園に嫁いだ。また、蜑街《たんがい》（名は尚一、字は黙甫）は寒泉の子で、懐徳堂の助教を務めたが、明治元年（一八六八）、二十歳で没した。懐徳堂文庫には、「蜑街先生詩稿」「蜑街先生残稿」などの草稿が残されている。

並河誠所→一五頁

寒濤楼（かんとうろう）

懐徳堂において並河寒泉が居住していた部屋の名。懐徳堂の歴代教授は、学舎の二階（楼）に居住するのを例とし、その名を「廓然楼《かくぜんろう》」と称した。ここには三宅石庵揮毫の「廓然」の扁額もあった。しかし、寒泉の時には、その父巨川の「寒濤楼」の名を継いで、張南軒の文集から集字した「寒濤」二字の刻額を掲げた。

なお、寒泉は、懐徳堂閉校の後、本庄村に転居したが、明治四年（一八七一）、そこで寒濤廬《かんとうろ》塾を開き、子弟を教授した。寒泉は、懐徳堂の定書《さだめがき》を踏襲して塾の規則を制定した。「寒濤廬定規条目」全十六条として懐徳堂文庫に残されているのがそれである。

中井桐園（なかいとうえん）［一八二三～一八八一］

中井柚園の子で、中井碩果の養子。中井履軒の孫に当たる。名は及泉《きゅうせん》、字は公混《こうこん》、幼名は魣太郎《いなたろう》。後、修治と改める。履軒没後の文政六年（一八二三）、水哉館で生まれる。中井碩果の死去に伴い、十八歳で懐徳堂最後の預り人となったことから、水哉館は懐徳堂に合併される形となった。年少で懐徳堂の預り人に就任したため、並河寒泉の指導・教育を受けつつ懐徳堂の経営に参画した。温厚な性格であったが、門下生や子女に対しては厳格であった。その子中井木菟麻呂《なかいつぐまろ》は幼時の記憶として、「常に父の前に読書を授けらるることを畏れ、好みて外祖寒泉に就きたり」と語っている（『懐徳堂水哉館先哲遺事』）。また一方で蔵書・書画・家具什器類を売却するなどして、懐徳堂および並河・中井両家を財政面で支えたが、幕末維新の動乱に際し、『逸史』『詩律兆』『通語』『非物篇』『非徴』『瑣語』『質疑篇』などの版木を売却するまでに至った。

　懐徳堂の閉校後、明治六年（一八七三）までは本庄村において家塾を続けていたが、同年三月、大阪府の江南小学校の教師となり、老松町に転居。さらに江戸堀南通りに転居して、学校勤務のかたわら、好徳学院と称する私塾を開いた。後、学校を辞職し、もっぱら私塾に教授していたが、明治十四年（一八八一）、五十九歳で没した。

魣太郎（いなたろう）

中井桐園《なかいとうえん》の幼名。竹山がかつて胡瓜と鯔魚《ぼら》を対比し、胡瓜は初物としては珍重されるが成長すると人々から見向きもされなくなるが、鯔魚は老いて益々味わいが出てくると言ったことから、養父である碩果がこの言を取って命名した。魣太郎の名前は天保三年（一八三二）の「魣太郎宗家家督証文並講書」に見られ、また、天保五年（一八三四）の「天楽楼書籍遺蔵目録」には中井威奈太郎と見える。

柚園先生雑記（ゆえんせんせいざっき）

関係人物名　中井柚園
数量（枚数）　二冊
外形寸法（㎝）　一冊目　縦二三・五×横一五・八
二冊目　縦二四・三×横一六・五
懐徳堂文庫図書目録該当頁　国書一三上

中井柚園が衣服・本草・器物・和歌・仮名・書式・漢語などに関して他書から摘録した雑記。一冊目は白口の紙を使用して、彩図を伴う雑録となっている。解説部分は、漢文または漢字仮名交じり文を主とし、衣服、本草、器物などの考証に関する図解のほか、「朝鮮ニテ作レル文字ヲ諺文と云一字一音ナリ」としてその一覧表を「イロハ」に対応させて掲げるなど、多彩な内容となっている。図も丁寧に彩色されている。二冊目は、毎半葉十行有界の紙を使用して、主に漢籍中の語句を摘記し、その語句について漢文または漢字仮名交じり文で簡潔な考証を加えている。

両書とも、全体の構成には、必ずしも整然とした序列や関係性は認められず、また、一冊目の残り七葉分が白紙のままであるなどからすれば、予め体系的な著作物として執筆されたものではないと推測される。まさに折にふれて気付いた点を摘録したものであろう。「柚園先生雑記」とは後の総称（仮称）である。

ただ、個々の内容については、柚園の学問的傾向を知る上で興味深いものも多い。中井柚園は、履軒の第二子で、履軒が開いた私塾水哉館《すいさいかん》を継承して水哉館教授となった。しかし墓誌や行状などの記録がなく、伝記についてはほとんど分かっていない。ところが、本資料に見られる雑多な知識、実証的な図解などは、履軒の「天図」「方図」や『深衣図解』『越俎弄筆《えっそろうひつ》』『顕微鏡記』などを髣髴とさせる。特に、本草に関する精緻な図や「鐵炮之胴（薬筒）」の図や「阿蘭陀物」と注記された「コンパス」の図などからは、柚園が履軒の学問的傾向を継承し、自然科学の分野に強い興味を抱いていたことが窺える。

洪範懐徳堂定本（こうはんかいとくどうていほん）

関係人物名　並河寒泉
数量（冊数）　一冊
外形寸法（㎝）　縦二三・七×横一六・四
懐徳堂文庫図書目録該当頁　漢籍七下（経部、書類）

並河寒泉による『書経』の注釈書。「洪範」は、儒教の経典『書経』の篇名で、その内容は天下統治のための大法を記したものとされている。本書には、「碩園鈔《せきえんしょう》蔵《ぞう》」の印記があり、西村天囚（本名は時彦。碩園・天囚はいずれも号）が筆写したものであることが分かる。基となった寒泉自筆本の所在は、現在確認されていない。

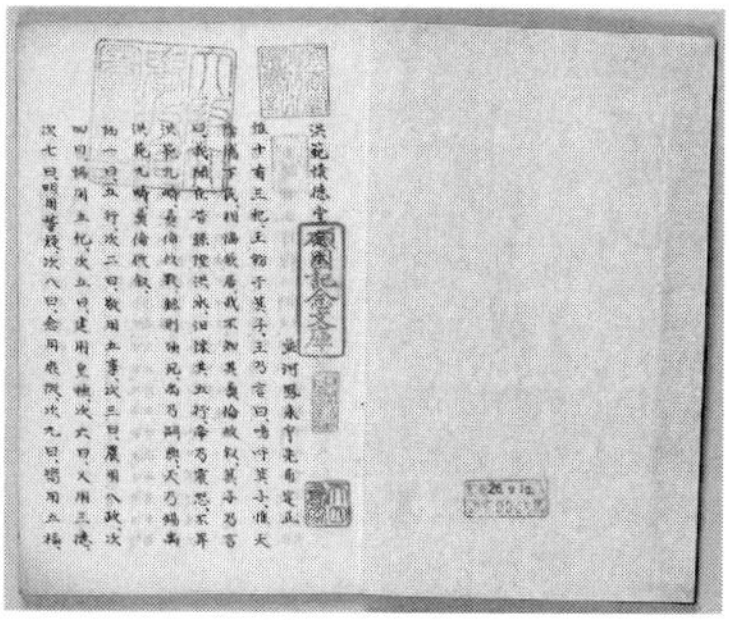
洪範懐徳堂定本

本書の内容は、大きく二つに分けられる。前半では、洪範の本文を校訂したものが掲げられている。後半は、「洪範総論」と題し、「洪範は周書《しゅうしょ》（『書経』の内、周代のことを書いた部分）に非ざるを論ず」、「洪範は洛書《らくしょ》（一〜九の数字を方形に配した、魔方陣のようなもの）に非ざるを論ず」、「洪範の錯簡《さっかん》（書物の内容の順序が誤っていること）并《なら》びに偽補《ぎほ》（本物に見せかけて補われたもの）の説」、「洪範は禹《う》の制（制定）するに非ざるの論」の、四編の論文を載せている。また、附録として、中井碩果《せきか》（竹山の第七子）「五行の弁」が巻末に付載されている。

『書経』は、儒家の最も基本的な経典の一つであるが、非常に複雑な文献学的問題を抱えた書でもある。上掲の四編の論文において、寒泉は懐徳堂の先人、竹山・履軒・蕉園・碩果の意見を引用した上で、それらを総合し、自らの意見を付している。寒泉は懐徳堂最後の教授であるが、この資料から見る限り、懐徳堂先人の学問的業績をまとめようとしていたのではないかと考えられる。また、蕉園・碩果の著述は、現在ほとんど残されておらず、その学問についても明らかにされていない。この資料からは、蕉園・碩果もまた、『書経』の注釈を著していたらしいことが窺われ、また、その一端を知ることもできる。

居諸録（きょしょろく）

関係人物名　並河寒泉
数量（冊数）　五十七冊

並河寒泉《なびかわかんせん》（一七九七～一八七九）が天保三年（一八三二）四月から明治十二年（一八七九）二月の死去の直前まで約五十年にわたって記した漢文による日記。全五十七冊。自筆本。天理大学附属天理図書館所蔵。書名は『詩経』邶風《はいふう》・柏舟《はくしゅう》篇の「日居月諸（日よ月よ）」に由来する。「居」「諸」は「乎」と同様に疑問・感嘆の語気を表す助字で、その二字「居諸」を借りて日月を表現し、日記の題目としたもの。贈答品の包装紙や書簡の裏など大きさも不揃いな反故紙を綴じた冊子に、謹厳実直な文字で事細かに記されている。途中に記述が欠落した年もあるが、おおむね半年ごとに一冊の割り当てで書き継がれている。内容は、日記という性格から、寒泉を中心とした懐徳堂の日常の出来事が主である。しかし、そこからは、懐徳堂および藩邸や町奉行所役人宅での講義に関する情報（受講者数・講義内容など）、学生に関する情報（門人名・身分・入退学時期・謝礼の品目金額など）、学術交流情報（交流相手・内容）など当時の懐徳堂を知る情報を読み取ることができる。かつ、断片的ながら時事に関する情報（奉行所からの触書、寒泉の所感・論評など）も記され、幕末の社会政治の状況を窺い知る貴重な資料でもある。なお、京都大学附属図書館には、寒泉と縁戚関係にあった羽倉敬尚によるペン書きの副本二十六冊が所蔵されている。

懐徳堂蔵書目（かいとくどうぞうしょもく）

関係人物名　並河寒泉、中井桐園、中井木莵麻呂
数量（冊数）　一冊
外形寸法（㎝）　縦二一・三×横一七・六
懐徳堂文庫図書目録該当頁　国書一下

懐徳堂蔵書の目録。本体に目録作成者の名は記されていないが、「天生寄進」の印があり、また、帙に「寒泉桐園手録」とあることから、並河寒泉と中井桐園が作成し、そのことを記憶していた中井木莵麻呂《つぐまろ》（号は天生）が、本目録を重建懐徳堂に寄進する際に、その情報を伝えた

ものと推測される。作成の時期は未詳であるが、桐園の養父であった中井碩果の没（一八四〇）後から、それほど時の経っていない頃であろう。

　この目録によれば、当時の懐徳堂では、本箱に乾《けん》・兌《だ》などの易の八卦の名や、甲・乙等の十干《じっかん》の名などを付けて図書整理を行っていたことが分かる。ただし、この目録には中井竹山・履軒の自筆書き入れ本が見当たらないことから、懐徳堂所有の全書籍の目録ではなく、塾生の閲覧に供していた図書のリストではないかと思われる。蔵書は、四書五経の儒家の経典を中心に、諸子百家の書、歴史、文学、日本の儒者の著述などにも及び、しかも極めて充実したものであったことが窺える。蔵書中の明・清代の学者の著述は、輸入された中国の出版物が多数含まれているようであるが、これらは当時かなり高額なものであったことは間違いない。西村天囚『懐徳堂考』によれば、中井碩果が学校預り人であった頃、理財に長じていた碩果が、同志からの寄付金もあって懐徳堂の財政を立て直し、多くの蔵書・備品を増やしたとされる。おそらく、この目録に見える図書の多くは、碩果の代に購入されたものであろう。ちなみに、これらの蔵書の大部分は、明治維新前後に懐徳堂の財政が逼迫したため、桐園によって売却されてしまったようである。

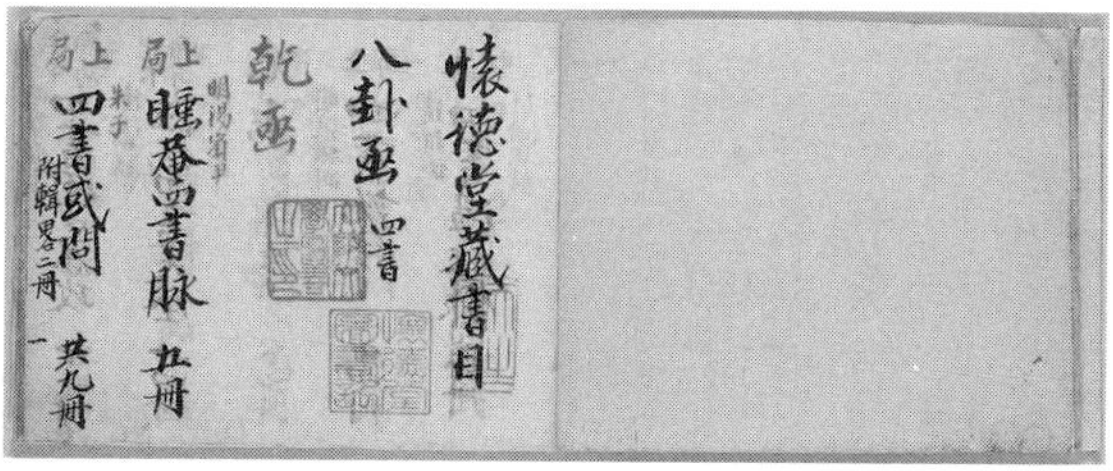

懐徳堂蔵書目

拝恩志喜（はいおんしき）

懐徳堂最後の教授並河寒泉《なびかわかんせん》の著。安政元年（一八五四）、ロシア軍艦ディアナ号が大坂湾に来航した際の顛末を漢文で記録している。自序三葉、本文二十一葉、および「告祖先文」、「告懐徳堂諸先修廟文」の計二十四葉からなる。陰暦九月十八日のディアナ号来航から十月三日の退去まで、さらに後日談として、十一月四日の安政大地震大津波によるディアナ号の大破・沈没が記される。大坂湾の天保山沖に停泊している間、並河寒泉と中井桐園は特命を受け、懐徳堂を離れて天保山近くの詰め所に入った。寒泉とロシア側とには、文書を介した間接的交渉のほか、船上での漢文筆談による直接交渉が行われたことも記されている。

　ここには、一貫して、寒泉の強烈な攘夷の思想が反映されており、また、懐徳堂教授としての学力（漢文力）

により、外国船を駆逐したとの自負もうかがうことができる。寒泉は、この功績により幕府から褒賞されているが、この書名は、その褒賞を賜った恩を拝し、その喜びを志《しる》す、という意味である。

なお、この書の原本は大阪大学懐徳堂文庫には残されておらず、その写本が東京大学史料編纂所および大阪市史編纂所に残されている。

この資料については、湯浅邦弘「ロシア軍艦ディアナ号と懐徳堂—並河寒泉の「攘夷」—」（『懐徳堂研究』、汲古書院、二〇〇七年）、同「幕末の漢文力—ロシア軍艦ディアナ号と懐徳堂—」（『江戸の漢文脈文化』、竹林舎、二〇一二年）に詳しい。

辨怪（べんかい）

関係人物名　並河寒泉
数量（冊数）　一冊
外形寸法（㎝）　縦二四・四×横一七・〇
懐徳堂文庫図書目録該当頁　国書四二下

並河寒泉《なびかわかんせん》が、怪異鬼神・狐狸妖怪の存在を否定し、その迷妄を解き明かす目的で著したもので、懐徳堂の特徴的思想「無鬼論」を伝える書物。並河寒泉の手稿本。巻末に弘化四年（一八四七）の日付がある。書名の『辨怪』は怪異を盲信することの非を辨ずる（筋道立てて明らかにする）との意味である。全体の構成は、「辨怪（辨狐怪・辨談怪・辨信怪）」「破怪（詰破篇・窮破篇・自破篇）」「吾《ご》庠《しょう》先《せん》哲《てつ》遺《い》文《ぶん》」（庠は学校、吾庠とは懐徳堂をさす）の三部からなる。第一部をなす「辨怪」の「辨狐怪」は、老人が霊狐に憑かれたという当時のある事件について、意見を求められた寒泉が

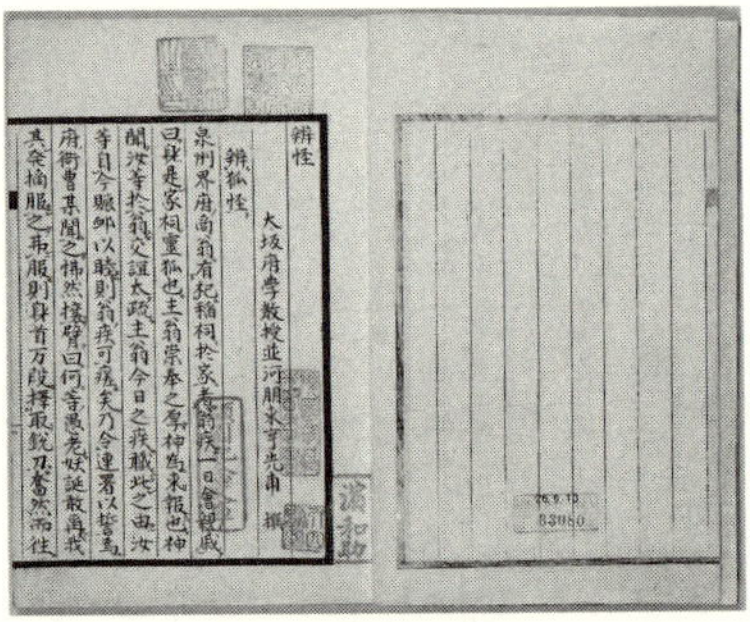

辨怪

その欺瞞を解き明かすという内容である。それに次ぐ「辨談怪」「辨信怪」は、怪異を談じたり信じたりする原因を説明し、俗信になずむ非を論理的に説く。第二部の「破怪」は、〈怪異を盲信することの非を辨ずる〉との趣意にかなう古今の説話十余条を、詰破篇・窮破篇・自破篇の三篇に分類して掲げている。「詰破」は〈その詐欺性を追究すれば見破れる怪異〉、「窮破」は〈現象を客観的に追究すれば見破れる怪異〉、「自破」は〈惑溺せぬ確固たる見方さえあれば自ずと見破れる怪異〉の意味である。第三部「吾庠先哲遺文」は歴代の懐徳堂の学者が怪異を理性的に看破した実話。五井蘭洲については七条、中井竹山十二条、履軒五条、蕉園一条、碩果一条を記録し、

懐徳堂学派の無鬼論の系譜を示している。

　その竹山の条に記された次の説話は、懐徳堂と荻生徂徠との関係をよく表すものとして注目される。荻生徂徠の舎利記《しゃりき》に「江戸麹町《こうじまち》の婦人の目から物がこぼれ出た。見ると明らかに舎利（釈迦の骨）である。どうして貝は真珠を生み出すことができ、婦人は舎利を出せたのか。天道は冥冥不可思議で誰もその理由を知りえない」とある。竹山はそれを辨じて、「徂徠が舎利を真珠のようなものと考えていたのはお笑いだ。梵語のシャリとは漢語の骨のこと。そもそも目から舎利が出たという、それが妄誕でたらめで信じるに足りぬ」といったという。懐徳堂の学者は徂徠の学説に対し、経学（儒教経典に関する文献学）や礼制度の分野で批判を行っているが、ここには徂徠の怪異についての見方に対する批判が窺える。なお佐野大介「『辨怪』翻刻」（一）～（四）が『懐徳堂センター報』二〇〇四・二〇〇六～二〇〇八に掲載されている。

難波なかづかみ（なにわなかずかみ）

関係人物名　並河寒泉
数量（冊数）　一冊
外形寸法（㎝）　縦二五・〇×横一七・四
懐徳堂文庫目録該当頁　国書六〇下

並河寒泉《なびかわかんせん》（一七九七～一八七九）が創作した能楽の小品。手稿本。文久二年（一八六二）の正月に難波の南で見世物となった「なかづかみ（豹《ひょう》の古名）」の由来を記すという内容。内容は通俗的ながら、能楽のシテ方家元の観世大夫の節付けを模しているらしく、全体は謡曲的な表現・構成をとる。内題下に「寒泉戯作」と記すように、能狂言を好んだ寒泉が戯れに作った謡曲作品である。翻刻に、矢羽野隆男「並河寒泉撰『難波なかづかみ』翻刻と解説」（『中国研究集刊』第三十四号、二〇〇三年）がある。

　構成については、始めに典雅な韻文（序）、次いで「語《かたり》」の表示の後に散文で記される本文（破）、最後に「上哥《あげうた》」の表示の後ろに韻文で記される結び（急）、すなわち能楽の構成理論「序・破・急」に則った三部構成をとる。本文の概略は次の通り。

　安政の末年、横浜に一人の遊女があった。えみしが舶来品で遊女の気を引くが、彼女は一向に靡《なび》かない。彼女の望みはただ一つ、絵で見るだけの虎がほしいという。えみしは後便で子豹を連れ戻り彼女に与えた。遊女は子豹を飼育すること一月ばかり、それを大金で売り、その金でみずから身請けする。それを聞いたえみしは喜び、彼女を妻とし国へ連れ帰りたいと告げる。すると遊女は、自分は日本の神の末裔、お前は穢《けが》らわしき畜生、と罵って立ち去り、えみしは呆然と夢の如しであった。

　万延元年（一八六〇）五月下旬、オランダ商船によって横浜に豹の子がもたらされ、同年七月下旬から江戸西両国で見世物となり評判を呼んだ。もっとも当時は海外の動物に関する知識に乏しく、豹は虎として宣伝されもした。そして文久二年春、大坂は難波新地での興行となった（『大阪繁昌詩』）。寒泉も評判となったこの豹の見世物に関心を抱き、伝え聞いたその由来を戯作に仕立てたのである。内容は他愛のないものだが、えみしを利用した果てに罵り捨てた遊女を称揚しているところに、寒泉の強烈な攘夷の心情が窺える。

寮中日課（りょうちゅうにっか）

関係人物名　並河寒泉
数量（冊数）　一枚
外形寸法（㎝）　縦二五・〇×横一〇一・五
懐徳堂文庫図書目録該当頁　国書四〇下

懐徳堂の寮内に掲げられた壁書。並河寒泉《なびかわかんせん》が教授の時に制定した学業日課と推測される。縦約二五㎝×横約三四㎝の和紙を横に三枚張りつなげてある。四周に所々破れがあるが、文字部分は完全に残っている。向かって右から一枚目に「朝」、二枚目に「午後」、三枚目に「休日」部分が墨書されており、その内容は次の通り。

朝　讀書、質問下讀（但し翌日の分なり）、學字（冊数五冊以上）、質問（前日の下讀の處なり）、背写（五十字以上）、背誦
午後　背誦習學（以成誦為限）、温故讀、背写習學、新讀温故、浄書（三日メ）、蒙養篇、写字一枚
休日　新受温讀（一枚より三枚迄五反、三枚以上一反）、讀軍談（五枚）、写字（一枚）
午後　軍談（十枚）、写字（二枚）

これによれば、懐徳堂寮生の教育カリキュラムが、「読」「書（写）」を中心として詳細に規定されていたこと、「軍談」もカリキュラムに盛り込まれていること、などの特色を窺うことができる。時間については、「朝」「午後」という大まかな記載に止まっているが、同帙内に収録されている「学童日課」には、「朝八時出勤」「七ツ時帰宅」とあり、「休日」についても「一日ト五十」（毎月一日と五・十の付く日）との規定が見える。

なお、本資料は現在、「寮中日課外　寒泉手稿」と帙題簽に記された書帙内に、「学童日課」「懐徳堂入門式畧寄宿式之定」「寄宿人規則」とともに収録されている。この内、「寮中日課」は長く掲示されていたためか、最も変色（日焼け）が目立つ。

出懐徳堂歌（しゅつかいとくどうか）

関係人物名　並河寒泉
数量（冊数）　一幅　紙本
外形寸法（㎝）　縦五七・一×横二三・九

明治二年（一八六九）十二月二十五日、並河寒泉《なびかわかんせん》が、

廃校となった懐徳堂を去るときに門に貼り付けた歌を書いたもの。原物は門から剥がされて存しないが、後に中井木菟麻呂《つぐまろ》が寒泉に同じ歌を書いてもらったものが軸装されて現在に残っている。

幕末の慶応年間当時、懐徳堂は並河寒泉が教授、中井桐園が学校預り人であった。この頃、すでに時勢は幕末の動乱期にあたっており、物価の高騰等で懐徳堂の財政も逼迫してきていた。桐園はやむなく文庫二戸を開いて蔵書や書画などを売却した。さらに、明治維新後には新政府が旧幕府から免除を得ていたものに対してその特権を廃止する命を出して、懐徳堂も免税廃止を命じられる。ここに至って懐徳堂の財政はますます窮迫し、桐園はついに『逸史』『通語』『非物篇』『非徴』などの版木までも売却して財政を支えようとした。寒泉は桐園の行為を喜ばず、竹山の署名のあるものを一部買い戻した。財政を支える桐園の努力もむなしく、明治二年に懐徳堂は結局廃校となり、寒泉と桐園とは府下の本庄村に移った。

廃校となった懐徳堂舎を去るときに寒泉は、「堂構于今百四十年、皐比狗続尚綿々、豈図王化崇文世、席捲講帷村舎遷」の漢詩とこの出懐徳堂歌「百餘り四十路四とせのふミの宿けふを限りと見かへりていづ　華翁」(百四十四年間続いた学舎も今日限りだと見返りながら門を出る、の意)とを門に残した。「華翁」とは寒泉の還暦以後の号である。また、出懐徳堂歌に「百餘り四十路四とせ」(百四十四年)とあるのは、実際に開学した享保九年(一七二四)から起算したものではなく、幕府より官許を得た享保十一年(一七二六)より閉校の明治二年までを算出したものである。西村天囚は、『懐徳堂考』で、このときの寒泉の心情を忠臣蔵の大星由良之助が城を明け渡したときの心情になぞらえている。

懐徳堂塾中定規条目(かいとくどうじゅくちゅうていきじょうもく)

関係人物名　並河寒泉
数量(冊数)　一冊
外形寸法(㎝)　二五・二×一七・一
懐徳堂文庫図書目録該当頁　国書四〇下

並河寒泉《なびかわかんせん》が懐徳堂閉校後に開いた私塾「寒濤廬《かんとうろ》」の定《さだめ》として制定したもの。本文全八葉。包背装《ほうはいそう》された表紙に打ち付け書で「寒濤廬置　懐徳堂塾中定規条目　定」とあり、見返しに、「辛未仲冬　寒濤廬華翁」の署名を付した序文がある。「辛未」は明治四年(一八七一)である。『懐徳堂文庫図書目録』では、表紙打ち付け書の一部を採って「懐徳堂塾中定規條目」としているが、帙題簽に記されるとおり、「寒濤廬定規条目」とするのが妥当であろう。

「寒濤」とは、もともと懐徳堂において並河寒泉が居住していた部屋の名である。懐徳堂の歴代教授は、学舎の二階（楼）に居住するのを例とし、その名を「廓然《かくぜん》楼《ろう》」と称した。ここには三宅石庵揮毫の「廓然」の扁額もあった。しかし、寒泉の時には、その父巨川の「寒濤楼」の名を継いで、張南軒の文集から集字した「寒濤」二字の刻額を掲げた。

その後寒泉は、明治二年（一八六九）の懐徳堂閉校の後、本庄村に転居したが、明治四年、そこで寒濤廬塾を開き、子弟を教授した。その際、塾の規則として制定されたのが、本資料である。署名の「華翁」とは、寒泉の還暦以後の号であり、寒泉が懐徳堂を去る時に門に貼り付けた「出懐徳堂歌」にも「華翁」と署名した。

内容は全十六条からなるが、基本的には懐徳堂歴代の定書を踏襲するものである。例えば、第一条「塾生之交者貴賤貧富を不論可為同輩候事」は、「宝暦八年（一七五八）定（全三条）」の第一条とほとんど同じであり、第二条「面々申合行儀正敷相守假初ニモ箕踞偃臥等有之間敷候事」は、「安永七年（一七七八）六月定（全八条）」の第一条と同様である。但し、第六条「帯刀人之分ハ外人應對之節并門内徘徊之節、必一刀を佩可申事」は、寒泉の思想や世情を反映する点で注目され、また最後に、これらの規定に違反した場合の措置として、「右之科條違犯之節、其軽重ニ従ひ當人平生之邪正勤惰を以寛厳之沙汰可有之候事」と記されている。

このように、本資料からは、寒泉が懐徳堂閉校後も、懐徳堂の精神を踏襲して教育を継続しようとしていたこと、また、諸規定を踏襲しながらも、独自の厳格な規定を定めようとしていたこと、などを窺うことができる。

並河寒泉翁像（なびかわかんせんおうぞう）

関係人物名　並河寒泉、羽倉敬尚
数量（冊数）　一軸
外形寸法（㎝）　縦三九・〇×横五四・〇

懐徳堂最後の教授である並河寒泉《なびかわかんせん》の肖像画。この肖像画は、寒泉の宗家である京都並河氏生まれの羽倉敬尚《はぐらけいしょう》が、寒泉の風貌を後世に伝えるため、中井木菟麻呂《つぐまろ》の記憶に基づいて描かせたもので、画の左右には羽倉の賛がある。肖像画は彩色で、掛物に表装されている。

軸を納める木箱に「寒泉翁下絵」と題した紙袋があり、その紙袋の表に、肖像画完成までの経過説明が記される。恐らく羽倉の手になると思われるその説明書きによると、肖像画の下絵を何度も描かせたが木菟麻呂の満足するものができず、最後には塑像を作らせて、木菟麻呂の批評を受けたという。紙袋の中には端座した寒泉の塑像の写真が納められ、写真の裏面には、略図に部位ごとの特徴を書き込んだ木菟麻呂の注意書きがある。「肩ハイカリタル方」「眉ハ白毛長キ方」「鼻ハ高キ方」「（あごの辺りを指して）コノ辺少シヘコミテ、オトガヒ出デタリ」などと指示している。寒泉死没の明治十二年（一八七九）、外孫の木菟麻呂は二十四歳で、既に寒泉から学も受けていた。その記憶を正確に伝えたいという木菟麻呂の細心さがよくわかる。

羽倉敬尚は寒泉の後裔が絶えたのに同情して寒泉顕彰に務めた人物で、肖像画の賛にも寒泉の功績を後世に残したいという敬慕の情が読みとれる。以下にその全文を掲げる。「こは前懐徳書院教授　贈正五位並河復一翁の肖像なり。翁名は朋來、号を寒泉といひ、後樺翁と称せり。朋來を鳳來とも書き、又和訓にて登茂樹《ともき》とも記せり。おのれ翁の宗家とゆかりあり、その風貌を伝へむとて翁の外孫中井木菟麻呂等に下画を請ひ早川自照ぬしの筆を煩はしてこを作り懐徳堂記念会に収む。後の人景仰の料となさばこよなき事なりかし。／なには江やなりはひの市に身をつくし　世のよしあしをゝしへつるかな／昭和十七年七月　浪華のかりのやにて　羽倉敬尚しるす」。

並河寒泉翁像

懐徳堂永続助成金覚書（かいとくどうえいぞくじょせいきんおぼえがき）

関係人物名　並河寒泉、中井桐園
数量（冊数）　一面
外形寸法（㎝）　縦三一・九×横四八・二

並河寒泉《なびかわかんせん》（通称は復一）・中井桐園（通称は修治）が、安政六年（一八五九）に経営を支援する同志のうち平瀬宗《ひらせそう》十郎《じゅうろう》と同市郎兵衛《いちろべえ》から受けた助成金に対して書いた覚え書き。当時、寒泉は教授、桐園は預り人として懐徳堂の運営に当たったが、碩果時代に好転した懐徳堂の経営状態も徐々に衰微し、かつ幕末の世情不安の中、授業料は受講者の応分でよいとする伝統を固く守った懐徳堂の運営は行き詰まりつつあった。その経営困難に当たり、寒泉・桐園は永続助成金という名目で同志から資金援助を受けたのである。

覚書の全文は以下の通り。「覚／一、銀四拾五貫目也／内　三拾貫目　宗十郎殿／拾五貫目　市郎兵衛殿より／右者為懐徳堂永続助成、時節柄格別御配意ヲ以、当未年より來ル亥年迄五ヶ年之間無利足ニ而借用仕、直様其元殿へ元銀御預之上、月五朱之利足、年限中御積置被下、満年之上、元銀厄介可致御約定、辱次第ニ御座候、利積

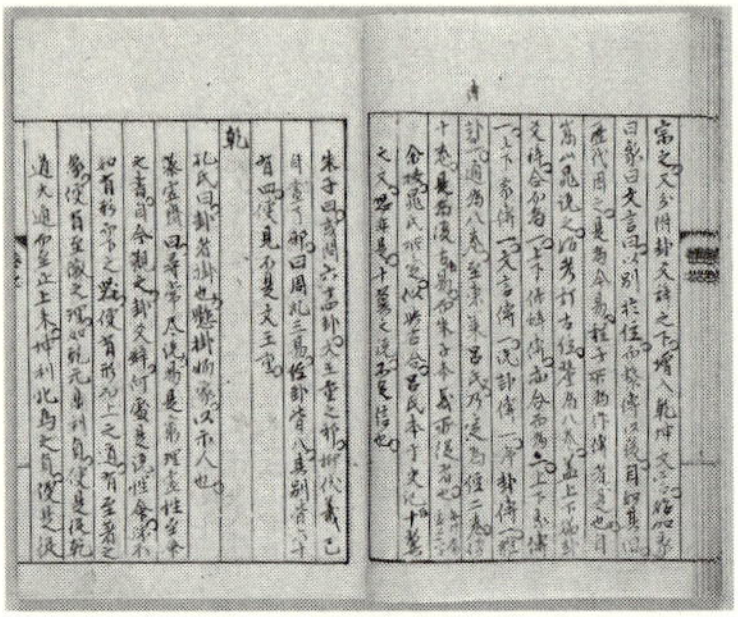
懐徳堂永続助成金覚書

銀之義者、其節御相談之上、可然様御取計被下度候、右御規定、仍而如件。／安政六未年正月　中井修治／並河復一／平瀬市郎兵衛殿（／は改行）」

これによると、平瀬宗十郎・市郎兵衛から計銀四十五貫目を五年間無利息にて借り入れ、その元金をそのまま貸し主に預け、五年の年限中に積み置かれた月五朱の利息を懐徳堂が受け取り、元銀は貸し主に返済するという援助方法で、名目は無利息貸付であるが、実質は月五朱を五年間寄付するというものである。同年中には、この銀四十五貫目の他、白山彦五郎から銀二十貫目の永続助成金を受けている。

文庫建築（ぶんこけんちく）

並河寒泉《なびかわかんせん》、中井《なかい》桐園《とうえん》の時代、懐徳堂敷地内に文庫（書庫）を新築したこと。寒泉・桐園の先代に当たる中井碩《せき》果《か》は経営に意を注いだため、この頃より懐徳堂の財政は安定し始めた。またそれにともなって蔵書量も増加したため、文庫建設の必要性が感じられていた。そこで、同志中の助力を得つつ、文庫が建築されるに至った。その場所は、中井木菟麻呂《つぐまろ》「旧懐徳堂平面図」（『懐徳』第九号）によると、土蔵の脇で、本堂とは渡り廊下でつながっていた。しかし、懐徳堂の安定期は、この文庫建築および『逸史』等の出版以降、やや翳りを生じ、明治維新前後の物価高騰、懐徳堂の内部事情等により、懐徳堂の経営は不安定となっていく。

逸史上木（いつしじょうぼく）

中井竹山の『逸史』を出版したこと。上木とは上梓《じょうし》のこと。すなわち版木として用いていた梓に字を彫り、出版することを指す。並河寒泉・中井桐園時代の大事業の一つで、天保十三年（一八四二）に幕府に上梓を許され、嘉永元年（一八四八）に刊行された。底本は寛政十一年（一七九九）に竹山が幕府に献上した直筆本を用いている。『逸史』出版は、碩果以後の貯蓄をほぼ使い尽くしつつあった懐徳堂に対して、財政上幾分かの寄与をなしたが、懐徳堂の財政逼迫を打開するには至らなかった。

逸史→九五頁

山階宮の懐徳堂御成（やましなのみやのかいとくどうおなり）

明治元年（一八六八）、山階宮《やましなのみや》晃《あきら》親王が懐徳堂に来駕したこと。当時、懐徳堂は鳥羽・伏見の戦の影響で、一時期休講となっていた。騒動が一段落して講義を再開した折に、山階宮晃親王が突然来訪した。その際には、中井竹山の「入徳門聯」が掛けてある中門を開き、庭づたいに講堂に入ったという。親王を迎えたことは懐徳堂にとって名誉なことであったが、翌明治二年（一八六九）、幕府より与えられた特権が剥奪されて経済的に困窮し、懐徳堂は廃校となった。

懐徳堂蔵版売却（かいとくどうぞうばんばいきゃく）

並河寒泉・中井桐園時代に、懐徳堂の所蔵の版木を売却したこと。明治維新前後、世の動乱と共に物価が高騰し、財政を圧迫した。そのため桐園は、蔵書・家具・什器等を売ることで対処したが、廃校寸前の明治二年（一八六九）の十一月（廃校は十二月二十五日）になると、さらに『逸史』『詩律兆』『非物』『非徴』『瑣語』『質疑篇』『社倉私議』など懐徳堂蔵書の版木を書肆加賀屋善蔵・河内屋吉兵衛に売却し、『通語』の版木を天満屋善九郎に売却した。版木を手放すことは、出版権の放棄にあたり、それを無念に思った寒泉は、売却したものの中に竹山の題簽があると密かに買い戻していたという。

幕末期の門人（ばくまつきのもんじん）

中井終子《なかいしゅうこ》（一八七七〜一九五五）の「安政以後の大阪学校」（『懐徳』第九号、一九三一年）は、兄の木菟麻呂《つぐまろ》（一八五五〜一九四三）が記憶する安政以後の懐徳堂の様子を終子が抄録した文章である。その第十三節に「懐徳堂社友並に門生」があり、懐徳堂の顧問にして教授・預り人と親密な人物であった「社友」十名程のほか、とくに縁の深かった門生として岡本隆吉・稲垣菊堂《いながききくどう》・藤戸寛斎《ふじとかんさい》・森敏蔵を挙げている。以下、四名について略記する。

岡本隆吉……銅の鋳造を行った銅座の役人で、勤務のかたわら通学生として並河寒泉に学んだ。学才・情誼に富み、懐徳堂閉校の後もよく寒泉の世話をした。維新後は造幣局に勤めて、要職に就き、明治二十七・二十八年に死去した。

稲垣菊堂（一八三九〜一九〇〇）……通称は謙蔵、名は久敦《ひさあつ》。河内久宝寺（現在の八尾市久宝寺）の医師である見隆（見立とも）の長男で、母の照子は竹山の孫・蕉園の娘に当たる。学力に富み、少時から懐徳堂で学び、後に助教を務め、退塾後は医学を修めて二十二歳で家業を継いだ。維新後は堺県の学務課に勤め、南河内郡長にもなった。

藤戸寛斎……早くから懐徳堂で学び、勤勉なため上達も早く、長らく助教を務めた。閉校まで寒泉や桐園とともに懐徳堂に尽くした功労者である。後に木積一路《こづみいちろ》と改名して、石切箭《いしきりや》剣神社《つるぎじんじゃ》の神官となった。

森敏蔵……森家は父の三寿（近江三上藩医師）の時から懐徳堂の社友で、敏蔵は幼時から懐徳堂で学び、閉校まで通った。頭脳明晰で博覧強記、かつ懐徳堂の先賢への崇敬の念が強い、誠実な門人であった。後に訥《とつ》と改名した。遺著に『通語注解』『漢語中辞林』がある。

好徳学院（こうとくがくいん）

中井桐園が懐徳堂廃校後に開いた私塾。明治二年（一八六九）、並河寒泉とともに懐徳堂を退去した桐園は、明治六年（一八七三）まで本庄村で家塾を開いていたが、同年三月、江南小学校の教師となり、老松町に転居。さらに江戸堀南通りに転居して、学校勤務のかたわら、好徳学院と称する私塾を開いた。後、学校を辞職し、明治十四年（一八八一）、五十九歳で没するまでの間、もっぱらその私塾に教授していたという。

懐徳堂遺跡（かいとくどういせき）

江戸時代の旧懐徳堂が閉校した後の建物。懐徳堂は明治二年（一八六九）に閉校となり、同年十二月二十五日、最後の教授並河寒泉は中井一家とともに学舎を退去した。その遺跡は、油掛町の質屋である天満屋善九郎に金三百両で売却された。数年間は、元の形のままで空室となっていたが、その後、さらに譲渡されたことにより、門壁は取り壊されて長屋が建造され、講堂などの大きな部屋はそのままの形で借家に転用された。さらにその後、建物全てが取り壊され、明治の末には煉瓦造りの建物が建造され、旧時の面影は喪失されるに至った。

なお、大正七年（一九一八）、重建懐徳堂の竣工を記念して、その跡地（現在の大阪市中央区今橋三丁目）に懐徳《かいとく》堂旧阯碑《どうきゅうしひ》が建てられた。

祠室（ししつ）

旧懐徳堂内に設けられた祖先祭祀のための部屋。懐徳堂は学問所としての公的な場であるとともに、代々預り人や学主を務めた中井家の人々（幕末は並河家の人々も）が暮らす私的な空間でもあった。その私的空間の一角に、先祖の位牌である「神主《しんしゅ》」を安置して祀る祭祀空間としての祀室があった。儒学は大は国家儀礼から小は日常のマナーにいたる様々な儀礼を重んじたが、近世の一般士人の家庭における礼儀作法を記した朱熹《しゅき》（一一三〇～一二〇〇）の『家礼《かれい》』（『文公家礼』『朱子家礼』ともいう）は東アジア世界に広く伝わり、大きな影響を与えた。

懐徳堂でもこの朱子『家礼』を尊重したが、中国と日本との生活環境や経済事情によりそのまま実施することは難しい面も多々あり、『家礼』の精神に沿いつつ日本の実情に合うように改変された。中井甃庵が古来の儀礼でとりわけ重要であった「喪」「祭」について自らの実践例を記録した『喪祭私説』には、その柔軟な受容のあり方が具体的に見て取れる。朱子『家礼』はその冒頭に祠堂の項目を立て、「君子は将に宮室を営まんとすれば、まず先ず祠堂を正寝の東に立つ（屋敷を建築する際には、まず祠堂を母屋の東に建てる）」とするが、『喪祭私説』は「今、其の簡に従い別に搆えざるを以て、姑く祠室を以て称す」として、朱子『家礼』を簡略化し、祠堂を独立した構造物とはせず、便宜的に一室をそれに当てて「祠室」と称するという。このほか規模・方角・備品なども日本の狭隘な住宅事情など実情に応じて適宜の処置が取られたが、祖先祭祀は欠かすことなく脈々と行われた。この儒式の祭祀は重建懐徳堂の時代にも受け継がれ、大正五年（一九一六）に竣工した新校舎にも講堂奥に祭壇が設けられて、毎年、中井家以外も含めた懐徳堂の諸儒および懐徳堂記念会の教師・功労者の祭祀が行われた。この事項については、湯浅邦弘「懐徳堂の祭祀空間―中国古礼の受容と展開―」（湯浅邦弘編『懐徳堂研究』、二〇〇七年、所収）に詳しい。

2　懐徳堂の復興と現在

明治二年（一八六九）に懐徳堂が閉校となってから約四十年の後、日本は、明治維新以来の西洋化による繁栄の陰で、頼るべき精神的な支柱を見失いつつあった。こうした危機感は、旧懐徳堂で講じられていた倫理道徳の復活を促すこととなった。懐徳堂・水哉館《すいさいかん》の復興を悲願としていた中井家子孫の中井木菟麻呂《つぐまろ》、朝日新聞社記者として懐徳堂の顕彰に務めた西村天囚。かれらの運動はやがて大阪の政財言論界の支援のもと、懐徳堂の復興へとつながっていった。財団法人懐徳堂記念会が設立され、新学舎「重建懐徳堂」が建設されたのである。

　しかし、この重建懐徳堂は、昭和二十年（一九四五）の空襲によって書庫部分を残して焼失し、記念会の活動も縮小のやむなきに至った。

　この歴史を継承したのが、大阪大学である。昭和二十四年（一九四九）、阪大に文学部が設立されたのを機に、焼失を免れた重建懐徳堂の蔵書約三万六千点が大阪大学に寄贈された。以後、懐徳堂の事業は財団法人懐徳堂記念会と大阪大学とが協力して行うこととなり、現在に至っている。平成十三年（二〇〇一）には、大阪大学創立七十周年記念事業の一環として、マルチメディア技術による懐徳堂の顕彰（コンピュータグラフィックスによる旧懐徳堂学舎の復元、貴重資料データベースの公開など）が行われ、その後も、貴重資料データベースの拡充とインターネットでの公開、『懐徳堂文庫図書目録』のデータベース化などのプロジェクトが進められた。平成二十二年（二〇一〇）には、懐徳堂記念会創立百周年記念事業として、記念シンポジウム（NHKホール）や懐徳堂展（大阪歴史博物館）が行われ、また、平成二十八年（二〇一六）には、重建懐徳堂開学百周年記念事業が行われた。

　なお、平成十三年以来のデジタルアーカイブ化の成果は、順次、「WEB懐徳堂 http://kaitokudo.jp/」で公開されている。

中井木菟麻呂（なかいつぐまろ）［一八五五～一九四三］
中井桐園の長男。号は天生《てんせい》・黄裳《こうしょう》。十四歳で懐徳堂の閉校を迎え、以後中井家伝来の書籍や遺物の保管、懐徳堂関係資料の蒐集、懐徳堂学舎の再建に努めた。また明治十一年（一八七八）に洗礼を受けて正教の信者となり、明治十五年（一八八二）に上京、ニコライ大主教とともに新約聖書をはじめとする正教会の祈祷書類の翻訳に尽力した。

木菟麻呂は明治二十八年（一八九五）に「重建懐徳堂意見」・「重建水哉館意見」を著して懐徳堂・水哉館の再建を目指すも失敗。その後『大阪市史』編纂に取り組む幸田成友《こうだしげとも》から懐徳堂関係資料の提供を要請され、明治三十五年（一九〇二）と明治四十二年（一九〇九）に資料を提供した。木菟麻呂は明治四十一年（一九〇八）、大阪で中井甃庵・竹山・蕉園を祭る式典を挙行することを企画し、西村天囚の師である重野安繹《しげのやすつぐ》を訪ねて助力を求めた。この企画がそのまま実現することはなかったが、後の天囚を中心とする懐徳堂顕彰運動の始動へと結び付き、懐徳堂記念祭として実現した。明治四十四年（一九一一）十月に挙行された懐徳堂記念祭に木菟麻呂は遺族代表として出席、また記念会が開催した展覧会にも中井家蔵の懐徳堂関係資料を多数出品し、記念出版についても『論語逢原』の原稿執筆を担当するなど、積極的に協力した。

大正九年（一九二〇）、木菟麻呂は大阪に転居して梅花高等女学校に勤務、昭和七年（一九三二）・昭和十四年（一九三九）の二回に分けて中井家所蔵の懐徳堂関係遺書・遺物を財団法人懐徳堂記念会に寄贈した。前者については中井木菟麻呂「懐徳堂遺物寄進の記」（『懐徳』第十一号）に、後者については吉田鋭雄《はやお》「懐徳堂水哉館遺書遺物目録」（『懐徳』第十七号）に紹介されている。懐徳堂文庫所蔵資料の中の「天生寄進」の印記があるものは、木菟麻呂の寄贈によるものである。

昭和十八年（一九四三）に木菟麻呂が八十九歳で没した後、日記を含む木菟麻呂関係資料は異母妹の終子に引き継がれ、終子の没後はその養女・新田和子に引き継がれた後、大阪大学へ寄贈された。現在は新田文庫として大阪大学附属図書館の懐徳堂文庫に収蔵されている。

懐徳堂記念室（かいとくどうきねんしつ）

大阪府立図書館が、中井木菟麻呂から寄託された中井家所蔵の懐徳堂関係の遺物・遺書を保管・展示するために設けた、図書館三階南東の一室。木菟麻呂は、懐徳堂記念会が懐徳堂記念祭と同時に開催した記念展覧会に、中井家所蔵の遺物・遺書を多数出品し、展覧会の終了後はそれらを大阪府立図書館に寄託した。当初木菟麻呂は、懐徳堂がかつて存在した場所に建つ、住友銀行の敷地内に記念室を設置することを希望したが、受け入れられなかった。昭和七年（一九三二）に続いて昭和十四年（一九三九）に木菟麻呂が遺書・遺物を財団法人懐徳堂記念会に寄贈したことに伴い、府立図書館への寄託が解除され、同室は廃止された。

懐徳堂版木（かいとくどうはんぎ）

懐徳堂文庫所蔵の「華胥国物語《かしょこくものがたり》版木《はんぎ》」「画本大阪新繁《がほんおおさかしんはん》昌《じょう》詩《し》版木《はんぎ》」などの三百点を超える版木群。懐徳堂に直接関連するものとしては、中井履軒『華胥国物語』の版木十枚があるが、これは履軒の曾孫にあたる中井木菟麻《つぐま》呂《ろ》が明治十九年（一八八六）に彫らせたもので、残念ながら江戸時代の懐徳堂の版木は伝わっていない。

『華胥国物語』以外の版木は田中華城《かじょう》・金峰《きんぽう》父子に関するもので、『大阪繁昌詩』版木（田中金峰、文久三年（一八六三）刊）、『温疫論集覧』版木（田中華城、慶応元年（一八六五）刊）、『大阪繁昌詩後編』版木（田中華城、慶応二年（一八六六）刊）、『日本復古詩』版木（田中華城、明治三年（一八七〇）刊）、『西洋千字文』版木（田中華城、明治七年（一八七四）刊）、『金峰絶句類選』版木（田中金峰、明治七年（一八七四）刊）、『画本大阪新繁昌詩』版木（田中華城、明治八年（一八七五）刊）などがある。

田中華城は、十九歳で夭折した田中金峰《きんぽう》の父であり、詩才の誉れ高かった金峰の遺稿を息子の死後の文久三年（一八六三）に『大阪繁昌詩』と題して刊行。この書は、大阪の名所旧跡や風俗・行事などを七言絶句で詠じたものので、地理志・風俗志的な価値も有する漢詩集となっている。さらに華城も自身の詩集『大阪繁昌詩後編』を慶応二年（一八六六）、『画本大阪新繁昌詩』を明治八年（一八七五）に上梓している。なお、「WEB懐徳堂」にデジタルコンテンツ「画本大阪新繁昌詩」が公開されており、WEB上における版木の閲覧、および版木と版本の対照が可能となっている。

画本大阪新繁昌詩（がほんおおさかしんはんじょうし）

関係人物名　田中華城・岡島鳳洲
数量（冊数）　一冊
外形寸法（㎝）縦一八・〇×横一二・七
所蔵元　懐徳堂研究センター

大阪の文明開化の様子を記した画入りの漢詩集。田中華城《かじょう》著。明治八年（一八七五）刊。大阪城・造幣局・大阪府庁などの大阪を代表する建造物から、庶民生活を一変させた鉄道・蒸気船・郵便・瓦灯（ガス灯）にいたるまで、文面開花がもたらした大阪の変化（全二十場面）が細かく描写されている。挿絵は岡島鳳洲《ほうしゅう》の手になるもので、新しい大阪の情景・風俗を田中華城の七言詩とともに紹介するといった体裁をとる。懐徳堂文庫には、現在、田中華城・田中金峰《きんぽう》父子の手になる著作の版木が大量に伝わっており、『画本大阪新繁昌詩』の版木（十五枚）もその一つである。ただし、田中父子の版木が懐徳堂文庫に収められるに至った経緯については不明である。なお、「WEB懐徳堂」にデジタルコンテンツ「版木画本大阪新繁昌詩」が公開されており、WEB上における版木の閲覧、および版木と版本の対照などが可能となっている。

華胥国物語版木（かしょこくものがたりはんぎ）

関係人物名　中井履軒、中井木菟麻呂
数量（冊数）　十枚
外形寸法（㎝）　各縦二三・六×横四三・五

中井履軒『華胥国物語』の版木。履軒の曾孫に当たる中井木菟麻呂が同書を刊行したときに彫らせたもの。版面に「明治十九年（一八八六）二月十日版権免許」「同年五月刻成」の表記が見える。計十枚からなり、各版木の両面に文字が彫られ、表紙および本文十八丁分の版面となっている。版木の厚さは二・四㎝。匡郭内寸法は縦一八・九×横一三・九㎝、毎半葉十行、版心には丁数が彫られている。明治期の版行の様子を伝える貴重な資料である。

華胥国物語版木

これらは、縦四四・〇×横四八・七×奥行き二六・〇の木箱の中に横積みで収蔵されており、その木箱の前扉（蓋）には「華胥国物語」「中井氏蔵」、その裏面には「明治十九年五月」と墨書されている。これにより、本資料が版行の後、中井家所蔵品とされていたことが分かる。この版木は昭和五十四年（一九七九）に、中井家子孫の新田和子より財団法人懐徳堂記念会に寄贈され、現在に至っている。なお、『華胥国物語』の内容については、『華胥国物語』の解説参照。

懐徳堂絵図屏風（かいとくどうえずびょうぶ）

関係人物名　中井竹山・中井木菟麻呂
数量（冊数）　六曲一双
外形寸法（㎝）　縦八三・五×横一八五・〇

歴代の懐徳堂学舎の様子を描いた絵図屏風。中井家の子孫である中井木菟麻呂《つぐまろ》が江戸時代の懐徳堂学舎に関わる絵図・記録類を屏風一双に貼り付けたもので、各六面、計十二面からなる。懐徳堂創立時（一七二四年頃）・初期懐徳堂（一七八二年頃）や寛政四年（一七九二）に消失する直前の様子を記したもの、さらに寛政年間の再建設計図・再建着工図（一七九五年）などが含まれている。ただし、屏風上の絵図は必ずしも時代順に貼り付けられているわけではない点は注意を要する。なお、デジタルコンテンツ「懐徳堂絵図屏風」（「WEB懐徳堂」所収）では、江戸時代の学舎の変遷を時代順に辿ることができるよう工夫されており、また、付録として大正期に創建された重建懐徳堂の設計図についても公開されている。

旧懐徳堂平面図（きゅうかいとくどうへいめんず）

関係人物名　中井木菟麻呂
数量（冊数）　一帖
外形寸法（㎝）　縦二九・五×横二一・〇

幕末の懐徳堂の構造を記した平面図。昭和六年（一九三一）に、中井木菟麻呂《つぐまろ》が幼時の記憶によって作成したもの。中井終子《しゅうこ》「安政以降の大阪学校」（『懐徳』第九号）に掲載された。一階についてのみの図面であり、二階については省略している。懐徳堂は、寛政四年（一七九二）の火災によって類焼し、同七年（一七九五）から八年（一七九六）にかけて再建された。中井竹山らは、これを機として懐徳堂の敷地拡大と聖堂の建設などを行おうと企て、いったんは幕府から許可された。しかし後に何度も規模縮小を求められ、最終的に与えられた手当金は、類焼前の規模への復旧にも足りない三百両に過ぎなかった。懐徳堂の再建は、実際には寛政七年八月より八年七月にかけて七百両余を投じて行われ、不足分はすべて同志や門下生の協力によったのである。この間の経緯は、「懐徳堂絵図屏風」に貼り込まれた資料などによって知られる。

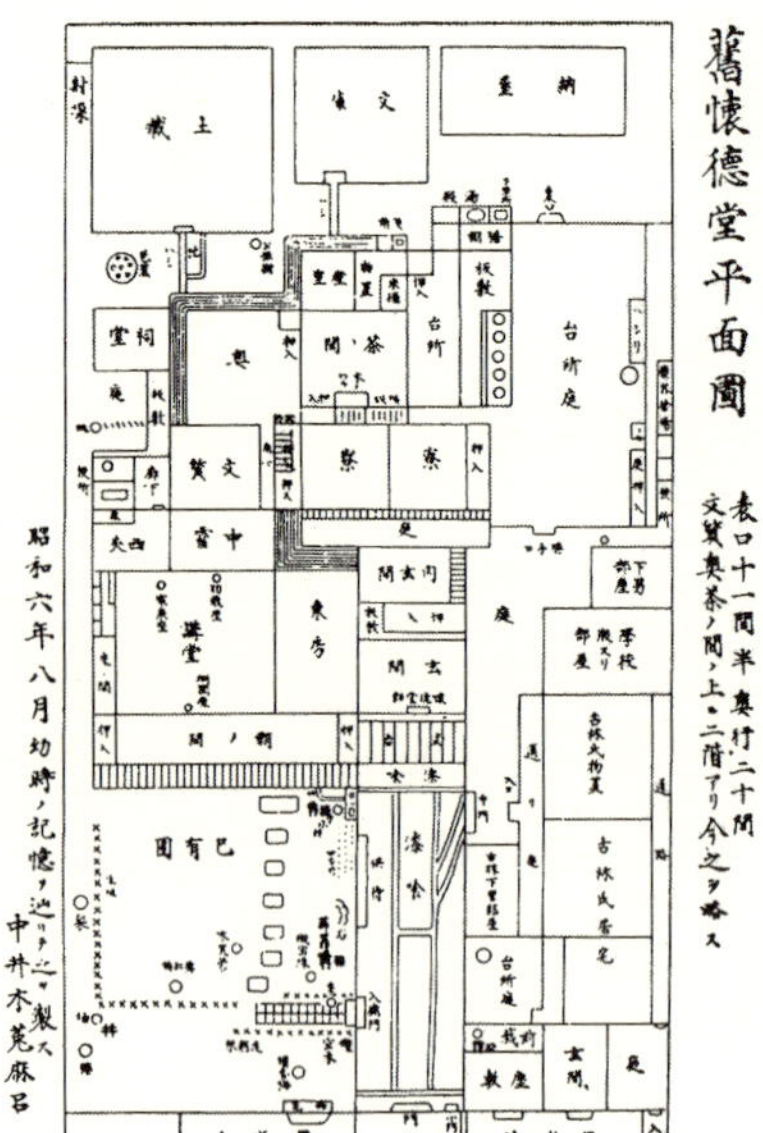

旧懐徳堂平面図

再建時に作成されたと考えられる「寛政七年懐徳堂再建着工図」（「懐徳堂絵図屏風」のうち）と比較すると、基本的な構造は概ね一致するものの、細部にはかなりの異同が認められる。本資料によると、「寛政七年懐徳堂再建着工図」に見える池の一部や用水溜が幕末までに埋められていたことがわかり、また本資料によって、「寛政七年懐徳堂再建着工図」によっては明らかでない「二階」

の専有部分が判るなどする。木菟麻呂の記憶によって作成されたものとはいえ、幕末当時の懐徳堂を知るためには、上掲「安政以降の大阪学校」と併せ、必ず参照すべき資料といえよう。

懐徳堂水哉館先哲遺事（かいとくどうすいさいかんせんてついじ）

中井木菟麻呂《つぐまろ》が中井家伝来の資料や並河寒泉からの伝聞をもとに作成した懐徳堂諸先哲の伝記。中井木菟麻呂の手稿で明治四十三年（一九一〇）の作。全七巻二冊。懐徳堂と水哉館に関わる先哲の内、中井甃庵と履軒の伝記については「貽範先生行状」「履軒先生行状」が残されていたものの、竹山その他については墓誌銘以外に依るべき資料はなかった。本書はこうした状況に鑑み、漢字片仮名交じり文でまとめられたもので、竹山から寒泉・桐園時代までについて詳細に内情を記している。また本書は、西村天囚が『懐徳堂考』を執筆するに際して木菟麻呂に要請したものでもあり、『懐徳堂考』の基礎資料ともなっている。本記録と『懐徳堂考』とを対照すると、『懐徳堂考』がいかに本記録に依拠していたかが分かる。

懐徳堂紀年（かいとくどうきねん）

三宅石庵が大坂で塾を開いた元禄十三年（一七〇〇）から明治二年（一八六九）の懐徳堂廃校までの、懐徳堂の歴史を漢文で記した、懐徳堂の最初の編年史。大正天皇が陸軍大演習を閲兵するために大阪城に行幸するのにあわせて、大正三年（一九一四）十月に財団法人懐徳堂記念会が中井木菟麻呂に執筆を依頼、翌十一月に木菟麻呂が稿本を執筆、浄書して財団法人懐徳堂記念会に送ると、その稿本に西村天囚が修正・削除を加え、財団法人懐徳堂記念会編として大正天皇に献上した。現在、献上されたものが宮内庁書陵部に、また木菟麻呂が最初に執筆した第一次稿本が大阪大学の懐徳堂文庫の新田文庫に、木菟麻呂が財団法人懐徳堂記念会に送った第二次稿本が同じく懐徳堂文庫の北山文庫に、それぞれ収蔵されている。なお財団法人懐徳堂記念会は大正・昭和を通して、この献上に関して特に記録に留めていない。木菟麻呂の日記『秋霧記』によれば、木菟麻呂はこの編年史の執筆を、懐徳堂の遺書遺物を天覧に供する際、御下問があった時の準備として依頼された。また木菟麻呂が献上を知ったのは、献上された後のことだった。

秋霧記（しゅうむき）

明治三十四年（一九〇一）七月から大正三年（一九一四）

末までの中井木菟麻呂の日記。懐徳堂文庫第一次新田文庫所蔵。全三帙、二十七冊。明治の末に盛んとなった懐徳堂顕彰運動と木菟麻呂との関わりを理解する上で、重要な記述が多数含まれている。また、木菟麻呂がニコライ大主教とともに正教会の祈祷書類の翻訳に取り組む様子や、東京女子神学校での勤務の状況等についても克明に記されている。

新田文庫に収蔵されている木菟麻呂の日記は、『秋霧記』の他に『黄裳斎《こうしょうさい》日記』（明治二十八年～明治三十三年）、『鶴室記《かくしつき》』（大正四年～大正九年）、『呉江《ごこう》目録』（大正十年）、『弸中記《ほうちゅうき》』（大正十四年～大正十五年）、『桜陵記《おうりょうき》』（大正十五年～昭和七年）、『桜谷記《おうこくき》』（昭和七年～昭和十二年）、『薜《へい》茘窩記《れいかき》』（昭和十二年～昭和十四年）、『後水哉館記《ごすいさいかんき》』（昭和十四年～昭和十八年）がある。

重建懐徳堂意見（ちょうけんかいとくどういけん）

関係人物名　中井木菟麻呂
数量（冊数）　一冊
外形寸法（㎝）　縦二三・〇×横一五・五

明治二十六年（一八九三）、中井木菟麻呂が懐徳堂の再興を図って記し、貴紳に配布した小冊子。全五十条。木菟麻呂の再興運動に関する初期の資料に属する。明治二十八年が懐徳堂の創立から百七十年、また寛政の再建から百年にあたることを理由に、この年を以て旧懐徳堂跡地において再興することを説いた。具体的な制度については、懐徳堂もそうであったことを挙げ、「一校の内」で人材を育成することを方針とした「大中小学校の制」という一貫教育制度を提唱した他、「当世に適用する実学」を広く学ばせるために、基本的な科目の「普通科」とは別に「専門科」を置き、「文学理学法学医学」などを幅広く学べるようにすることを提唱した。また「今の学」が専門化するあまり、往々にして「倫理道徳」から乖離している現状について、それが「自然の勢」であることを認めながら、道徳実践と学問とを一体的なものとして捉える「博文約礼の訓」を踏襲していたことこそ、懐徳堂の最大の特色であったと述べ、このスタンスを採用しなければ懐徳堂の再興はありえない、と主張している。

なお、正教徒であった木菟麻呂は、単なる儒教の学校の復活を目指すことを否定した上で、キリスト教の道徳法と儒教とは共通していることを力説し、正教と朱子学とを並修させることをも主張した。この時の木菟麻呂の再興運動は後援者を得られず失敗に終わったが、後年その原因について木菟麻呂自身、キリスト教と儒教とを両立させる考えが「認識不足の人々」には受け容れられなかったと述べている（「己巳残愁録」）。

重建水哉館意見（ちょうけんすいさいかんいけん）

関係人物名　中井木菟麻呂
数量（冊数）　一冊
外形寸法（㎝）　縦二三・〇×横一五・五

明治二十六年（一八九三）、中井木菟麻呂が水哉館の再興を図って記し、貴紳に配布した小冊子。上下二巻一冊。上巻九条、下巻二十六条。木菟麻呂の再興運動に関する初期の資料に属する。明治二十八年が中井履軒の入京から百三十年にあたることを理由に、この年を以て京都において再興することを説いた。具体的には、履軒が本業とした「図書著作の事」を継ぐ学術機関の設立と、文教を今の世において完全なものにするための女学校の設立とを提唱している。上巻は主に前者のことを説き、下巻は主に後者のことを説く。特に木菟麻呂は女学校の設立こそ現在の一番の課題だと前々から考えていたことを述べ、「図書著作の所」を本館としつつも、それとは別に「水哉館女学」を建てるべきことを力説する。本来ならば大阪に設立するべきであるが、あえて京都の地を選んだのは、京都は「山水幽雅」であり、「女徳」を養成するには最適の地であるからだと言う。また正教徒であった木菟麻呂は、水哉館女学の教育の大綱はキリスト教の道徳法に則ることを述べ、大講堂にはキリストと聖母マリアの像と孔子の像とをともに置き、キリスト教経典と儒教経典と女性教育のための諸書、ならびに文学の諸書を講ずることを説いている。この運動も、同時に目指した懐徳堂の再興と並んで失敗に終わった。

なお重建懐徳堂設立後の大正十五年（一九二六）、木菟麻呂は改めて水哉館の再興を志し、新たな『重建水哉館意見』を作成しているが、懐徳堂文庫には現在所蔵されていない。

中井終子（なかいしゅうこ）［一八七七～一九五五］

中井竹山・履軒の曾孫で、中井木菟麻呂《つぐまろ》の異母妹。明治十四年（一八八一）に父桐園《とうえん》を亡くし、その翌年に異母姉の蘭《らん》（木菟麻呂と同母）、母春《しゅん》とともに大阪で受洗して正教会の信徒となった。中井家の戸主となった二十二歳年上の兄、木菟麻呂は一家をともなって大阪から上京、東京神田区袋町に居住し、その後、駿河台のニコライ堂近くの小川町に住んだ。終子は九歳から正教会が経営する東京女子神学校に学び、卒業して二年後の明治二十八年（一八九五）に漢文と東洋史の教師として母校の教壇に立った。その一方で、明治三十五年（一九〇二）に中井履軒の私塾「水哉館《すいさいかん》」を継承するものとして、自宅に「楓幃女塾《ふういじょじゅく》」を創設し、女子教育に尽力した。この塾には清国女子留学生も入塾していたことから、木菟麻呂・終子は多くの清国留学生やその父兄と交流し、その中には革命運動家の程家檉《ていかてい》（一八七四～一九一四）や詩人の蒋《しょう》智由《ちゆう》（一八六五～一九二九）らもいる。

　大正七年（一九一八）七月、終子は東京女子神学校を辞職し、九月から約一年間、前橋の共愛女学校に勤務した後、大正八年（一九一九）九月から大阪の梅花高等女学校に勤務。大正九年（一九二〇）、東京本会での勤務を辞職した木菟麻呂も、梅花高等女学校の漢文の教師となる。大正十五年（一九二六）、終子は木菟麻呂の養女となり、中井家を継ぐ。昭和十二年（一九三七）、梅花高等女学校退職後、家計を支えるために大阪府桜井谷村南刀根山の借家で塾を開き、この塾を「水哉館」と名付ける。昭和十三年（一九三八）には「横浜矯風会婦人ホーム」の主事兼寮母として単身赴任し、その一年後に兄・姉がいる京都へ戻った。昭和十八年（一九四三）、木菟麻呂没。昭和二十二年（一九四七）、赤穂浪士萱野三平《かやのさんぺい》の子孫が正教徒であった縁で、その家の中村和子《なかむらかずこ》（後に嫁して新田《にった》姓となる）を養女とし、その後は和子の母成子《なるこ》の実家の萱野家の門屋敷に居住して晩年を過ごした。昭和三十年（一九五五）、七十八歳で没。

　木菟麻呂と終子は、転居を重ねる中でも中井家所蔵の旧懐徳堂の遺書・遺物を懸命に守った。それらの資料は現在、大阪大学懐徳堂文庫に収蔵されている。また、終子が保管していた明治・大正期の写真や日記などの貴重資料は梅花女子大学に収蔵されており、現在、その一部が「WEB懐徳堂」上にデジタルコンテンツとして公開されている。

西村天囚（にしむらてんしゅう）［一八六五～一九二四］

　重建懐徳堂の理事兼講師。鹿児島種子島出身。名は時《とき》彦《つね》、字は子駿、号は天囚・碩園《せきえん》。初め郷里の儒者前田豊山に学び、明治九年（一八七六）、十一歳で藩校種子島学校に入学。のち東京で重野成斎・島田篁村に師事、明治十六年（一八八三）、東京帝国大学古典講習科に入学。中退の後、大阪朝日新聞社に入り、明治四十三年（一九一〇）、懐徳堂記念会を創設し、大阪朝日新聞に「懐徳堂研究」を連載して、その顕彰に努めた。その連載をまとめた『懐徳堂考』は、今日においても、懐徳堂研究の最も基本的な文献としての価値を持つ。大正五年から京都大学講師として週に一回『楚辞』等を講義し、同十年には宮内省御用掛となって東京へ移り住んだ。同十二年の関東大震災に際して「国民精神作興詔書」の起草に精力を注ぎ、翌十三年に五十九歳で没した。墓は大阪阿倍野墓地にあったが、現在所在未詳である。

　大正五年（一九一六）、重建懐徳堂の竣工後は、広島高等師範から赴任した松山直蔵《まつやまなおぞう》専任教授とともに、懐徳堂理事・講師として尽力した。懐徳堂の復興・顕彰を通して天囚が目指したものは、商都大阪における文科大学の設置、宋学の復興による国民性の涵養であったとされる。主著に『日本宋学史』がある。また、晩年には『楚辞』『尚書』の研究と資料蒐集に努め、天囚の書斎は『楚辞』にちなんで「百騒書屋《ひゃくそうしょおく》」と名付けられ、兪樾《ゆえつ》の筆になる「讀騒廬《どくそうろ》」の扁額が掲げられた。現在、懐徳堂文庫漢籍の内でも『楚辞』関係資料は、「楚辞百種」と総称され、重要なコレクションの一つとなっている。さらに、天囚は文献善本の写本叢書を編集し、「小天地閣叢書《しょうてんちかくそうしょ》」としてまとめた。乾集・坤集の計百四十二冊からなる同叢書には、「懐徳書院掲示」「履軒中井先生行状」「大阪府学五舎銘并序」「懐徳堂記録」『史記雕題』などの懐徳堂関係資料の他、広瀬淡窓『読論語』、猪飼敬所『論語標記』などの注釈書、「昌平黌書生寮姓名録」「浪華人物志」「鹿児島県人物伝備考」などの資料が収録されている。

なお、『懐徳』第二号は「碩園先生追悼録」という特集になっており（ゆまに書房から「書誌書目シリーズ98 大阪出版文化資料集 第一巻」として二〇一二年に復刻）、天囚関係の資料が、「碩園先生著述目録」「故碩園先生旧蔵楚辞類書目」としてまとめられている。また、天囚没後十二年にあたる昭和十一年（一九三六）に懐徳堂記念会から『碩園先生遺集』全五冊が刊行されている。

天囚（てんしゅう）

西村時彦《にしむらときつね》の号。号の由来については、武内義雄「先生の遺訓」（『懐徳』第二号）に、天囚自ら「当時は我が輩も性悪論者で、人間は本来悪を働きたいものだが、天から囚へられて牢屋に打ちこまれて居るのだから仕方がないと思っていた。そこで自ら天囚と号した」と語ったと紹介されている。すなわち人間は所詮「天」の呪縛を逃れられないという思想に基づくものである。ところが、町田三郎「天囚西村時彦覚書」（『明治の漢学者』）は、天囚が若い頃、放蕩のあげく債鬼に追われ天井裏に息をひそめて隠れ、思わず「われは天井裏の囚人」と自嘲したのに基づくという俗説を紹介し、こちらの方に説得力があると述べる。

時彦（ときつね）

西村天囚の名。後醍院良正編『西村天囚伝』によれば、「時彦」の読みは「ときつね」とあり、通行している。ただし、梅溪昇「懐徳堂と西村時彦（天囚）」（『大坂学問史の周辺』）は、天囚に師事した懐徳堂堂友会会員中島安之助からの教示として、天囚は「つねひこ」と自称していたことを紹介する。また、天囚はその著『懐徳堂考』には、「多槸 天囚邨彦」と自署しているが、読みについては記されていない。

碩園（せきえん）

西村天囚の別号。「碩」はおおきいの意。「碩園」とは、天囚の出身地が種子島西之表市大園であるのにちなむ。ただし、町田三郎「天囚西村時彦覚書」（『明治の漢学者』）は、楠本碩水（肥前出身、平戸藩藩学の教授）への親近感もあっての命名ではないかと説く。天囚の旧蔵書は大正十四年（一九二五）、碩園記念文庫として重建懐徳堂に寄贈された。現在、大阪大学懐徳堂文庫所蔵本の内、「碩園記念文庫」の印があるものがそれである。また、『懐徳』第二号に「碩園先生著述目録」「故碩園先生旧蔵楚辞類書目」が掲載されている。

日本宋学史（にほんそうがくし）

西村天囚の主著で、日本における宋学の淵源を究明し、宋学流行の経緯を研究したもの。明治四十二年（一九〇九）元日、天囚は大阪朝日新聞紙上に「宋学の首倡」と題する論文を発表した。これは同年二月二十五日まで全五十五回にわたって連載され、連載終了後に増補訂正を経て一冊にまとめられ、梁江堂書店（東京市京橋区広小路）・杉本梁江堂（大阪市東区北渡辺町）から『日本宋学史』として発行された。菊版、本文三百八十四頁、巻末「宋学考余録」二十三頁。天囚の緒言によると、明治日本の文化的繁栄の淵源を明らかにして先人を顕彰し、将来の徳育・教化に資する目的で執筆したものである。その後、昭和三十年（一九五五）、朝日新聞創刊七十周年の記念事業として朝日文庫が発刊されるに際し、『日本宋学史』もその一冊に選ばれ、武内義雄《たけうちよしお》（一八八六～一九六六）の解説を付して出版された。

武内の解説は、本書の学術的意義を三点にまとめて簡明に述べている。すなわち、（一）宋学の伝来は元僧一《いち》寧一山《ねいいっさん》（一二四七～一三一七）の帰化にはじまるという従来からの説に対し、天囚は五山の文献を渉猟して、それより数十年さかのぼる円爾弁円《えんじべんえん》（一二〇二～一二八〇）、蘭渓道隆《らんけいどうりゅう》（一二一三～一二七八）、大休正念《だいきゅうせいねん》（一二一五～一二九〇）らに端緒を認め、宋学の伝来が鎌倉中期であることを明らかにした。（二）宋学は南北朝時代に早くも研究が始められ、大きく禁裏派と禅林派に分けられる。前者は漢宋の折衷に終始したが、後者は研究を深め、中巌《ちゅうげん》・義堂《ぎどう》・岐陽《きよう》・桂庵《けいあん》・惺窩《せいか》・羅山《らざん》らを生んだ。天囚は、五山禅僧の資料を渉猟し、この発展の経緯を鮮明にした。（三）桂庵《けいあん》は明への留学から帰国して島津氏に招聘されて宋学を講じ、月渚《げっしょ》・二州《にしゅう》・文之《ぶんし》・如竹《じょちく》ら優れた弟子を輩出した。天囚は自身の郷土（種子島）の先賢の業績と薩摩の学風とを明らかにした、と。武内は「数多い先生の著作中特に精神のこもった傑作である」とも評している。

楚辞百種（そじひゃくしゅ）

西村天囚が蒐集に努めた『楚辞』のコレクション。財団法人懐徳堂記念会の設立および重建懐徳堂の建設に尽力した西村天囚は、晩年には『楚辞』『尚書』の研究と資料蒐集に努めた。天囚の書斎は「讀騷廬《どくそうろ》」と名づけられたが、「騷」とは、『楚辞』に収められた屈原《くつげん》の長編叙事詩「離騒」を指す。懐徳堂記念会には、「讀騷廬」の扁額のかかった書斎に座る天囚の写真が残されている。

この『楚辞』コレクションは、百種近くに及んだため、「楚辞百種」と総称され、後に「碩園記念文庫」として重建懐徳堂に寄贈された。昭和十一年（一九三六）には、中国の清華大学教授劉文典（一八八九〜一九五八）が来堂し、この「楚辞百種」を中心とする碩園記念文庫の調査研究を行っている。本コレクションは、大阪大学懐徳堂文庫に引き継がれ、現在に至っている。

屈原賦説（くつげんふせつ）

西村天囚（一八六五〜一九二四）が晩年に精力を傾けた『楚辞』研究の成果をまとめた研究書。上下二巻（ただし下巻は未刊）。大正五年（一九一六）九月から十年（一九二一）八月まで、天囚は京都帝国大学の講師として『楚辞』を講じた。『屈原賦説』上巻の十二篇はその講義を漢文表記でまとめたものである。上巻の巻首の識語から成稿は大正九年五月とわかる。この上巻は、大正十一年（一九二二）の六月から九月まで四回にわたり、天囚自身の書き下し文によって京都文学会発行の『芸文』誌上に公表された。さらに昭和十一年に懐徳堂記念会から刊行された『碩園先生文集』全五冊の第五冊に『屈原賦説』上巻が漢文表記のまま活字化されて収められている。

一方この時、下巻は刊行されなかった。下巻は全十篇のうち「擬騒」第八までしか執筆されず、「騒学」第九・「注家」第十は篇目のみと未完のうえ、執筆された第一から第八までも删補の跡が入り乱れ順序立てて読めないので、活字化が難しかったからである（『碩園先生遺集』第五冊『屈原賦説』上巻の巻末識語による）。なお、『屈原賦説』上下巻の草稿は「屈原賦説二巻　日本西村時彦撰大正九年手稿本　二冊」（『懐徳堂文庫図書目録』漢籍部一一〇頁）として大阪大学附属図書館懐徳堂文庫に保存されている。

『屈原賦説』上巻・下巻の篇目を掲げて、その規模のあらましを示せば、以下の通りである。「上巻……名目第一、篇数第二、篇第第三、篇義第四、原賦第五、体製第六、乱辞第七、句法第八、韻例第九、辞采第十、風騒第十一、道術第十二／下巻……名字第一、放流第二、自沈第三、生卒第四、揚霊第五、騒伝第六、宋玉第七、擬騒第八、騒学第九、注家第十」

この『屈原賦説』の学術的価値について、竹治貞夫はその著『楚辞研究』において、「この上巻十二篇のみでも、その篇目に掲げた問題は精密周到に論述されていて、楚辞の概説書として今日なお最高の地位を占めるものと認められる」と述べて、上巻十二篇の内容をかなり詳細に紹介し、「楚辞概説として考証の精密と規模の壮大とにおいて、今日なおその右にでるものを見ないのである」と、その水準の高さを絶賛している。

西村天囚書簡（にしむらてんしゅうしょかん）

関係人物名　西村天囚・中井木菟麻呂
数量（冊数）　二七点
外形寸法（㎝）縦一七・一～一九・四×横二〇・九～四八七・五

西村天囚が中井木菟麻呂に宛てた二十七点の書簡群。平成二十年（二〇〇八）に中井家の菩提寺である誓願寺（大阪市中央区上本町）で発見され、現在は調査のため懐徳堂記念会に寄託されている。書簡は明治期（明治四十三年～四十五年）と大正期（大正五年～十年）の二つの時期に分かれており、前者は懐徳堂記念祭関連の事業、後者は懐徳堂旧址碑に関する内容が中心となっている。西村天囚と中井木菟麻呂は、懐徳堂記念祭の挙行や新学舎「重建懐徳堂」の創建など、懐徳堂の復興に尽力した人物で、本書簡はその活動の一端を窺うことのできる貴重な資料である。本資料については、池田光子「中井木菟麻呂宛「西村天囚書簡」の基礎的検討」（『懐徳』第八十四号、二〇一六年）に詳しい報告がある。なお、「WEB懐徳堂」に全書簡の画像が公開されており、うち五点の書簡に関しては、翻刻・語句説明も併せて掲載されている。

重野安繹（しげのやすつぐ）［一八二七～一九一〇］

薩摩出身の歴史学者。号は成斎《せいさい》。幕末には薩摩藩の藩校・造士館に学び、後に昌平黌にも学んだ。薩英戦争（一八六三）後の講和交渉担当として活躍、明治以後は東京帝国大学教授、また日本初の文学博士となる。明治四十一年（一九〇八）六月、中井甃庵・竹山・蕉園を祭る式典を大阪で挙行することを企画した中井木菟麻呂が、かつて懐徳堂関係資料の閲覧を求められた重野を自宅に訪ねて助力を求めると、重野は賛意を示して教え子の西村天囚を紹介した。これが後に懐徳堂顕彰運動の中心人物となる天囚と木菟麻呂とを結び付けるきっかけとなった。

幸田成友（こうだしげとも）［一八七三～一九五四］

歴史学者。東京帝国大学文科大学史学科卒。幸田露伴《こうだろはん》の実弟。明治三十四年（一九〇一年）五月に大阪市史編纂主任となり、日本最初の市史である『大阪市史』の編纂に当たった。幸田は江戸時代の大坂における学問の中心として懐徳堂に注目し、懐徳堂学主の子孫である中井木菟麻呂に関係資料の提供を要請、木菟麻呂は明治三十五年（一九〇二）に「学問所建立記録」「懐徳堂定約附記」「履軒先生肖像」「懐徳堂内事記」「懐徳堂外事記」「学校公務記録」「懐徳堂義金簿」「三宅幸蔵変宅ニ付御同志中へ懸合候覚」「逸史献上記録」「義金助成金簿」「御同志中相談覚」と中井履軒の肖像画とを、また明治四十二年（一九〇九）に自ら編集した『懐徳堂纂録』『懐徳堂記録拾遺』と、並河寒泉の『拝恩志喜』とを提供した。大阪市史編纂係において作成されたそれらの副本は、現在大阪市史編纂所・大阪市立中央図書館に現存する。但し、中井履軒の肖像画の写真は所在不明である。

明治四十一年（一九〇八）、中井甃庵・竹山・蕉園を祭る式典を大阪で挙行することを企画した木菟麻呂が、大阪の西村天囚を訪問して協力を要請した際、幸田は二人の面談に同席した。また同年十二月、天囚と同行して大阪府知事に面談し、式典挙行への協力を要請した。明治四十二年（一九〇九）三月に大阪市史編纂係が解散すると幸田は東京に戻っており、大阪人文会や懐徳堂記念会の会員にはなっていない。しかし、懐徳堂記念祭の挙行に合わせて、幸田は私財を投じて『懐徳堂旧記』（秀英舎、一九一一年十月一日）五百部を出版した。

懐徳堂旧記（かいとくどうきゅうき）

明治四十四年（一九一一年）十月一日、大阪市史編纂係であった幸田成友《こうだしげとも》が出版した懐徳堂関連資料集。幸田は明治四十二年（一九〇九）三月に大阪市史編纂係が解散すると東京に戻っており、懐徳堂記念会の会員ではなかったが、懐徳堂記念祭の挙行に合わせて、私財を投じて本書五百部を秀英舎より出版した。『大阪市史』巻五（大阪市参事会、明治四十四年（一九一一）五月）所収の中井竹山の肖像、中井履軒の肖像、「学問所建立記録」「懐徳堂定約」「懐徳堂定約附記」を、大阪市役所の許可を得て復刻して収めた他、中井木菟麻呂が新たに執筆した「中井氏系譜」を収めた。その題簽は木菟麻呂が揮毫した。

羽倉敬尚（はぐらけいしょう）［一八九一～一九七八］

並河天民《なみかわてんみん》（一六七九～一七一八）を祖とする京都の儒医並河宗家の子孫で歴史研究者。明治二十四年（一八九一）京都生まれ。父は並河総次郎（総次郎の母は中井碩果の娘しん）、母は羽倉良《りょう》。母方は伏見稲荷大社の社家で、先祖に荷田東満《かだのあずままろ》（一六六九～一七三六）がある。幼名は平太郎。母方の祖父の羽倉信度《のぶのり》の養子となり、羽倉姓を名乗り、信一郎《のぶいちろう》と改名。京都府立第二中学校から陸軍経理学校へ進み、陸軍一等主計大尉や陸軍経理学校講師などを歴任し、予備役となってからは、國學院大学附属高等師範部や日本大学法文学部文学科（漢文専攻）で学んだ。日中戦争・大東亜戦争の勃発後は召集を受け、陸軍主計少佐に進み、正六位勲四等を受ける。軍務の傍らおよび退職後に数多くの論考を執筆し、とくに父方の先祖に関わる懐徳堂、母方の先祖に関わる荷田家の研究を柱とする諸論考は、『近世学芸論考―羽倉敬尚論文集―』（一九九二年、明治書院）にまとめられている。同書には巻末に「羽倉敬尚（信一郎）略年譜」「羽倉敬尚著述一覧」を付す。

並河潤菊家傳遺物目録（なびかわうるぎくかでんいぶつもくろく）

　懐徳堂の閉校以後、中井家とは別に最後の教授であった並河寒泉《なびかわかんせん》（一七九七〜一八七九）が保存継承し、寒泉の娘潤菊《うるぎく》、そして京都並河宗家の総次郎へと伝えられた懐徳堂の遺書遺物の目録。一冊。天理大学附属図書館蔵。巻末に明治二十五年（一八九二）一月十六日付の中井木《なかいつ》菟麻呂《ぐまろ》が並河尚総宛に書いた書籍の借用書を付す。翻刻に矢羽野隆男・池田光子「『並河潤菊家伝遺物目録』翻刻および解説」（『懐徳堂研究』第五号、二〇一四年）がある。

　幕末維新期の懐徳堂は蔵書や器物を手放すほどに財政が窮乏し、版権をもつ板木まで売却するに至った。これを憂えた寒泉は売られた遺書を買い戻して旧蔵書の保存に努めた。そして明治二年（一八六九）の閉校の後、懐徳堂の遺品および中井家伝来の遺品は、中井木菟麻呂が受け継ぎ、昭和八年と同十四年の両次にわたり都合三百十五点の遺書遺物が懐徳堂記念会に寄贈されたが、それとは別に並河寒泉が受け継いだものもあった。懐徳堂を出た寒泉は、本庄村・南江戸堀・桜宮などで塾を開いて旧門人らに教授を続けたが、最晩年は娘婿の淡輪《たんのわ》三郎《さぶろう》宅に引き取られ、明治十二年（一八七九）に八十三歳で没した。その後、寒泉が残した遺書遺物は、独身を通して寒泉に孝養を尽した末娘の潤菊《うるぎく》が継承した。しかし、その潤菊も明治二十一年（一八八八）に四十六歳で没したため、京都の並河宗家（当時の当主は尚教《ひさのり》（一八〇二〜一八九三）、その嫡子が総次郎）へと託された。寒泉の残した遺書遺物は、並河宗家において尚教から総次郎、さらにその子の誠三郎へと伝えられたが、昭和の初年より京都帝国大学図書館に仮寄託され、昭和二十八年（一九五三）にすべてが天理大学附属図書館に移管され現在に至っている。懐徳堂の遺書遺物については、江戸時代の『天楽楼書籍遺蔵目録』（一八三四年）や『懐徳堂蔵書目』（一八四〇年頃）と、中井木菟麻呂らの寄贈分を記した「懐徳堂水哉館遺書遺物目録」（『懐徳』第十七号、一九三九年）との間には記録がなく、本目録はその空白を埋めるもので、幕末維新の後に懐徳堂の遺書遺物がどのように受け継がれたのかを知るうえで価値のある資料といえる。

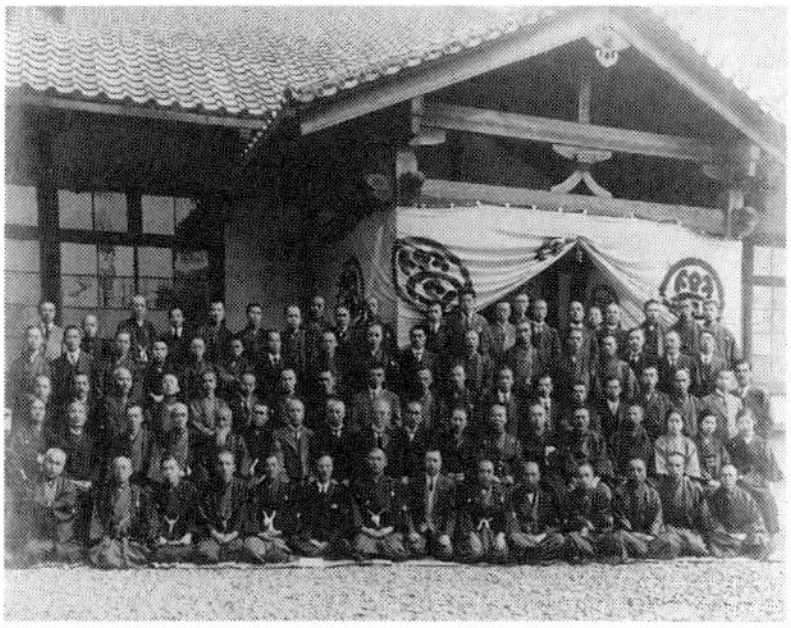
重建懐徳堂玄関

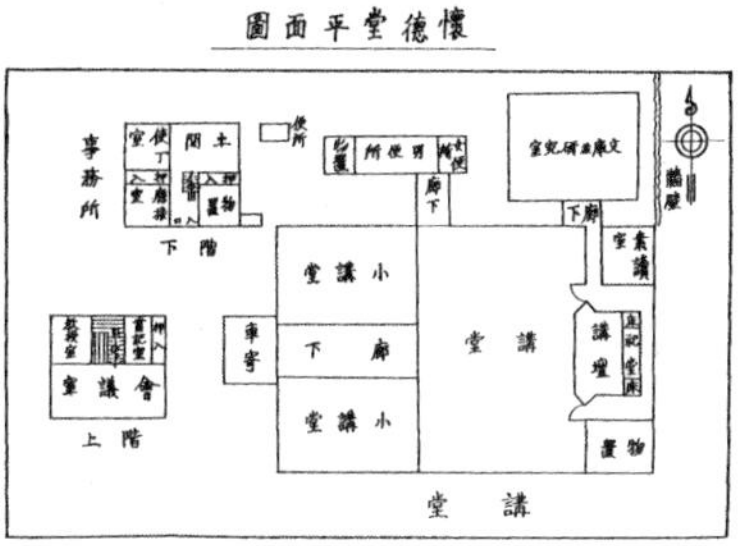

重建懐徳堂平面図

重建懐徳堂（ちょうけんかいとくどう）

大正二年（一九一三）に設立された財団法人懐徳堂記念会が、大正五年（一九一六）に東区豊後町（現・中央区本町橋）に建てた学舎のこと。敷地は、府立大阪博物場西北隅にあたる三百六十一坪が無償で貸与された。講堂では、昭和二十年（一九四五）三月の大阪大空襲によって焼失（書庫を除く）するまで、大阪市民のための授業が行われた。授業には、中国の古典と日本の古典とを中心にした講義（平日の夕刻と日曜の午後の一週五回）、人文科学の高度な内容の定期講演（毎週土曜日）、一般教養的な通俗講演（月に一～二回）、年少者を対象とする素読《そどく》科などがあった。

職員は、講義を担当する常任の教授一名、助教授・講師（常任・臨時）・書記・司書若干名からなり、教授として松山直蔵《まつやまなおぞう》、財津愛象《ざいつあいぞう》、吉田鋭雄《よしだはやお》、講師（常任）として吉沢義則、林森太郎、武内義雄、財津愛象、稲束猛、秋月胤継、岡山源六、阪倉篤太郎、大江文城、張源祥などが教壇に立った。また講演には顧問の内藤湖南《ないとうこなん》、狩野直喜《かのなおき》の他、京都帝国大学や第三高等学校の教授を中心に、学外から多くの講師が招かれた。

重建懐徳堂の事業運営費は、ほとんどが財団の基本財産と寄付とで賄われており、講演は無料、講義も低額の堂費（月額二十銭から二円）で受講できたため、多数の市民が来聴し、大阪の文科大学・市民大学の役割を果たした。

なお、コンクリート造りの書庫に収められていて戦災を免れた重建懐徳堂の蔵書三万六千点は、昭和二十四年（一九四九）、懐徳堂記念会から一括して大阪大学に寄贈された。その図書目録として『懐徳堂文庫図書目録』（大阪大学文学部、昭和五十一年）がある。

重建懐徳堂設計図（ちょうけんかいとくどうせっけいず）

大正五年（一九一六）に再建された懐徳堂（重建懐徳堂）の設計図。いわゆる青焼きで、全五枚綴り。各縦五一・

五㎝×横七四・五㎝。表紙に「大正四年九月　懐徳堂設計図　竹中工務店」とある。一枚目は「懐徳堂新築図平面図　尺度百分之壱」として講堂および二階建て事務所の平面図、二枚目は「懐徳堂新築図建図　尺度百分之壱」として全体の正面図と側面図、三枚目は「懐徳堂新築図建図　尺度五拾分之壱」として床伏図・基礎図・屋根固屋伏図、四枚目は「懐徳堂新築図建図　各部詳細圖　尺度貳拾分之壱」、五枚目は「懐徳堂新築図　玄関詳細圖　縮尺一／二〇」となっている。

これによれば、重建懐徳堂は、東区豊後町十九番地（現・中央区本町橋）の東横堀川に面した公道に西向きに配置され、公道から門を入り、車寄せ、講堂、その左側（北）に別棟の事務所があったことが分かる。

図面の数値は尺貫法で記入されており、講堂床図面の数値「五四・〇（九間）×八五・五（十四間二十五）」によれば、縦二六ｍ×横一六・四ｍ、床面積四二五㎡（一二六坪）となる。その内、建物の大半を占める「大講堂」は、玄関・車寄せから廊下を通った奥（東）に配置されており、「五拾八坪五合」、その廊下を挟む二つの「小講堂」はそれぞれ「十七坪五合」と記載されている。大講堂の奥（東）の両側の空間は、この設計図面では、各々「講師溜　八坪」「（内）玄関　土間」となっているが、後にこれらは「素読室」「物置」に改造された。

また別棟の「事務所」は二階建てで床面積は「四間」×「三間半」（十四坪）。一階が「受付」「小使室」など、二階が「会議室」となっている。

懐徳堂文庫には、別に、この内の一枚目・二枚目とほぼ同様の「懐徳堂新築図平面図」もあり、数値はこちらの方が読み取りやすいが、「便所」の位置が若干異なっている。また、大正十五年の「懐徳堂事務所一部改造設計図」、昭和十四年、「懐徳堂表門（塀重門）及び掲示板実測図」、昭和十四年、「懐徳堂表門改造図」なども残されている。重建懐徳堂は、大正五年の建設以後、一部改造・増設を経ているが、これらの設計図でその過程を確認することができる。さらに、昭和二十年の「仮設住居兼事務所設計図」は、大阪空襲による焼失後に設けられた仮設建物の設計図である。

本資料は、重建懐徳堂の詳細な設計図面であり、約三十年間、大阪の市民大学として活躍した懐徳堂学舎の構造と歴史を知りうる貴重な資料である。

素読出席簿（そどくしゅっせきぼ）

数量（冊数）　一冊
外形寸法（㎝）　縦二八・二×一九・六
（但し、後から付けたと思われる表紙は、二七・五×一九・六）。

重建懐徳堂の出席簿。一冊。昭和八年（一九三三）三十名、昭和九年（一九三四）十九名、昭和十年（一九三五）

十一名、昭和十一年（一九三六）十六名、延べ七十六名分計七十六枚の出席簿が一冊に大和綴じに装訂してあり、表紙には「素讀出席表　自昭和八年至同十一年」と墨書されている。

重建懐徳堂の授業には、中国の古典と日本の古典を中心にした講義（平日の夕刻と日曜の午後の一週五回）、人文科学の高度な内容の定期講演（毎週土曜日）、一般教養的な通俗講演（月に一～二回）、年少者を対象とする素読科などがあったが、本資料は、その「素読科」の出席表である。受講者毎に一年間の出席状況が一枚の紙に記録されている。名簿の中には、「龍村光子」「龍村慶子（慶の横に「ヨシ」のルビあり）」「龍村元」、「石濱恒夫」などの名も見える。

各人の表には「講義素讀出席表」とあり、氏名欄には、姓名のほか、「汎愛小四年」「天王寺扇町商業三年」「田中小学六年」「尋三」など、所属校・学年が記されているものもある。また各日の出席状況は、「出」の朱印によって確認できるが、同時に、具体的なテキストの開始・終了の日には「易經」「易了」、「中庸」「中庸了」などとしてその旨が注記されたり、「是日教師病床」などとの記載も見える。また、左端の備考欄には、「昭和八、五、一五孝經詩書修了」とか「昭和八、四入門、大正十二年四月生」などの情報も記されている。

このように、本資料からは、受講生の出席状況のみならず、受講生の年齢・所属校・学年、素読のテキスト、その進度状況など、極めて重要な情報を読みとることができる。

松山直蔵（まつやまなおぞう）［一八七一～一九二七］

重建懐徳堂の初代専任教授。字は子方、号は春城。明石の人。はじめ法学研究を志すが、後に経書研究に向かった。その学風は、宋学に長じ、朱子を尊信した。明治二十七年（一八九四）、東京帝国大学に入学し、島田篁村に師事。同三十年に卒業し、毛利侯の時習舎、井上円了の哲学館（東洋大学の前身）などで教鞭をとる。同三十一年には大学院に進学。重野成斎・井上哲次郎の指導を受けた。翌三十二年、東京高等師範学校附属中学校講師、次いで東京陸軍地方幼年学校教授となる。同三十五年には広島高等師範学校の教授となり、大正五年（一九一六）懐徳堂の復興と共に招聘され、重建懐徳堂教授となる。松山の教授就任の背後には、狩野直喜の強い推薦があったとされる。昭和二年（一九二七）、『北宋五子哲学』で博士号を取得、没後の昭和六年（一九三一）、懐徳堂記念会より同書が刊行された。

吉田鋭雄（よしだはやお）［一八七九～一九四九］

重建懐徳堂最後の教授。字は敏夫、号は北山《ほくざん》。明治十二年（一八七九）、大阪市生まれ。初め大阪朝日新聞社に勤務。大正五年（一九一六）、重建懐徳堂書記に就任。後、懐徳堂助教授、のち教授として、富永仲基の研究を初めとする多くの業績を残した。また、この間、文部省在外研究員として中国に留学し、小学（『説文解字』など文字学）関係書の蒐集に努めた。逝去後、その旧蔵漢籍約四千四百冊が大阪大学に寄贈され、現在、懐徳堂文庫内に北山文庫として保管されている。

大阪人文会（おおさかじんぶんかい）

大阪における文学や漢学などの学問について研究し、大阪の文化・教育の発展に寄与することを目的とした団体。明治四十二年（一九〇九）八月十九日に発起人会が開催され、以後大阪府立図書館の初代館長・今井貫一《いまいかんいち》を中心に活動を展開し、同年十一月十四日、大阪府立図書館紀年室において第一回例会を開催した。隔月に開催された例会では、会員がその研究成果を講演として発表した。会員数は発足当初三十名に満たなかったが、徐々に増加し、翌明治四十三年（一九一〇）十一月には五十名に達した。

明治四十三年一月の第二次例会において、西村天囚が懐徳堂記念祭の挙行を提案すると、全会一致で提案を承認し、以後人文会は会を挙げてその準備に取り組んだ。同年九月に懐徳堂記念会が発足すると、人文会会員はその運営の中核を担ったが、人文会としての活動は同年十一月二十九日の第七次例会を最後に停止した。

一般財団法人懐徳堂記念会（いっぱんざいだんほうじんかいとくどうきねんかい）

懐徳堂の学術文化活動を継承顕彰すべく設立された団体。明治二年（一八六九）に閉校した旧懐徳堂を復興しようという気運が高まった明治四十三年（一九一〇）、西村天囚らの呼びかけで設立された。翌年には、中之島公会堂において、懐徳堂の儒者たちを顕彰する記念式典を挙行し、懐徳堂貴重書の復刻刊行を行うなど、懐徳堂の復興と顕彰に努めた。

会の発起人には、高崎親章（大阪府知事）、土居通夫（大阪商業会議所会頭）、植村俊平（大阪市長）、小山健三（第三十四銀行頭取）、島村久（鴻池銀行理事）、鴻池善右衛門（鴻池銀行社主）、藤田平太郎（藤田組主）、住友吉左衛門（住友銀行社主）、鈴木馬左也（住友総理事）、上野理一（朝日新聞社主）、本山彦一（毎日新聞社主）、今井貫一（大阪府立図書館長）など、大阪の政治・経済・文化を代表する人物が名を連ね、全国から特別会員六百二十二名、普通会員千三百七十名が加入した。

　大正二年（一九一三）八月、財団法人の認可を受け、永田仁助・西村天囚・今井貫一・水落庄兵衛・広岡恵三の五名を理事、永田仁助（浪速銀行頭取）を理事長として法人登記を行った。大正五年（一九一六）の懐徳堂校舎再建の後は、専任の教授や学外の講師による講義と講演を市民に開放し、大阪の文科大学、市民大学としての務めを果たした。戦後は、戦災を免れた懐徳堂蔵書を一括して大阪大学に寄贈し、以後、大阪大学との提携のもと、春秋記念講座、古典講座、学術雑誌『懐徳』の刊行など、各種事業を展開して今日に至っている。平成二十八年度（二〇一六）現在、法人会員七十三社、個人会員約六百名。

　永田の後の歴代理事長は次の通り。小倉正恒（住友本社総理事、大蔵大臣）、今村荒男（元大阪大学総長）、上野精一（朝日新聞社社主）、北沢敬二郎（元住友理事・大丸会長）、堀田庄三（住友銀行頭取）、伊部恭之助（住友銀行相談役最高顧問）、巽《たつみ》外夫（三井住友銀行特別顧問）、西川善文（三井住友銀行名誉顧問）、蔭山秀一（三井住友銀行代表取締役副会長）。

　平成二十二年（二〇一〇）には、記念会創立百周年を迎え、記念シンポジウム（ＮＨＫ大阪ホール）、懐徳堂展（大阪歴史博物館）などを開催し、記念会の歴史を振り返る『懐徳堂記念会百年誌』を刊行した。また、全国一斉の法人改革により、記念会は、平成二十六年（二〇一四）四月、一般財団法人懐徳堂記念会となり、新法人として新たな歴史を刻み行くこととなった。

懐徳（かいとく）

　財団法人懐徳堂記念会が編集・発行する機関誌。大正十三年（一九二四）創刊、昭和十六年（一九四一）から昭和二十三年まで一時休刊したが、年一回刊、最新号は第八十四号（二〇一六年時点）。当初は懐徳堂堂友会の編集・発行によっていたが、第五十一号より懐徳堂記念会の編集・発行となり、財団法人懐徳堂記念会を経て、現在では一般財団法人懐徳堂記念会が編集・発行している。記念会編集となった頃より懐徳堂関係を主とした漢文学、日本文学などに関する学術論文、随想など数本の他、懐徳堂記念会が主催する「懐徳堂講座」の講演要旨や、「資料報告」「懐徳堂関係研究文献提要」などから成る構成をとっていたが、第七十一号より「学術研究」「事業報告・会員寄稿」「事務連絡」という構成になっている。これら豊富な内容から、学術研究の発表の場であるのみならず、懐徳堂関係論著や記念会の足跡についての貴重な資料集ともなっている。第五十五号（一九八六年）に第五十号までの総目次が掲載されている。また、その後をうけて、第八十号（二〇一二年）に、第五十一号から七十九号までの総目次が掲載されている。

懐徳堂遺書1（かいとくどういしょ）

戦災による焼失を免れ、戦後大阪大学に寄贈された重建懐徳堂の蔵書三万六千点のこと。財団法人懐徳堂記念会は、昭和二十年（一九四五）三月の大阪大空襲で学舎が焼失し、その活動の拠点を失ったことに加えて、戦後のインフレによって財団の基金の価値が激減し、活動の継続が困難となった。そこで、当時文科系学部を新設することになった大阪大学に協力を求め、昭和二十四年（一九四九）、重建懐徳堂の蔵書を大阪大学に寄贈し、懐徳堂事業は財団法人懐徳堂記念会と大阪大学とが協力して行うことになった。昭和五十八年（一九八三）に懐徳堂友の会が設立されてからは、懐徳堂事業は財団法人懐徳堂記念会・懐徳堂友の会・大阪大学の三者によって受け継がれ、平成八年（一九九六）には懐徳堂友の会と財団法人懐徳堂記念会とが一体化して、今日に至っている。

なお、これとは別に、明治四十四年（一九一一）、懐徳堂記念会によって刊行された十種の書をまとめて「懐徳堂遺書」と呼ぶ場合もある。また、現在、大阪大学および懐徳堂記念会所蔵の懐徳堂関係資料は、その後の受贈・蒐集分も併せて、約五十四点にのぼっている。

懐徳堂遺書2（かいとくどういしょ）

明治四十四年（一九一一）に懐徳堂記念会が活字翻刻により出版した、懐徳堂の諸学者の著書。五井蘭洲の『蘭洲茗話《らんしゅうめいわ》』・『勢語通《せいごつう》』、中井竹山の『奠陰集《てんいんしゅう》』・『竹山国字牘』、中井履軒の『論語逢原』、および『懐徳堂五種』（三宅石庵『論孟首章講義』、中井甃庵『五孝子伝』・『富貴村《ふきむら》良《りょう》農事状《のうじじょう》』、中井竹山『蒙養篇《もうようへん》』・『貞婦記録』）からなる。『蒙養篇』を除き、いずれもこの出版まで未刊行だった。この出版は、懐徳堂記念会が懐徳堂記念祭の挙行・記念講演会の開催・展覧会の開催と共に事業として取り組んだもので、懐徳堂記念祭に出席した同会会員には、記念品として会場で配布された。編輯兼発行者は懐徳堂記念会代表の西村時彦、発行所は大阪の村松文海堂。当時東京在住の中井木菟麻呂が原稿を執筆した『論語逢原』のみ東京で印刷され、大阪で製本されたが、他はすべて大阪で印刷・製本された。

なお、これらとは別に、戦後、懐徳堂記念会が大阪大学に寄贈した旧懐徳堂蔵書三万六千点を「懐徳堂遺書」と総称する場合もある。

懐徳堂考（かいとくどうこう）

西村天囚による懐徳堂研究の書。明治四十三年（一九一〇）、西村天囚（朝日新聞記者、のち京大講師）は、懐徳堂記念会を創設し、大阪朝日新聞に「懐徳堂研究其の一」を連載して、その顕彰に努めた。本書はこの連載を基に、明治四十三年（一九一〇）三月に『懐徳堂考上巻』として三十五部、翌年に『懐徳堂考下巻』として七十五部刊行され同志に配布されたものである。その後、大正十四年（一九二五）に、懐徳堂記念会より重印され、また、昭和五十九年（一九八四）、懐徳堂友の会より、初印本の復刻がなされた。内容は、三宅石庵・五井蘭洲から並河寒泉に至る懐徳堂百四十余年の歴史を通覧したものであり、今日においても、懐徳堂研究の最も基本的な文献としての価値を持つ。

上巻は、懐徳堂の創建された当時の、大坂の学問的背景の説明（序説）、五井持軒（五井蘭洲の父）から三宅春楼までの主要人物、および懐徳堂の同志について解説する。下巻は、上巻の概要、中井竹山、中井履軒の解説に始まって、並河寒泉、懐徳堂の廃絶までを述べる。また、復刻版には、『懐徳堂考』を重印する際に加えられた、懐徳堂教授松山直蔵の序文および口絵写真二十三頁、さらに人名索引を付載した『懐徳堂考付録』（別冊、全五十頁）が付けられた。

なお、本書の上巻は平成二十六年（二〇一四）六月より、下巻は平成二十七年（二〇一五）十一月よりデジタルコンテンツ化され、「ＷＥＢ懐徳堂」で公開されている。デジタルコンテンツでは、昭和五十九年（一九八四）の復刻版『懐徳堂考』上下巻の画像および翻刻をすべて閲覧できるほか、目次から該当ページへのジャンプ、誌面の拡大、任意の語句による検索も可能である。

懐徳堂五種（かいとくどうごしゅ）

明治四十四年（一九一一）、懐徳堂記念会によって刊行された書。旧懐徳堂の復興顕彰を目的に、明治四十三年（一九一〇）に設立された懐徳堂記念会は、そのための事業として、旧懐徳堂所蔵の貴重書を翻刻して刊行する計画を立てた。本書は、三宅石庵関係として『論孟首章講義』、中井甃庵関係として『五孝子伝』『富貴村良農事状』、中井竹山関係として『蒙養篇』『貞婦記録』の計五種を線装本一冊として活字翻刻したもの。その奥付には「明治四十四年十月三日印刷」「明治四十四年十月五日発行」「編輯兼発行者　大阪市北区梅ヶ枝町二百十三番屋敷懐徳堂記念会代表西村時彦」「印刷者　堀越幸」「印刷製本所　堀越日進堂」「発行所　村松文海堂」とある。なお、同時に翻刻刊行された旧懐徳堂蔵書五種と併せて「懐徳堂遺書」と総称される場合もある。

懐徳堂印存（かいとくどういんぞん）

大正元年（一九一二）、懐徳堂記念会によって刊行された印譜。中井木菟麻呂《つぐまろ》所有の竹山・履軒らの印章を懐徳堂記念会が借りて印譜を作成し、線装本二冊として百部限定で刊行したもの。竹山八十四顆《か》（顆は印章の単位）、履軒五十四顆、蕉園十六顆、碩果四顆、柚園十七顆、桐園三十顆が収められている。また、三宅石庵は終生印章を使用せず、中井甃庵、五井蘭洲、三宅春楼などの印章は散佚のため、本書には収められていないという（「懐徳堂所蔵　懐徳堂先賢著述書目」（懐徳堂記念会『懐徳』第十九号、一九四一年）。巻末に西村天囚および中井木菟麻呂の跋文が付載されている。

なお、同名の印譜が、昭和十四年（一九三九）に記された木菟麻呂の序を附し、野内丘外編として刊行されているが、これは、「懐徳堂」三字の印など散逸して中井家に伝わらなかった印を、諸資料の印影を参考にして模刻するなど、より完備した印譜としたもので、装丁は線装三冊本と七冊本とがある。

平成十八年（二〇〇六）には、本書に掲載された中から印章十五顆について、その全体像を閲覧することができるコンテンツ「懐徳堂印章展示」が「ＷＥＢ懐徳堂」で公開された。また平成十九年（二〇〇七）には、竹山の印章を、その印譜である『懐徳堂印存』（昭和十四年増補改訂版）とともに掲載したコンテンツ「懐徳堂印―中井竹山編―」（全九十二顆）が、平成二十年（二〇〇八）には、履軒の印章を『懐徳堂印存』（昭和十四年増補改訂版）とともに掲載したコンテンツ「懐徳堂印―中井履軒編―」（全六十八顆）が公開された。なお、「懐徳堂印―中井竹山編―」「懐徳堂印―中井履軒編―」については、五十音別の「釈文一覧」および「印影一覧」から、『懐徳堂印存』の当該ページと印を検索することができる。

懐徳堂文書（かいとくどうもんじょ）

関係人物名　中井甃庵、五井蘭洲、三宅春楼、中井竹山、中井蕉園、中井碩果、中井桐園、中井木菟麻呂
数量　巻子本六巻
懐徳堂文庫図書目録該当頁　国書四〇下

明治四十四年（一九一一）、懐徳堂記念会が府立大阪博物場美術館で懐徳堂展覧会を開催した際、中井木菟麻呂《なかいつぐまろ》がこの展覧会への出品のため中井家所蔵の関係文書を「懐徳堂文書」六巻として整理したもの。

その内訳は、「学問所建立文書上」「同下」「学校再建文書」「大阪学校書類」「学校公務書類」「衙尹御入諸書」であり、これらの翻刻が、『懐徳』第十四号（昭和十一年）に「懐徳堂旧記拾遺」として掲載されている。

第一・二巻「学問所建立文書（上）（下）」は中井甃庵の手になる五井蘭洲・三宅春楼ら五人に宛てた書牘を収録。上巻の内容は、学校の頽廃により新たに造作したこと、甃庵没後は学主の任を三宅春楼に頼むこと、および

懐徳堂の経済状況や内外事務について詳細に記す。下巻は、①大島古心、②三宅石庵、③三輪執斎が各々中井甃庵に宛てた手紙計三通を収める。①は正月二十八日付け。享保何年かは未詳ながら、懐徳堂創立願立てのため甃庵が東上した際のものと推測される。②は六月三十二日付の書簡で、前半は大破。①と同じく懐徳堂創立に関して石庵が自己の意見を述べたもの。③は六月十九日付けの書簡で、懐徳堂データベース収録済み。享保十一年（一七二六）のものと推測される。

第三巻「学校再建文書」には、①「学校類焼後澁井伴七（城代堀田相模守家臣）を以て大阪城代に伺ひたる口上書控（開首書添中井竹山）」、②「吉村又一郎、長尾諫見ほか二名宛、中井竹山」、③「口上奉上候覚、水野理兵衛宛、中井竹山」、④「寛政七年七月六日学校再建聞届書、中井竹山宛西町奉行松平石見守（色紙中井竹山手書）」の四通を収録。①は寛政四年（一七九二）五月十七日、懐徳堂が類焼したので、再建願のため関東へ下向したき旨、大阪城代へ差し出した口上伺書（学校公務記録百二十二～百二十四条参照）。②は寛政四年六月三日松平越中守（定信）家臣吉村又市・長尾諫見ほか二名に宛てた書簡で、懐徳堂類焼により再建願のため関東に下向する旨を述べ、あわせて道中通行に便宜を与えられたき旨の依頼状。③は中井竹山が寛政四年八月、関東に下向し、再建陳情のため各諸侯を歴訪したが、松平定信に直接面談したしとして、同用人水野理兵衛に差し出した伺い書（学校公務記録百三十六～百三十八参照）。④は学校再建の願が聞き届けられ、寛政七年（一七九五）七月六日、幕府より金三百両受領の際、西町奉行松平石見守より申し渡した書きつけ（学校公務記録百四十九条参照）。

第四巻「大阪学校書類」は、①「書生謝儀並に勝手向立方十一条、宝暦寅（宝暦八年、一七五八）七月二十五日中井竹山」②「定三条、寅八月」③「定六条、丙午四月」④「定八条、未九月」⑤「男部屋火用心」⑥「遺状下書四条」⑦「助力銀控二枚」（以上中井竹山手書）、⑧「同志中被差出候口上書写」（中井碩果自筆）を収める。前六者は『懐徳』第十三号「懐徳堂旧記中」の「学問所謝儀等に就ての竹山の意見並定書」および「竹山遺状」に収録。⑦は寛政四年五月懐徳堂類焼の際のもの。⑧に「午年」とあるのは寛政十年（一七九八）、「亥年」は享和三年（一八〇三）、中井碩果が預り人となった際のもの。

第五巻「学校公務書類」は全て中井竹山の手稿。「門前捨子に関する届出」「捨子病死届」「捨子行倒等に対する願書」「学校対奉行所の務方に就きて」「御触書の件に就きて」「同前」「竹山隠居と学主及預人」「蕉園両衙に挨拶の件」「年頭挨拶御礼」「御触書受領挨拶」「蕉園江戸下向届」の十一種。

第六巻「衙尹御入諸書」は中井碩果・桐園時代に、東西両奉行所が所用のため懐徳堂を訪れる際に前もってその通知をした書状で、全七通。

懐徳堂記念祭（かいとくどうきねんさい）

明治四十四年（一九一一）十月五日、懐徳堂記念会が中之島公会堂において挙行した、懐徳堂で教鞭を執った儒者や五同志らを祭った式典。懐徳堂師儒公祭《しじゅこうさい》ともいう。そもそもの発端は、懐徳堂の学主を代々つとめた中井家の子孫である中井木菟麻呂が、中井甃庵・竹山・蕉園を祭る式典を大阪で挙行しようと企画したことにある。明治四十一年（一九〇八）六月、木菟麻呂は重野安繹《しげのやすつぐ》を訪ねて企画への助力を求めると、重野は賛同して教え子の西村天囚を紹介した。その後天囚も企画に賛同、天囚は同年末、大阪市史編纂係の幸田成友《こうだしげとも》とともに大阪府知事の高崎親章《たかさきちかあき》に働きかけた。この企画は実現しなかったが、明治四十三年（一九一〇）一月、天囚は大阪人文会の第二次例会において五井蘭洲に関する講演を行った際、懐徳堂の学者を祭る式典の挙行を提案し、提案は全会一致で承認された。当初式典は大阪人文会が主催するものとして準備が進められたが、結局は大阪の政界・財界・言論界の有力者を巻き込んだ懐徳堂記念会が設立され、同会の主催で挙行された。

財団法人懐徳堂記念会の設立後は、毎年一回、懐徳堂の師儒諸先生と懐徳堂記念会の物故講師、物故功労者らを祭る恒祭《こうさい》が執り行われた。昭和二十年（一九四五）、重建懐徳堂が焼失し恒祭は断絶したが、その精神は、戦後の記念会・友の会における「懐徳忌《かいとくき》」として引き継がれている。

懐徳忌（かいとくき）

江戸時代の懐徳堂の学主や懐徳堂記念会の設立・発展に尽力した人々を顕彰するために、毎年四月初旬に懐徳堂記念会が挙行している仏式の式典。大正時代には、記念祭（恒祭・懐徳堂師儒公祭・開学記念祭式などとも）として毎年秋に開催されており、「懐徳堂師儒諸先生」「懐徳堂記念会物故諸先生並び物故功労者」と記された神位に供物を捧げ、祭壇の前で理事長が祭文を読み上げるのが慣例になっていた。もともとは、重建懐徳堂の講堂で行われていたが、第二次大戦で講堂が焼失した後は、災禍を免れた書庫内で行われ、昭和二十九年（一九五四）からは、懐徳堂と同じく大阪大学に縁の深い適塾内（大阪市中央区北浜）で遂行された。その後、記念祭はいったん廃止されたが、昭和五十九年（一九八四）以降は、懐徳忌として場所を歴代学主の墓所である誓願寺（大阪市中央区上本町）に移し、再び開催されるようになった。

懐徳忌では、まず墓前祭が行われ、参加者全員で中井竹山・履軒ら歴代学主の墓を参り、本堂の広間で追善法要が行われる。その後、講師による懐徳堂や大阪に関わる講話を聴くというのが通例となっている。

懐徳堂堂友会（かいとくどうどうゆうかい）
大正五年（一九一六）に再建された懐徳堂（重建懐徳堂）関係者の同窓会。重建懐徳堂は昭和二十年（一九四五）の大阪大空襲で焼失し、そこで行われていた諸事業も中断した。しかし、災禍を免れた蔵書が大阪大学に寄贈されたことにより、財団法人懐徳堂記念会と大阪大学文学部とが提携して、各種事業を行うこととなったが、堂友会はその主要な後援組織であった。初代会長は重建懐徳堂教授松山直蔵。

なお、昭和五十八年（一九八三）に懐徳堂友の会が設立されたことにより、堂友会は発展的に解消したが、堂友会の主要な活動であった開学記念祭式、親睦旅行、古典講読は、それぞれ現在の懐徳堂記念会による、懐徳忌《かいとくき》（中井家の菩提寺である誓願寺における追悼祭典、毎年一回春に開催）、見学会、古典講座に引き継がれている。

懐徳堂友の会（かいとくどうとものかい）
財団法人懐徳堂記念会の事業を後援すべく設立された任意団体。昭和五十八年（一九八三）設立。明治四十三年（一九一〇）に設立され大正二年（一九一三）に財団法人の認可を受けた懐徳堂記念会の活動を支援する組織として、在阪の諸法人と大阪大学文学部が協力して設立した。財団法人懐徳堂記念会とともに懐徳堂の顕彰に努めてきたが、本体の記念会より支援組織である友の会の活動が盛んになるなどの問題点が生じたことから、改組を計画し、平成八年（一九九六）、友の会は、財団法人懐徳堂記念会に一本化され、発展的に解消した。

内藤湖南（ないとうこなん）［一八六六～一九三四］
明治～昭和前期のジャーナリスト、東洋史学者。名は虎次郎、湖南は号。陸奥《むつ》国（秋田）出身。「三河新聞」や「大阪朝日新聞」、「台湾日報」、「万朝報」などで編集者・論説者を務め、特に中国問題の第一人者として活躍した。のち京都帝国大学文科大学（のち文学部）史学科教授となり、中国史の時代区分説など、独創的な研究を打ち立てた。その間、懐徳堂記念会の顧問となり、自ら講師として重建懐徳堂で講義を行い、懐徳堂学派の内、特に富永仲基と山片蟠桃を、突出した真の知性として絶讃した。湖南の独創的な中国史研究は、資料を相対化してその歴史的意義と生成過程を実証しようとする仲基の研究に多くの示唆を得たとされる。その業績をまとめたものして、『内藤湖南全集』全十四巻（一九六九～七六）がある。

武内義雄（たけうちよしお）［一八八六～一九六六］

中国哲学者。三重県内部村（現・四日市市）の生まれ。京都帝国大学支那哲学史学科を卒業、大正三年（一九一四）、大阪府立図書館司書となる。西村天囚の勧めを受けて、大正八年（一九一九）重建懐徳堂の講師となり、中国に留学。帰国後、大正十二年（一九二三）に東北帝国大学教授となる。後に宮内省御用掛として皇太子の教育に当たる。昭和十七年（一九四二）帝国学士院会員、昭和三十五年（一九六〇）文化功労者。精密な文献批判の方法を確立し、また科学的な思想史学を樹立したことで知られる。著書に『支那思想史』（のち『中国思想史』と改題）、『老子原始』、『論語の研究』などがある。また重建懐徳堂の講師であった時に、佚存書《いつぞんしょ》として有名な『論語義疏《ろんごぎそ》』の校訂を行った。その成果は、大正十二年（一九二三）、孔子没後二千四百年記念事業の一環として懐徳堂より刊行されている。

論語義疏（ろんごぎそ）

懐徳堂記念会が刊行した書。『論語義疏』は梁《りょう》の皇侃《おうがん》（四八八～五四五）の撰で、『論語』のすぐれた注釈書であったが、中国で散逸し、我が国に伝存していた、いわゆる佚存書《いつぞんしょ》である。重建懐徳堂講師の任にあった武内義雄は、大正十一年（一九二二）の孔子没後二千四百年記念事業として、この書の古鈔本を蒐集して校勘し、定本を作成した。翌年刊行された懐徳堂本『論語義疏』は、現在でも、『論語義疏』の最も優れたテキストと評価されている。

日本名家四書註釈全書（にほんめいかししょちゅうしゃくぜんしょ）

四書に関する注釈書の叢書。関儀一郎《せきぎいちろう》編、大正十一年（一九二二）から十五年（一九二六）にかけて、東洋図書刊行会より出版された。全十冊で、江戸時代の漢学者・荻生徂徠や伊藤仁斎等、十七人（三十二種）の注釈書が集められている（これを正編という）。また、昭和二年（一九二七）から五年（一九三〇）に同編者・出版社より『続日本名家四書註釈全書』全三冊が刊行され（続編）、そこには江戸期の漢学者・照井全都や西島蘭溪等、五人（八種）の注釈書が収められている。特に、懐徳堂関連書としては、正編に中井履軒の四書注釈書『論語逢原』『大学雑議』『中庸逢原』『孟子逢原』が収載されている。

なお、昭和四十八年（一九七三）には、正編・続編を併せた復刻版全十三冊が、鳳出版より刊行された。また、インターネット上の「国立国会図書館デジタルコレクション」では、学庸部第二冊以外の『日本名家四書註釈全書』（東洋図書刊行会刊）を閲覧することができる。

論語叢書（ろんごそうしょ）

大空社創立三十周年記念出版として、平成二十三年（二〇一一）十月～二十七年（二〇一五）七月に刊行された『論語』の叢書。全二十八巻。日本の『論語』受容の歴史総体を辿ることができる叢書を目指して編纂されており、日本における近代以前の『論語』注釈書や戦前の教科書・読本など、独自の解釈や時勢を反映した内容の書を多く収録している。『「論語」叢書』第十八巻には、中井履軒の『論語逢原』（関儀一郎編『日本名家四書註釈全書』、東洋図書刊行会所収）も収載されている。

懐徳堂要覧（かいとくどうようらん）

財団法人懐徳堂記念会が懐徳堂の沿革や記念会の活動の概略などについてまとめた文書。大正十五年（一九二六）刊行。非売品。内容は、「沿革」「職制」「規則、規定」「事業」「顧問及職員講師」「聴講者諸統計」「文庫蔵書冊数」「三年以上聴講継続者及素読修了者」「財団法人懐徳堂記念会役員」「財団法人懐徳堂記念会財産」「財団法人懐徳堂記念会寄付者諸彦芳名并寄付金額」「懐徳堂并文庫平面図附建築工事概要」の九部からなる。特に、重建懐徳堂の写真や平面図、聴講者に関する諸記録は他書には見られぬ貴重な情報となっている。

なお、本要覧は、昭和四十三年（一九六八）にも改訂版が刊行されているが、内容は、「懐徳堂の沿革」「事業」「役員」「附録」の四部に整理されている。

懐徳堂の過去と現在（かいとくどうのかことげんざい）

大阪大学が編集・刊行した懐徳堂に関する小冊子。昭和二十四年（一九四九）、大阪大学は、財団法人懐徳堂記念会より蔵書三万六千点の寄贈を受けたのを機に、適塾と懐徳堂とを、阪大の理系・文系学部のそれぞれの源流として顕彰していくこととした。昭和二十八年（一九五三）、顕彰事業の一環として『懐徳堂の過去と現在』および『緒方洪庵と適塾』の第一版を編集した。『懐徳堂の過去と現在』はその後、昭和五十四年（一九七九）に改訂版が刊行された。内容は、木村英一「懐徳堂と大阪大学」、時野谷勝「懐徳堂の沿革」、脇田修「懐徳堂の成立とその経営」、宮本又次「懐徳堂と大阪の町人たち」、木村英一「今日の懐徳堂記念会」からなる。

懐徳堂展覧会（かいとくどうてんらんかい）

明治四十四年（一九一一）十月一日～六日、府立大阪博物場美術館で開催された展覧会。その前年、西村天囚らの呼びかけで懐徳堂を顕彰する懐徳堂記念会が設立され、翌四十四年には、懐徳堂の儒者たちを顕彰する記念式典を挙行し、貴重書の復刻刊行を行うなど積極的な顕彰活動を展開した。本展覧会もそうした事業の一環として開催されたものであり、「懐徳堂展覧会目録」が編纂された。同目録は、「水哉館遺書遺物出陳目録」「諸家出陳目録」からなり、前者は資料の蔵有者である中井家出品のリスト、後者は、三宅石庵・中井甃庵、五井蘭洲などに分けて、各々、資料名とその出品者名が記されている。また、この展覧会への出品のため中井木菟麻呂《なかいつぐまろ》が中井家所蔵の関係文書を「懐徳堂文書」六巻として整理した。その内訳は、「学問所建立文書上」「同下」「学校再建文書」「大阪学校書類」「学校公務書類」「衙尹御入諸書」であり、これらの翻刻が、『懐徳』第十四号に「懐徳堂旧記拾遺」として掲載されている。

懐徳堂記念講演会（かいとくどうきねんこうえんかい）

昭和二十五年（一九五〇）十一月六日、大阪大学医学部大講堂で開催された講演会。昭和二十三年（一九四八）、大阪大学に法文学部が設置され、その翌年に文学部が独立した。これを機に、財団法人懐徳堂記念会から大阪大学に懐徳堂文庫三万六千点の寄贈があり、記念会の事業運営について阪大と協議が行われた。その結果、阪大文学部の木村英一・桑田六郎・藤直幹の四教授、京都大学の吉川幸次郎・貝塚茂樹の二教授、大阪市立大学の神田喜一郎・内藤乾吉の二教授、関西大学の石浜純太郎教授など九名が事業運営委員を委嘱され、同年十一月六日、記念講演会が開催されることとなったのである。講演者は、木村・藤の二教授と懐徳堂顧問の武内義雄であった。また、この講演会に併せて懐徳堂先賢の遺品が展示された。

懐徳堂回顧展（かいとくどうかいこてん）

昭和三十一年（一九五六）九月二十七日～十月二日、大阪駅前の阪急百貨店で開催された特別展。戦後、この種の学術的展覧会が大阪のデパートで開催されたのは初めてのことであった。会場入口の説明掲示板には、「大阪人の誇り、懐徳堂。その他近郷の教育如何明治以前大阪人の教育機関として有名だったのは唯一公立の大阪学校懐徳堂（または懐徳書院）であった……」と記された。『懐徳』第四十一号（一九七〇）に、羽倉敬尚が「懐徳堂回顧録」の中で紹介し、その出品目録が掲載されている。

懐徳堂文庫図書目録（かいとくどうぶんことしょもくろく）

大阪大学所蔵懐徳堂文庫図書の目録。昭和五十一年（一九七六）、大阪大学文学部編集・発行。全体は、「漢籍の部」

「国書の部」から成る。「漢籍の部」は、伝統的な四部分類（経部、史部、子部、集部）に叢書部・新学部を加えた六部からなり、さらに各々の内部が『京都大学人文科学研究所漢籍目録』に準じて細分されている。「国書の部」は日本十進分類法により、細目内の配列は五十音順とする。両部とも、各書籍については、撰者、刊年、刊行者などの書誌情報を簡明に注記する。また各々の末尾に書名索引を付す。

本目録に収載されるのは、懐徳堂記念会所蔵・蒐集図書（旧懐徳堂先賢著述・蔵書・関係子記録、重建懐徳堂期の蒐集に係る研究用漢籍・和刻本・朝鮮本など約三万六千冊）の他、北山文庫《ほくざんぶんこ》（重建懐徳堂最後の教授吉田鋭雄（号は北山）旧蔵漢籍約四千四百冊）、木間瀬《きませ》文庫（懐徳堂記念会元理事木間瀬策三旧蔵書幅五十六点）、岡田文庫（岡田伊左衛門旧蔵詩文関係和漢書約六千冊）である。

なお、大阪大学所蔵のいわゆる「懐徳堂文庫」は、これらに加えてさらに、新田文庫・中井家文書（懐徳堂最後の学問所預り人中井桐園の孫・新田和子氏所蔵和漢書・掛け軸・器物類約五百六十点）、並河寒泉文庫（懐徳堂最後の学主並河寒泉の著述および旧蔵書百五十五点）、逆瀬文庫（逆瀬家旧蔵書幅・短冊・扇面五十二点）、吉永文庫（経済法科大学教授吉永孝雄氏旧蔵巻子・帖など九十点、近世文人・幕末維新の著名人の書簡など約四百通）、戦後の懐徳堂記念会・友の会蒐集品若干点などを包括するもので、これらの総計は約五万点にのぼる。また、この目録はデジタル化され、「WEB懐徳堂」で電子目録として全ページを閲覧することができる。

北山文庫（ほくざんぶんこ）

懐徳堂文庫を構成する文庫の一つで、重建懐徳堂最後の教授であった吉田鋭雄《はやお》氏の旧蔵書。吉田氏の号である「北山《ほくざん》」にちなんで「北山文庫《ほくざんぶんこ》」と呼ばれる。没後、昭和三十一年（一九五六）に吉田氏の嗣子である吉田晋氏より、漢籍ほか約四千冊が大阪大学に寄贈された。さらに、昭和五十四年（一九七九）には、残りの和書や自筆抄本、および近代の研究書などが追加で寄贈されている。詳しい経緯については、木村英一「懐徳堂先賢の業績と遺品との蒐集・整理・保存に関する近況について」（『懐徳』第五十号、一九八〇年）、竹腰礼子「大阪大学懐徳堂文庫のなりたちと蒐集の経緯」（『懐徳』第七十号、二〇〇二年）を参照。なお、『懐徳堂文庫図書目録』に記載されているのは第一次北山文庫のみである。追加寄贈分の第二次北山文庫に関しては、井上了「大阪大学付属図書館蔵「北山文庫続」暫定目録」（『懐徳堂センター報２００４』、二〇〇四年）に一覧リストが掲載されている。

新田文庫（にったぶんこ）

　大阪大学所蔵の懐徳堂文庫を構成する文庫の一つ。昭和五十四年（一九七九）、中井木菟麻呂《つぐまろ》の妹 終子《しゅうこ》（昭和三十年没）の養女に当たる新田和子《かずこ》所蔵の中井家関係資料約千六百点が大阪大学懐徳堂文庫に寄贈され、これを「新田文庫」と称する（第一次新田文庫）。その後、昭和五十八年（一九八三）にも、印章・文房具・扁額・書簡など約二千余点の寄贈があり、懐徳堂の歴代教授を務めた中井家関係資料が格段に充実することとなった（第二次新田文庫）。内容の紹介が加地伸行「懐徳堂物語（二）」および「新資料中井家資料（旧新田文庫）」としていずれも『懐徳』第五十二号に掲載されている。なお、第一次新田文庫に関しては、池田光子「第一次新田文庫暫定目録」（『懐徳堂センター報２００４』、二〇〇四年）、同「第一次新田文庫暫定目録（続）」（『懐徳堂センター報２００５』、二〇〇五年）に一覧リストが掲載されている。

三木家所蔵懐徳堂関連資料（みきけしょぞうかいとくどうかんれんしりょう）

　播磨国辻川（兵庫県福崎町西田原辻川）の三木家に伝わる膨大な資料の中の、懐徳堂に関係する資料群。三木家は辻川の大庄屋であり、一時は山崎の大庄屋も兼務していたほどの、姫路藩きっての名家であった。幼少時の柳田国男が預けられ、この三木家での生活が後の民俗学に大きな影響を与えたとされている。

　三木家は好学の家系であり、六代当主の通明《つうめい》（一七八二〜一八四四）は十一歳で中井竹山に学び、七代当主の通深《つうしん》（一八二四〜一八五七）も十五歳で中井碩果《せきか》に入門し、後に並河寒泉や、昌平黌の林檉宇《はやしていう》らに学んでいる。

　本資料群は、平成十六年（二〇〇四）九月より平成十九年（二〇〇七）八月まで、大阪大学文学部懐徳堂センター（現懐徳堂研究センター）に寄託され、調査が行われた。懐徳堂独自の訓読方法である懐徳堂点に関する凡例を示す資料や、中井蕉園の漢詩を織りまぜた紀行文『騮碧囊《りゅうへきのう》』に倣い、通深が伊勢詣でを記録した『華布囊』、また林《はやし》鵞峰《がほう》讃の画などの貴重な資料など、詳細は『三木家寄託資料調査報告書』（懐徳堂研究センター、二〇一〇年）にまとめられている。

懐徳堂文庫復刻叢書（かいとくどうぶんこふっこくそうしょ）

　大阪大学懐徳堂文庫が所蔵する懐徳堂の名著を影印復刻したシリーズ。大阪大学懐徳堂文庫復刻刊行会監修、懐徳堂・友の会（『周易雕題』以降は懐徳堂記念会）発行、吉川弘文館発売。懐徳堂関係資料の中でも特に貴重な名著について、各々全文を写真撮影して掲載し、さらに巻末に詳細な解題を加えている。懐徳堂資料は大阪大学附属図書館の貴重図書室に収められており、その公開を望む声が高かった。本シリーズはそれに応えるもので、昭和六十三年（一九八八）以降、ほぼ毎年一冊のペースで次の書が刊行された。

・『非徴』（懐徳堂第四代学主中井竹山による荻生徂徠『論語徴』反駁の書）
・『非物篇』（五井蘭洲著、中井竹山校訂。徂徠批判の先駆的著作）
・『華胥国物語』（懐徳堂学派を代表する経学家中井履軒の経世論と科学書を網羅。宇宙図・人体解剖図をカラーで収録）
・『史記雕題』（上・中・下三冊、中井履軒が和刻本『増補史記評林』の欄外に注釈を書き入れた『史記』研究書）
・『中庸雕題』（懐徳堂学派の創見である「中庸錯簡説」に基づいて、中井履軒が独自の『中庸』テキストを作成し、注釈を加えたもの）
・『詩雕題』（『詩経』に中井履軒が注釈を施したもの。篇次を改定し、朱子学的『詩経』解釈を批判している）
・『論語雕題』（懐徳堂経学の達成点を示す履軒の『論語』解釈。荻生徂徠とは異なる方向からの朱子学批判を示す）
・『周易雕題』（和刻本『周易本義』の欄外に履軒が精密な注釈を書き入れたもの）
・『荘子雕題』（『荘子』の異端性を肯定的に評価し、江戸期の老荘学史上に独自の位置を占める）
・『孟子雕題』（中井履軒が『孟子』について、朱子学本来の性善説理解と異なる解釈を示しており、伊藤仁斎の所説を批判的に継承したもの）

懐徳堂古典講座（かいとくどうこてんこうざ）

懐徳堂記念会が主催する公開講座。主として和漢の古典を講読する。大正時代に再建された重建懐徳堂では、漢籍を中心に古典を講読していたが、昭和二十年（一九四五）の空襲による学舎の焼失により、重建懐徳堂の受講生（堂友会会員）は長く古典を読む機会を失うこととなった。こうした状況を打開するため、年間を通して古典講座が開講されることとなり、昭和五十八年（一九八三）に第一回として『論語』（加地伸行担当）が開講された。第二回からは徐々に規模を拡大し、和漢の古典、さらには近現代のテキストにも対象を広げている。また、講師陣も大阪大学文学部の教員を中心に広く全国の専門家を招聘し、平成二十八年（二〇一六）度現在、計七講座が通年で開講されている。

春秋記念講座（しゅんじゅうきねんこうざ）

懐徳堂記念会が主催する公開講座。戦後、懐徳堂記念会が大阪大学に蔵書を一括して寄贈したのを記念して開始された。毎年、春季と秋季にテーマを設定して連続講演を開催する。第一回は、昭和二十六年（一九五一）五月、大阪大学医学部第二講堂を会場として開講され、講師陣と演題は、木村英一「漢字文化の過去と現在」、貝塚茂樹「アメリカ人の見た孔子」、武内義雄「儒教の道徳とその将来」、神田喜一郎「懐徳堂の文芸」、渡辺幸三「大阪を中心としてみた儒医」、吉川幸次郎「杜甫の文学」という錚々たるものであった。その後も、テーマは和漢の古典や歴史に関するものが多く、春季・秋季とも、月曜日から金曜日まで五人の講師が担当する形態が長く続いたが、昭和五十七年（一九八二）五月の第六十三回からは、「大阪の歴史と人物」「中国の文化と日本」などの共通テーマを設定しての連続講演となり、また、現代的なテーマも積極的に取り入れるようになった。なお、平成十年（一九九八）十一月の第九十六回からは、春季・秋季とも、金曜日を開講せず、月曜日から木曜日まで四人の講師による開講となり、現在は原則、三日間（三名の講師）での開講となっている。

懐徳堂ライブラリー（かいとくどうらいぶらりー）

懐徳堂記念会が編集・刊行する文化叢書。テーマは懐徳堂記念講座での講演をもとにし、各々のテーマの下に五～六名程度の筆者が執筆している。これまでに刊行されたのは、『道と巡礼―心を旅するひとびと』（一九九三年）、『批評の現在―哲学・文学・演劇・音楽・美術』（一九九九年）、『異邦人の見た近代日本』（一九九九年）、『生と死の文化史』（二〇〇一年）、『中国四大奇書の世界――『西遊記』『三国志演義』『水滸伝』『金瓶梅』を語る』（二〇〇三年）、『〈日本文化〉紹介の先駆者たち』（二〇一一年）などである。

懐徳堂特別講演会（かいとくどうとくべつこうえんかい）

財団法人懐徳堂記念会が主催する特別講演会。第一回は、平成十一年（一九九九）十一月十二日、千里阪急ホテルにおいて大阪大学文学研究科との共催で行われた。田辺聖子氏の特別講演「大阪と川柳」、および懐徳堂資料を中心とした資料展示ならびに懇親会が行われた。また第二回は、同じく大阪大学文学研究科との共催で、平成十二年（二〇〇〇）十一月十七日、大阪大学豊中キャンパスを会場に、加藤周一氏の特別講演「山片蟠桃と現代」が行われた。いずれも二百人を越える盛況であった。

懐徳堂記念会の九十年（かいとくどうきねんかいのきゅうじゅうねん）

財団法人懐徳堂記念会の創立九十周年を記念して刊行

された冊子。平成十一年（一九九九）十一月刊。非売品。旧懐徳堂は明治二年（一八六九）に閉校したが、明治の終わり頃から復興を求める動きが顕著となった。明治四十四年（一九一一）、朝日新聞記者の西村天囚らの提唱により、旧懐徳堂の儒者たちを顕彰する記念式典が中之島公会堂において挙行された。この運動の母体となったのが、その前年に設立された懐徳堂記念会（会頭・住友吉左衛門）であり、同会は大正二年（一九一三）、財団法人の認可を受け、以後、懐徳堂を顕彰する各種事業を展開して今日に至っている。この冊子は、懐徳堂記念会が創立九十年を迎えるのに際して、同会の歴史と事業内容を記録したものである。内容は、「懐徳堂記念会の沿革」「懐徳堂記念会事業の概要」「懐徳堂の思い出を語る」の三部から成る。懐徳堂記念会の歴史を知るための貴重な資料集である。

平成の懐徳堂展（へいせいのかいとくどうてん）

平成二十二年（二〇一〇）十月二十七日から十二月二十日にかけての約二ヶ月間、大阪歴史博物館八階特集展示室で開催された懐徳堂資料の展示会。懐徳堂記念会の創立百周年記念事業の一環として、大阪大学・大阪歴史博物館・財団法人懐徳堂記念会の共催で開催。展示コーナーは、「1　草創期の懐徳堂」、「2　懐徳堂の展開と終焉」、「3　よみがえる懐徳堂資料」、「4　懐徳堂の復興と現在」の4ブースに分かれ、江戸時代の懐徳堂の創設から近現代における活動まで、約三百年にわたる懐徳堂の歴史を懐徳堂の貴重資料とともに紹介。懐徳堂を代表する貴重資料である「懐徳堂幅」・「入徳門聯」・「木製天図」はもとより、新たに修復を終えた谷文晁《たにぶんちょう》「帰馬《きば》放牛図《ほうぎゅうず》」なども展示された。期間中の懐徳堂展を含む常設展の入場者数は、三万八千四百二十五人（一日あたり約八百人）。展示資料の詳細については、『懐徳堂展展示資料目録』（財団法人懐徳堂記念会・大阪大学大学院文学研究科懐徳堂研究センター、二〇一〇年）を参照。

懐徳堂研究（かいとくどうけんきゅう）（雑誌）

大阪大学懐徳堂研究センターが定期刊行する学術雑誌。懐徳堂やその周辺領域に関する論考、および懐徳堂研究センターの活動に関する論考を掲載している。平成二十一年（二〇〇九）、「懐徳堂センター」が改組され、新たに研究に重点を置いた「懐徳堂研究センター」が発足。これに伴い、旧センターの機関誌『懐徳堂センター報』（二〇〇四年から二〇〇九年まで年一回の刊行）も、より研究を全面に打ち出した『懐徳堂研究』という名称に改められ、刊行されることとなった。平成二十三年（二〇一一）の創刊より、年一回の刊行。平成二十八年（二〇一六）四月現在、第七号までが刊行されている。本誌は関係機関や研究者を中心に配布されるほか、刊行一年後からは大阪大学機関リポジトリ「ＯＵＫＡ」（http://ir.library.osaka-u.ac.jp/dspace/）上でも電子ファイルを閲覧することができる。

ＷＥＢ懐徳堂（うぇぶかいとくどう）

懐徳堂研究センターが管理・運営する懐徳堂研究の総合サイト（http://kaitokudo.jp/）。ＷＥＢ上において多様なデジタルコンテンツを用いながら、懐徳堂貴重資料（書籍・器物・その他）を公開している。平成二十八年（二〇一六）現在、閲覧可能なコンテンツは以下の通り。

【総合】「懐徳堂文庫データベース」「懐徳堂文庫電子図書目録」

【器物類】「聖賢扇《せいけんおうぎ》」「木製天図シミュレーション」「絵《え》図屏風《ずびょうぶ》展示《てんじ》」「画本《がほん》大阪《おおさか》新繁昌《しんはんじょう》詩《し》版木《はんぎ》」「懐徳堂印―中井竹山編」「懐徳堂印―中井履軒編」「印章展示」

【日記・書簡・写真】「西村《にしむら》天囚《てんしゅう》書簡《しょかん》」「中井《なかい》終子《しゅうこ》日記」「中井終子関係写真」

【書籍類】「越俎弄筆《えっそろうひつ》」「左九羅帖《さくらじょう》」「懐徳堂四書《かいとくどうししょ》」「論語《ろんご》聞書《ききがき》」「懐徳堂考」

【その他】「ＣＧ懐徳堂ＷＥＢ版」「新建懐徳堂（懐徳堂の紹介と資料解説）」

年度ごとに数種の新コンテンツが追加されており、今後、懐徳堂資料の総合データベースとしての役割が期待される。

バーチャル懐徳堂（ばーちゃるかいとくどう）

平成十三年（二〇〇一）五月五～六日、大阪大学創立七十周年記念事業の一環として大阪国際会議場で公開された懐徳堂デジタルコンテンツ。江戸時代の旧懐徳堂は、明治二年（一八六九）に閉校となり、大正時代に再建された重建懐徳堂も、昭和二十年（一九四五）の空襲で焼失し、学舎はその後再建されていない。この事業では、江戸時代の旧懐徳堂の平面図や回想録を基に、コンピュータグラフィックスで、玄関・式台・東房・講堂・鞘の間という学舎の主要部分を三Ｄ空間に再現した。閲覧者はマウス操作によってこの空間内を自由に体験できる。また、バーチャル懐徳堂は懐徳堂データベースともリンクしている。空間内に配置された器物のほとんどは、大阪大学に現存する貴重資料であり、これをマウスでクリックすると貴重資料のデータベースが展開し、その解説を閲覧することができる。

懐徳とバーチャル懐徳堂（かいとくとばーちゃるかいとくどう）

　昭和六年（一九三一）刊行の『懐徳』第九号には、旧懐徳堂に関する貴重な資料が掲載されている。中井終子「安政《あんせい》以後の大阪学校」および「旧懐徳堂平面図」がそれである。中井竹山・履軒の曾孫に当たる中井木菟麻呂《つぐまろ》（一八五五～一九四三）が幼時の記憶を辿《たど》って語った内容を、木菟麻呂の妹の終子が記述したものである。時代を「安政（一八五四～一八五九）以後」と江戸末期に限定するのは、木菟麻呂自身の幼少時の記憶に基づく内容を記述するためであったという。また、「学校」と記されているのは、中井竹山の頃より、懐徳堂が一般には「大阪学校」あるいは「学校」と呼ばれて親しまれていたことによるという。「安政以後の大阪学校」は全十七節からなり、「近代懐徳堂の構造」「懐徳堂の園庭」「教授及び学校預り人の事」「懐徳堂の授業ぶり」「講筵及び輪講」「授業料及会費の事」など、懐徳堂学舎の構造と教育・運営の実態を伝える貴重な資料となっている。この内、懐徳堂学舎の構造を記した部分は、「旧懐徳堂平面図」とともに、大阪大学創立七十周年記念事業の一環として公開されたバーチャル懐徳堂構築の重要な資料となった。

　これによれば、懐徳堂は現在の今橋通りに面して「表口十一間半（約二十メートル）、奥行二十間（約三十六メートル）」の建物であり、正門を入り、漆喰で固めた通路を約十メートル進むと玄関に至る。「玄関の式台は四畳ほどで、懐徳堂と書いた刻額が鴨居の上に掲げて」あった。「玄関は六畳敷で、正面に一間半の押入（向かって右方）と半間の板敷（左方）とがあり、そこに書台と称した小机が二十余も重ねて」あった。その上には、「講釈日、輪講日、詩文会の定日を示した額」が懸かっていた。受講生はこれを見て、講義情報などを確認し、各自「小机」を持って講堂に向かったのである。

　玄関の西（左手）には「七畳半」ほどの「東房《とうぼう》」があり、その南寄りには「大衝立」が置かれ、玄関に面した裏面は「虎の墨画」、その前に刀掛が置かれ、講堂に面した表面には「読聖賢書、立修斉志、存忠孝心、行仁義事」という朱文公大書の拓本が張られ、懐徳堂の象徴となっていた。この東房を経て講堂に入る。

　講堂は、東房の西隣に位置し、襖の上の欄間には「網形の透かし彫りの中に宋六君子図」がはめこんであり、天井は『孟子』の「井田（せいでん：孟子が理想とした土地制度）」にちなんで「井の字形」。「向かって正面（北）は一間半の広い床の間で、右手の床脇が一間、袋棚と違棚」。「床の間には通常文天祥《ぶんてんしょう》の墨本忠孝の大幅」が懸けられていた。また、講堂南面の二つの柱には、中井竹山の揮毫《きごう》による「經術心之準縄、文章道之羽翼」の聯（堂聯）が掲げられていた。この講堂は「十五畳」の広さであったが、多くの受講生を収容する際には、襖を取り外し、玄関・東房・講堂と続く約三十畳の大広間に展開した。

こうした記述を基に、バーチャル懐徳堂では、外観・式台・玄関・東房・講堂という学舎の主要部分がコンピユータグラフィックスによって再現された。また、このバーチャル空間内は、閲覧者が自由に探索（ウォークスルー）でき、さらに、大阪大学懐徳堂文庫資料として現存する資料については、懐徳堂データベースにリンクし、その詳細説明を閲覧することができる。このように、バーチャル懐徳堂は、『懐徳』第九号所載の文字資料・平面図としての懐徳堂を、新たに三次元空間に再現したのである。

懐徳堂データベース（かいとくどうでーたべーす）

大阪大学創立七十周年記念事業の一環として作成された懐徳堂関係貴重資料のデータベース。大正時代に再建された重建懐徳堂にちなみ、「新建懐徳堂」と命名されている。コンテンツは、初学者を対象とした「懐徳堂入門」「懐徳堂年表」、中級者~上級者を対象としたデータベースの根幹「懐徳堂文庫」「懐徳堂事典」「懐徳堂と中国古典の世界」、研究者を対象とした「懐徳堂研究」などから成る。貴重資料の実見調査・解題執筆という伝統的研究手法と最新のマルチメディア技術とが出会う所に完成した。ハイパーテキストで作成されており、特に資料の解題、事典、年表は密接にリンクしている。また、このデータベースはバーチャル懐徳堂ともリンクしており、バーチャル空間内に配置された器物のほとんどはこのデータベースに接続している。貴重資料は、全てカラーのデジタル画像、解題付きで紹介されており、平成十三年（二〇〇一）五月の記念式典の段階で総点数は百十四点、その後もデータベースの拡充が続けられており、その成果はすべて「ＷＥＢ懐徳堂」で公開されている。

論孟首章講義全文テキストデータ（ろんもうしゅしょうこうぎぜんぶんてきすとでーた）

懐徳堂データベースに収録されたデジタルコンテンツ。大阪大学創立七十周年記念事業の一環として作成された懐徳堂データベースには、入門者から上級者までを想定した各種コンテンツが収録されたが、その内、研究者を主な閲覧対象者として構成されたものの一つである。内容は、懐徳堂初代学主三宅石庵の講義録『万年先生論孟首章講義』について、その全文テキストデータおよび現代語訳・解説をカラーのデジタル画像とともに提供するものである。

天楽楼書籍遺蔵目録全文テキストデータ（てんらくろうしょせきいぞうもくろくぜんぶんてきすとでーた）

懐徳堂データベースに収録されたデジタルコンテンツ。中井履軒が懐徳堂を離れて開いた私塾水哉館《すいさいかん》の蔵書目録『天楽楼書籍遺蔵目録』の全文テキストデータと解説を、カラーのデジタル画像とともに提供するものである。研究者を主な閲覧対象者として構成され、詳細な書誌情報も付されている。履軒の蔵書と著述の具体的状況を知りうる貴重な資料である。

懐徳堂学派の論語注釈（かいとくどうがくはのろんごちゅうしゃく）

懐徳堂データベースに収録されたデジタルコンテンツ。懐徳堂文庫に残されている主要な『論語』注釈を対象とし、その特定の章を比較対照することによって、懐徳堂学派の『論語』注釈が形成されて行く過程、および懐徳堂の思想的立場を具体的に明らかにしようとしている。対象とした章は、『論語』泰伯篇《たいはくへん》曾子《そうし》有疾《ゆうしつ》章、検討対象としたテキストは、三宅石庵・五井持軒の『論語聞書《ききがき》』、井狩雪渓《いかりせっけい》の『論語徴駁《ちょうばく》』五井蘭洲《ごいらんしゅう》の『非物篇《ひぶつへん》』、中井竹山の『非徴《ひちょう》』、中井履軒の『論語雕題《ちょうだい》』『論語雕題略』『論語逢原《ほうげん》』の該当部分であり、また、これらの注釈の前提として、古注（『論語集解』）・新注（『論語集註』）の該当部分についてもテキスト化している。この試みは、『論語』の特定の章を集中的に検討するとの意味で、「定《てい》点観測《てんかんそく》」と仮称され、実際の画面でも、「定点観測ボタン」をクリックすると各テキストの画像・翻刻・現代語訳・解説・書誌解題ボタンが提示され、閲覧者が自由にボタンを選ぶことができるようになっている。

重建懐徳堂復元模型（ちょうけんかいとくどうふくげんもけい）

外観寸法（㎝）一二〇・〇×九〇・〇
（講堂・門・敷地・外壁を含む）
アクリルケース寸法（㎝）一二三・〇×九三・〇×四三・〇
（以上は五十分の一スケールの寸法）
主材質　硬質紙・モデルボード・プラスチック・木

平成十七年（二〇〇五）に制作された重建懐徳堂の復元模型。大正五年（一九一六）に再建された重建懐徳堂は、昭和二十年の大阪大空襲で焼失した。しかし、平成十二年度から始められた懐徳堂資料の総合調査により、重建懐徳堂の詳細な設計図面（青焼き）が残されていることが判明した。そこで重建懐徳堂の設計・施工にあたった竹中工務店と大阪大学の交渉の結果、同図面を用いて作成された五十分の一スケールの復元模型が一基、百分の一スケールの模型が二基、竹中工務店から大阪大学に寄贈されることとなった。模型はいずれも講堂、事務所棟、書庫・研究室棟を備えた精巧な作りとなっている。現在、五十分の一スケールの復元模型は文学研究科の玄関に、百分の一スケールの復元模型は大阪大学総合学術博物館と中之島センターに展示されている。

懐徳堂アーカイブ　懐徳堂の歴史を読む（かいとくどうあーかいぶ　かいとくどうのれきしをよむ）

平成十五年（二〇〇三）に開催された、大阪大学懐徳堂文庫を公開し、貴重資料やデジタルコンテンツを展示解説する「アーカイブ講座」の成果を受け、アーカイブという観点から懐徳堂の歴史とその魅力をまとめたもの。湯浅邦弘・竹田健二編著、大阪大学出版会発行。平成十七年（二〇〇五）三月刊。前半では、それまで注目されていなかった『懐徳堂紀年』の内容を解説しながら懐徳堂の大事件を順次とりあげ、また明治期の懐徳堂記念会設立から現在に至るまでの流れを紹介している。後半では、懐徳堂の主要人物や主要資料を解説し、また質問されることの多い事項を問答集としてまとめるなど、懐徳堂を知るための諸情報を記している。

「見る科学」の歴史―懐徳堂・中井履軒の目―（みるかがくのれきし）

平成十八年（二〇〇六）に大阪大学総合学術博物館で開催された〈「みる科学」の歴史―懐徳堂・中井履軒から超高圧電子顕微鏡まで〉展に際して、その手引き書として編集されたもの。大阪大学総合学術博物館編、大阪大学出版会発行。同年十月刊。対象を可能なかぎり自分の目で見つめ、考察し、その結果を単に文章として残すだけではなく、自らの手でモデルや絵画を制作して表現している、というところに中井履軒の学問姿勢のユニークな点を見出し、それが窺える資料を懐徳堂研究の視点からばかりではなく、日本美術史や科学技術史などの異なる視点から考察することを主眼としている。なお、採り上げられた資料（すなわち展示された資料）は次のものである。「中井履軒像」、「懐徳堂額字」、『左久羅帖《さくらじょう》』、『画觿《えくじり》』、『越俎弄筆《えっそろうひつ》』、『越俎載筆《えっそさいひつ》』、「天図（紙製）」、「天図（木製）」、「方図」、「天体図解」、「江戸時代の顕微鏡」、「顕微鏡記（定本）」、「顕微鏡記（稿本）」、「象紐《ぞうちゅう》の印」、「博山香炉《はくざんこうろ》」、「青貝印匣《あおがいいんこう》」、「螺鈿算盤《らでんそろばん》」。

懐徳堂研究（かいとくどうけんきゅう）（研究書）

最新の懐徳堂研究の成果をまとめた論集。湯浅邦弘編著。十三名の共著。平成十九年（二〇〇七）、汲古書院より刊行。全体は、ほぼ懐徳堂の歴史に沿って、「懐徳堂通史」「初期懐徳堂」「中井竹山」「中井履軒」「幕末の懐徳堂」「明治・大正の懐徳堂」の六部に大別され、合計二十一本の論考が収録されている。

従来の懐徳堂研究は、中井竹山・履軒兄弟を中心とし、また朱子学という観点から進められてきたが、本書ではそれに加えて、書論や宇宙論、また懐徳堂の歴史に関する様々な論考も収録されている。懐徳堂の思想的・学問的特質を広い視野から解明しようとする点に特色がある。また、これまで十分な研究対象とされることのなかった明治・大正期の懐徳堂についても考察を加えている。懐徳堂研究の初の総合的成果として、重要な意義を持つ。

阪大リーブル（はんだいりーぶる）

大阪大学出版会が刊行している選書サイズのシリーズ。中でも、懐徳堂に関するものを特に「懐徳堂シリーズ」と呼んでいる。現在、懐徳堂関係書で刊行済みのものは、湯浅邦弘『墨の道　印の宇宙　懐徳堂の美と学問』（阪大リーブル9）、湯浅邦弘編著『江戸時代の親孝行』（阪大リーブル10）、竹田健二『市民大学の誕生　大坂学問所懐徳堂の再興』（阪大リーブル20）、岸田知子『漢学と洋学　伝統と新知識のはざまで』（阪大リーブル24）、奥平俊六編著『懐徳堂ゆかりの絵画』（阪大リーブル33）の五冊。

『墨の道　印の宇宙』は、「墨」と「印章」という、これまでの懐徳堂研究では取り上げられなかったテーマから懐徳堂の美と学問の特質に迫る。『江戸時代の親孝行』は四名の共著で、「孝」という観点から懐徳堂の思想的特質を明らかにする。『市民大学の誕生』は明治・大正期における懐徳堂顕彰活動に焦点を当て、重建懐徳堂誕生時期の懐徳堂の実態を解明する。『漢学と洋学』は、漢学者に西洋の学問がどのように受容されたのかという観点から、伝統と新知識のはざまで揺れる知識人について論ずる。『懐徳堂ゆかりの絵画』は、懐徳堂文庫に多数収蔵される絵画類を取り上げ、美術史の観点から懐徳堂の特質について論究する。いずれの書も、これまでにない斬新な視点を持つ研究であり、懐徳堂研究の新たな展開を示すシリーズである。

懐徳堂記念会百年誌1910〜2010（かいとくどうきねんかいひゃくねんし）

懐徳堂記念会の創立百周年を記念して刊行された冊子。平成二十二年（二〇一〇）十一月刊。非売品。本誌は一九九九年に刊行された『懐徳堂記念会の九十年』を承けるもので、内容は「懐徳堂記念会百年のあゆみ」「懐徳堂記念会のいま」「懐徳堂記念会の未来に向けて」の三部より成る。第一部「懐徳堂記念会百年のあゆみ」では、主に懐徳堂や懐徳堂記念会の沿革が述べられ、関連史跡情報や西村天囚の書簡・中井木菟麻呂の日記など、一部の関連資料についても紹介されている。続く第二部

「懐徳堂記念会のいま」では、講座活動や出版活動・研究活動など、懐徳堂記念会が現在、精力的に行っている事業について示され、また第三部「懐徳堂記念会の未来に向けて」では、今後の懐徳堂記念会に求められる活動や事業に関して、ゲストスピーカーを招いて話し合った座談会の様子や、今後の課題・期待について記された寄稿文などが掲載されている。

儒蔵本懐徳堂四書（じゅぞうぼんかいとくどうししょ）

北京大学を中心とする中国の国家プロジェクト「儒蔵」に収録された懐徳堂文庫所蔵の「四書」。内訳は、『大学雑議』『中庸逢原』『論語逢原』『孟子逢原』で、いずれも懐徳堂学派の代表である中井履軒の著。

「儒蔵」は、道教の「道蔵」や仏教の「大蔵経」に匹敵する、儒教関係の一大叢書となるべく企画されたものである。中国だけではなく、日本・韓国・ベトナムの漢籍も収録される。平成十九年（二〇〇七）、北京大学の「儒蔵」編纂中心の依頼を受け、「儒蔵」日本編纂委員会が発足。その際、懐徳堂四書も候補とされ、大阪大学中国哲学研究室の湯浅邦弘が編纂委員として指名され、編纂作業にあたることとなった。その後、阪大中国哲学研究室関係者十数名が「懐徳堂班」を組織し、原稿執筆に当たった。具体的には、各書について「校点説明」を記した後、『日本名家四書注釈全書』（東洋図書刊行会、一九二二年）所収テキストを底本とし、履軒の自筆稿本を参考として、校点を打ち、校注を付ける、という作業を進めた。平成二十七年（二〇一五）、全原稿が完成した。

これらの詳細については、久米裕子「「儒蔵」校点作業報告―懐徳堂班の場合―」（『中国研究集刊』第四十九号、二〇〇九年）、湯浅邦弘「蘇る懐徳堂四書―「儒蔵」編纂事業について」（『懐徳堂センター報２００９』、二〇〇九年）参照。

懐徳堂研究会（かいとくどうけんきゅうかい）

懐徳堂と重建懐徳堂に関する研究を目的とした組織。平成十二年（二〇〇〇）四月、大阪大学大学院文学研究科中国哲学研究室を事務局として創設された。創立以来、研究会や講演会、シンポジウムなどを積極的に開催している。また、本研究会の主要メンバーにより、『懐徳堂文庫の研究』（大阪大学大学院文学研究科、二〇〇三年）、『懐徳堂文庫の研究二〇〇五』（大阪大学大学院文学研究科、二〇〇五年）、『懐徳堂の歴史を読む』（大阪大学出版会、二〇〇五年）、『懐徳堂研究』（汲古書院、二〇〇七年）といった成果をこれまで刊行してきている。

平成二十五年度（二〇〇三）からは、日本学術振興会の科研費を得て、基盤研究Ｂ「懐徳堂の総合的研究」（代表者は竹田健二）を推進し、その活動に拍車がかかった。また、中国の北京大学が進めている「儒蔵」編纂事業にも参画している。さらに、懐徳堂貴重資料のデジタルアーカイブ化にも積極的に取り組み、その成果を、「ＷＥＢ懐徳堂」で公開している。

なお、平成二十七年（二〇一五）に懐徳堂研究会のホームページ（http://www.let.osaka-u.ac.jp/~kaitoku-s/）を公開し、そこでは、研究会の沿革や活動記録、メンバーの業績が紹介されている。平成二十八年（二〇一六）現在、研究会メンバーは十七名である。

第6章——懐徳堂文庫関係書誌情報

「力学修己立言治人」印

懐徳堂文庫所蔵資料を閲覧するに際しては、書誌《しょし》に関する基礎知識を要する。書物の編著者・筆写・印刷・材料・体裁・成立・伝来などの諸情報に関する学を書誌学という。懐徳堂文庫の書籍は、内容の上から漢籍と国書とに大別され、形態の上から線装《せんそう》本《ぼん》、巻子本《かんすぼん》、折本《おりほん》などにわかれる。また、版本と抄本の区別は無論のこと、版本については版式の知識も必要となる。本章では、懐徳堂文庫に関わる書誌学の基礎項目を五十音順で解説する。

異体字（いたいじ）

標準的な字体を正字というのに対して、標準的ではないとされる字体のこと。異体字と正字とは、字体の上では異なるものの、発音あるいは意味についてはまったく同一である。漢字の総数は五万から六万、あるいは八万とも言われるが、その中にはこの異体字が相当数含まれている。異体字を整理したものとしては、唐代に顔元孫《がんげんそん》の著した『干禄字書《かんろくじしょ》』が有名で、そこでは、標準的な字体である「正字」、世間で一般的に用いられる「俗字」、さらに通用するものとして許容される字体である「通字」の区別が示された。

印・落款（いん　らっかん）

印影のこと。その本が作り上げられた段階で、版本の題簽や見返し、序・跋《ばつ》、巻末や奥付に各種の印がある場合がある。見返しには魁星印《かいせいいん》（文運を司る星の形の印）や版元印・蔵版者印、序・跋には関防印《かんぼういん》（書画の右肩に押す印）や姓氏字号印、巻末や奥付には版元印・蔵版者印と、印が押される所はほぼ一定である。また書画が完成した際、作品に姓名字号、年月、識語、詩文などを記して自作であることを示すが、その時に落款印を押すことから、画譜の場合には各面に落款印があることが多い。この他に、その本の所蔵者や旧蔵者が押した蔵書印がある。

懐徳堂文庫所蔵の印として著名なのは、混沌社社友の葛子琴（一七三九～一七八四）によって作成された中井竹山の印で、「子慶氏《しけいし》」印《いん》、「積善印信《せきぜんいんしん》」印《いん》と篆刻されている（子慶は竹山の字、積善は竹山の名）。また、中井蕉園の備忘録『雕蟲自為《ちょうちゅうじい》』には、印記の図案が記されている。旧懐徳堂先賢の代表的な印は、『懐徳堂印存《かいとくどういんぞん》』にまとめられている。

その他、懐徳堂文庫所蔵文献の内、中井木菟麻呂《つぐまろ》が重建懐徳堂に寄進したものについては、「天生寄進」の印、西村天囚旧蔵書で後に遺族から重建懐徳堂に寄贈されたものについては「碩園《せきえん》記念文庫」の印（碩園は天囚の号）、同じく天囚が筆写して旧蔵していたものについては、「碩園鈔蔵《しょうぞう》」の印が見られ、さらに戦後、懐徳堂文庫が一括して大阪大学に寄贈され、附属図書館の所蔵となった段階で、「大阪大学図書之印」が押印された。

院本（いんぽん）

もともと中国で金・元・明代に行われた演劇の一種、およびその脚本を指す。行院本の略で、行院とは、金代、俳優が演じた場所あるいは俳優のことを指す。転じて、日本では浄瑠璃の作品の版本を院本という。丸本《まるほん》ともいうが、本来丸本は義太夫節の作品の全段を収載したものを指し、他の流派では正本《しょうほん》と呼んだ。また、一段のみを抜き出したものは床本《ゆかほん》と呼ぶ。

西村天囚『懐徳堂考』は、日本文学史上における大阪文学の意義について、「蓋し大阪文学は、和漢学を初め、院本、小説、俳諧、狂歌等、其の門頗る多くして、又各々特色あり勢力あり」と説いた。

影印本（えいいんぽん）

原本を写真で複製して印刷した本。景印本《えいいんぼん》とも表記する。覆刻本の原本が主として刊本であるのに対して、影印の原本は写本・刊本を問わない。また、覆刻本は原本を概ね原寸通りに複製するのに対して、影印本は、縮小されることも多い。懐徳堂文庫所蔵の貴重書の内、『非物篇』『非徴』『華胥国物語』など約十種が、影印本（原本を写真撮影により縮小印刷）として懐徳堂記念会から刊行されている。

折本（おりほん）

横長の文書などを一定の寸法にジャバラ状に折り込み、前後に表紙をつけた本。巻子本《かんすぼん》が、いちいち広げたり巻き戻したりという不便さを抱えるのに対して、折本には、そうした作業の不便さはなく、その形態は、巻子本と線装本との中間に位置すると言える。法帖（習字の手本を集めた本）にこの形態が多かったことから、帖装《じょうそう》本《ぼん》、法帖仕立《ほうじょうじたて》などともいう。懐徳堂文庫の内、中井竹山の『蒙養篇《もうようへん》』は折本の代表例である。

懐徳堂蔵版（かいとくどうぞうばん）

懐徳堂所蔵の版木で刷った書物。中井木菟《つぐ》麻呂《まろ》が幼時の記憶をたどって記したという「旧懐徳堂平面図」（『懐徳』九号）には、内玄関を入って右手に続く長屋の奥、下男部屋の南が「学校版スリ部屋」となっており、木菟麻呂の妹・終子によれば、「逸史や通語の板木が置かれ、いつも職人が出入りして仕事をしていた」（同）という。現存する懐徳堂蔵版の内、著名なものとしては、五井蘭洲の『非物篇』、中井竹山の『非徴』、中井履軒の『華胥国物語』などがあり、また、『華胥国物語』など、その版木が残存しているものもある。

書き入れ（かきいれ）

本を購入したり借りた読者が、その本に後から書き加えた文章や符号、あるいはそれを別の人が書き写したものの総称。墨筆で書かれることが多いが、朱墨などが用いられる場合もある。また、胡粉《ごふん》を用いてもともとあった文字や符号を塗りつぶし、その上に記したものや、角《かく》筆《ひっ》を用いたものなどもある。通常、本文の上下などにある空白の部分に記されるが、紙を貼り付けて記したものもある。書き入れのある本のことを、書き入れ本という。懐徳堂文庫には、中井履軒が経書の刊本に細字で詳細な書き入れをおこなった『七経雕題』を初め、中井蕉園・中井柚園らの書き入れ本が多数残されている。

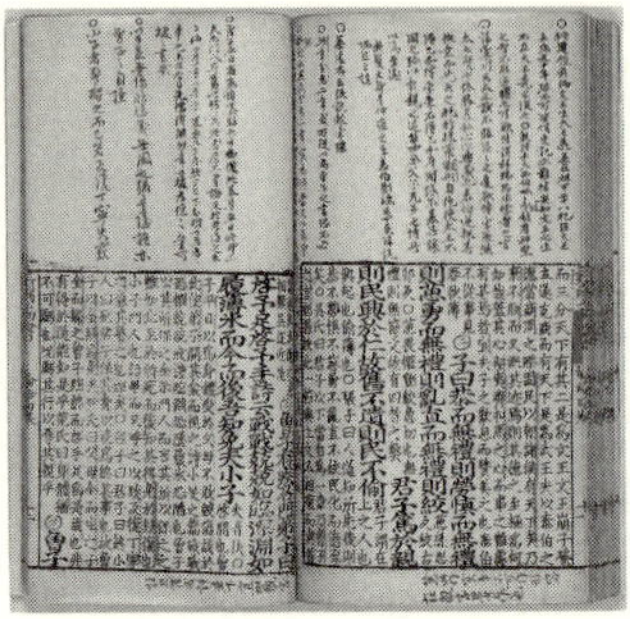
論語雕題の書き入れ

活版本（かっぱんぼん）

活字を組んで印刷した本。鉛印本《えんいんぼん》とも言う。

刊記・奥付（かんき　おくづけ）

刊本で出版の年月日や出版地、出版者などを記した部分のことを刊記という。書物の最後の部分に付されることが多い。刊記の周囲が枠で囲まれていたり、あるいは鐘や鼎などの形の中にあるものは、特に木記《もっき》と呼ばれる。また、刊記が文章として記されているものを刊語《かんご》、刊記を巻末に別丁（別葉）にして付載したものを奥付という。例えば、懐徳堂文庫の内、五井蘭洲の『瑣語』には、「明和四年丁亥三月　大阪心斎橋筋　松村九兵衛　中橋筋北久太郎町　井上丹六」との刊記が見える。なお、現在に至るまで日本の書籍の末尾に奥付が付される契機となったのは、享保七年（一七二二）に南町奉行大岡越前守によって出された御触書であるとされる。刊記の一般化に伴い、刊語は廃れていった。

巻子本（かんすぼん）

書物を巻物の形にしたもの。紙を横に長く継ぎ合わせて軸に巻き、のべ広げて読むように装丁してある。けんすぼんとも読む。中国では、紙が発明された漢代から唐代まで用いられたが、木版印刷が盛行し線装本が主流と

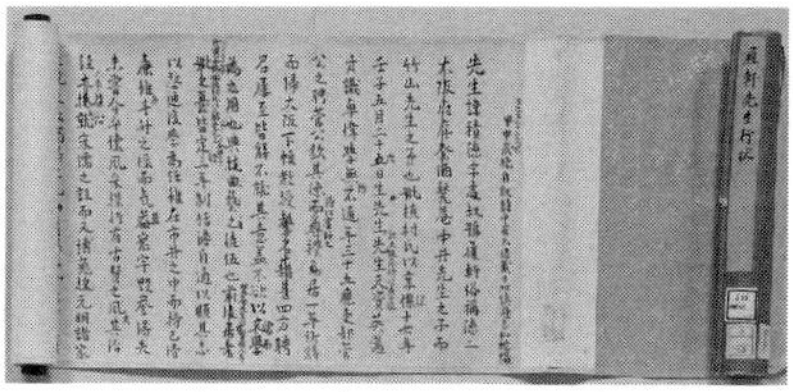

巻子本（履軒先生行状）

なった宋代以降少なくなった。日本では、江戸時代にも往々にして見られた。特に絵入りのものは絵巻物として珍重されている。懐徳堂文庫本の内、中井竹山の『中庸錯簡説』、中井履軒の『老婆心』、『履軒先生行状』などは巻子本仕立てになっている。

漢籍（かんせき）

国書（和書ともいう）と対になる語で、中国人により漢文で書かれた書籍のこと。漢書《かんしょ》、からぶみともいう。なお、本文が漢籍のままであり、日本人によって訓点が施されているだけのものなども漢籍と見なされる。ただし、本文の間に日本人の注釈が加筆され特別な書名があるものなどは、漢籍と見なされない場合があり、漢籍と国書との分類には難しい点がある。例えば、懐徳堂文庫所蔵『論孟首章講義』は、懐徳堂初代学主三宅石庵による『論語』と『孟子』の各首章についての講義を筆録したものである。『懐徳堂文庫図書目録』には、『論語』『孟子』に対する注釈という点を重視して「漢籍」に分類しているが、石庵の注釈部分が漢字片仮名交じり文で筆録されているという点では「国書」とも言える。また、五井蘭洲『非物篇』、中井竹山『非徴』は、ともに荻生徂徠に対する批判の書という点で「国書」に分類されているが、漢文で記された『論語』の注釈という点では、むしろ「漢籍」に近い。

刊本（かんぽん）

印刷されて出版された本。特に、木版印刷の本を言う場合が多い。版本、摺本《すりほん》、印本などとも言う。

匡郭（きょうかく）

版本の版面の本文の四周を囲む枠。単に枠とも言う。毎葉の上下左右が一重の枠となっているものを四周単辺《ししゅうたんぺん》、二重枠になっているものを四周双辺《ししゅうそうへん》、左右のみが二重で上下は一重枠のものを左右双辺《さゆうそうへん》と言う。二重枠（双辺）は、通常、外側が太く内側が細くなっているので、子持枠《こもちわく》、子持輪郭《こもちりんかく》などとも言う。また、匡郭に囲まれた版面の各行の縦線を罫《けい》、界《かい》、界線《かいせん》、界線があるものを有界と言い、匡郭がないものを無枠、無匡郭、界線がないものを無罫、無界などと言う。また、匡郭内の文字数は、毎半ごとに表記する。例えば、懐徳堂文庫所蔵本の内、五井蘭洲の『瑣語《さご》』の版式は、「左右双辺」「有界」「毎半葉九行、毎行二十字」、中井竹山の『社倉私議《しゃそうしぎ》』の版式は、「四周双辺」「無界」「毎半葉九行、毎行十八字～二十三字」、中井履軒が離題を書き入れた『論語集註』のテキストは「四周単辺」「無界（ただし、篇と篇との境界は有界）」「毎半葉九行、毎行十七字、注文双注十七字」である。

魚尾（ぎょび）

版心にある、魚の尾の形をしたもの（「◤◥」「◣◢」状のもの）のこと。燕尾《えんび》ともいう。さまざまな形のものがあるが、黒地のものを黒魚尾《こくぎょび》、白地のものを白魚尾《はくぎょび》という。また版本によって、魚尾がないもの、一つだけのもの（単魚尾）、二つあるもの（双魚尾）などがある。二つある場合、版心上部にあるものを上魚尾《じょうぎょび》、版心下部にあるものを下魚尾《かぎょび》といい、上魚尾と下魚尾とが同じ向きのものと、逆を向いているものとがある。現在の原稿用紙の中央部に、その名残を見ることができる。

極め書き・極め札（きわめがき　きわめふだ）

鑑定書き。ある本の内容について、その筆者・真贋などについて鑑定した一種の証明書。数行で記され、単に極《きわ》めともいう。鑑定家が乱発した場合もあり、全面的に信用することはできない。

国書・和本（こくしょ　わほん）

国書とは、漢籍と対になる語で、日本人によって書かれた書籍のことを指す。和書《わしょ》ともいう。ただし、日本人が注釈を加えたり編集をした書籍などについて、漢籍と国書との分類には難しい点がある。漢籍・国書が内容について分類したものであるのに対して、和本・唐本《とうほん》は出版が行われたところによって分類した語で、和本とは、日本で出版された和装の書籍のことを、また唐本とは、中国で出版された書籍のことを、それぞれ指す。懐徳堂文庫の書籍は、圧倒的に漢籍が多く、また貴重書も経学研究を中心とした漢籍に集中しているが、例えば、中井竹山の書牘を集めた『竹山先生国字牘』、中井履軒が理想の国の有様を流麗な仮名文で記した『華胥国物語』などは国書の代表例である。

小口書（こぐちがき）

書物の切り口（通常は下部の断面（下小口））に記された略書名や巻数など。線装本の和書や漢籍は、現在の書籍のように堅い背表紙がついた装丁ではなく、立てて保管するには不向きであったため、横に積み上げられて保管された。そのため、たとえ各書の表紙が見えなくとも、どこにどの書籍の何巻があるか判断できるように施されたのが小口書である。懐徳堂文庫における小口書の具体例としては、中井履軒撰『論語逢原』の下小口に「語　一」「語　二」などと記され、五井蘭洲撰『勢語通』の下小口に「伊　内　一」「伊　外　二」などと記述されているのが挙げられる。ただし、小口書は書写者や版元以外の者が、後に付け加えることも多かったため、誤った書誌情報が記されている可能性もあり、注意を要する。

なお、現在目にする辞書類の側面にはアルファベットや仮名索引が印字されているが、その先駆けとなる小口書の印刷は、中華民国（一九一二年）以降、行われるようになったものであると考えられている。

胡蝶装（こちょうそう）

冊子本の綴じ方の一つ。印刷面を谷折りにし、その折り目をのりで貼り合わせたもの。日本では粘葉装《でっちょうそう》ともいう。書物を開くと、ちょうど蝶の羽がひらめく様に見えることからこの名が付いたとされる。唐代末期よりおこり、宋代に広く行われた。巻子本に次いで、長い紙を交互に折ってゆき、固い紙の表紙と裏表紙をつける形態の折本が行われたが、折本は頻繁に使用することで折り目から擦り切れてしまうことが多く、また広げた状態では巻子本と同様に衝撃に弱いという問題を抱えていた。そこで、初めから折本の折り目を切り離して、テキスト複数枚を重ねて貼り合わせたような冊子の形態が登場することとなった。ただし胡蝶装については、包背装と同様、のりがとれて剥がれ落ち、本文や表紙がバラバラになってしまう危険性があった。そのため、その後線装本が行われるようになると、写本や刊本の装丁の主流は、線装本へとうつっていった。日本における代表的な胡蝶装の書物には、藤原公任（九六六〜一〇四一）が三十六歌仙の歌を撰した『西本願寺本三十六人家集』がある。

なお、日本では紙を複数枚重ねて折り、折り目を糸でかがり、さらにその折りを複数中央で糸綴じする列帖装（綴葉装《てっちょうそう》）も歌集や物語の写本に用いられた。懐徳堂における列帖装の書物としては、中井履軒撰『百首《ひゃくしゅ》贅々《ぜいぜい》』（新田文庫）がある。

賛（さん）

絵画の中にその絵に関する内容の詩・文などを書きつけること。また、その詩・文。画賛《がさん》、讃《さん》、画讃《がさん》とも言う。もとは、漢文の文体の名で、人物や事物を賞賛する韻文を意味した。懐徳堂文庫所蔵絵画の内、「墨菊図《ぼくぎくず》」には中井甃庵の賛、中井藍江《らんこう》の筆による「中井竹山肖像画」には竹山自身の賛が記されている。また岩崎象外が猿蟹合戦を主題として描いた「解師伐袁図《かいしばつえんず》」には、中井履軒が『春秋左氏伝』の文体を巧みに模倣した長文の賛を記している。

識語・奥書（しきご　おくがき）

版本であれ、写本であれ、その本が作り上げられるまでにはなく、その本を購入したり借りた読者が後から書き加えた文章のことを、識語という。書かれている場所は問わない。その本の成立や来歴に関わる貴重な情報となることもあるが、すべて信頼できるわけではなく、逆に誤った情報であることもある。奥書とは、書物の末尾に書き加えられた文章のことで、一般に識語に含まれるとされる。奥書の内容は、書物の制作や書写・校訂の経緯、あるいは補修に関するものから、読後の感想などの場合もある。書写を重ねた場合は、その都度奥書が加えられる。例えば、懐徳堂文庫本の内、中井履軒『戦国策雕題』の来歴が同書に記された伊藤介夫《いとうすけお》の識語によって分かり、『論語聞書』各冊の講義者が同書の識語によって分かり、『中庸懐徳堂定本』巻末に中井焦園の識語が付されている、といった具合である。

自筆本・手稿本（じひつぼん　しゅこうぼん）

編著者自ら手書きした本。自筆鈔本《じひつしょうほん》・自筆抄本《じひつしょうほん》ともいう。この内、特に草稿の段階で印刷には至らなかったものを手稿本・自筆稿本という。また、編著者以外の著名人が手書きしたものを、手写本《しゅしゃほん》・手筆本《しゅひつぼん》・手鈔本《しゅしょうほん》などという。懐徳堂文庫には、五井蘭洲の『勢語通』、中井竹山の『草茅危言』『社倉私議』、中井履軒の『深衣図解』『越俎弄筆』『通語』、並河寒泉の『辨怪』など、多くの自筆本・手稿本が残されている。

写本（しゃほん）

手書きによって記された本。鈔本《しょうほん》・抄本《しょうほん》は、もと漢語であるが同意。ただし、日本語で抄本という場合、書き抜きの本（抄録された抜粋本）を示すことがある。写本に対して、印刷刊行された本を版本、刊本という。

首書（しゅしょ）

書物の本文の上方に記された注釈や批評。かしらがきとも読む。また、頭書《とうしょ》・鼇頭《ごうとう》・眉標《びひょう》ともいう。首書のある本を、首書本・頭書本・鼇頭本などという。懐徳堂文庫には、中井履軒の『七経雕題』を初め、首書本が多く、題名に直接「首書」の文字を有するものとしては、『竹山先生首書近思録』『蕉園首書春秋左氏伝』などがある。

序・自序（じょ　じじょ）

編著の経緯などについて記した、まえがき・はしがきのこと。自序とは、編著者自身が記した序のことをいう。これに対して、師・先輩・友人などが書いたものは他序という。序文に記された編著の経緯は、その書物の由来を知る上で重要である。例えば、懐徳堂文庫本では、中井竹山が著した徳川家康の一代記『逸史』に竹山の自序があり、また、同じく竹山が松平定信に献上した『草茅危言』にも自序が記されている。

線装本（せんそうぼん）

冊子本の綴じ方の一つ。紙の文字面を外にして一枚ずつ縦に二つ折りとし、それらを重ねて折り目と反対側を糸で袋綴じしたもの。中国から日本に伝わり、江戸期板本・写本における最も普通の形態となって、「袋綴じ」と呼ばれた。「線装」とは糸綴じのこと。糸穴が四つあるものが通常で、これを「四針眼訂法《ししんがんていほう》」「四《よ》つ目《め》綴《と》じ」などという。線装本の綴じ方とは反対に、一枚ずつ折り目の外側に糊をつけて表紙裏に貼り付けたものを、「粘《でっ》葉装《ちょうそう》」「胡蝶装《こちょうそう》」などという。懐徳堂文庫所蔵の写本・刊本のほとんどは線装本である。

俗字（ぞくじ）

標準的な字体を正字というのに対して、標準的ではないとされる字体のことを異体字というが、その異体字の中でも、世間で一般的に用いられているものを俗字と呼ぶ。唐代に顔元孫《がんげんそん》の著した『干禄字書《かんろくじしょ》』では、標準的な字体である「正字」、世間で一般的に用いられる「俗字」、さらに通用するものとして許容される字体である「通字」の区別が示された。こうした正字・俗字の区別はたびたび行われたが、何を以て正字、あるいは俗字と判断するのかは一定ではない。例えば、現在日本で用いられている漢字の標準的字体は、常用漢字表において示されているが、その中には過去に俗字とされていた字体が含まれている。

題簽・外題（だいせん　げだい）

表紙に記された書名を外題または標題・表題などといい、特に、紙・布などを表紙に貼り付け、そこに書名を記したものを題簽という。通常は、表紙の左肩に張られるが、和本では、表紙の中央に張られているものも多い。また、外題の文字が印刷されている場合は、印刷外題、手書きの場合は、書外題《かきげだい》、肉筆外題《にくひつげだい》、書題簽などという。また、題簽にではなく表紙に直接書きつけたものを。「打付け書き」または「直書き」と称する。

華胥国物語の題簽

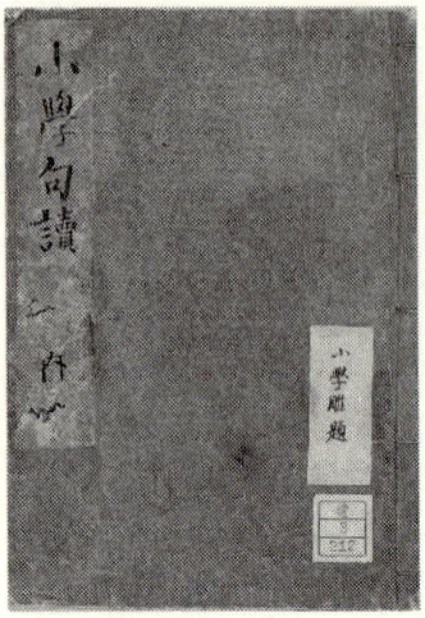

小学雕題の題簽

なお、外題は、筆者自身ではなく、出版者や後人が加える場合もあり、内題と異なることもあるから注意を要する。また、版本の書名のみを新しく刷り直して新版らしく見せかけた刊本を、特に外《げ》題換本《だいがえぼん》という。懐徳堂文庫の内、例えば、三宅石庵の講義録は、内題としては「官許学問所懐徳堂講義」と記されるが、後に加えられたと思われる表紙題簽および扉には「萬年先生論孟首章講義」と記されている。

帙（ちつ）

古書を保護するためのおおい。厚紙に布などを張って作り、数冊をまとめてくるむ。書帙《しょちつ》、套《とう》、書套《しょとう》、套子《とうす》ともいう。特に、天地左右をおおうものを四方帙という。また、帙に記された書名を帙題簽という。懐徳堂文庫本の内、漢籍、国書の貴重書のほとんどは、藍色の帙に収められている。また、その題簽は、懐徳堂記念会の書記を長年勤めた藤塚誠二の筆による。

注（頭注・旁注・割注・双注・脚注）（ちゅう　とうちゅう　ぼうちゅう　わりちゅう　そうちゅう　きゃくちゅう）

本文に対して、その意味内容などを説明した文章のことを注という。本文の上方にあるものを頭注（首書《しゅしょ》（かしらがき）ともいう）、本文の横（行間）にあるものを傍《ぼう》注《ちゅう》（旁注ともいう）、本文の下方にあるものを脚注、本文の途中に、二行の小字で入れられたものを割注《わりちゅう》（双注ともいう）という。なお、懐徳堂文庫本の内、「雕題《ちょうだい》」と呼ばれる中井履軒の注釈は、『礼記』王制篇の「南方を蛮と曰う、題《ひたい》を雕《きざ》み趾を交え、火食せざる者有り」にちなみ、額に入墨するという意味から転じて刊本に記した頭注を意味する。そうした履軒の注釈書としては、『七経雕題』『史記雕題』『荘子雕題』『古文真宝雕題』『天経或問雕題』などがあり、これらは首書本《しゅしょぼん》と呼ばれる。ただし、履軒の雕題は、刊本欄外の上部に書ききれなくなると、下欄や葉の綴じ目付近に記されることもあり、実際には頭注のみではない。

底本（ていほん　そこほん）

校訂・翻訳・抄写・影印などの際に、拠り所とした原本。例えば、中井履軒の『論語雕題』は、『三刻両銭堂刊朱熹集註論語』十巻を底本として、欄外に注釈を加えたものであり、明治四十四年（一九一一）に懐徳堂記念会から刊行された『蒙養篇《もうようへん》』は、中井竹山手稿『蒙養篇』を底本として活字翻刻したものである。

内題（ないだい）

　書物の扉、または本文の初めに記された書名。これに対して、表紙に記された書名を外題という。外題は筆者自身ではなく、出版者や後人によって加えられる場合もあり、内題と外題が一致しないことも多い。例えば、中井竹山の『詩経』注釈書は、内題は「詩経」、外題（書題簽）は「詩集傳」となっており、また、中井履軒は、『史記雕題』を撰した際、底本として用いた『史記評林』の題簽の「評林」の二字を削って、自ら「史記削柹《さくし》」と書いている、など内題と外題の不一致は懐徳堂文庫本にも多く見られる。

跋・後序（ばつ　こうじょ）

　序に対して、書物などの末尾に記された、あとがきのこと。跋文《ばつぶん》、後跋《こうばつ》、後序などともいう。編著者自身が記した場合は自跋《じばつ》といい、師・先輩・友人・弟子などが書いたものは他跋という。感想や批評、その書物の来歴などを記すことが多い。例えば、懐徳堂文庫本では、五井蘭洲が著した漢文随筆『瑣語』の巻末には、中井竹山の跋が記されている。

版心（はんしん）

　線装本（袋綴じ）では、印刷されたそれぞれの紙を、文字面を外側にして縦に二つ折りにし、それを重ねて綴じる。版心とは、それぞれの紙の折り目となる、本文の記されていない部分のこと。柱《はしら》・板口・書口などともいう。ここに、魚尾《ぎょび》、書名、巻数、丁数（葉数）、字数、刻工《こっこう》（版木を彫った職人）の名などを記すことが多い。また、版心上部が白いものを白口《はっこう》、黒いものや縦に黒い線があるものを黒口《こっこう》という。例えば、天明四年（一七八四）に懐徳堂から刊行された五井蘭洲の『非物篇』、中井竹山の『非徴』の各版心には、ともに、篇名、丁数、懐徳堂蔵版であることを示す「懐徳堂」の文字が記されており、魚尾はなく、白口である。なお版心は、現在の原稿用紙の中央部に、その名残を見ることができる。

版本（板本）（はんぽん）

　版木に文字などを彫って印刷した本。印本、刻本、刊本とも言う。これに対して、手書きの本を稿本、写本という。

尾題（びだい）
内題《ないだい》の一つで、篇や巻の本文の最後に記されている題名のこと。奥題《おくだい》ともいい、巻首題《かんしゅだい》（本文の冒頭に記された題）と対応する。

袋綴じ（ふくろとじ）
冊子本の綴じ方の一つ。線装本の日本的呼び方。用紙が中心で縦に二つ折りにされ、袋状になっていることによる俗称である。

覆刻本・復刻本（ふっこくぼん　ふっこくぼん）
原本を再刊する場合、原本の版下を使用するか、または原本と同じ体裁の版下をつくって原本通り複製した本。または覆刊本、復刻本、重印本《じゅういんぼん》ともいう。なお、大阪大学懐徳堂文庫復刻刊行会監修の『懐徳堂文庫復刻叢書』（懐徳堂友の会発行、吉川弘文館発売。『非徴』『非物篇』『華胥国物語』など十種）は、原本を写真撮影により縮小印刷したものであるから、厳密に言えば、影印本である。

付訓・訓点（ふくん　くんてん）
漢文を訓読する際に加える返り点・送りがな・句読点などをまとめて訓点と呼ぶ。訓読は、漢文を巧みに日本語として訳読するものだが、漢文の語順と日本語の語順とは異なるため、日本語の語順に合わせるための工夫として、レ（かりがね・レ）点、一・二・三・四点、上・中・下点、甲・乙・丙点、天・地・人点などの返り点を漢字の左下に付けて、読む漢字の順序を示す。また、日本語の用言の活用語尾や助詞・助動詞などを、送りがなとして、漢字の右下に片仮名で添える。また漢字の字音や訓を書き添えることも多い。漢文を訓読し句読点・訓点を施すことを付訓という。懐徳堂文庫所蔵の漢籍には、和刻本に付された従来の句点、返り点、送りがななどについて、中井履軒が胡粉で丁寧に塗抹し、その上に訂正を記したものもある。これら独自の訓読法によって経書を注解したものに、履軒は「水哉館読法」と称し、その読法を履軒は「水哉館読法」『水哉館読法礼記』『水哉館読法書経』などの著がある。

扁額（へんがく）
室内（和室の鴨居の上など）や門戸などに掲げる横長の額。横額《よこがく》とも言う。三宅石庵が書いた「懐徳堂」の扁額が有名である。また中井履軒は、その住まいを華胥国、自らを華胥国王と称し、部屋の入り口に「華胥国門」と書いた扁額を打ち付けた。黒く塗った薄板に、白く篆書で記されたその扁額は、懐徳堂文庫に現存する。並河寒泉が教授、中井桐園が預り人を務めた頃の懐徳堂には、大門の内側左手に組格子の小門があり、そこに中井竹山の筆による「入徳之門」と記された扁額が掛かっていたというが、これは現存しない。なお、その門の左右に掛けられていた竹山筆の竹聯「入徳門聯」（「力学以修己」「立言以治人」と記されたもの）は現存する。

包背装（ほうはいそう）

冊子本の綴じ方の一つ。印刷面を山折りにし、折り目と逆の部分をこよりで二カ所とめ、一枚の表紙で包み込むようにのり付けしたもの。包み表紙、くるみ表紙ともいう。南宋より始まり、元・明代に流行した。ただし胡蝶装と同様、のりがとれて剥がれ落ち、本文や表紙がバラバラになってしまう危険性があったため、その後線装本が行われるようになると、写本や刊本の装丁の主流は、線装本へとうつっていった。代表的な包背装の書物には、明代の『永楽大典』や清代の『四庫全書』などが挙げられる。なお、懐徳堂文庫における包背装の書物としては、『斯文大本《しぶんたいほん》』（独立性易撰 日本鈔本）や、『壎集《けんしゅう》』（中井蕉園撰、並河寒泉編・写、吉田鋭雄写）などがある。

捲り（まくり）

屏風や襖《ふすま》などに張ってあった書画などをはがしたもの。また、表装しないままでおかれてある書画などのこと。「マクリ」と表記される場合が多い。現在、懐徳堂関係資料としては、中井履軒筆の「白鹿洞書院掲示拓本」、中井竹山筆の「白鹿洞書院掲示拓本」、「天楽楼記墨拓本」などがこれに該当する。

葉・丁（よう　ちょう）

印刷された紙を数える時の言葉。葉・丁も同じ意味。版本では、印刷されたそれぞれの紙を、文字面を外側にして二つ折りにするので、一葉（一丁）が表・裏の二ページになり、一ページ分を半葉という。葉が脱落している場合を「欠葉《けつよう》」・「落丁《らくちょう》」と呼ぶ。また丁の順序が乱れている場合を「乱丁《らんちょう》」と呼ぶ。一般に、書籍の行格《ぎょうかく》（字詰《じづめ》のこと）は半葉を基準とし、「毎半葉…行、行…字」（一ページ毎の行数は…行で、一行の字数は…字、の意）と表す。例えば、五井蘭洲の『瑣語《さご》』の行格は、「毎半葉九行、毎行二十字」である。またほとんどの版本では、丁数（葉数）を版心《はんしん》に記す。序《じょ》、本文、跋《ばつ》で、それぞれ丁数を別に数えることが多い。

和刻本（わこくぼん）

日本で出版された書籍のこと。和本《わほん》（日本で出版された書籍）には写本も刊本も含まれるが、和刻本は刊本のみを指す。また、整版《せいはん》（版木を用いて印刷したもの）だけではなく、活字版《かつじばん》（活字を用いて印刷したもの）も含む。和《わ》板《はん》ともいう。中井履軒の漢籍研究は、既存の和刻本の欄外に注釈を書き入れるという形式のもの（雕題）が多く、例えば、『尚書雕題』『詩雕題』『史記雕題』『後漢書雕題』『三国志雕題』などは、江戸時代に出版された和刻本を底本とし、その欄外に注釈を書き入れるとともに、その句点、返り点、送りがななどについても、胡粉で丁寧に塗抹し、訂正を加えている場合がある。

第7章——懐徳堂の名言

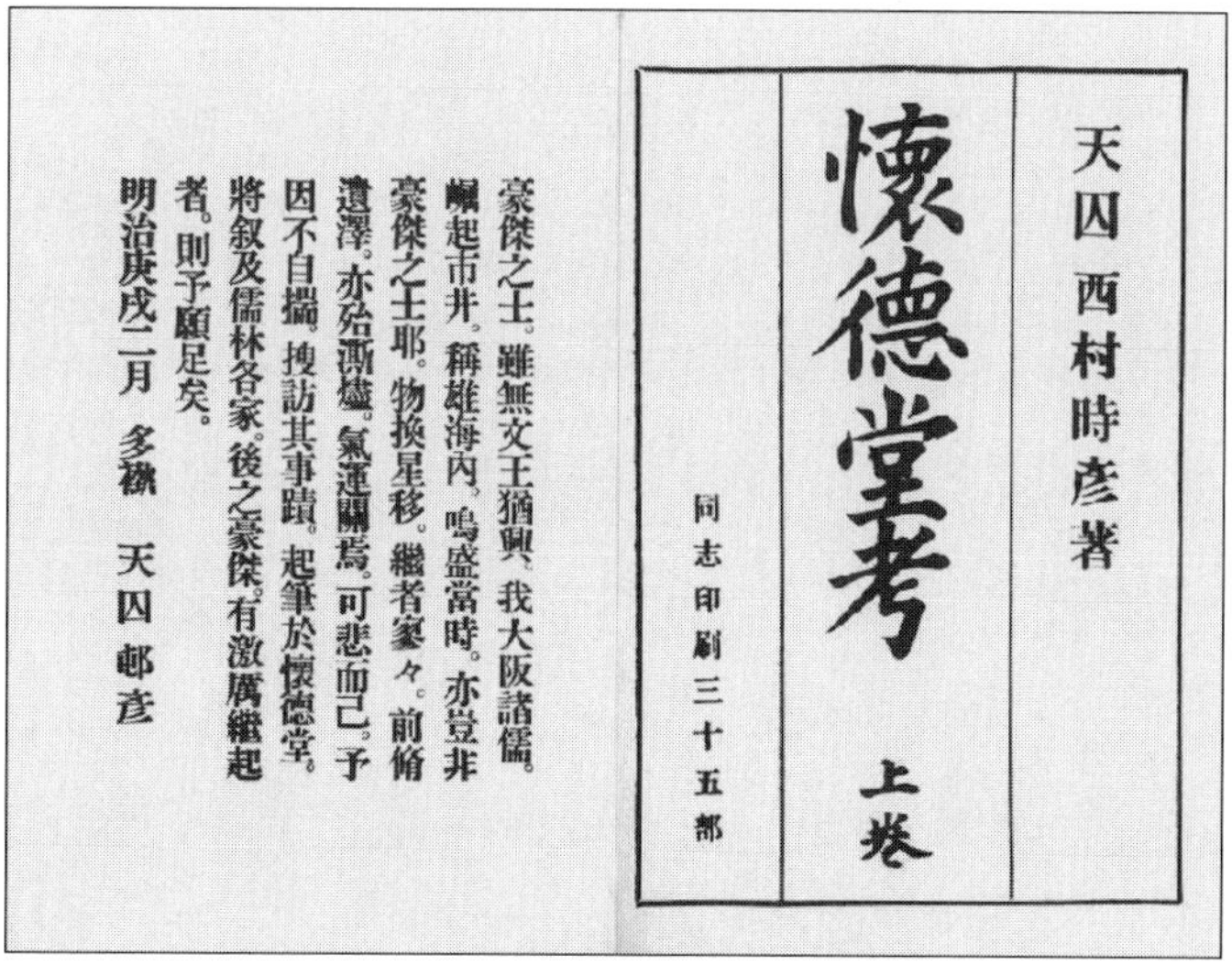

天囚　西村時彦著

懐德堂考　上卷

同志印刷三十五部

豪傑之士。雖無文王猶興、我大阪諸儒。
崛起市井。稱雄海內。鳴盛當時。亦豈非
豪傑之士耶。物換星移。繼者寥々。前脩
遺澤。亦殆澌盡。氣運關焉。可悲而已。予
因不自揣。搜訪其事蹟。起筆於懷德堂。
將叙及儒林各家。後之豪傑。有激厲繼起
者。則予願足矣。
明治庚戌二月　多祿　天囚　邨彥

懐徳堂考

懐徳堂の初代学主三宅石庵は、享保十一年（一七二六）、開講にあたって『論語』の一節を講じ、学ぶべきは「人の道」であると宣言した。また、大正期に復興した重建懐徳堂で求められたのも、単なる実学的知識ではなく、人生の根幹に関わる倫理道徳であった。さらに、堂内に掲示された定書や聯《れん》、年少者のために編まれた『蒙養篇《もうようへん》』などにも、漢籍のことばを踏まえた至言が見える。懐徳堂には、現代にもその生命力を失うことのない数々の名言が残されている。

【学問・教育】

学校の衰へは、世の衰ふる基（『**草茅危言**』）

中井竹山が「学校」の重要性について述べたことば。竹山は、老中松平定信に上呈した『草茅危言《そうぼうきげん》』において、日本における学校の成立とその歴史について論じ、奈良・平安朝以来の戦乱の世に、学校が永く衰退したことを嘆いた。教育は国家百年の計。竹山は、学校の衰退を、単なる教育機関の衰微ではなく、世の中そのものの衰退であると考えた。これに続けて竹山は、「国家に長たる人、豈《あに》心をここに留めざるべけんや」と、説いている。

なお、『詩経』国風・鄭・子衿に、「乱世なれば則ち学校脩せず」とあり、また、孟子は「学校」を定義して、子弟を教え導き「人倫《じんりん》を明らかにする」ところであると述べ、またそれは為政者の務めとして整えられるべき施設であると説いた（『孟子』滕文公篇《とうぶんこう》）。

聖人も人、此方《こなた》も人なり（『**論孟首章講義**』**論語**）

懐徳堂初代学主三宅石庵が、享保十一年（一七二六）、懐徳堂官許に際しての記念講演で『論語』を講じた際のことば。学問の目的は「人の道」を学ぶことであり、生まれながらにしてその「道」を身に備えている人が「聖人」である。凡人は、おのれと聖人とは違うのだからどうにもならないと、とかく「学」を侮りがちである。このように考えた石庵は、「聖人も人であり、われわれ凡人も人である。人が人の道を行うのであれば、できないはずがない」と説いた。

この背景にある朱子学が目指したのは、「学んで聖人に至る」という求道者的在り方であった。学問は単なる知識の吸収ではなく、それを体得し、自己改革・自己実現を果たしていくことである。石庵は、『論語』を講じつつ、そのことを受講生に力説したのである。

これを日用言行の間に考ふるに及びては、先生は能《よ》く合ひ、吾人《ごじん》は合ふこと能《あた》はざれば、孰《いずれ》をか果して知るとし、孰《いず》れをか果して知らずとせん（『**藤樹先生書簡雑著**』「**書藤**

樹先生書簡雑著端」）

日本陽明学の祖・中江藤樹を擁護する中で三宅石庵が述べたことば。石庵はまず、中江藤樹の「致知」と「誠意」という語の解釈が王陽明のものと異なっていることを指摘する。その上で、藤樹のこのような誤解を見て、王陽明の学術をまるで分かっていないと判断する者がいるかもしれないが、それは違う、と主張する。文義を正確に理解するという点では、藤樹（「先生」）よりも我々（「吾人」）の方が詳しいこともあるかもしれない。しかしながら、普段の発言や行いを正しくやれているのは、我々ではなく藤樹である。であれば、どちらが本当に分かっているかなどということは明白であろう、と石庵は言う。さらに続けて「後世の学は小を学びて大を遺《わす》る」とも言っている。

このように、あくまで日々の行いを正しくできるようになることが目標だ、ということを忘れず学問に励まねばならない、学問とはそういうものだ、という考えを石庵が持っていたことが分かる。

人は八歳より学に入るを定法として、夫《それ》より年月を追て、人の人たる道を習ひ覚ゆる事にて候（『蒙養篇』）

「学」の開始とその目的を説いた中井竹山のことば。学習熱が過大になると、とかく早期教育が尊ばれ、二三才の幼児に学を強いることとなる。しかし、竹山は発達段階に応じた学習を尊重し、またその目的は「人の人たる道」を習い覚えることであると説いた。

一生学問をして小人となる人多し。無用の骨折と云ふべく候（『蒙養篇』）

学問の在り方を説いた中井竹山のことば。学問の目的は「人の道」を体得することであり、それは、朱子学的に言えば「大人《たいじん》」「聖人《せいじん》」を目指すことである。ところが、この「学」の目的を取り違え、単なる知識の吸収に終わったり、その知識を悪用してしまう者すらある。竹山はそうした世俗を見渡した上で、一生学問をしても結果的に「小人《しょうじん》」となる者が多く、それは無用の骨折りであると皮肉る。また竹山はこの『蒙養篇』の他の条で、この反対のケースについて、「不学にてもよき人あり、其の人博学なれば愈《いよいよ》よく候」と説いている。

栄邁《えいまい》余り有りと雖《いえど》も、亦た終《つい》に独学固陋《ころう》に免れず（『非物篇』）

荻生徂徠の学問の姿勢を批判した五井蘭洲のことば。荻生徂徠は、館林藩主時代の徳川綱吉に仕えた侍医の子として江戸に生まれ、のち、柳沢吉保に仕えて、将軍綱吉にも講義を行った。その学問は、古文辞学《こぶんじがく》と呼ばれ、従来の朱子学的解釈を越えて、直接、孔子・孟子の時代の古文辞にもとづいて古典を再解釈しようとする画期的なものであった。徂徠の学は、江戸思想史の上に巨大な影響を及ぼし、多くの門人とともに全国に普及していった。懐徳堂学派の人々は、こうした徂徠学を、古典の生命とも言える伝統的な道徳観念を軽視するものとして批判した。

蘭洲の批判は、箇々の解釈を越えて、徂徠の学問的姿勢そのものに及んでいる。いかに栄達を極めたとしても、他者の言に耳を貸さぬ徂徠の態度は、「独学」で「固陋《ころう》（柔軟性に欠け強情であるところ）」であると。

世人の博学を心がくるは、大方雑学になりて用に立たず（**『竹山先生国字牘』「答藤江生」**）

中井竹山が読書の在り方について述べたことば。読書を通じて得られた、単なる「博学」はたいてい「雑学」になって役に立たない。肝心なのは、四書五経の内のどれでもよいから、一部ずつ自らの務めとして毎日読み、読み終えたらまた繰り返して読むことだ。竹山はこのように目的の定まらない読書（乱読）を戒め、経書の熟読・精読を勧めている。

中国でも、宋代以降の印刷・製本技術の発展にともない、目次や見出しを付した簡便テキストが流通するようになった。そうしたテキストは読書人の増大とも相まって新たな読書の形を生み出していった。こうした状況に対し、『資治通鑑《しじつがん》』の著者としても知られる宋代の司馬光《しばこう》（一〇一九～八六）は、「最近の学者は、巻頭から書を読み始めて巻末まで読み進めるものが少ない。中には、本の途中から、あるいは巻末から随意に読み始めるものさえいる」（『明道雑志』）と嘆き、呂祖謙は「読書は精読・熟読につきる」（『学規類編』）と力説した。真の知識は熟読・精読によってのみ得られるという主張である。

書生の交りは、貴賤貧富を論ぜず、同輩たるべき事（**「宝暦八年定書」**）

懐徳堂に寄宿していた学生を対象として学寮に掲示された定書のことば。全三条の内の第一条。宝暦八年（一七五八）、懐徳堂第二代学主中井甃庵の死去に伴い、三宅春楼が学主に、中井竹山が預り人に就任した際、制定されたものである。身分制社会の中にあって、書生の交わりを「貴賤貧富」を問わず「同輩」と規定している。懐徳堂の基本精神を端的に表明するものである。なお、この条には但し書きがあり、「但し、大人小子の辨は、之有るべく候。座席等は、新旧長幼、学術の浅深を以て面々推譲致さるべく候」と附言されている。すなわち懐徳堂では、社会的地位や経済力といった点で差別はしないが、大人とこどもは厳格に区別され、また古参か新参か、あるいは学術の進度などを尺度として、互いに座席を譲り合うよう指示されていたことが分かる。

学談・雅談の外、無益の雑談相い慎み、場所柄、不相応の俗談、堅く停止と為すべき事（「安永七年六月定書」）

懐徳堂内に寄宿していた書生の生活態度について、安永七年（一七七八年）、中井竹山が定めた最も代表的な定書のことば。全八条の内の第二条。学問に関する談義や典雅な話題の他は、無益の雑談を慎み、場所柄をわきまえ、卑俗な談義はしてはならないと規定する。現代の学校現場にもそのまま掲げておきたいことばである。なお、この定書の第一条は、書生の面々互いに申し合わせて行儀を守り、かりそめにも箕踞《ききょ》（足を投げ出して座る）・偃《えん》臥《が》（ごろんとよこになる）などしてはならないとするもので、こうした規定が必要となるような実状のあったことも示唆されていて興味深い。

古人《こじん》子を易《か》えて教《おし》う（『懐徳堂考』）

『孟子』離婁上の一節である「古者易子而教之」（古《いにしえ》は子を易《か》えて教《おし》う）に基づく語。父が子に直接教えを施すと、時に対立したり、なれ合いになったりする恐れがあるので、君子は直接自分の子には教えなかった、という意味である。元文四年（一七三九）、中井甃庵は、懐徳堂助教として五井蘭洲を迎え、当時十歳と八歳であった竹山と履軒とを蘭洲に託した。西村天囚『懐徳堂考』は、こうした甃庵の教育方針を讃え、それは甃庵が『孟子』の言に従い、自ら教えを施すことをひかえたものだと評したのである。

今の商工教育は使用人育成の遣口《やりくち》なり、昔の懐徳堂教育は主人養成の良法なり（『懐徳堂考』）

西村天囚による懐徳堂研究の書『懐徳堂考』の下巻（明治四十四年刊行）「結論（下）」にみえる言葉。公徳心の低下を心配する天囚からみれば、明治末年の商工業の教育は単に商売上手な「使用人」を養成するための商売上の知識・技術を教える教育であった。天囚はいう、商売を行う上で本当に大切なのは、そんな表面的な知識・技術ではなく、取引先や使用人から信用される公徳であり、そのような徳をそなえたいわば「主人」の養成こそが肝要である。江戸時代の大坂商人は、懐徳堂の教えによって心を治め身を修めて、誠実に努めて信用を重んじたことにより、日本一の商業地という名誉を維持してきた。大坂人はこの懐徳堂の教育感化に感謝し、その教えを将来に向け大阪の発展に活かさねばならない、と。天囚が懐徳堂を研究し、その成果を世に示したのもこのためであった。

【人生・道徳】

尚志《しょうし》（**中井竹山**）

志《こころざし》を尚《たか》くする意。中井竹山の筆になる「尚志」と記された書幅がある（個人蔵）。出典は、『孟子』尽心篇上に見える孟子の言葉。斉の国の王子墊《てん》が士たる者のつとめるべきことを質問したのに対して、孟子は、志を尚《たか》くすることだと答えた。墊がその具体的な意味を問うと、孟子は、仁義に志すことと答え、さらに、一人でも罪のない者を殺せば仁とはいえず、自分の所有物でもないのに奪い取るのは義ではなく、常に仁に身を置き、義を踏み行えば、大人《たいじん》（りっぱな人間）になれる、と説いた。

原文は次の通り。「王子墊問曰、士何事。孟子曰、尚志、曰何謂尚志、曰仁義而已矣、殺一無罪非仁也、非其有而取之非義也、居悪在仁是也、路悪在義是也、居仁由義、大人之事備矣（王子墊問いて曰く、士何をか事とする。孟子曰く、志を尚くす。曰く、何をか志を尚くすと謂う。曰く仁義のみ。一無罪を殺すは仁に非ざるなり。其の有つに非ずして之を取るは義に非ざるなり。居悪くにか在る、仁是れなり。路悪くにか在る、義是れなり。仁に居り義に由れば、大人の事備わる）」。

吾を是《ぜ》とし、人を非とすることは、甚だあしきことにて、皆人《みな》の通病《つうへい》なり（**『論孟首章講義』論語**）

懐徳堂初代学主三宅石庵が、享保十一年（一七二六）、懐徳堂官許に際しての記念講演で『論語』を講じた際のことば。この発言の前に、石庵は「論語読みの論語読まず（『論語』を読んではいるが、その成果が日々の言動に表れていない者）」、「論語読まずの論語読まず（『論語』を読んだこともなければ日々の言動もなっていない者）」という二種類の言葉が世間でよく使われていることを紹介し、この二つのことばは自分の戒めのために使うのはよいが、相手を批判するために使ってはいけない、自分の悪いところを見つめることが肝心だ、と言う。人はとかく、自分が正しくて他人が間違っていると決めつけることばかりしがちだが、これは人間の悪い癖である。自分の良い点ばかり探すのも、相手の悪い点ばかり探すのも、どちらも無用のことである。自分の悪い点をしっかりと見つめて直そうと努力し、相手の良い点を見つけて見習おうとする、これが人の道というものである。石庵はこうした考えにより、「鵺《ぬえ》学問」とも評された、特定の学派の思想を墨守することを避けて諸学の良い点を柔軟に取り入れる学問態度を取った。

本心にて物のあはれを知るが仁なり、物のわかちを知

るが義なり（**『論孟首章講義』孟子**）

懐徳堂初代学主三宅石庵が、享保十一年（一七二六）、懐徳堂官許に際しての記念講演で『孟子』を講じた際のことば。『孟子』梁恵王篇は、「仁義」の重要性を力説する孟子のことばに始まる。しかし、この「仁義」は漠然としていて捉えにくい。そこで石庵は、「仁」という字を訓《よ》むならば「めぐみ」と訓むべきである。「義」の字を訓むならば「ことわり」と訓むべきである。本心からもののあわれを知ることが「仁」であり、本心から物のけじめを知るのが「義」であると説いた。

すなわち、仁義とは、人間の外側にある架空の理念ではなく、すべての人間に本来的に備わっている「本心」で感ずることのできる「あわれ」であり、「けじめ」であると、分かりやすく解釈したのである。また石庵は、人の上に立つ者は特にこのことをわきまえる必要があると説く。

困《くる》しみて後寤《さと》り、仆《たお》れて後興《お》く（**中井竹山**）

中井竹山がその門人佐藤一斎《さとういっさい》に贈った句。苦難の後に道が開けるとの意。佐藤一斎は大坂で竹山に学んでいたが、寛政五年（一七九三）、昌平黌《しょうへいこう》の儒官に採用され、江戸に帰ることとなった。この時の逸話が、一斎の『言志四録』に掲載されている。首句は竹山の造語、末句は王陽明の「別湛甘泉序」（『王文成公全書』）による。ただし末句に関しては、『言志四録』は「仆而復興」に作り、西村天囚『懐徳堂考』および王陽明は「仆而後興」に作る。一斎は来坂以前、友人らと品川で酒を飲んで船に乗り、船が転覆して九死に一生を得るという体験をしていた。天囚は、この句は竹山自身が半生心にとどめていた句であるということもあるが、この事件を踏まえた上での励ましの句ではないかと推測している。

固有の善は存して諼《わす》れず、当然の則は循《したが》いて違《たが》う無し（**階聯**）

寛政八年（一七九六）に新築された懐徳堂玄関前の左右の柱に掛けられた階聯《かいれん》に書かれた字句。原文は「固有之善存而弗諼　當然之則循而無違」。中井竹山が同年に記した『懐徳堂記』によれば、この句は「懐徳」の二字を解釈したもの。すなわち、「固有の善」でありかつ「当然の則」が「徳」、その徳を「存して諼《わす》れず」「循《したが》いて違《たが》う無し」という行為が「懐」の内容である、との意味である。

父母に善く事《つか》ふるを孝といひ、長上に善く事ふるを悌と名付け申し候（**『蒙養篇』**）

中井竹山のことば。第四代学主に就任した竹山は、年少者向けに「人の道」を分かりやすく箇条書きにした。その『蒙養篇』の巻頭に掲げられたのがこのことばである。この第一条でまずは「孝悌」の定義を行い、続いて第二条で、「孝悌の二字は、昼夜御心掛候て、一生御失念之《これ》有るべからず候」と説いている。年少者に向かって「孝悌」を説くのは当然とも言えるが、「孝」の重視は懐徳堂学派の一大特色でもあった。

父子君臣夫婦長幼朋友を五倫《ごりん》と名付けて、一日も離るべからず候（『蒙養篇』）

人間社会の基本的な人倫関係「五倫」の重要性を説く竹山のことば。『孟子』の言に基づく。孟子は人の守るべき五つの道理として、父子の間の「親」、君臣の間の「義」、夫婦の間の「別」、長幼の間の「序」、朋友の間の「信」をあげた。竹山は、この倫理を一日も忘れてはならないと説いた。

人として人の道をしらず行はずしては、人と生れたる詮《かい》は之《これ》無き候（『蒙養篇』）

人間の究極的な目標が「人の道」の体得と実践にあることを説いた中井竹山のことば。三宅石庵も「学」の目的として「人の道」をあげた（『論孟首章講義』）が、竹山はさらに、「人の道」を知らず実践しなければ、人として生まれたかいはない、と言い切った。

親に事《つか》ふるは、手足の働《はたらき》第一たるべし。恩愛を恃《たの》みて怠《おこた》り易《やす》し。能々《よくよく》心を用いらるべき候（『蒙養篇』）

親孝行における具体的実践を説いた中井竹山のことば。子は親の恩愛を受けて成長する。しかし、そのことに甘えて親孝行を怠りがちである。また、親孝行の気持ちはあっても、なかなか実践に移せない。竹山は、その気持ちを「手足の働き」として実践せよと説く。

人の大切なる宝は、一心の善に在りと知るべし。金銀珠玉は、山の如く積置ても時有りて尽くべし。一心の善は、一生用ても尽る期《とき》の無きなり（『蒙養篇』）

人の持つべき「宝」について述べた中井竹山のことば。竹山は、人にとって真に大切な宝は「一心の善」であると説いた。一般に宝と考えられている「金銀珠玉」は、たとえ山の如くに蓄積しても、それが物である限り、いつかは尽きてしまう。しかし、心の中の善意は、一生用いても決して尽きることはない。

長者に向て其の年を尋ぬべからず候。是れ無礼なりと『礼記』にも見え候。世間に此の事を洗《せん》と心得申さず候（『蒙養篇』）

年長者に対する礼を説いた中井竹山のことば。女性に対して年齢を尋ねないと言うのは現代のマナーであるが、竹山は、『礼記《らいき》』の規定を指摘して、年長者に年《とし》を尋ねてはならないと説く。また、竹山は、同じく『蒙養篇』の他の条において、「老人長者と同道の節、必ず其の跡《あと》に従ひ申すべく候。仮初《かりそめ》にも先に立つべからず候」と、年長者と同道する際の気配りについても説いている。

もろもろのあしきことをなさず、もろもろのよき事を行うを、誠の道という（富永仲基『翁の文』）

「誠の道」について説いた富永仲基のことば。仲基の主著『翁《おきな》の文《ふみ》』に見える。神道、仏教、儒教はそれぞれの「道」を正しい道として説いた。しかし仲基は、日本においては神仏儒の三教とは別の「誠の道」を尊ぶべきだと説いた。その定義は極めて簡潔明瞭である。諸々の悪事をなさず、諸々の善き事を行うこと、それが「誠の道」である。そこには、宗教や学問の持つ難解さや暗さは見られない。真理は簡潔なものの中にあることを語ろうとする好例である。

【商・利】

仁義をする者は、利はせねども、自ら利がついてまはるなり（『論孟首章講義』孟子）

仁義と利との関係を説いた三宅石庵のことば。伝統的な儒教道徳では、仁義と利欲とは厳しく対立するものと考えられていた。『孟子』はそのことを特に強調していると理解されてきた。ところが、三宅石庵は、享保十一年（一七二六）、懐徳堂官許に際しての記念講演で、この『孟子』を講じ、仁義を実践する者は、利益を追求することはしないけれども、自然と利益が付いてくる、と述べた。もっとも、石庵は、初めから利を貪る者を「小人《しょうじん》」とするなど、基本的には仁義を尊重する『孟子』の主旨に従っているが、そこには、道徳と利についての柔軟な思考がうかがえる。

胸中に仁義と利欲とが相戦ひては、甚だ工夫せねばならぬことなり（『論孟首章講義』孟子）

仁義と利との関係を説いた三宅石庵のことば。前記と同様、懐徳堂官許記念講演で『孟子』を講じた際のことばである。人間というものは、そもそも一方の心では「義理」を思い、もう一方の心では「利」を思っているが、利には引かれやすく、義理の方には戻りにくい。これは、大変危ういことである。そこで己の身を修める人は、仁義の心で、利欲の心に打ち勝つようにしなければならず、国を治める人は、利心を追い求める流行が世間になくなり、仁義が流行するようにするべきである。

このように解説した石庵は、胸の中で、仁義と利欲とが戦っている時には、いろいろと努力・工夫をしなければならない。孔子の弟子の子夏《しか》のような賢者であっても、この点について悩んだのである。よくよく工夫しなければならないことであると、心の葛藤とその工夫の重要性を説いた。

商人の利は士の知行《ちぎょう》、農の作徳《さくとく》なり。皆義にて利に非らず候。只非分の高利を貪るを以て利欲とす、是は姦《かん》曲《きょく》に落て義に背き候（『蒙養篇』）

商人の利について述べた中井竹山のことば。商人が商業活動によって得る利益は、武士の知行（土地支配による利益）、農民の作徳（年貢を納めた後に残る純益）に相当する。それらはみな商・士・農それぞれの「義」であり「利」ではない。ただし、分不相応の高い利益を貪るような気持ちを「利欲」といい、これはよこしまな誤った道に落ちるものであり、義に背く行為である。この中井竹山の言は、商業活動を、商人の「義」と論じ、それ自体は決して非難されるべきものではないと断言するものである。

もっとも竹山は、『蒙養篇』の他の条において、「町家は、利欲を肝要と心得候は、大なる誤りにて候」と述べ、法外な利益を貪る心を批判している。しかし、商人が「義」として商業活動を営む限りにおいて、利益は決して否定されない。こうした「義」「利」観が見られるのも、大坂の町に生まれた懐徳堂の大きな特色の一つである。

【その他】

凡そ鬼神に祈念立願するは、人心の大惑（『草茅危言』）

迷信について論じた中井竹山のことば。鬼神の存在を否定する「無鬼論」は懐徳堂学派の学問的特色の一つであり、山片蟠桃の『夢《ゆめ》の代《しろ》』や並河寒泉《なびかわかんせん》の『辨怪《べんかい》』は、その代表作である。竹山も、自己努力を放棄してひたすら鬼神にすがろうとするのは大いなる惑いであると批判する。

戦々兢々《せんせんきょうきょう》として深淵に臨むが如く薄氷を履《ふ》むが如し
朝華《ちょうか》を已《すで》に披《ひら》くに謝《さ》り夕秀《ゆうしゅう》を未だ振《ふる》わざるに啓《ひら》く
（北牖聯）

懐徳堂の講堂北側の窓に掛けられていた聯《れん》の文句。原文は「戦々兢々如臨深淵如履薄氷　謝朝華於已披啓夕秀於未振」。対句を二つに分けて書き、それを家の入り口、門、壁などに左右相対して掛けたものを「聯《れん》」あるいは「対聯《たいれん》（ついれん）」と言った。懐徳堂学舎には、「入徳門聯」を初めとし、教育的効果を狙って至るところに「聯」がかけられていたという。

これは、『竹山国字牘』によれば、講堂の北牖《ほくゆう》（北側の窓）の左右に相対してかけてあったもので「北牖聯」と呼ばれる。竹山は、この両者は対偶（句の構成要素がきちんと対応した、いわゆる対句）ではないが、いずれも名句として、聯に記したと述べている。確かに、前句は、四字ずつの三句からなり、後句は六字ずつの二句からなっていて、構成は全く対応しない。

前句の十二字は、『詩経』の語。『詩経』小雅《しょうが》・小旻《しょうびん》の詩に「戦々兢々《せんせんきょうきょう》として、深淵に臨むが如く、薄氷を履《ふ》むが如し（戰戰兢兢、如臨深淵、如履薄冰）」と見える。また、『論語』泰伯篇には、孔子の弟子の曾子《そうし》が臨終に際してこの語を引いたとされる。曾子の言は、「曾子疾《やまい》あり。門弟子を召びて曰く、予が足を啓《ひら》け、予が手を啓け。詩に云う、戦々兢々として、深淵に臨むが如く、薄氷を履むが如しと。而今よりして後、吾れ免るることを知るかな、小子（曾子有疾。召門弟子曰、啓予足、啓予手。詩云、戰戰兢兢、如臨深淵、如履薄冰。而今而後、吾知免夫小子）」とあるように、孔子の弟子の中でも最も「孝」を重視した曾子が、親から授かった肉体を保全することに細心の注意を払ってきた（身体を傷つけないことは「孝」の第一歩とされた）、その心境を、まるで底なしの淵に臨むような、薄い氷の張った水の上を歩くような「戰戰兢兢」とした気持ちであると述べ、また、死によってそうした緊張から解放されることを述べたものである。

後句十二字は、陸機《りくき》（字は士衡《しこう》）の語。『文選』所収の陸機の文章論「文賦」に、「百世の闕文《けつぶん》を収め、千載《せんざい》の遺韻《いいん》を采《と》り、朝華《ちょうか》を已《すで》に披《ひら》くに謝《さ》り、夕秀《ゆうしゅう》を未だ振《ふる》わざるに啓《ひら》く（收百世之闕文、采千載之遺韻。謝朝華於已披、啓夕秀於未振）」と見える。これは、陸機があるべき文章について、百世の間見られなかった文を収め、千年の間使われなかった韻を用い、すでに開いてしまった朝の華（使い古された表現）を捨て去り、まだ開いていない夕方の華を咲かせようとする、と述べたものである。

このように左右の二句は、構成上も意味上も、直接には対応しないが、前句が生活態度について、また、後句が文章について、いずれも極めて高い理想を掲げていることが分かる。

礼楽征伐《れいがくせいばつ》は天子より出づ（山田三川）

『論語』季氏篇の一節で、原文は、「天下有道則禮樂征伐自天子出」。中国古代の国家観・天子観によれば、平常時の「礼楽」、非常時の「征伐」はともに天子の掌握するものであり、天子の命によってこれらが施行されていれば、天下に正しい道が行われている証となる。しかし、国家が混乱すると、これらの権限が天子ではなく、有力諸侯や家臣に握られてしまう。礼楽・征伐が誰から発動されるかが天下の治乱の指標になるとの意味である。西村天囚『懐徳堂考』によれば、伊勢の生まれで後に上野国《こうずけ》（群馬県）安中藩《あんなか》の藩校造士館に招かれた学者山田三川《やまださんせん》（一八〇四～一八六二）は、中井履軒が対外的な活動を嫌ったことについて、履軒の生きた時代はこうした「道の行われていない世」であり、そのために履軒は市井に隠遁していたのだと述べたという。

是《これ》より外は我いまだ往《ゆき》たる事なき故《ゆえ》しらず（中井履軒「方図」）

世界の認識について述べた中井履軒のことば。履軒は、宇宙への関心を「天図」「方図」の制作として示した。この内、「方図」は、中心に「虚」に包まれた地球を描き、それを「月胞」「日胞」「星胞」「天」の層が同心円状に取り巻くように描かれている。そして履軒は、「天」の外に、「華胥国王曰是ヨリ外ハ我イマタ往タル事ナキ故シラズ」と記した。「華胥国王《かしょこくおう》」とは履軒自身のことで、履軒は自分の住まいを「華胥国」という伝説上の理想郷に見立て、自身を「華胥国王」と称していた。履軒は、厳格な実証主義的立場から、「天」の外にさらなる宇宙が存在するか否かについては分からないと、安易に結論を出すことを控えたのである。

豪傑の士は、文王無しと雖も猶《な》お興《おこ》る（『懐徳堂考』）

西村天囚『懐徳堂考』序文冒頭のことば。この序文の原文は漢文で、「豪傑之士、雖無文王猶興」とある。凡人は、文王のような聖王の教化を待ってようやく発憤するが、真にすぐれた人間は、そうした教化を待たずとも自ら発憤する、の意。『孟子』尽心上に「孟子曰、待文王而後興者、凡民也。若夫豪傑之士、雖無文王猶興（孟子曰く、文王を待ちて而《しか》る後に興る者は、凡民なり。夫《か》の豪傑の士の若《ごと》きは、文王無しと雖も猶お興る）」とあるのに基づく。

天囚はこれに続けて、「我が大阪の諸儒、市井に崛起《くっき》し、雄を海内に称《あ》げ、盛を当時に鳴らす。亦た豈に豪傑の士に非ずや」と懐徳堂の先賢を賞賛し、また、幕末以降、時の流れによってそうした気運が衰退したことを悲しんで、『懐徳堂考』の執筆に至ったことを説き、「後の豪傑、激厲継起する者有らば、則ち予《よ》の願い足る」と結んでいる。

第8章——懐徳堂関係施設

懐徳堂旧址碑

旧懐徳堂学舎は、明治二年（一八六九）に閉校となった後、売却され借家に転用されていたが、明治の終わり頃には洋館に改築され、その面影を失うこととなった（第5章1節「懐徳堂の終焉」の「懐徳堂遺跡」参照）。また、大正時代に再建された重建懐徳堂も、昭和二十年（一九四五）の空襲で焼失し、懐徳堂はふたたび拠点を失うこととなった。

しかし、現存する関係遺跡や施設は、今も懐徳堂の歴史を静かに語り続けている。懐徳堂の精神は、これら関係施設とともに、現代に継承されているのである。

懐徳堂旧阯碑（かいとくどうきゅうしひ）

旧懐徳堂の校舎跡に建てられた石碑。大正七年（一九一八）、重建懐徳堂の竣工を記念して、旧懐徳堂跡（現在の大阪市中央区今橋三丁目）に建てられた。西村天囚の撰文、中井木菟麻呂《つぐまろ》の揮毫《きごう》による。昭和三十七年（一九六二）、日本生命本店ビルの新築に伴い、同ビルの南側壁面に移された。碑文の向かって右側に、次のような由来が記されている。

この地は徳川時代の学校として名高い懐徳堂の跡である　享保十一年の開学から明治二年の閉鎖まで百四十余年の間　大阪文教の中心であった　大正の初年に先儒の偉業を顕彰して記念会が設立されたので　当社も協賛してこの碑を建てた　撰文は記念会の創設者西村天囚先生　揮毫は懐徳堂第二代の学主中井甃庵先生の玄孫たる中井天生先生である

碑文は次の通り（原文は漢文）。

懐徳堂は一に大阪学問所と称す。享保十一年、甃庵中井先生、同志五人と官に請いて此に創建せるものなり。石庵・蘭洲・春楼・竹山・履軒・碩果・寒泉・桐園の諸先生相継いで学を講じ百四十余年を経たりしが、明治二年堂廃せられ鼓篋《こきょう》の迹《あと》を絶ちしこと四十余年なりき。大正五年士人胥謀《あいはか》り東横堀川の上《ほとり》に重建し、古を参じ今を酌《く》み弦誦《げんしょう》復興せり。是《ここ》に於て石を旧址に樹《た》て後人をして矜式《きょうしょく》する所有らしむ。大隅西村時彦撰　浪華中井天生書　日本生命株式会社建

誓願寺（せいがんじ）

浄土宗知恩院の末寺。天正九年（一五八一）、無宅天牛によって建てられた。大坂夏の陣と太平洋戦争の際に全焼している。中井家の墓所であり、中井甃庵・竹山・履軒・蕉園・碩果・桐園、並河寒泉など、懐徳堂関係者の墓約三十基が現存する。また井原西鶴の墓があることでも有名である。懐徳堂記念会が主催する毎年春の「懐徳忌」はこの誓願寺で行われる。現・大阪市中央区上本町

西四丁目。

九品寺（くほんじ）

浄土宗知恩院の末寺。寺伝によれば、行基《ぎょうき》（六六七～七四九）が開創し、天正十一年（一五八三）、住職念誉が禅宗から改宗した。天保八年（一八三七）の災禍と太平洋戦争の際に害を受けている。五井持軒《ごいじけん》の墓がある。現・大阪市北区同心一丁目。

実相寺（じっそうじ）

浄土宗知恩院の末寺。天正元年（一五七三）、閑公（足利義昭の子）によって建てられた。五井蘭洲《ごいらんしゅう》の墓がある。また、懐徳堂に縁の深い住友家の菩提寺でもある。現・大阪市天王寺区上本町四丁目。また、上町筋をはさんで向かい側に誓願寺がある。

神光寺（じんこうじ）

曹洞宗蔭涼寺末で、医王山薬師院神光寺と称する。現在の建物は享保年間に万徹和尚が再建したもの。三宅石庵・春楼の墓があり、また、含翠堂を創設した平野郷の土橋家の菩提寺でもある。現・大阪府八尾市服部川。

浄春寺（じょうしゅんじ）

曹洞宗の寺院で、麻田剛立《あさだごうりゅう》（一七三四～一七九九）の墓所。杵築《きづき》藩の藩医であった麻田剛立は、天文学の研究に専念するため来阪し、中井竹山や履軒等と交流。これにより天文学や医学における最新の知識が懐徳堂にもたらされることとなった。現在、麻田剛立の墓は大阪市天王寺区夕陽丘町の浄春寺内にある。山門には、「麻田剛立墓所」と記された碑が建立されており、本堂の奥に鎮座する墓碑の四面には、中井蕉園《しょうえん》の撰、谷川祐の書になる顕彰文が刻まれている。ちなみに、文人画家として有名な田能村竹田の墓も同所にある。

善導寺（ぜんどうじ）

浄土宗知恩院派の寺院。文禄三年（一五九四）、伝誉上人の創建。太平洋戦争時、大阪大空襲で焼失するも、その後復興された。門前には、江戸中・後期の町人学者山《やま》片蟠桃《がたばんとう》墓所碑があり、本堂裏に「山片蟠桃先生之墓」と記された新しい墓がある。ただし、これは子孫により再建されたものであり、もともとの墓は本堂前の無縁墓群にあ

昭和四十九年（一九七四）再建された蟠桃の墓

り、次のように刻まれている（※傍線を附した「宗文」が蟠桃の法名）。

普照　普宗　智明
釈　宗文　智文霊
妙耀　宗信　智信

また、蟠桃の墓は、郷里の播州加古川（現・兵庫県高砂市米田町神爪）の共同墓地にも現存し、その表面には「釈宗文墓」とある。

なお、善導寺には、蟠桃以外にも、江戸後期の尺八の名手近藤宗悦《こんどうそうえつ》や幕末期の画家西山芳園《にしやまほうえん》・完瑛《かんえい》父子等の墓がある。現・大阪市北区与力町。

西照寺（さいしょうじ）

浄土宗知恩院の末寺で、富永芳春《ほうしゅん》（一六八四～一七三九）・富永仲基《なかもと》（一七一五～一七四六）の墓所。父芳春は懐徳堂を創設した五同志の一人。息子の仲基は懐徳堂の初代学主三宅石庵《みやけせきあん》に師事し、後に「加上説《かじょうせつ》」を唱え、『翁《おきな》の文《ふみ》』や『出定後語《しゅつじょうごご》』を著した。現在、富永家の墓は大阪市天王寺区下寺町の西照寺にあり、芳春を先頭に一族の墓碑が並んでいる。中央のやや新しいのが仲基のもので、墓碑には「富永仲基招魂碣《とみながなかもとしょうこんけい》」と記されている。内藤湖南《こなん》『先哲の学問』（弘文堂、一九四六年）によれば、明治三十七年（一九〇四）の時点では、富永一族の墓の中に仲基のものはすでになかったらしく、上記の招魂碣は、仲基を顕彰する後世の有志によって建てられたものである。

隆専寺（りゅうせんじ）

浄土宗知恩院の末寺。元和二年（一六一六）、眞蓮社誠誉上人により、檀信徒の協力を得て建立された。懐徳堂の門人であった早野仰斎《はやのぎょうさい》・橘隧《きっすい》・思斎《しさい》の墓がある。大阪市天王寺区生玉前町に位置する。

万福寺（まんぷくじ）

西山浄土宗に属する寺院。文禄三年（一五九四）、僧開《かい》導《どう》（前田利家の弟である前田次郎兵衛利信）により開山。昭和四十五年（一九七〇）、火災で本堂を失うも、その後、再建された。中井履軒の高弟の一人・三村崑山《みむらこんざん》の墓所であり、井原西鶴の門人で俳人の谷才麿《たにさいまろ》の墓所ともいう（三善貞司『大阪史蹟辞典』）。新撰組が大坂に滞在する際、万福寺を旅宿の一つにしていたと言われており、門前には「新選組　大坂旅宿跡」の石碑が見える。本堂裏にあった納屋は牢として使われており、慶応元年（一八六五）には、大坂南堀江に私塾「玉生堂」を開いていた漢学者・藤井藍田《ふじいらんでん》が、長州志士と交わり、倒幕を謀ったとして、新撰組大坂屯所の隊士により拷問を受けて惨殺されている。現・大阪市天王寺区下寺町一丁目。

梅松院（ばいしょういん）

臨済宗妙心寺派の寺。尾藤二洲《びとうじしゅう》の門人であり、後に中井履軒に師事した越智高洲《おちこうしゅう》、懐徳堂と密接な関係があった混沌社《こんとんしゃ》を主宰した片山北海《かたやまほっかい》らの墓がある。門前には、「片山北海　入江昌喜墓所」、「贈正五位　片山北海　入江長輔　入江石亭　藪鶴堂　藪長水　越智高洲　坂本葵園　各先生墓所」と書かれた碑がある。大阪市天王寺区城南寺町に位置する。

正通院（しょうつういん）

江戸時代中期の延享三年（一七四六）に天満の惣年寄《そうとしより》をつとめた金谷歳次郎が創建した曹洞宗の寺。江戸時代中後期の画家で、懐徳堂と密接な関係がある蔀関月《しとみかんげつ》の墓がある。大阪市淀川区木川東一丁目に位置する。なお、金谷家は三石・遷斎などの学者や文人を輩出し、境内の墓地には三石・遷斎らの墓も現存する。

たつの市小神墓地（たつのしおがみぼち）

兵庫県たつの市の市街から南西二kmほどにある揖西《いっさい》町小神《おがみ》地区の墓地。小山一帯に墓域が広がり、中井甃庵の兄で龍野藩医をつとめた伯元《はくげん》（名は信之、号は鳳岡、睡翁一六八八～一七七五）の墓があるほか、股野玉川《またのぎょくせん》（一七三〇～一八〇六）や小西澹斎《こにしたんさい》（一七六九～一八五四）ら懐徳堂とゆかりの龍野藩士とその一族の墓もある。

ニコライ堂・東京復活大聖堂（にこらいどう　とうきょうふっかつだいせいどう）

東京都千代田区神田駿河台にある日本ハリストス正教会の中心的教会。正式名称は「東京復活大聖堂」。日本ハリストス正教会は、文久元年（一八六一）にニコライ大主教（本名はイオアン・デミトリヴィチ・カサートキン、ニコライは修道名。一八三六～一九一二）が函館のロシア領事館付の司祭として来日したときよりはじまった。

ニコライ堂は、明治十七年（一八八四）に着工し、明治二十四年（一八九一）に完成して成聖式（開堂式）が行われ、ニコライ大主教にちなんで「ニコライ堂」と呼ばれるようになった。敬虔な正教徒であった中井木菟麻呂《つぐまろ》は、ニコライ堂においてニコライ大主教とともに聖書の翻訳に尽力した。明治四十五年（一九一二）、ニコライ大主教が七十五歳で没。大正十二年（一九二三）、関東大震災でニコライ堂が損壊し、正教会が運営していた東京女子神学校の校舎も倒壊し、廃校となる。昭和二年（一九二七）九月にニコライ堂の復興工事起工、昭和四年（一九二九）十二月に工事が終了し、成聖式が行われた。ニコライ堂の建築は、ビザンチン式の教会形式を日本に伝え残した貴重なものであり、昭和三十七年（一九六二）に国の重要文化財に指定された。

大阪ハリストス正教会（おおさかはりすとすせいきょうかい）

大阪府吹田市山手町に位置する大阪の正教会の教会。日本ハリストス正教会は、文久元年（一八六一）にニコライ大主教が函館のロシア領事館付の司祭として来日したときよりはじまり、明治初期に大阪に正教が伝えられたとされる。明治四十三年（一九一〇）、大阪天満橋に木造ビザンチン式の聖堂が建立され、「生神女《しょうしんじょ》庇《ひ》護《ご》聖堂《せいどう》」と名付けられた。昭和二十年（一九四五）、戦災により焼失。その後、昭和三十七年（一九六二）に現在の吹田の地に新しい聖堂が建てられ、前聖堂と同じく「生神女庇護聖堂」と名付けられた。

中井桐園の長男で、中井竹山・履軒の曾孫に当たる中井木菟麻呂《つぐまろ》は敬虔な正教徒であり、大阪正教会の信徒であった。木菟麻呂は、正教会の聖書や祈祷書類をニコライ大主教と共に日本語に翻訳したことで知られる。教会の会館には、中井木菟麻呂の肖像画や関連資料が収められている。

なお、木菟麻呂は死去後、自らが好んでいた京都・嵯峨野の祇王寺《ぎおうじ》に埋葬されたが、墓は後に大阪ハリストス正教会の信徒や有志らによって小戸《しょうど》霊園（兵庫県川西市）に移され、平成二十二年（二〇一〇）には大阪ハリストス正教会内に移された。

梅花学園（ばいかがくえん）

幼稚園・中学校・高等学校・短期大学・大学・大学院を有するキリスト教主義の私立学校。明治十一年（一八七八）に大阪初のキリスト教系女学校として創設された「梅花女学校」を前身とする。創立者の澤山保羅《さわやまぽうろ》（一八五二〜一八八七）、協力者の成瀬仁蔵《なるせじんぞう》（一八五八〜一九一九）ほか数名により、大阪市土佐堀裏町十番地（現・肥後橋交差点南西）に開校。この年を創立年とする。梅本町公会（現在の大阪教会）と浪花公会の教会員が創設に協力したことから「梅花」と命名された。海外からの宣教師団によるミッション・スクールではなく、日本人教会と生徒費用で運営される国内初の自給学校である。

明治四十一年（一九〇八）、土佐堀から北野（現・大阪市北区豊崎三丁目）に移転。大正二年（一九一三）に梅花高等女学校を新設し、翌年から梅花女学校専門部を発足。大正十一年（一九二二）、梅花女学校英文科・家政科を梅花女子専門学校に昇格させ、一九二六年には国文科を増設。大正十五年（一九二六）、校舎を大阪府豊能郡豊中村

（現・豊中市上野西一丁目）に移転。昭和二十五年（一九五〇）、梅花高等女学校は梅花中学校・梅花高等学校に、梅花女子専門学校は梅花短期大学として発足。昭和三十九年（一九六四）、茨木市宿久庄に梅花女子大学を開設し、昭和五十二年（一九七七）に大学院も設置。昭和五十六年（一九八一）、豊中にあった短期大学が茨木キャンパスに移転し、現在の体制になった。

中井家の子孫である中井終子《しゅうこ》は、兄の木菟麻呂《つぐまろ》とともに梅花高等女学校の教師として勤務し、女子教育に尽力した。終子が保管していた明治・大正期の写真や日記などの貴重資料は梅花女子大学に収蔵されており、現在、その一部が「WEB懐徳堂」上にデジタルコンテンツとして公開されている。

涓泉亭・萱野三平旧邸（けんせんてい　かやのさんぺいきゅうてい）

中井木菟麻呂の妹・終子の養女となった新田和子《にったかずこ》（旧姓、中村）の実家で、赤穂浪士の一人、萱野重実《かやのしげざね》（通称、三平《さんぺい》）の旧宅。大阪府箕面《みのお》市萱野にある。江戸時代建築の長屋門と土塀の一部が現存し、現在は萱野三平記念館「涓泉亭《けんせんてい》」となっている。

萱野三平は、この旧邸で誕生したとされる。主君であった浅野内匠頭《あさのたくみのかみ》が江戸城の廊下で吉良上野介《きらこうずけのすけ》に切りつけた刃傷事件の際、鉄砲州の赤穂藩上屋敷にいた三平は、第一報を知らせる使者として駕籠で赤穂に向かった。その途中、この生家の前を通り、母の葬儀に遭遇するが、そのまま駕籠を急がせて赤穂へ向かったという。吉良邸討ち入りの十一ヶ月前にあたる元禄十五年、内匠頭への忠義と父への孝行の板挟みに苦悩した三平は、自宅長屋門の一室で自害し、二十七歳の生涯を閉じた。長屋門西部屋の横には、三平の辞世の句碑が建てられている。

中井木菟麻呂の晩年に、萱野三平の子孫の中村成子《なるこ》は、長女の和子を家事手伝いにと中井家に連れてきた。成子は京都正教女学校の第一期卒業生で、木菟麻呂の異母妹終子と古くから親交があった。木菟麻呂の死後、昭和二十二年（一九四七）に終子は和子を養女とした。終子は、戦後の物資不足の貧窮時代を和子の実家の萱野家の長屋門で、その後は萱野家の内庭の離れで、和子とその母成子の世話になりながら暮らした。

国立国会図書館（こくりつこっかいとしょかん）

わが国唯一の国立図書館。日本国内で刊行される出版物を広く収集し、文化財である出版物の保存に努めるとともに、その目録である全国書誌をデータベースその他の形態で作成し、これらの資料にもとづいて国会・行政および司法の各部門・国民に対してサービスを提供している。明治二十三年（一八九〇）に開設された貴族院・衆議院の図書館、明治五年（一八七二）に設立された帝国図書館（創立時は「書籍館」）が源流となり、昭和二十三年（一九四八）六月、一般公開された。その後、昭和三十六年（一九六一）に、永田町の現庁舎に移転し、昭和四十三年（一九六八）に現庁舎である本館が完成した。しかし、増え続ける蔵書に対応するため、現在も増築が繰り返されている。現・東京都千代田区永田町一の十の一。懐徳堂関係資料として、富永仲基『翁の文』原本、中井履軒『戦国策雕題』『易経聞書』『書経聞書』『礼記聞書』『老子雕題』などの写本を蔵有する。

大阪市立中央図書館（おおさかしりつちゅうおうとしょかん）

大阪市西区北堀江にある市立の図書館。大阪市内の各区にある地域図書館のセンターとしての役割も果たしている。施設の規模は自治体では最大級とされ、図書をはじめ、雑誌、新聞、ビデオ、カセットテープ、CD、DVD、紙芝居など多くの資料を収蔵する。また、大阪市の歴史に関する資料の収集や整理、研究を行う「大阪市史編纂所」が併設されている。

『大阪市史』は、日本で最初に編纂された自治体史である。明治三十四年（一九〇一）、歴史学者の幸田成友《こうだしげとも》（幸田露伴の弟、一八七三～一九五四）が編纂長をつとめ、収集された史料を時代順に並べて系列化し、八年がかりで『大阪編年史料』百三十一冊分を作成した（昭和四十（一九六五）年度から昭和五十四（一九七九）年度にかけて刊行された『大阪編年史』は、このうち古代から江戸の慶応三年（一八六八）までの九十二冊分を活字化したもの）。そして、大正四年（一九一五）に『大阪市史』全五巻七冊が完成した。以後、市史は『明治大正大阪市史』『昭和大阪市史』『昭和大阪市史続編』と継続して編纂され、昭和五十四年（一九七九）からは市制百周年事業の一環として『新修大阪市史』の編纂が始まった。

館内には、『懐徳堂遺書《かいとくどういしょ》』『懐徳堂五種《かいとくどうごしゅ》』『懐徳堂印《かいとくどういん》存《ぞん》』など、懐徳堂に関する資料が多数収蔵されている。中井竹山・履軒の曾孫である中井木菟麻呂《つぐまろ》は、大阪市史編纂に取り組む幸田成友の依頼に応じて、所蔵していた懐徳堂関係資料を明治三十五年（一九〇二）・明治四十二年（一九〇九）の二度にわたって提供した。その資料は大阪市史編纂係において写本が作成され、その写本の多くは現在も大阪市史編纂所に収められている。ただし、『大阪市史』編纂のために集められた資料の中には、現在、大阪市立中央図書館に収められているものもある。

なお、大阪市立中央図書館の傍らには、中井竹山らと交友があった木村蒹葭堂《けんかどう》の邸跡の記念碑が立てられている。

内閣文庫（ないかくぶんこ）

江戸幕府から受け継いだ古典籍・古文書を中核とする各種資料のコレクション。明治十七年（一八八四）に赤坂離宮構内に設けられた太政官文庫を引き継いで、翌明治十八年、内閣制度の創始とともに内閣記録局所管の文庫として、その名称が確立した。その後、昭和四十六年（一九七一）に国立公文書館が新設され、内閣文庫はその一部門となって、蔵書も国立公文書館の施設内に収められることになった。収蔵書は、徳川家の紅葉山文庫、昌平黌の和漢書・記録類、江戸幕府関係資料を中心とし、中井竹山が幕府に上呈した『逸史』献上本も収められている。国立公文書館は東京都千代田区北の丸公園。

筑波大学附属図書館（つくばだいがくふぞくとしょかん）

筑波大学の附属図書館。現・茨城県つくば市天王台一の一の一。明治十一年（一八七二）五月、東京師範学校校舎の修理・増築が行われた際に図書室・閲覧室が設けられたのが、その起源。その後、東京師範学校（明治六年八月、明治五年四月設立の師範学校から改称）から、明治十九年（一八八六）四月に高等師範学校、明治三十五年（一九〇二）三月に東京高等師範学校（昭和二十七年閉校）、昭和四年（一九二九）三月東京文理科大学（昭和二十八年三月閉学）、昭和二十五年（一九五〇）四月に東京教育大学（昭和五十三年三月閉学）という変遷を経て、昭和四十八年（一九七三）十月に現在の筑波大学が設立された。現在、蔵書数は和・漢・洋書あわせて、二百五十万冊を越える。なお、中井履軒『国語《こくご》雕題《ちょうだい》』原本はすでに散佚しているが、本館は現在確認されている唯一の同書写本を蔵有する。

辰馬考古資料館（たつうまこうこしりょうかん）

酒造家の辰馬悦蔵のコレクションを収蔵する資料館。昭和五十一年（一九七六）設立。考古学者としても活躍した白鷹醸造元三代目の辰馬悦蔵が蒐集に努めた考古学資料（銅鐸・銅矛・銅剣・土器・土偶など、重要文化財二十一件を含む）約五百件、富岡鉄斎関係資料百五十点を収める。懐徳堂関係では、山片蟠桃自筆稿本『宰我の償』（中井竹山加筆）を蔵有することで著名である。兵庫県西宮市松下町二丁目。

柿衛文庫（かきもりぶんこ）

江戸時代に酒造業で栄えた伊丹の文化遺産を収蔵する文庫。酒造家に蓄積された資料と俳文学者岡田利兵衛（号は柿衛）翁による俳諧資料約一万千点を収蔵する。文庫の名は、頼山陽《らいさんよう》が愛した柿を衛《まも》るにちなむ。収蔵品は俳諧関係の軸物・書籍・短冊など約一万点。東京大学附属図書館の「酒竹・竹冷文庫」、天理大学附属天理図書館の「綿屋文庫」とならぶ日本の三大俳諧コレクションの一つとされており、中でも、松尾芭蕉の『奥の細道』、「ふる池や」句短冊、与謝蕪村筆「俳仙群会図」などが著名。懐徳堂関係資料では、蔀関月・中井履軒賛「牧童図」、同「秋海棠図」、中井蕉園筆「著斎席上花八首」などの貴重資料を収めている。兵庫県伊丹市宮ノ前二丁目。

古梅園（こばいえん）

天正五年（一五七七）、奈良の椿井町で創業し、現在も営業を続けている製墨の老舗。五井蘭洲、中井甃庵、竹山、蕉園といった歴代の懐徳堂関係者と交流があった。古梅園は、蘭洲・甃庵から竹山・蕉園に至るまで、歴代関係者から製墨の依頼を受けており、甃庵・竹山が発注した墨型《すみがた》が、今も古梅園に保存されている。また、古梅園第七代・松井元彙《げんい》が編集した『古梅園墨譜後編』には、竹山が序文を寄稿しており、その中で古梅園を称賛している。さらに、元彙の詩文集『梅居文集』には、竹山の批正が加えられており、古梅園と懐徳堂との密接な関係を窺うことができる。

なお、懐徳堂と古梅園との関係や墨型については、湯浅邦弘『墨の道　印の宇宙　懐徳堂の美と学問』（大阪大学出版会・阪大リーブル、二〇〇八年）に詳しい。

たつの市立龍野歴史文化資料館（たつのしりつたつのれきしぶんかしりょうかん）

兵庫県たつの市龍野町にある資料館。兵庫県揖保《いぼ》郡（現・たつの市揖保川町）出身の鹿島守《かじまもり》之助《のすけ》（一八九六～一九七五）が設立した八重洲ブックセンターから建物の寄贈を受け、昭和六十三年（一九八八）十月に「龍野市立歴史文化資料館」として開館した。平成十二年（二〇〇〇）三月十一日～四月十六日には、特別展「龍野と懐徳堂―学問交流と藩政―」（主催＝龍野市教育委員会、共催＝（財）懐徳堂記念会・大阪大学大学院文学研究科・文学部）が開催され、その解説図録が『龍野と懐徳堂』として公刊されている。懐徳堂の創立と発展に貢献した中井家は、龍野藩出身であり、懐徳堂と龍野との文化的交流は非常に深いものがあった。この図録では、中井家と龍野の人々のつながりや、その影響について、「大坂学問所懐徳堂」「龍野の人々と中井家」および関係論考の三部構成で明らかにしている。また、その所蔵図書「龍野文庫」について、『龍野文庫図書目録』（龍野市教育委員会、一九九四年）が刊行されている。平成十七年（二〇〇五）十月、龍野市・新宮町・揖保川町・御津町が合併して「たつの市」となったのにともない、本資料館は「たつの市立龍野歴史文化資料館」に改称された。

池田市立歴史民俗資料館（いけだしりつれきしみんぞくしりょうかん）

　古代から近代に至る池田関係資料を保存・公開する資料館。池田市五月丘一丁目。所蔵資料は、池田茶臼山古墳などからの出土資料、近世文書、酒造関係資料など広範な領域にわたる。享保九年（一七二四）、仙台から池田に移住した儒学者田中桐江《たなかとうこう》によって漢詩文を中心とする独特の学風が形成され、懐徳堂や混沌社と交流した。桐江の門下で活躍した人物には、富永芳春の四男の荒木蘭皐《あらきらんこう》や三男の富永仲基《とみながなかもと》がいた。また、明治大正期には、重建懐徳堂の教壇に立った稲束猛や吉田鋭雄《はやお》がこの池田文化の顕彰に努めている。こうした関係から、同資料館には、懐徳堂関係資料として、「中井履軒法帖」（荒木梅閭跋、文化元年）の他、重建懐徳堂期の資料が多数収められている。

天理大学附属天理図書館（てんりだいがくふぞくてんりとしょかん）

　天理大学（奈良県天理市杣之内町）の附属図書館。大正十四年（一九二五）、中山正善《なかやましょうぜん》（一九〇五～一九六七）が天理教二代真柱《しんばしら》（天理教の統括職）に就任するのに際し、天理教管内の諸機関の蔵書を集めて総合図書館の設立を計画したことに始まり、翌十五年に天理外国語学校の附属図書館として閲覧を開始した。昭和三年（一九二八）に挙行された昭和天皇即位の大典の記念事業として新館が建築され、昭和五年十月に竣工を見た。重厚な造りの現在の天理図書館がこれである。戦後、新館を増築し、平成二十五年三月現在、総延面積一一四八二㎡（三四七九坪）、蔵書百二十五万冊を収蔵する。綿屋文庫、古義堂文庫、吉田文庫といった特別文庫の他、多くの国宝・重要文化財を所蔵する日本有数の図書館として知られる。

　懐徳堂との関係で特筆すべきは、並河寒泉《なびかわかんせん》および京都並河宗家の並河尚教《ひさのり》の旧蔵書の一部を所蔵することである。寒泉には嗣子蟫街《たんがい》を亡くした後に迎えた養嗣子直三郎《なおさぶろう》があったが、不幸にも直三郎も事故死し、寒泉の蔵書は京都並河宗家の当主尚教のもとに引き取られた。その後、尚教から子の総次郎《そうじろう》、孫の誠三郎《せいざぶろう》へと受け継がれ、誠三郎から京都大学附属図書館に仮寄託された。更に昭和二十八年（一九五三）、天理図書館に一括移管され、現在に至っている。天理図書館が所蔵する並河家旧蔵書のほとんどは請求記号一二五～一九九に分類されており、同図書館のオンライン蔵書目録（ＯＰＡＣ）での検索が可能である。同館所蔵の寒泉の日記『居諸録』や陵墓調査関係資料は、寒泉の活動を知るための貴重な資料となっている。

大阪府立中之島図書館（おおさかふりつなかのしまとしょかん）

大阪府の公立図書館。蔵書数は図書資料約六十万冊、音響・映像資料等約十六万点（平成二十七年三月現在）。現・大阪市北区中之島一丁目。明治三十三年（一九〇〇）着工、明治三十七年に「大阪図書館」として完成した。明治三十九年（一九〇六）に、「大阪府立図書館」と改称し、昭和二十五年（一九五〇）天王寺分館が開館した。その後、昭和四十九年（一九七四）四月、本館が「大阪府立中之島図書館」に、天王寺分館が「大阪府立夕陽丘図書館」に、それぞれ名称が変更された。また、同年五月には本館および左右両翼の三棟が重要文化財に指定された。設立や増築、図書の整備に、懐徳堂に縁の深い住友家が幾度となく寄付を行っており、明治四十四年（一九一一）には、中井家より懐徳堂遺書・水哉館遺書の委託を受け、懐徳堂記念室を設けている（昭和十四年（一九三九）委託解除）。現在も、中井甃庵『五孝子伝』、中井竹山『左伝聞書』、山片蟠桃『草稿抄』、草間直方『三貨図彙』など、懐徳堂に関連する貴重資料を収めている。

大阪市立博物館・大阪歴史博物館（おおさかしりつはくぶつかん・おおさかれきしはくぶつかん）

昭和三十五年（一九六〇）、市制七十周年記念事業の一環として設立された、大阪市立の博物館。懐徳堂に関する資料を多数収め、昭和六十一年（一九八六）三月十一日〜四月十七日には、第百三回特別展「懐徳堂」（主催＝大阪市立博物館・（財）懐徳堂記念会・懐徳堂友の会、後援＝大阪大学）を開催し、その図録が『懐徳堂―近世大阪の学校―』として公刊された。この図録は、全体を「懐徳堂（創設期）の概説」「懐徳堂（中期）の概説」「懐徳堂（後期）概説」の三部に分け、約二百点の資料を掲載する。懐徳堂が大坂船場の五人の町人同志によって創設され、その後まもなく幕府の官許を得て大坂学問所となってからも、大坂町人の手によって運営されてきたことを重視し、特に、大阪の文化と懐徳堂との関わりを明らかにしようとしている点に特色が見られる。

大阪市立博物館は平成十三年度末に閉館し、これを継承する大阪歴史博物館が平成十三年（二〇〇一）十一月三日、中央区大手前四丁目に開館した。大阪歴史博物館は、大阪市の「難波宮跡と大阪城公園の連続一体化構想」の一環で、旧大阪市中央体育館跡地に移転となったNHK大阪放送局の新放送会館との複合施設として、大阪市と日本放送協会とが共同で建設した。平成二十二年（二〇一〇）十月二十七日～十二月二十日には、懐徳堂記念会創立百周年の記念行事として、特集展示「懐徳堂展—大阪「知」の源流」（主催＝大阪大学・大阪歴史博物館・（財）懐徳堂記念会）が開催された。この特集展示では、江戸時代の懐徳堂の創設から近現代における活動までの約三百年の歴史を振り返る資料の展示や、貴重資料の保存と修復、最先端のデジタルアーカイブの成果についての紹介などがなされた。

大阪大学附属図書館（おおさかだいがくふぞくとしょかん）

大阪大学の附属図書館。昭和六年（一九三一）、大阪大学の創立と同時に設置された（本館の竣工は昭和三十五年）。現在、豊中キャンパスの総合図書館、吹田キャンパスの生命科学図書館と理工学図書館、箕面キャンパスの外国学図書館の四館から成り、蔵書数は約四百万冊、雑誌は約七万タイトルを数える（二〇一六年）。

昭和二十四年（一九四九）十二月、懐徳堂記念会は、戦災を免れた重建懐徳堂資料を一括して大阪大学に寄贈した。当時、図書館の本館は建設されておらず、「懐徳堂文庫」と命名された諸資料は、実際には文学部が受入先となって整理にあたった。その後、昭和三十一年（一九五六）に懐徳堂文庫は附属図書館に管理換えとなり、昭和三十五年（一九六〇）、附属図書館本館（豊中地区）第一期工事の完成により、懐徳堂文庫の一部が図書館に移転、また昭和四十一年（一九六六）、第二期工事完成により、懐徳堂文庫は一括して書庫棟第二層に収蔵され、さらに、昭和五十六年（一九八一）、書庫棟の増設により、翌年、第六層の貴重図書コーナーに移転した。この間、『懐徳堂文庫図書目録』（大阪大学文学部）が昭和五十一年（一九七六）に刊行されている。

平成八年（一九九六）に開設したホームページ http://www.library.osaka-u.ac.jp/ には、「蔵書目録ＯＰＡＣ」の他、貴重資料を公開する「電子化資料」のコーナーがあり、懐徳堂関係の図版約七十点、および図書館所蔵の貴重書九点の全文を画像で掲載している。

平成十二年（二〇〇〇）には、附属図書館新館が増築され、翌年夏、旧貴重図書コーナーから新館の貴重図書室へ、懐徳堂関係資料約四万七千点の総合移転が行われた（平成二十八年現在の懐徳堂関係資料数は約五万点）。

なお、公益財団法人図書館振興財団の助成金（平成二十五（二〇一三）年度・平成二十七（二〇一五）年度）を受けて、「懐徳堂文庫目録遡及事業」「大阪大学附属図書館所蔵貴重書コレクション「懐徳堂文庫」のデータベース公開事業」が進められ、大阪大学附属図書館の「蔵書目録ＯＰＡＣ」上で、懐徳堂文庫五万点のうち約二万点の貴重書の検索が可能になった。また、平成二十八年（二〇一六）三月より、懐徳堂文庫貴重資料のうち、計百二十二点四百二十三冊のデジタル画像を「ＷＥＢ懐徳堂」上で閲覧できるようになった。

大阪大学中之島センター（おおさかだいがくなかのしませんたー）

社会貢献の拠点として創設された大阪大学の附属施設。教育・研究、及び社会への情報発信と交流を目指し、平成十六年（二〇〇四）に大阪大学発祥の地「中之島」（大阪市北区中之島四―三―五三）に開設。一階の展示コーナーでは、大阪大学の二大源流と位置づけられる懐徳堂と適塾が紹介されており、懐徳堂コーナーでは「入徳門聯」「木製天図」（いずれも複製）などの懐徳堂ゆかりの文物や、「重建懐徳堂復元模型」などを見学することができる。また当施設では、懐徳堂記念会が主催する「古典講座」「春秋記念講座」が定期的に開催されており、かつて大阪の市民大学として地域教育に貢献した懐徳堂の活動を今に継承している。

懐徳堂記念会事務局（かいとくどうきねんかいじむきょく）

一般財団法人懐徳堂記念会の事務局。大正二年（一九一三）、財団法人の認可を受けた懐徳堂記念会は、大正五年（一九一六）、懐徳堂学舎を再建し（重建懐徳堂）、講義・講演・中国語講習会など活発な活動を続けていたが、昭和二十年（一九四五）の空襲により、コンクリート造りの書庫部分を残して焼失した。同会は活動の拠点を失うこととなったが、昭和二十四年（一九四九）、大阪大学に関係資料を一括して寄贈した後は、大阪大学と密接な連携を保ちつつ諸活動を継続することとなった。同会の運営については、阪大文学部内に運営委員会が設置され、文学部の教員がその委員を務める体制となったこともあり、同会の事務局が阪大文学部内に置かれ、現在に至っている。事務局の連絡先は次の通り。〒五六〇―八五三二　豊中市待兼山町一―五　大阪大学文学部内懐徳堂記念会事務局。ホームページは http://www.let.osaka-u.ac.jp/kaitokudo/。

懐徳堂研究センター（かいとくどうけんきゅうせんたー）

懐徳堂に関する調査・研究・広報を目的とした大阪大学文学研究科の附属施設。平成十一年（一九九九）に開設された「懐徳堂センター」を前身とし、平成二十一年（二〇〇九）に、懐徳堂研究の拠点として新たに「懐徳堂研究センター」として発足。センター長・研究員・職員（各一名）の三名を中心に運営され、主に以下の業務を行っている。

①懐徳堂に関わる調査・研究、及び資料収集・公開（デ

ジタルコンテンツを含む)。

②学術雑誌『懐徳堂研究』、及び懐徳堂研究センターの活動報告『懐徳堂NEWS LETTER』の編集・刊行。

③懐徳堂研究の総合サイト「WEB懐徳堂」(http://kaitokudo.jp/)の管理・運営。

④学内外における懐徳堂資料の展示、講演会の開催。

中でも、当センターが運営する「WEB懐徳堂」では、懐徳堂に関する最新の研究成果や情報提供を行っており、懐徳堂研究の拠点としての役割が期待されている。

大阪大学中国哲学研究室(おおさかだいがくちゅうごくてつがくけんきゅうしつ)

大阪大学大学院文学研究科の中国哲学研究室。昭和二十三年(一九四八)、大阪大学法文学部哲学科支那哲学講座として発足。翌二十四年、文学部が独立、二十九年に「中国哲学」講座と改称、現在に至っている。開設以来、一貫して中国古典に対する高度な教育研究を展開し、多くの研究教育関係者を育成するともに、懐徳堂資料の調査研究を推進し、懐徳堂記念会の運営を支援してきた。

懐徳堂蔵書は昭和二十四年(一九四九)に大阪大学に寄贈されたが、当時まだ図書館本館が建設されていなかったため、実際には文学部が受入先となり、漢籍は中国哲学研究室が整理にあたっていた。そのため、漢籍の中には、中国哲学(当時は支那哲学と称していた)の受入印を有するものが多数ある。昭和四十年代後半には、懐徳堂文庫漢籍の総合調査を進め、その成果は、『懐徳堂文庫図書目録』(昭和五十一年、大阪大学文学部)として刊行された。また、平成十二年(二〇〇〇)に開始された懐徳堂資料の電子情報化にも参画し、現在も、同目録の修訂や懐徳堂データベースの拡充に努めている。なお、平成十一年に開設された研究室ホームページ http://www.let.osaka-u.ac.jp/chutetsu/ がある。

大阪大学総合学術博物館 待兼山修学館(おおさかだいがくそうごうがくじゅつはくぶつかん まちかねやましゅうがくかん)

大阪大学内に設置された附属博物館。平成十四年(二〇〇二)四月開館。コンセプトは「「知」を軸に人・モノ・情報が出会い、交流し、新たな「知」の創造を目指す」。常設展として「コンピュータの黎明期」「世界にはばたく研究者」「みる科学」「大阪大学の系譜」「待兼山に学ぶ」が設けられ、加えて特別展・企画展が不定期で催される。

常設展の一つ、「大阪大学の系譜」では、懐徳堂が適塾と共に大阪大学の源流として紹介され、また関係資料のレプリカやパネルが展示されており、懐徳堂の歴史・人物・研究について概観することができる。

特別展・企画展は、様々な大学・団体と協力して事業を行っており、「大阪大学総合学術博物館設立記念展」（二〇〇二年十月十二日～二十日）、「大阪大学総合学術博物館第2回企画展」（二〇〇三年十月八日～十月十三日）では、大阪大学大学院文学研究科に加え、懐徳堂記念会とも協力して事業を行っている。また、平成二十八年（二〇一六）秋から二ヶ月にわたって、重建懐徳堂百周年を記念する「懐徳堂展」が、第二十回企画展として開催された。

大阪大学21世紀懐徳堂（おおさかだいがくにじゅういっせいきかいとくどう）

大阪大学の社学連携や社会貢献活動の窓口。大学が法人化された後、社会との連携を強化する目的で窓口を作り、その名称を「21世紀懐徳堂」とした。それは、厳格な身分制度が敷かれていた江戸時代において、市民に広く門戸を開いていた懐徳堂にちなみ、その精神を継承したいとの目的があったからである。

同じく社会貢献活動を積極的に進める一般財団法人懐徳堂記念会と名称が紛らわしいが、21世紀懐徳堂は大阪大学内の組織であり、予算も人員も大阪大学内から出ている。地域や社会と互いに学び合う場を作り、大学と市民の積極的交流を図るため活動している。具体的には、年間を通した公開講座の開講や、大阪大学総合学術博物館と協力したサイエンスカフェの開講、年に数回のシンポジウムの開催などがある。

懐徳堂史跡マップ（かいとくどうしせきまっぷ）

懐徳堂に関連する史跡や施設などを紹介するウェブコンテンツ。懐徳堂記念会創立百周年事業の一環として、平成二十一年（二〇〇九）三月にインターネット上に公開された。懐徳堂ゆかりの人物の墓地と墓碑、さまざまな私塾の跡地、懐徳堂に関する資料を所蔵する図書館や博物館などを紹介している。Ｇｏｏｇｌｅ Ｍａｐと連動させ、インターネット上に表示するというシステムを採用し、メイン画面である「地図」、関係史跡をまとめた「史跡一覧」、モデルコースを表示した「おすすめルート」の大きく三つに分かれる。「地図」は、「大阪」「関西」「全国」に大別して表示され、それぞれの史跡について写真付きで解説する。「史跡一覧」は、関連史跡を一覧にまとめており、それぞれの所在地とアクセス方法を紹介している。また、「おすすめルート」として、懐徳堂にゆかりのある人物の墓碑を紹介した懐徳堂史跡「墓碑めぐり」、中井履軒『昔の旅』に描かれた場所や懐徳堂にゆかりのある地をたどる「中井履軒『昔の旅』―

孝子稲垣子華を訪ねる道―」を提示している。URLはhttp://www.let.osaka-u.ac.jp/kaitokudo/historicmap/index.html。

参考文献

本事典を執筆・編集する際に参考とした主な文献を以下に列挙する。ただし、項目の解説中で個別に言及した論文などは除く。なお、◎印は、本書で項目を掲げ、説明を加えたもの、○印は、項目としては掲げなかったものの、他項目の解説文中で言及したものである。

【懐徳堂関係研究書・資料】

◎中井木菟麻呂『懐徳堂水哉館先哲遺事』
◎中井木菟麻呂『秋霧記』
◎西村天囚『懐徳堂考』
◎懐徳堂記念会『懐徳』
◎大阪大学文学部『懐徳堂文庫図書目録』
◎大阪大学懐徳堂文庫復刻刊行会『懐徳堂文庫復刻叢書』
◎懐徳堂記念会『懐徳堂の過去と現在』
◎懐徳堂記念会『懐徳堂要覧』
◎懐徳堂記念会『懐徳堂印存』
◎大阪大学『懐徳堂の過去と現在』
◎懐徳堂記念会『懐徳堂記念会の九十年』
◎懐徳堂センター（現懐徳堂研究センター）『懐徳堂センター報』
◎懐徳堂研究センター『懐徳堂研究』
◎湯浅邦弘・竹田健二共編著『懐徳堂アーカイブ 懐徳堂の歴史を読む』（大阪大学出版会、二〇〇五年）
◎湯浅邦弘編『懐徳堂研究』（汲古書院、二〇〇七年）
◎財団法人懐徳堂記念会『懐徳堂記念会百年誌1910～2010』（二〇一〇年）
○大阪市立博物館『懐徳堂―近世大阪の学校―』（第百三回特別展図録、一九八六年）
○懐徳堂友の会・懐徳堂記念会『懐徳堂―浪華の学問所―』（大阪大学出版会、一九九八年）
○龍野市立歴史文化資料館『龍野と懐徳堂』（特別展「龍野と懐徳堂―学問交流と藩政―」図録、二〇〇〇年）
○湯浅邦弘『墨の道 印の宇宙―懐徳堂の美と学問―』（大阪大学出版会、二〇〇八年）
○湯浅邦弘編『江戸時代の親孝行』（大阪大学出版会、二〇〇九年）
○竹田健二『市民大学の誕生―大坂学問所懐徳堂の再興―』（大阪大学出版会、二〇一〇年）
○岸田知子『漢学と洋学―伝統と新知識のはざまで―』（大阪大学出版会、二〇一〇年）
○奥平俊六編『懐徳堂ゆかりの絵画』（大阪大学出版会、二〇一二年）
・脇田修・岸田知子『懐徳堂とその人びと』（大阪大学出版会、一九九七年）
・宮本又次『大阪文化史論』（文献出版、一九七九年）
・加地伸行ほか『中井竹山・中井履軒』（明徳出版社、一九八〇年）
・陶徳民『懐徳堂朱子学の研究』（大阪大学出版会、一九九四年）
・中村健之介『宣教師ニコライと明治日本』（岩波新書、一九九六年）
・中村健之介・中村悦子『ニコライ堂の女性たち』（教文館、二〇〇三年）

・後醍院良正『西村天囚伝』(朝日新聞社社史編集室、一九六七年)
・末中哲夫『山片蟠桃の研究「夢之代」篇』(清文堂出版、一九七一年)
・宮川康子『富永仲基と懐徳堂』(ぺりかん社、一九九八年)
・宮川康子『自由学問都市大坂』(講談社選書メチエ、二〇〇二年)
・藪田貫『武士の町大坂—「天下の台所」の侍たち—』(中公新書、二〇一〇年)

【伝記・史料】

◎原念斎『先哲叢談』
◎木村敬二郎『大阪訪碑録』
○角田九華『近世叢語』『続近世叢語』
・竹林貫一編『漢学者伝記集成』(名著刊行会)
・近藤春雄『日本漢文学大事典』(明治書院、一九八五年)
・三善貞司編『大阪史蹟辞典』(清文堂、一九八六年)
・三善貞司編『大阪人物辞典』(清文堂、二〇〇〇年)
・鎌田春雄『近畿墓跡考大阪の部』(大鐙閣、一九二二年)
・市古貞次監修『国書人名辞典』(岩波書店、一九九三〜九九年)
・子安宣邦監修『日本思想史辞典』(ぺりかん社、二〇〇一年)
・関儀一郎・関義直『近世漢学者伝記著作大事典』(琳琅閣書店・井上書店、一九四三年)
・長澤規矩也『漢学者総覧』(汲古書院、一九七九年)
・長澤規矩也監修・長澤孝三編『改訂増補漢文学者総覧』(汲古書院、二〇一一年)
・日本随筆大成編集部『日本随筆大成』新装版第一期十四(吉川弘文館、一九九三年)
・近松譽文『大阪墓碑人物事典』(東方出版、一九九五年)
・吾妻重二編著『泊園書院歴史資料集—泊園書院資料集成1—』(関西大学出版部、二〇一〇年)

【書誌学】

・長澤規矩也『図書学辞典』(三省堂、一九七九年)
・川瀬一馬『日本書誌学用語辞典』(雄松堂出版、一九八二年)
・陳国慶著・沢谷昭次訳『漢籍版本入門』(研文出版、一九八四年)
・魏隠儒ほか著・波多野太郎ほか訳『漢籍版本のてびき』(東方書店、一九八七年)
・藤井隆『日本古典書誌学総説』(和泉書院、一九九一年)
・中野三敏『江戸の板本』(岩波書店、一九九五年)
・井上宗雄ほか『日本古典籍書誌学辞典』(岩波書店、一九九九年)
・橋口侯之介『和本入門　千年生きる書物の世界』(平凡社ライブラリー、二〇一一年)

【学校・図書館史】

・笠井助治『近世藩校の総合的研究』(吉川弘文館、一九六〇年)
・国立公文書館『内閣文庫百年史』(国立公文書館、一九八五年)
・特別史跡閑谷学校顕彰保存会『増訂閑谷学校史』(福武書店、一九八七年)
・梅溪昇・脇田修『平野含翠堂資料(清文堂資料叢書第四巻)』(清文堂出版、一九七三年)
・筑波大学中央図書館十周年事業計画委員会年史編纂部会『筑波大学図書館史』(筑波大学附属図書館、一九八九年)

・国立国会図書館『国立国会図書館三十年史』（国立国会図書館、一九七九年）

あとがき

初版を刊行してから十五年。その間、懐徳堂を取り巻く環境には大きな変化があった。
一つは、デジタルアーカイブ事業の推進である。平成十三年（二〇〇一）の大阪大学創立七十周年記念事業として、コンピューターグラフィックスによる懐徳堂学舎の再現や貴重資料のデータベース作成が行われた。この事業を発端として、懐徳堂資料のデジタル化が急速に進み、その成果は、順次、「WEB懐徳堂 http://kaitokudo.jp/」に集約されていった。懐徳堂貴重資料をウェブコンテンツとして公開したことにより、居ながらにして「懐徳堂」を体験できるようになったのである。その結果、日本国内だけではなく、中国・台湾・韓国などからも、研究者や民間団体の視察を受けるようになった。懐徳堂が国外での認知を得たのである。

もう一つは、共同研究の推進である。阪大創立七十周年記念事業を支援する目的で組織された懐徳堂研究会は、事業終了後も解散することなく、その後も研究会合を重ねていった。しかも、個別の資料調査や国内での研究発表のみではなく、海外で開催される国際学会において研究発表を行うという機会も増えてきた。筆者は、二〇一三年、中国甘粛省の敦煌で開催された「中文数字出版与数字図書館（CDPDL）国際研討会」（中文デジタルパブリッシング・デジタルアーカイブ国際学会）に出席して、「書簡と扇のデジタルアーカイブ―大阪大学懐徳堂文庫の取り組み―」（原題および原稿は中国語）と題する研究発表を行い、思いがけず「優秀学術論文賞」を受賞した。これも、懐徳堂研究会の諸氏と切磋琢磨した賜物だと感じている。

このように成果が蓄積されてくると、初版の改訂が重要な課題となった。十五年の歳月は重い。右のような新たな環境のもと、旧項目の記述に改訂を要する点もあり、また新項目を追加する必要も感じられた。そうした思いを抱いていたところ、ちょうど平成二十八年（二〇一六）が、重建懐徳堂の開学百年にあたることから、増補改訂版の刊行について、懐徳堂記念会からご支援をいただけることとなった。

百周年にふさわしい大改訂となった本書。これが次の十五年、二十年の懐徳堂研究に役立つよう願っている。
なお、本書に収録した画像類については、佐野大介氏に収集していただき、各執筆者の原稿とりまとめについては佐藤由隆君の協力を得た。また、刊行経費については、滝口友樹哉氏の御寄付に基づく一般財団法人懐徳堂記念会の「滝口基金」の一部を御提供いただいた。ここに記して厚く御礼申し上げたい。

平成二十八年六月

湯浅邦弘

1960（昭和 35）　大阪大学附属図書館本館（豊中地区）第一期工事完成。懐徳堂文庫、一部が図書館に移転。

1965（昭和 41）　重建懐徳堂開講 50 周年記念式典を大阪大学本部松下会館において挙行。大阪大学附属図書館本館第二期工事（書庫棟 2 層の増築）完成。同年、懐徳堂文庫、一括して書庫棟第 2 層に収蔵される。但し、一部はなお文学部内に。

1970（昭和 45）　『懐徳堂文庫図書目録』編纂のための総合調査始まる。これに併せて、文学部内に残されていた資料も、順次書庫棟第 2 層に配架されていった。

1976（昭和 51）　『懐徳堂文庫図書目録』（大阪大学文学部）刊行。

1979（昭和 54）　新田和子（中井木菟麻呂の妹終子の養女）所蔵中井家関係資料受贈。第一次「新田文庫」。約 1600 点。

1981（昭和 56）　附属図書館書庫棟が増築（3 ～ 6 層）され、懐徳堂文庫は第 6 層の貴重図書コーナーに移転。

1983（昭和 58）　懐徳堂友の会設立される。懐徳堂古典講座開始。「新田文庫」第二次受贈。約 2000 点。

1988（昭和 63）　『懐徳堂文庫復刊叢書』（懐徳堂友の会・懐徳堂記念会）の刊行開始。

1994（平成 6）　図録『懐徳堂―浪華の学問所』（懐徳堂友の会・懐徳堂記念会）刊行。

1996（平成 8）　懐徳堂友の会、財団法人懐徳堂記念会に一本化され、発展的に解消。

1997（平成 9）　大阪大学附属図書館、懐徳堂資料の一部を電子化し、「電子展示」としてインターネットで公開。

1999（平成 11）　懐徳堂記念会創立 90 周年記念『懐徳堂記念会の九十年』刊行。

2000（平成 12）　懐徳堂文庫資料の電子情報化開始。

2001（平成 13）　5 月、大阪大学創立 70 周年記念事業の一環として、マルチメディア技術による懐徳堂の顕彰（コンピュータグラフィックスによる旧懐徳堂学舎の復元、貴重資料データベースの公開など）が行われる。8 月、懐徳堂文庫全資料、大阪大学附属図書館旧館書庫から新館貴重図書室に総合移転される。『懐徳堂事典』初版（大阪大学出版会）刊行。

2002（平成 14）　「ＷＥＢ懐徳堂 http://kaitokudo.jp/」暫定版公開。

2003（平成 15）　「懐徳堂アーカイブ講座」で「ＷＥＢ懐徳堂」正式公開。

2010（平成 22）　懐徳堂記念会創立 100 周年。懐徳堂展（大阪歴史博物館、2010.10.27 ～ 12.20）開催。

2012（平成 24）　懐徳堂記念会、一般財団法人に移行。

2016（平成 28）　重建懐徳堂開学 100 周年。

1911（明治 44）　西村天囚、『懐徳堂考』下巻刊行。幸田成友、『懐徳堂旧記』刊行。懐徳堂記念会、懐徳堂記念祭（懐徳堂師儒公祭）を挙行。併せて記念展覧会・記念学術講演会を開催し、懐徳堂遺書を記念出版。

1912（明治45・大正1）　懐徳堂記念会、余剰金処分協議会において法人組織の創立を議決。『懐徳堂印存』刊行。

1913（大正 2）　懐徳堂記念会、財団法人として認可される。『懐徳堂記念会会務報告』刊行。

1914（大正 3）　財団法人懐徳堂記念会、『懐徳堂紀年』を大正天皇に献上。

1916（大正 5）　重建懐徳堂竣工。松山直蔵を初代教授として招聘。

1922（大正 11）　懐徳堂記念会、孔子没後 2400 年記念事業として、孔子祭を挙行。

1923（大正 12）　懐徳堂記念会、孔子没後 2400 年記念刊行として、武内義雄校訂の『論語義疏』を刊行。懐徳堂堂友会発足。

1924（大正 13）　懐徳堂堂友会、『懐徳』を創刊。西村天囚没。

1925（大正 14）　『懐徳堂文化学術講演集』『懐徳堂百科通俗講演集第一輯』刊行。西村天囚の旧蔵書、碩園記念文庫として懐徳堂に寄贈される。

1926（大正 15）　懐徳堂創学 200 年、重建懐徳堂 10 周年記念として懐徳堂書庫ならびに研究室竣工。『懐徳堂要覧』刊行。

1931（昭和 6）　中井木菟麻呂「旧懐徳堂平面図」作成。

1932（昭和 7）　中井木菟麻呂、中井家伝来の懐徳堂関係資料を懐徳堂記念会に寄贈。

1936（昭和 11）　中国の清華大学教授劉文典来堂、碩園文庫の調査研究を行う。

1939（昭和 14）　中井木菟麻呂、昭和 7 年に続き、中井家伝来資料を懐徳堂記念会に寄贈。伊藤介夫遺族より、旧懐徳堂図書寄贈される。

1942（昭和 17）　重建懐徳堂 25 周年記念事業として中井竹山『草茅危言』を刊行。

1943（昭和 18）　中井木菟麻呂没。

1945（昭和 20）　大阪大空襲により、書庫部分を除き重建懐徳堂焼失。

1949（昭和 24）　懐徳堂記念会、戦災を免れた重建懐徳堂蔵書を一括して大阪大学に寄贈。「懐徳堂文庫」と命名され、受入先となった文学部が整理にあたる。（この当時、図書館本館はまだ建設されておらず、各部局に文学部分室、法学部分室のように分室が設けられていた。なお、分室は後に分館と改称された。）

1950（昭和 25）　懐徳堂記念講演会（大阪大学）開催。吉田鋭雄（重建懐徳堂最後の教授、1879 ～ 1949）旧蔵漢籍約 4400 冊を「北山文庫」として受贈。

1951（昭和 26）　懐徳堂記念会、文化功労者として大阪府教育委員会より表彰され、「なにわ賞」を受ける。懐徳堂記念講座開始。

1953（昭和 28）　『懐徳堂の過去と現在』（大阪大学）刊行。

1954（昭和 29）　懐徳堂記念会の事務所を大阪市東区北浜三丁目の適塾内に移転し、事務連絡所を大阪大学文学部内に設置。

1956（昭和 31）　懐徳堂回顧展開催（大阪阪急百貨店）。懐徳堂文庫、大阪大学文学部から附属図書館に管理換となる。但し、資料そのものは、文学部分館、文学部中国哲学研究室などに分散収蔵されたままであった。

1817（文化 14）	中井履軒没。中井碩果教授、並河寒泉預り人となる。草間直方『三貨図彙』、山片蟠桃『夢の代』成る。
1820（文政 3）	中井柚園、父履軒の聖賢扇を筆写。
1832（天保 3）	中井桐園、碩果の嗣子となり、並河寒泉懐徳堂を出る。
1833（天保 4）	この年より天保 7 年にかけて、天保の大飢饉。
1834（天保 5）	中井柚園没。『天楽楼書籍遺蔵目録』作成。
1837（天保 8）	大塩平八郎の乱。
1838（天保 9）	緒方洪庵、適塾を開学。
1840（天保 11）	中井碩果没。寒泉懐徳堂に戻って教授となり、桐園預り人となる。
1847（弘化 4）	並河寒泉、『辨怪』を著す。
1848（嘉永元）	並河寒泉、『逸史』（中井竹山）を刊行。
1854（安政元）	ロシア使節プチャーチン、長崎に来航。9 月、ロシア軍艦ディアナ号大坂港に入港。寒泉・桐園ロシア使節の応対に出る。
1855（安政 2）	中井木菟麻呂、生まれる。
1857（安政 4）	水戸藩、『大日本史』を懐徳堂に贈る。
1859（安政 6）	同志とはかり、懐徳堂永続助成金を集める。
1863（文久 3）	永続助成金の再延長を決める。
1864（元治元）	禁門の変。書籍・什器を文庫に収める。
1868（明治元）	鳥羽伏見の戦い、戊辰戦争おこる。桐園のみ書院に残り、寒泉は河内稲垣家へ、桐園の家族は中河内竹村家へ避難。明治維新。
1869（明治 2）	財政逼迫し、書院を閉鎖。並河寒泉、「出懐徳堂歌」を残して懐徳堂を去る。
1872（明治 4）	並河寒泉、本庄村で寒濤廬塾を開く。
1871（明治 12）	懐徳堂最後の教授並河寒泉没。
1881（明治 14）	懐徳堂最後の預り人中井桐園没。
1886（明治 19）	中井木菟麻呂、『華胥国物語』（中井履軒）刊行。
1892（明治 25）	中井木菟麻呂、『百首贅々』（中井履軒）刊行。
1893（明治 26）	中井木菟麻呂、「重建懐徳堂意見」「重建水哉館意見」刊行。
1902（明治 35）	幸田成友、『大阪市史』編纂のため、中井木菟麻呂に懐徳堂関係資料の提供を要請。
1908（明治 41）	幸田成友、木菟麻呂に懐徳堂関係資料の提供を再び要請。
1909（明治 42）	大阪人文会成立。
1910（明治 43）	西村天囚、大阪人文会において「五井蘭洲伝」を講演。この時、大阪人文会は懐徳堂記念祭の挙行を議決。西村天囚、『懐徳堂考』上巻刊行。懐徳堂記念会設立。中井木菟麻呂、『懐徳堂水哉館先哲遺事』を執筆して西村天囚に提供。

1765（明和 2）　混沌社結成。中井履軒、反古紙を使って「深衣」を作製、『深衣図解』を著す。

1766（明和 3）　履軒、京都高辻家に招聘される。

1767（明和 4）　履軒帰坂、鰻谷町に住み「水哉館」を開く。五井蘭洲『瑣語』刊行。

1772（安永元）　懐徳堂で『大日本史』の筆写。

1773（安永 2）　中井履軒『越俎弄筆』成書。

1774（安永 3）　中井竹山、『社倉私議』を龍野藩に呈出。草間直方、鴻池家の別家・草間家の女婿となる。前野良沢・杉田玄白ら、日本初の翻訳解剖書『解体新書』を刊行。

1776（安永 5）　中井竹山『詩律兆』刊行。

1777（安永 6）　「安永六年正月定書」全一条、制定。

1778（安永 7）　「安永七年六月定書」全八条、制定。

1780（安永 9）　「学問所」を「学校」と改称、学問所の人別は町内から離れて別証文になる。中井履軒、米屋町に転居、『華胥国物語』を著す。

1782（天明 2）　三宅春楼没。竹山学主兼預り人となり、『同志中相談覚』を示す。また、高辻胤長の下命により建学私議を上呈。

1784（天明 4）　五井蘭洲『非物篇』、中井竹山『非徴』、懐徳堂蔵版で刊行。

1785（天明 5）　大坂に心学明誠舎が開設される。

1787（天明 7）　松平定信老中首座となり、寛政の改革始まる。

1788（天明 8）　松平定信来坂、竹山その諮問に答える。

1790（寛政 2）　寛政異学の禁。

1791（寛政 3）　『草茅危言』完成。

1792（寛政 4）　懐徳堂全焼。竹山、再建願いのため、江戸に下向。蕉園、「一宵十賦」の詩才を示す。

1795（寛政 7）　再建の許可が下り、手当金三百両下賜される。

1796（寛政 8）　再建落成。総経費七百両余。中井竹山「懐徳堂記」を撰す。

1797（寛政 9）　「宋六君子図」懐徳堂に贈られる。中井竹山隠居。中井蕉園、学校預り人となる。

1798（寛政 10）　中井藍江、中井竹山肖像画を描く。百人参加、一人五ヶ年五百目の義金募集はじまる。蕉園江戸へ行く。

1799（寛政 11）　中井竹山、『逸史』を幕府に献上。

1802（享和 2）　山片蟠桃、『夢の代』の初稿『宰我の償』を著し、中井竹山に校閲を求める。

1803（享和 3）　中井蕉園没。中井碩果預り人となる。

1804（文化元）　中井竹山没。碩果、教授兼預り人となる。

1808（文化 5）　草間直方、独立して今橋で両替屋を経営。通称・鴻池伊助。

1813（文化 10）　並河寒泉、懐徳堂に入る。履軒の『七経逢原』このころ完成か。

懐徳堂年表

西暦（年号）	記　事
1670（寛文 10）	五井持軒、大坂で私塾を開く。
1700（元禄 13）	三宅石庵、尼崎町で私塾を開く。
1706（宝永 3）	中井甃庵の父・玄端、一家を率いて龍野から大坂に移住。
1713（正徳 3）	石庵、安土町に私塾「多松堂」を開く。
1716（享保元）	享保の改革始まる。
1717（享保 2）	平野郷に「含翠堂」できる。
1724（享保 9）	大坂市中大火、いわゆる「妙知焼」。同志ら尼崎町の富永芳春の隠居所跡に学舎を建て、平野に難を避けていた石庵を迎え、「懐徳堂」を設立。
1726（享保 11）	懐徳堂に官許の認可がおりる。初代学主に三宅石庵、預り人に中井甃庵が就任。三宅石庵、開学記念講義を行う（『万年先生論孟首章講義』）。
1728（享保 13）	荻生徂徠没。
1729（享保 14）	五井蘭洲、江戸に出る。
1730（享保 15）	三宅石庵没。中井竹山、生まれる。
1731（享保 16）	中井甃庵、学主兼預り人となる。五井蘭洲、津軽藩に仕官する。
1732（享保 17）	中井履軒、生まれる。
1735（享保 20）	懐徳堂の学則「摂州大坂尼崎町学問所定約」全七条、制定。
1739（元文 4）	蘭洲、津軽藩を去り大坂に帰る。中井竹山（10 歳）・履軒（8 歳）、蘭洲に学ぶ。中井甃庵『五孝子伝』を記す。
1744（延享元）	中井履軒、「墨菊図」（泉冶筆）に賛文を記し軸装する。
1745（延享 2）	富永仲基『出定後語』刊行。
1746（延享 3）	富永仲基『翁の文』刊行。
1751（宝暦元）	懐徳堂、改築。 五井蘭洲、『勢語通』を著す。
1758（宝暦 8）	中井甃庵没。三宅春楼（47 歳）学主、中井竹山（29 歳）預り人となる。「宝暦八年（一七五八）定書」全三条、「懐徳堂定約附記」全五条できる。
1760（宝暦 10）	山片蟠桃、升屋別家伯父・久兵衛の養子となり、升屋本家に奉公を始め、懐徳堂に通学。
1762（宝暦 12）	五井蘭洲没。
1764（明和元）	懐徳堂寄宿舎が建てられ、中井竹山、寄宿生に対する『懐徳書院掲示』を出す。 稲垣子華、孝子として幕府から顕彰される。

や　行

ら　行

わ　行

ま　行

な　行

は　行

た　行

さ　行

か　行

索　引

あ　行

編著者

湯《ゆ》浅《あさ》邦《くに》弘《ひろ》　大阪大学大学院文学研究科教授。博士（文学）。専攻は中国思想史。懐徳堂に関する著書に、『懐徳堂の至宝―大阪の「美」と「学問」をたどる―』（大阪大学出版会）、『懐徳堂研究』（編著、汲古書院）、『墨の道 印の宇宙 ―懐徳堂の美と学問―』（大阪大学出版会）、『江戸時代の親孝行』（編著、大阪大学出版会）、『懐徳堂アーカイブ 懐徳堂の歴史を読む』（編著、大阪大学出版会）。その他著書は、『論語』『菜根譚』『諸子百家』（以上、中公新書）、『孫子・三十六計』『菜根譚』（以上、角川ソフィア文庫）、『孫子の兵法入門』（角川選書）、『故事成語の誕生と変容』（角川叢書）、『入門老荘思想』『軍国日本と『孫子』』（以上、ちくま新書）など多数。

執筆者

○印は初版の執筆者、◎印は本書（増補改訂版）の執筆者。所属・職名は2016年７月現在。

○◎寺門日出男　都留文科大学文学部教授
○◎竹田健二　島根大学教育学部教授
○　杉山一也　岐阜経済大学経済学部准教授
○◎藤居岳人　阿南工業高等専門学校教授
○◎矢羽野隆男　四天王寺大学人文社会学部教授
○　久米裕子　京都産業大学文化学部准教授
○　井上了　大阪大学医学部附属病院主任
○◎佐野大介　大阪大学大学院文学研究科教務補佐員
○　前川正名　（台湾）国立高雄餐旅大学助理教授
○　池田光子　一般財団法人懐徳堂記念会研究員
○◎黒田秀教　（台湾）明道大学応用日語学系助理教授
　◎福田一也　元大阪大学大学院文学研究科教務補佐員
　◎清水洋子　福山大学人間文化学部専任講師
　◎草野友子　京都産業大学文化学部特約講師
　◎中村未来　大阪大学大学院文学研究科招聘研究員
　◎中村翼　大阪大学大学院文学研究科助教
　◎椛島雅弘　大阪大学大学院博士後期課程学生（中国哲学研究室）
　◎佐藤由隆　大阪大学大学院博士後期課程学生（中国哲学研究室）

増補改訂版　懐徳堂事典

2001年12月17日　初版第1刷発行　［検印廃止］
2016年10月21日　増補改訂版初版第1刷発行

編著者　湯 浅 邦 弘

発行所　大阪大学出版会
代表者　三成　賢次

〒565-0871 吹田市山田丘2-7
大阪大学ウエストフロント
電話　06-6877-1614
FAX　06-6877-1617
URL:http://www.osaka-up.or.jp

印刷所　亜細亜印刷株式会社

ISBN978-4-87259-570-3　C1521